falstaff

RESTAURANT & GASTHAUS GUIDE

DEUTSCHLAND

2023

Die besten 1850 Restaurants und Gasthäuser Deutschlands

IMPRESSUM

HERAUSGEBER
Wolfgang M. Rosam

MEDIENINHABER
Falstaff Deutschland GmbH
Carlsplatz 18, 40213 Düsseldorf

GESCHÄFTSFÜHRUNG
Mag. Elisabeth Kamper, Ronald Tomandl

CHEFREDAKTION
Philipp Elsbrock
Ingo Swoboda (stellv.)

VERLAGSLEITUNG
Claudia Roman Navarro

REDAKTION
Julia Hamester, Natalia Rebow (Chefs vom Dienst)
Kemal Kara, Sophie Maria Piff, Daniel Riesinger, Kara Wilding (Redaktionsassistenz)
Georg Morawitz-Holeschofsky, Robert Pleniger (Daten)
Florence Wibowo (Fotoredaktion)

LEKTORAT
Sandra Bak, Petra Schwaiger

GESTALTUNG UND PRODUKTION
Marcus Wiesner (Grafik, Illustrationen)
Michael Lenhart (Produktion/Litho)
Thomas Keplinger (Art Director, Marketing & Sales)

VERTRIEB UND MARKETING
Dagmar Sebold

DRUCK
parzeller print & media GmbH & Co. KG, Fulda

ISBN: 978-39822182-5-0
GTIN: 419 35622 1990 7 01
Preis: 19,90 €

PEFC
PEFC/04-31-1308

INHALT

VIDA
WINES & SPIRITS
GRAND VIN
DE
CHATEAU LATOUR
2005
CORTON
Your no. 1 destination
for Fine & Rare Wines
www.vidawein.de

EDITORIAL

Wolfgang M. Rosam
Falstaff-Herausgeber

Philipp Elsbrock
Chefredakteur Falstaff Deutschland und Falstaff Restaurant- & Gasthausguide

Liebe Feinschmeckerinnen, liebe Feinschmecker!

Die erste Ausgabe des Falstaff Restaurant- & Gasthausguides Deutschland ist da! Was Sie in den Händen halten, ist ein landesweiter Überblick über die besten und beliebtesten Gastronomiebetriebe von Sylt bis ins Allgäu, von Aachen bis Zwingenberg. Egal, ob Sie Lust auf marktfrische Bistroküche haben, ein ausgedehntes Acht-Gänge-Menü im Gourmetrestaurant genießen möchten oder handgemachte Pasta suchen, in diesem Guide werden Sie fündig. Fast 1900 Adressen umfasst dieses Nachschlagewerk, mit Bewertungen in vier Kategorien – ein idealer Begleiter für alle Genießer. Daran haben Sie mitgewirkt, mit Nominierungen und Votings, die über falstaff.com möglich waren. Herzlichen Dank dafür! Sollte Ihr Lieblingslokal fehlen, möchten wir Sie dazu ermutigen, es für das nächste Jahr zu nominieren. Wir wünschen viel Freude mit dem neuen Restaurant- & Gasthausguide 2023!

Mit kulinarischen Grüßen

WOLFGANG M. ROSAM
wolfgang.rosam@falstaff.com
@RosamWolfgang

PHILIPP ELSBROCK
philipp.elsbrock@falstaff.com

RESTAURANT- &
GASTHAUSGUIDE
DEUTSCHLAND
2023

NORDEN

BREMEN
HAMBURG
MECKLENBURG-VORPOMMERN
NIEDERSACHSEN
SCHLESWIG-HOLSTEIN

SEITE 38

WESTEN

HESSEN
NORDRHEIN-WESTFALEN
RHEINLAND-PFALZ
SAARLAND

SEITE 160

OSTEN

BERLIN
BRANDENBURG
SACHSEN
SACHSEN-ANHALT
THÜRINGEN

SEITE 104

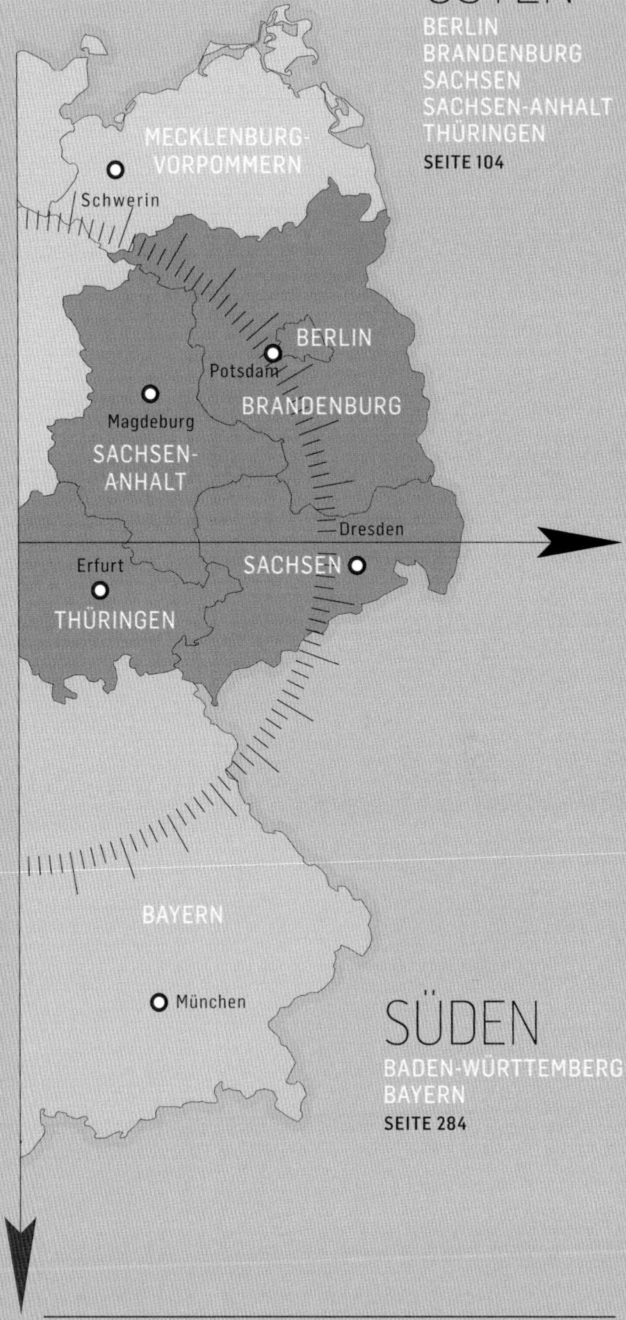

SÜDEN

BADEN-WÜRTTEMBERG
BAYERN

SEITE 284

DER GUIDE IM ÜBERBLICK

DIE BEWERTUNG

Die Bewertungen im Falstaff Restaurant- & Gasthausguide beruhen auf der Falstaff-Community. Die Gästebewertungen werden anschließend von einer Fachjury ausgewertet – daraus entsteht eine Liste von Restaurants und Gasthäusern, die einmal pro Jahr im Falstaff Restaurant- & Gasthausguide veröffentlicht wird.

Jedes Voting erfolgt in den vier Einzelbereichen
- Essen (max. 50 Punkte),
- Service (max. 20 Punkte),
- Getränke (max. 20 Punkte),
- Ambiente (max. 10 Punkte).

Die höchstmögliche Gesamtzahl beträgt 100 Punkte.

SO LESEN SIE DIESEN GUIDE

Rund 1850 Lokale in ganz Deutschland sind im Falstaff Restaurant- & Gasthausguide bewertet und beschrieben. Die Listung erfolgt nach Regionen, innerhalb der Region nach Bundesland und im jeweiligen Bundesland sind die Restaurants alphabetisch nach Ortsnamen und anschließend alphabetisch nach Betriebsnamen sortiert.

Am Ende dieses Buchs finden sich zwei Register:
- Index nach Ortsnamen von A bis Z,
- Index nach Restaurants von A bis Z.

Jedes Restaurant wurde von der Redaktion mit aussagekräftigen Attributen versehen, die die jeweils individuellen Besonderheiten hervorheben und das Konzept treffend beschreiben.

Die angegebenen Daten wurden von den Betrieben an Falstaff übermittelt. Die aktuellsten Informationen und Öffnungszeiten finden Sie immer in der Falstaff-Restaurant-App, auf www.falstaff.com sowie auf der Webseite des jeweiligen Betriebs.

FOR
WINE
LOVERS
ZIEHER
WWW.ZIEHER-VISION.COM

SYMBOLIK

RESTAURANTSPEZIFISCH

- Gastgarten
- nah am Wasser
- hauseigene Parkplätze
- kinderfreundlich
- barrierefrei
- Hunde nicht erwünscht
- Übernachtungsmöglichkeit
- vegetarisches Angebot
- Bierfokus
- elektronische Zahlungsmöglichkeit

BEWERTUNG

Essen:	maximal 50 Punkte
Service:	maximal 20 Punkte
Getränke:	maximal 20 Punkte
Ambiente:	maximal 10 Punkte
Gesamt:	maximal 100 Punkte

GABEL-SYMBOLE*

- 95–100 Punkte
- 90–94 Punkte
- 85–89 Punkte
- 80–84 Punkte

* © Modell »Vienna« von Berndorf Besteck

Foto: Gary Schmid

Gesamtwertung für Deutschland

1.	Aqua 38440 Wolfsburg	Seite 88	100 Punkte
1.	Schwarzwaldstube 72270 Baiersbronn	Seite 300	100 Punkte
2.	Sonnora 54518 Dreis	Seite 252	99 Punkte
2.	Victor's Fine Dining by Christian Bau 66706 Perl-Nennig	Seite 279	99 Punkte
3.	Bareiss 72270 Baiersbronn	Seite 298	98 Punkte
3.	Rutz Restaurant 10115 Berlin	Seite 127	98 Punkte
3.	Schanz 54498 Piesport	Seite 267	98 Punkte
4.	Haerlin 20354 Hamburg	Seite 50	97 Punkte
4.	Restaurant Jan 80333 München	Seite 423	97 Punkte
4.	The Table 20457 Hamburg	Seite 59	97 Punkte

4.	Überfahrt 83700 Rottach-Egern	Seite 447	97 Punkte
5.	Tantris 80805 München	Seite 426	97 Punkte
6.	Lafleur 60325 Frankfurt am Main	Seite 171	96 Punkte
6.	Tantris DNA 80805 München	Seite 426	96 Punkte
6.	Tohru in der Schreiberei 80331 München	Seite 426	96 Punkte
7.	Alexander Herrmann 95339 Wirsberg	Seite 459	95 Punkte
7.	Ammolite 77977 Rust	Seite 349	95 Punkte
7.	Dorint Söl'ring Hof 25980 Rantum (Sylt)	Seite 98	95 Punkte
7.	EssZimmer 80809 München	Seite 414	95 Punkte
7.	Le Moissonnier 50670 Köln	Seite 223	95 Punkte
7.	Lorenz Adlon Esszimmer 10117 Berlin	Seite 122	95 Punkte
7.	Louis 66740 Saarlouis	Seite 281	95 Punkte
7.	Luce d'Oro 82493 Elmau	Seite 389	95 Punkte
7.	Meierei Dirk Luther 24960 Glücksburg	Seite 91	95 Punkte
7.	PURS 56626 Andernach	Seite 244	95 Punkte
7.	Vendôme 51429 Bergisch Gladbach	Seite 192	95 Punkte
8.	Bayerischer Hof Atelier 80333 München	Seite 412	95 Punkte

Die Reihung ergibt sich aus Gesamtpunktzahl und Essensbewertung.

80–84 85–89 90–94 95–100 Punkte

Foto: PR

Gastronom des Jahres

ROBIN PIETSCH (WERNIGERODE)

Blankenburg in Sachsen-Anhalt ist die Heimat von Robin Pietsch, der es in nur wenigen Jahren zum erfolgreichen Koch und Unternehmer gebracht hat. Eine bemerkenswerte Leistung in einem jungen Leben, Pietsch ist Jahrgang 1988. Seine Karriere begann mit der Ausbildung zum Konditor in Wernigerode und einer anschließenden Kochlehre in Ilsenburg. Sein erstes Restaurant eröffnete Robin Pietsch im Jahr 2012, nannte es ZeitWerk und verwöhnt mit seinem jungen Team seither mit einer Küche, die sich vorwiegend der Produkte heimischer Erzeuger bedient. Heimatverbundenheit ist Robin Pietsch wichtig, finessenreich und erfrischend unkompliziert umgesetzt und serviert in einem trendigen, legeren Ambiente. Einige Jahre später folgte das Pietsch, ein kleines Restaurant, in dem Regionalität durchdacht und kreativ, aber auch geradlinig und intensiv mit internationalen Einflüssen verbunden wird. Mit seinen beiden Restaurants begeistert Robin Pietsch nicht nur die Gäste, auch die Kritiker setzen den jungen Koch und Unternehmer auf ihre Bestenlisten.

Foto: LVF Photography

Internationaler Botschafter

TRISTAN BRANDT (HEIDELBERG)

Deutsche Spitzenköche, so gut ihr Ruf auch ist, sind überwiegend Propheten im eigenen Land. Nur die wenigsten eröffnen internationale Dependancen und bauen so eine länderübergreifende Marke auf. Tristan Brandt ist gerade dabei, sich zu so einer Personal Brand zu entwickeln. Was der 37-Jährige anpackt, wird zum Erfolg – auch im Ausland. Ausgehend von Mannheim hat er in verschiedenen Küchen seine Qualitäten bewiesen, nachdem er zuvor unter großen Namen wie Harald Wohlfahrt, Jean-Georges Klein und Christian Bau gelernt und gearbeitet hatte. Seit einiger Zeit ist er überwiegend als Geschäftsführer und Berater tätig. Gerade wurde das Epoca by Tristan Brandt in der Schweiz vom Guide Michelin mit einem Stern geadelt, für das Brandt das Gourmetkonzept entwickelte. Im Dezember 2022 eröffnete der Tambourine Room in Miami, für den der gebürtige Mainzer ebenfalls Pate stand. Brandt ist ein Aushängeschild der deutschen Top-Küche und somit der ideale Preisträger in der Kategorie »Internationaler Botschafter«.

Foto: PR

Bester Service des Jahres

SABINE UND FRANÇOIS RITTER (LE PAVILLON)

Wer in das Dollenberg kommt, ein familiengeführtes Schwarzwald-Resort in Bad Peterstal-Griesbach, das Wohlfühlen in den Mittelpunkt seines erstklassigen Angebots stellt, dem werden mit Sicherheit Sabine und François Ritter begegnen. Ein Elsässer Ehepaar, das in verantwortlicher Position mit Charme und Esprit, Aufmerksamkeit und Professionalität, umsichtig und unaufdringlich den Service im Dollenberg leitet. Und das seit rund 30 Jahren – auch eine Auszeichnung für die Unternehmenskultur und das gute Verhältnis zu den Mitarbeitern im Hotel und Restaurant der Familie um Meinrad Schmiederer. Sabine und François Ritter kennen viele Gäste mit Namen, wissen oft um deren Familien und nehmen sich für jeden Gast die Zeit, die diesem guttut. Dabei leitet Sabine Ritter mit viel Charme den Service im exklusiven Gourmet-Restaurant von Martin Herrmann. Ihr Mann, der aus Wissembourg im Nordelsass stammt, ist für die Kaminstube verantwortlich, in der die Gäste mit dem Frühstück den Tag beginnen – natürlich perfekt organisiert, dafür sorgt Oberkellner François Ritter mit seinem Team.

Foto: Horst Müller – Foto Bonn

Altmeister

RAINER-MARIA HALBEDEL (HALBEDEL'S GASTHAUS, BONN)

Von der Herkunft her ist er Niedersachse, aus Leidenschaft ist er Koch. Und das seit rund 60 Jahren, seit er seine Lehre im Waldhotel Felsenkeller in Bad Iburg begann. Koch wollte Rainer-Maria Halbedel schon als Kind werden, und er fand in dem vielseitigen und kreativen Beruf schnell seine Erfüllung, die ihn bis heute antreibt und von der im Laufe seiner langen Karriere Tausende Gäste profitiert haben. Die vielen, aber vor allem beständigen Auszeichnungen, die Halbedel in den Restaurant-Guides seit Jahrzehnten erfährt, bestätigen die kontinuierliche Qualität seiner Küche, die auf einem großen Erfahrungsschatz gründet. Im Jahre 1976 zog es ihn nach Bonn. Dort startete er, zusammen mit seiner Frau Irmgard, in einer wunderschönen stuckverzierten Jugendstilvilla in die Selbstständigkeit. In Halbedel's Gasthaus setzt er mit seiner klassisch französisch ausgerichteten Küche bis heute Akzente. Rainer-Maria Halbedel ist ein Altmeister im besten Sinn des Wortes, ein kochender Erfahrungsschatz, ein fantasievoller und kreativer Aktivposten in Sachen Qualität und eine Legende am Herd.

Foto: Daniel Breidt

Eröffnung des Jahres

STUBN, FRASDORF

Da verlässt einer die Großstadt, gibt einen guten Job in einem prestigeträchtigen Restaurant auf – und übernimmt stattdessen eine Hütte am Fuß der Alpen, die man nur über eine einstündige Wanderung erreicht. Maximilian Müller ist dieses Wagnis eingegangen: Er tauschte seinen Arbeitsplatz als Souschef des Berliner Nobelhart & Schmutzig gegen die kulinarische Leitung der Stubn nahe Frasdorf im Chiemgau. Auf rund 1000 Meter Höhe, umgeben von Wald, Wiesen und Bergen, kocht der 34-Jährige seit Mai 2022 eine zeitgemäße Alpenküche, die man sich in Deutschland häufiger wünschen würde. Im Erdgeschoss der grundrenovierten Hütte aus dem Jahr 1939 nehmen die Gäste der Stubn Platz, im Obergeschoss sind elf schlichte, gemütliche Zimmer eingerichtet. Hinter dem vorbildhaften Konzept steckt der Berliner Szenegastronom Ludwig Cramer-Klett, der, ebenso wie Müller, aus Oberbayern stammt. Er lernte Müller in Berlin kennen und lockte ihn zurück in die Heimat. Beziehungen zu lokalen Erzeugern sind längst geknüpft, die Stubn bereichern die gesamte Region.

Foto: PR

Bestes Gasthaus

ZUM KRUG, HATTENHEIM

Mitten im Weinort Hattenheim steht – zu erkennen an der herausgeputzten Fachwerkfassade und den Buntglasfenstern – der Krug, ein gepflegtes Gasthaus und seit Jahrzehnten eine gastronomische Institution im Rheingau. Hier ist alles gediegen und gutbürgerlich im besten Sinne des Wortes, das Interieur heimelig wie die sprichwörtlich gute Stube. Der holzgetäfelte Gastraum mit seinem alten Kachelofen vermittelt in seiner zeitlosen Beständigkeit dem Gast das gute Gefühl, bei Josef Laufer und seinem Team in guten Händen zu sein. Auch in den beiden kleineren Nebenräumen triumphiert dieses gastliche Wohlgefühl. Neben der bewährten klassischen Küche, die in dem Familienbetrieb als kulinarisches Erbe des traditionsreichen Gasthauses mit Bedacht gepflegt und dazu immer wieder gekonnt mit modernen Akzenten verfeinert wird, bietet die Weinkarte vor allem Rieslinge in einer bemerkenswerte Jahrgangstiefe und so manche Rarität aus Weingütern, die schon lange nicht mehr am Markt sind. Rundum ein Gasthaus wie aus dem Bilderbuch!

Foto: PR

Entdeckung des Jahres

MUSSUMER KRUG, BOCHOLT

Was klingt wie der Name eines norddeutschen Restaurants, liegt im Westmünsterland unweit der Grenze zu Holland. Der Mussumer Krug ist eine kleine kulinarische Wohlfühloase mit wenigen Sitzplätzen, aber mit viel Charme und Flair. Gastfreundschaft steht hier an erster Stelle, gelebt vom ganzen Team und spürbar umgesetzt in einem warmen und gemütlichen Ambiente, in dem »Willkommen« keine Worthülse ist. Dass die Küche liebt, was sie tut, gehört zum Konzept des Restaurants und ist nachhaltig schmeckbar. Urgetreide-Brot und gute Butter sind folglich auch der ideale Einstieg in eine Küche, die sich nicht in kulinarischen Ausschweifungen verliert, sondern sich auf wenige Gerichte konzentriert. Qualität vom Feinsten, puristisch und handfest zubereitet – vom erstklassigen Rindertatar über Miesmuscheln mit Buttersauce und Miso, gegrillter Makrele bis zum Havelländer Schweinebauch mit Crack-Sauce und geröstetem Knoblauch. Eine Entdeckung mit Bodenhaftung, bei der sich alles um das leibliche Wohl der Gäste dreht.

Foto: Alexandra Sinz

Entdeckung des Jahres

BI:BRAUD, ULM

Die Schreibweise des Namens erinnert an die Aussprache-Hilfe eines Wörterbuchs, tatsächlich ist er einfach die Lautschrift für den Nachnamen der sympathischen Inhaberin, Alina Bebrout. Sie führt in Ulm eines der angesagtesten Restaurants, das zwar schon seit einiger Zeit Gäste begeistert, aber auch überregional mehr Beachtung verdient. Genießer sollten Bebrouts Küche unbedingt auf die Landkarte setzen: Kombinationen wie Hamachi mit Estragon und Buttermilch oder Bebrouts Version von Birne, Bohne, Speck schmecken nicht nur ausgezeichnet, sondern sind auch bekömmlich und leicht. In der gehobenen Gastronomie ist das gar nicht so oft anzutreffen, wie man meinen könnte. Angenehm ist auch die Atmosphäre: Die Stunden vergehen dank des lockeren Service entspannt und unverkrampft – so machen Abende in der anspruchsvollen Gastronomie Spaß. Die ambitionierte Weinkarte unterstreicht das ausgereift wirkende Konzept – eben genau richtig für Entdecker.

Foto: Rene Flindt

Nachhaltigkeit & Innovation

100/200, HAMBURG

Nachhaltigkeit und die Werte, die damit verbunden sind, stehen auch in der Spitzengastronomie hoch im Kurs. Doch während manche bloß darüber reden, handeln die Gastgeber im 100/200 in Hamburg – bis ins Detail und weit über die Kulinarik hinaus. Naturschutz, Tierwohl und gute Arbeitsbedingungen gehören zum Wertekanon von Thomas Imbusch und Sophie Lehmann. Von der Stange ist in ihrem Restaurant nur wenig, Handwerk zählt dagegen umso mehr, wie sich etwa beim individuellen Interieur zeigt. Auf Tischdecken verzichtet man bewusst und spart sich so Hunderte Waschgänge im Jahr. Das handgeschlagene Besteck wird während des gesamten Abends nicht ausgetauscht. Viermal jährlich wechselt das feste Menü, das sich am Wandel der Jahreszeiten orientiert, in den Sommermonaten auf Fisch und Fleisch verzichtet und ansonsten konsequent Tiere komplett verarbeitet. Dass Imbusch und Lehmann einen weiten Horizont haben, zeigt sich auch im sozialen Umgang: Die im vergangenen Jahr gegründete betriebseigene Akademie verspricht Schülern eine ganzheitliche, zeitgemäße Ausbildung in der Gastronomie, die drei Jahre dauert und neben dem Küchenhandwerk auch wirtschaftliche Bezüge thematisiert.

Foto: Simeon Johnke

Sonderpreis Special Selection

ESSIGBRÄTLEIN, NÜRNBERG

Ja, es steht Fleisch auf der Karte vom essigbrätlein, und es gibt auch Fisch. Das eigentliche Highlight in den Menüs von Andree Köthe und Yves Ollech ist aber das elegant verfeinerte Gemüse, das Köthe in den frühen Morgenstunden von den Feldern im Knoblauchsland holt. In der seltenen Mischung aus perfekt beherrschtem Handwerk, profundem Wissen und sicherem Gespür für Aromen und Konsistenzen heben die beiden Küchenkünstler – hier passt das Wort – vermeintlich simpelste Zutaten auf ein neues Niveau. Da wird eine breite Bohne mit Reiscreme kombiniert, Salbei mit Schmorapfel, Rosenkohl mit Steckrübe und Ingwer. Das mag unscheinbar klingen. Aber es schmeckt spektakulär. So gut, dass tierische Komponenten bis auf wenige Ausnahmen zu Nebendarstellern werden; im Fokus stehen die komplexen und dennoch zugänglichen fleischlosen Kompositionen der kongenialen Küchenchefs, die teils auf uralten Sorten beruhen oder sonst ungenutzte Teile einer Pflanze beinhalten. Köthe und Ollech schaffen es in den besten Momenten, mit ihrem Essen berühren und selbst regelmäßige Besucher von Spitzenrestaurants sprachlos zu machen.

Foto: Kathrin Koschitzki

Die besten Weinkarten Deutschlands

Aqua	38440 Wolfsburg	Seite 88	100 Punkte
Schwarzwaldstube	72270 Baiersbronn	Seite 300	100 Punkte
Überfahrt	83700 Rottach-Egern	Seite 447	97 Punkte
Tantris	80805 München	Seite 426	97 Punkte
Nobelhart & Schmutzig	10969 Berlin	Seite 123	93 Punkte
Schwarzer Adler	79235 Vogtsburg	Seite 366	92 Punkte
Kronenschlösschen	65347 Eltville	Seite 168	91 Punkte
Sansibar	25980 Rantum (Sylt)	Seite 98	91 Punkte
Grill Royal	10117 Berlin	Seite 117	90 Punkte
Rocaille	40476 Düsseldorf	Seite 207	89 Punkte

Redaktionelle Auswahl. Die Reihung ergibt sich aus der Gesamtpunktzahl und Essensbewertung.

80–84 85–89 90–94 95–100 Punkte

Schwarzwaldstube, Baiersbronn

Foto: Julian Beekmann

Top 10 schönstes Ambiente

Aqua 38440 Wolfsburg	Seite 88	100 Punkte
Schwarzwaldstube 72270 Baiersbronn	Seite 300	100 Punkte
Tantris 80805 München	Seite 426	97 Punkte
Dorint Söl'ring Hof 25980 Rantum (Sylt)	Seite 98	95 Punkte
Louis 66740 Saarlouis	Seite 281	95 Punkte
PURS 56626 Andernach	Seite 244	95 Punkte
Es:senz 83224 Grassau	Seite 397	95 Punkte
Falco 04105 Leipzig	Seite 144	95 Punkte
Nikkei Nine 20354 Hamburg	Seite 55	91 Punkte
The Grill 76530 Baden-Baden	Seite 297	87 Punkte

Redaktionelle Auswahl. Die Reihung ergibt sich aus der Gesamtpunktzahl und Essensbewertung.

Ophelia, Konstanz

Foto: PR

Top 10
schönste Terrasse

Ophelia 78464 Konstanz	🍴🍴🍴 Seite 334	94 Punkte
Lakeside 20354 Hamburg	🍴🍴🍴 Seite 54	92 Punkte
Fischereihafen 22767 Hamburg	🍴🍴🍴 Seite 49	91 Punkte
Wein- und Tafelhaus 54349 Trittenheim	🍴🍴🍴 Seite 273	90 Punkte
Das Maximilians 87561 Oberstdorf	🍴🍴 Seite 437	89 Punkte
Ich weiß ein Haus am See 18292 Kuchelmiß	🍴🍴 Seite 66	89 Punkte
Voshövel 46514 Schermbeck	🍴🍴 Seite 238	88 Punkte
Emma Metzler 60594 Frankfurt am Main	🍴🍴 Seite 170	87 Punkte
Restaurant St. Urban 67146 Deidesheim	🍴🍴 Seite 250	87 Punkte
Röperhof 22605 Hamburg	🍴🍴 Seite 57	86 Punkte

Redaktionelle Auswahl. Die Reihung ergibt sich aus der Gesamtpunktzahl und Essensbewertung.

🍴 80–84 🍴🍴 85–89 🍴🍴🍴 90–94 🍴🍴🍴🍴 95–100 Punkte

Schanz, Piesport

Foto: Kirchgasser Photography

Top 10 mit Übernachtung

Aqua 38440 Wolfsburg	Seite 88	100 Punkte
Schwarzwaldstube 72270 Baiersbronn	Seite 300	100 Punkte
Schanz 54498 Piesport	Seite 267	98 Punkte
Überfahrt 83700 Rottach-Egern	Seite 447	97 Punkte
Meierei Dirk Luther 24960 Glücksburg	Seite 91	95 Punkte
Le Pavillon 77740 Bad Peterstal-Griesbach	Seite 292	95 Punkte
Ösch Noir 78166 Donaueschingen	Seite 306	93 Punkte
Gams & Gloria 87645 Schwangau	Seite 449	89 Punkte
Weinrestaurant Ayler Kupp 54441 Ayl	Seite 245	88 Punkte
Hygge 22607 Hamburg	Seite 51	87 Punkte

Redaktionelle Auswahl. Die Reihung ergibt sich aus der Gesamtpunktzahl und Essensbewertung.

80–84 85–89 90–94 95–100 Punkte

Top 5 italienische Küche

Acquarello 81677 München	Seite 410	90 Punkte
Acetaia 80639 München	Seite 409	89 Punkte
Alfredo 50667 Köln	Seite 219	89 Punkte
Anna Sgroi 20148 Hamburg	Seite 44	89 Punkte
Carmelo Greco 60598 Frankfurt am Main	Seite 169	89 Punkte

Top 5 asiatische Küche

893 Ryotei 10625 Berlin	Seite 108	87 Punkte
Brechtmanns Bistro 20251 Hamburg	Seite 45	87 Punkte
KOI 80333 München	Seite 418	87 Punkte
Sushi B. 67146 Deidesheim	Seite 251	86 Punkte
Sushimoto 60313 Frankfurt am Main	Seite 174	85 Punkte

Redaktionelle Auswahl. Die Reihung ergibt sich aus der Gesamtpunktzahl und Essensbewertung.

Foto: PR

Top 10 deutsche Küche

Wielandshöhe 70597 Stuttgart	Seite 361	91 Punkte
Schatzhauser 72270 Baiersbronn	Seite 300	91 Punkte
STUBN 83112 Frasdorf	Seite 392	90 Punkte
Villa Kellermann 14467 Potsdam	Seite 134	90 Punkte
Der Dantler 81541 München	Seite 413	89 Punkte
Zeltinger Hof 54492 Zeltingen	Seite 276	88 Punkte
Henriks 20148 Hamburg	Seite 50	87 Punkte
Knipsers Halbstück 67281 Bissersheim	Seite 248	87 Punkte
Brauhaus Johann Schäfer 50677 Köln	Seite 219	86 Punkte
Franziska 60599 Frankfurt am Main	Seite 170	84 Punkte

Redaktionelle Auswahl. Die Reihung ergibt sich aus der Gesamtpunktzahl und Essensbewertung.

80–84 85–89 90–94 95–100 Punkte

NORDEN

DIE BESTEN RESTAURANTS
UND GASTHÄUSER IN
BREMEN, HAMBURG,
MECKLENBURG-VORPOMMERN,
NIEDERSACHSEN
UND SCHLESWIG-HOLSTEIN.

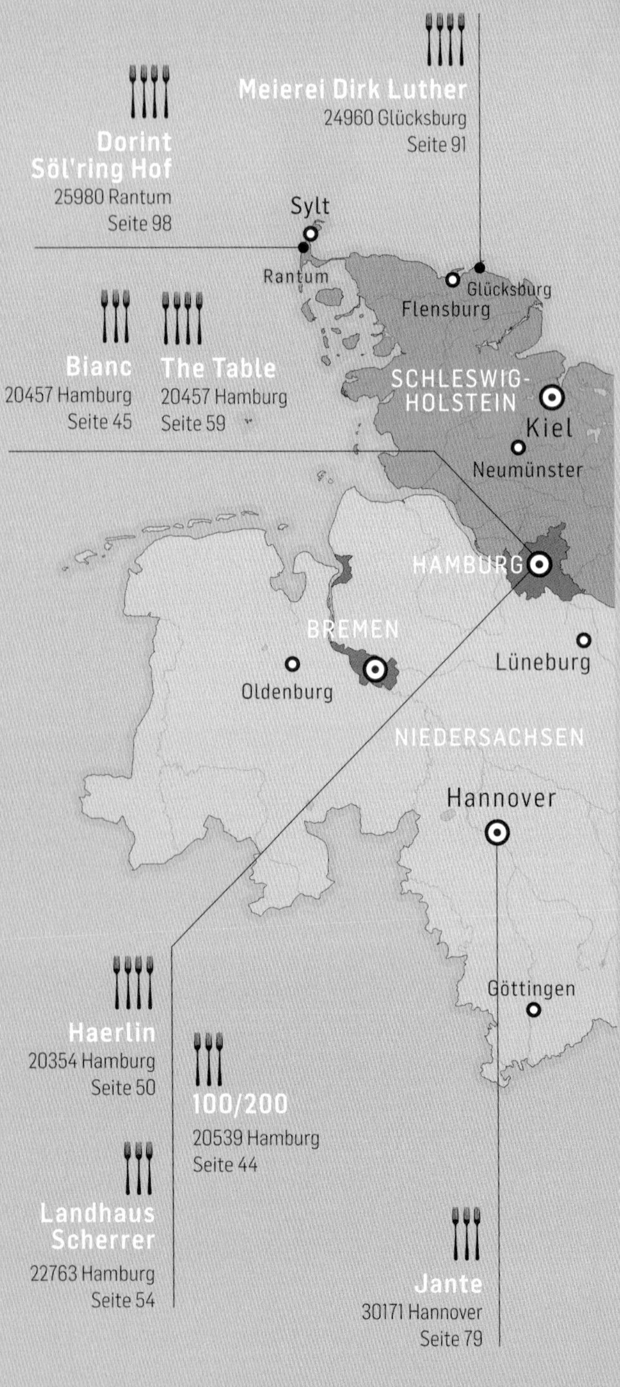
Meierei Dirk Luther
24960 Glücksburg
Seite 91
Dorint Söl'ring Hof
25980 Rantum
Seite 98
Sylt
Rantum
Glücksburg
Flensburg
Bianc
20457 Hamburg
Seite 45
The Table
20457 Hamburg
Seite 59
SCHLESWIG-HOLSTEIN
Kiel
Neumünster
HAMBURG
BREMEN
Oldenburg
Lüneburg
NIEDERSACHSEN
Hannover
Göttingen
Haerlin
20354 Hamburg
Seite 50
100/200
20539 Hamburg
Seite 44
Landhaus Scherrer
22763 Hamburg
Seite 54
Jante
30171 Hannover
Seite 79

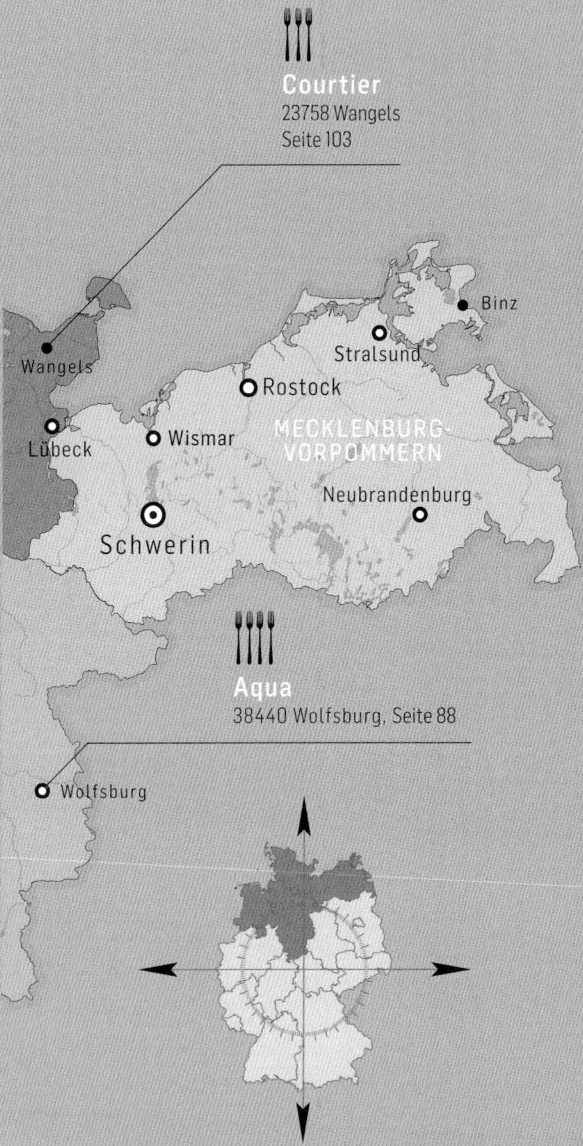

TOP-10 IM NORDEN

BREMEN, HAMBURG, NIEDERSACHSEN, MECKLENBURG-VORPOMMERN, SCHLESWIG-HOLSTEIN

BREMEN

Al Pappagallo — 28203 Bremen

Pasta ist nicht gleich Pasta. Gastronom Gianni Ferrulli bringt hier, aber auch bei anderen italienischen Spezialitäten sowie bei Fisch und Fleisch Höchstleistungen. Chilliger Garten und Wintergarten!

Außer der Schleifmühle 73
+49 421 327963
alpappagallo.de
Familienbetrieb • italienisch • Terrasse

Essen:	**43**	50
Service:	**18**	20
Getränke:	**17**	20
Ambiente:	**8**	10
Gesamt:	**86**	100

Bremer Ratskeller — 28195 Bremen

Um die Höhen der lokalen Küchenklassiker wie etwa Knipp oder Labskaus zu erklimmen, geht es in die Tiefen des Gewölbes unter dem Bremer Rathaus hinab. Hier lassen sich 600 Jahre Geschichte »einatmen«.

Am Markt
+49 421 321676
ratskeller-bremen.de
deutsche Küche • regional • Gewölbe • traditionell

Essen:	**43**	50
Service:	**17**	20
Getränke:	**19**	20
Ambiente:	**8**	10
Gesamt:	**87**	100

Das Kleine Lokal — 28203 Bremen

Klein, aber oho – und natürlich fein: So kann man das Lokal von Stefan Ladenberger am besten beschreiben. In entspannter Atmosphäre überzeugt die experimentierfreudige Küche. Tolle Weinraritäten!

Besselstraße 40
+49 421 7949084
das-kleine-lokal.de
Fine Dining • Terrasse • elegant

Essen:	**44**	50
Service:	**18**	20
Getränke:	**18**	20
Ambiente:	**8**	10
Gesamt:	**88**	100

Due Fratelli

28195 Bremen

Auf gutem Niveau kann man hier einen Querschnitt der italienischen Küche entdecken, natürlich hausgemacht. Die Pasta zergeht auf der Zunge, weitere Highlights sind Kabeljau aus dem Ofen und Maishähnchen Suprême.

Am Markt 13
+49 421 67352817
due-fratelli-bremen.de
Fine Dining • italienisch • klassisch

Essen:	43 | 50
Service:	18 | 20
Getränke:	17 | 20
Ambiente:	8 | 10
Gesamt:	86 | 100

Wels

28213 Bremen

Klar, dass im Süßwasseraquarium auch prächtige Welse schwimmen. Fische sind, neben Wild, die Stars der Karte. Das Wild stammt aus hiesigen Jagdrevieren, der Fisch hatte es auch nicht weit in die Pfanne.

Parkallee 299
+49 421 2202666
hotel-munte.de
Hotelrestaurant • Bar • Fisch • im Grünen

Essen:	44 | 50
Service:	16 | 20
Getränke:	17 | 20
Ambiente:	8 | 10
Gesamt:	85 | 100

Mulberry ST

27568 Bremerhaven

Das Restaurant ist nach der New Yorker Mulberry Street benannt. Ganz im amerikanischen Stil wird auch bei der Speisenauswahl die kulinarische Vielfalt unterstrichen, wie sie Phillip Probst schafft.

Columbusstraße 67
+49 471 902240
liberty-bremerhaven.com
Hotelrestaurant • Casual Dining • elegant

Essen:	44 | 50
Service:	17 | 20
Getränke:	16 | 20
Ambiente:	8 | 10
Gesamt:	85 | 100

Natusch

27572 Bremerhaven

Für Freunde von Fisch und Seefahrt ist das Natusch eine Art Mekka. Die Frischfisch-Variationen können die Gäste zum Beispiel in Interieur genießen, das von einer Jacht des Hollywood-Stars Errol Flynn stammt.

Am Fischbahnhof 1
+49 471 71021
natusch.de
Fisch • Meeresfrüchte • gemütlich • Terrasse

Essen:	44 | 50
Service:	18 | 20
Getränke:	17 | 20
Ambiente:	8 | 10
Gesamt:	87 | 100

Pier 6

27568 Bremerhaven

Aus Franken ist Steffen Heumann in den Norden gezogen. Er kocht traditionell mit zeitgemäßer Raffinesse. Tafelspitz von deutscher Färse und Tiefsee-Rotbarsch-Filet sind zwei der Gourmetschmeichler.

Barkhausenstraße 6
+49 471 48364080
pier6.de
Fisch • regionale Produkte • Essen mit Aussicht • Terrasse

P

Essen:	43 | 50
Service:	17 | 20
Getränke:	17 | 20
Ambiente:	8 | 10
Gesamt:	85 | 100

HAMBURG

100/200 — 20539 Hamburg

Im schicken Lagerhaus-Ambiente mit offener Showküche überrascht Thomas Imbusch seine Gäste unter dem Motto »Es wird gegessen, was auf den Tisch kommt!«. Es gibt nur ein Menü – und das ist absolute Spitze.

Brandshofer Deich 68	Essen: **47** I 50
+49 40 30925191	Service: **19** I 20
100200.kitchen	Getränke: **18** I 20
Fine Dining • nachhaltig • regionale Produkte	Ambiente: **9** I 10
	Gesamt: 93 I 100

Altes Mädchen — 20357 Hamburg

Hausgemachtes Bio-Bier steht hier im Fokus. Mindestens 15 Sorten vom Fass und einige Flaschen sind stets im Angebot, dazu gibt es deftige Braumeisterküche wie selbst gebackenes Schwarzbrot mit Matjes.

Lagerstraße 28b	Essen: **42** I 50
+49 40 800077750	Service: **17** I 20
altes-maedchen.com	Getränke: **18** I 20
Biervielfalt • nachhaltig • modern	Ambiente: **8** I 10
	Gesamt: 85 I 100

Am Kai — 22767 Hamburg

Fischrestaurant direkt am Elbkai mit viel Hafenflair und schöner Terrasse. Timo Müller und sein Team bieten eine große Auswahl an Fischgerichten und Meeresfrüchten. Tipp: den Fang des Tages probieren.

Große Elbstraße 145b–d	Essen: **43** I 50
+49 40 38037730	Service: **18** I 20
amkai.hamburg	Getränke: **17** I 20
Fisch • Terrasse • unkonventionell	Ambiente: **8** I 10
	Gesamt: 86 I 100

Anna Sgroi — 20148 Hamburg

Elegantes Restaurant mit alten Holzdielen, Veranda und Terrasse. Anna Sgroi bringt raffinierte sizilianische Gerichte auf den Tisch und konzentriert sich dabei auf das Wesentliche. Gute Weinkarte.

Milchstraße 7	Essen: **45** I 50
+49 40 28003930	Service: **18** I 20
annasgroi.de	Getränke: **18** I 20
Bistro • italienisch • Fine Dining • modern	Ambiente: **8** I 10
	Gesamt: 89 I 100

AuthenTikka

20357 Hamburg

Von Punjab nach Mumbai und über Kanada in die Schanze. Denn dort zelebriert Tarun Rana authentische und traditionelle Gerichte der indischen Küche aus nachhaltig erzeugten Zutaten. Schöner Sonntagsbrunch.

Schäferkampsallee 41	Essen: **42** | 50
+49 40 44191222	Service: **18** | 20
authentikka.de	Getränke: **16** | 20
indisch • nachhaltig • gemütlich	Ambiente: **8** | 10
	Gesamt: 84 | 100

Bianc

20457 Hamburg

Im modernen Ambiente in der Hafencity setzt Matteo Ferrantino auf mediterrane Küche. Dank seiner raffinierten Kreativität gelingen auf Basis traditioneller Gerichte großartige Geschmackserlebnisse.

Am Sandtorkai 50	Essen: **48** | 50
+49 40 18119797	Service: **18** | 20
bianc.de	Getränke: **18** | 20
mediterran • Fine Dining • modern	Ambiente: **9** | 10
	Gesamt: 93 | 100

Block House

20095 Hamburg

Rustikales Steakhouse mit bestem Rindfleisch von ausgewählten Erzeugern. Aber es gibt auch Alternativen zu den perfekt gegarten Fleischgerichten, etwa Fisch, Krabben und wunderbar frische Salate.

Jungfernstieg 1	Essen: **42** | 50
+49 40 30382215	Service: **16** | 20
block-house.de	Getränke: **17** | 20
Steak • Burger • unkonventionell	Ambiente: **7** | 10
	Gesamt: 82 | 100

Bootshaus

20457 Hamburg

Puristisch eingerichtetes Restaurant und Bar in der Hafencity. Auf der Karte stehen Fleischgerichte vom Grill sowie eine gute Auswahl an Fisch und vegetarischen Gerichten. Gute Cocktails.

Am Kaiserkai 19	Essen: **42** | 50
+49 40 33473744	Service: **17** | 20
bootshaus-hafencity.de	Getränke: **18** | 20
Steak • Fisch • Essen mit Aussicht • modern	Ambiente: **8** | 10
	Gesamt: 85 | 100

Brechtmanns Bistro

20251 Hamburg

Bistro im puristischen Ambiente. Exquisite Gerichte aus Asien und Norddeutschland. Unbedingt probieren: Oldenburger Ente oder Gans. Zarter, saftiger und knuspriger geht es nicht. Ansprechende Weinkarte.

Erikastraße 43	Essen: **43** | 50
+49 40 41305888	Service: **18** | 20
brechtmann-bistro.de	Getränke: **18** | 20
Bistro • Thai • regionale Produkte • entspannt	Ambiente: **8** | 10
	Gesamt: 87 | 100

Brook

20457 Hamburg

Klassisches Lokal mit schönem Blick auf die Speicherstadt. Kreative Frischeküche aus regionalen Produkten. Besondere Empfehlungen sind die Fischgerichte wie das Doradenfilet oder Zander.

Bei den Mühren 91 +49 40 37503128 restaurant-brook.de **deutsche Küche • regionale Produkte • Terrasse**	Essen: **42** I 50 Service: **17** I 20 Getränke: **17** I 20 Ambiente: **8** I 10 Gesamt: 84 I 100

Brüdigams

20259 Hamburg

Gehobene Bistroküche im gemütlichen Ambiente. Menüs nach Wahl mit drei oder vier Gängen. Überraschend gut zum Auftakt ist das Adlerfischfilet, gebraten und kalt mariniert mit Dill-Schmand-Gurken.

Eppendorfer Weg 98 +49 40 57012999 bruedigams.de **Bistro • regionale Produkte • gemütlich**	Essen: **42** I 50 Service: **17** I 20 Getränke: **17** I 20 Ambiente: **8** I 10 Gesamt: 84 I 100

Bullerei

20357 Hamburg

Dass man bei »Küchenbulle« Tim Mälzer hervorragendes Fleisch vom Grill bekommt, ist klar. Inzwischen ist aber auch die Veggie-Karte beachtlich, dazu gibt's eine schöne Auswahl an feinen Weinen.

Lagerstraße 34b +49 40 33442110 bullerei.com **Steak • deutsche Küche • unkonventionell • vegetarisch**	Essen: **43** I 50 Service: **17** I 20 Getränke: **17** I 20 Ambiente: **8** I 10 Gesamt: 85 I 100

Butcher's

20148 Hamburg

Uramerikanisches Steakhouse mit bestem U.S. Prime Beef. Erstklassige Steaks, die Beilagenkarte bietet 13 Varianten. Butterweich, saftig und über 1,2 Kilo schwer ist das Porterhouse Steak für zwei Personen.

Milchstraße 19
+49 40 446082
butchers-steakhouse.de
amerikanisch • Steaks • modern

Essen:	43 | 50
Service:	18 | 20
Getränke:	18 | 20
Ambiente:	8 | 10
Gesamt:	87 | 100

Carls

20457 Hamburg

Brasserie, Bistro und Weinbar, überwiegend mit attraktivem Elbblick. Die Küche ist französisch geprägt und arbeitet mit saisonalen Zutaten aus Norddeutschland. Ein Klassiker und immer gut ist das Bœuf bourguignon.

Am Kaiserkai 69
+49 40 300322400
carls-brasserie.de
Bistro • französisch • modern

Essen:	42 | 50
Service:	17 | 20
Getränke:	17 | 20
Ambiente:	8 | 10
Gesamt:	84 | 100

Carmagnole

22769 Hamburg

Klassisches französisches Bistro in der Hamburger Schanze, stimmungsvoll und eng bestuhlt. Klassiker wie Moules frites, Steak Tatar oder Artischocken begeistern. Gute Weinkarte und tolle Cocktails.

Juliusstraße 18
+49 40 40186115
carmagnole.de
Bistro • französisch • Terrasse

Essen:	42 | 50
Service:	17 | 20
Getränke:	18 | 20
Ambiente:	7 | 10
Gesamt:	84 | 100

Clouds

20359 Hamburg

Spannende Cross-over-Küche im 23. Stockwerk mit fantastischer Aussicht. Das vielfältige Angebot reicht von Bouillabaisse über Chateaubriand bis hin zu Pasta und Salaten. Schicke Rooftop-Bar mit Terrasse.

Reeperbahn 1
+49 40 30993280
clouds-hamburg.de
Casual Dining • Essen mit Aussicht • modern

Essen:	42 | 50
Service:	17 | 20
Getränke:	17 | 20
Ambiente:	8 | 10
Gesamt:	84 | 100

80–84 | 85–89 | 90–94 | 95–100 Punkte

Coast by East

20457 Hamburg

Asiatisch inspiriertes Essen steht im Fokus des szenigen Hotelrestaurants nahe der Elbphilharmonie. Beliebt sind Sushi und Sashimi, für die auch Kimchi-Mayonnaise oder Teriyaki-Crunch zum Einsatz kommen.

Großer Grasbrook 14
+49 40 30993230
coast-hamburg.de
Sushi • modern • Fisch

Essen:	**42** | 50
Service:	**17** | 20
Getränke:	**17** | 20
Ambiente:	**9** | 10
Gesamt:	85 | 100

Cornelia Poletto

20249 Hamburg

Modern eingerichtetes Bistro mit benachbarter Kochschule. Auf der Karte stehen vor allem bewährte Klassiker wie Artischocken oder Maisstubenküken aus dem Ofen sowie eine große Auswahl an Antipasti.

Eppendorfer Landstraße 80
+49 40 4802159
cornelia-poletto.de
Bistro • italienisch • elegant • Delikatessenverkauf

Essen:	**43** | 50
Service:	**18** | 20
Getränke:	**18** | 20
Ambiente:	**8** | 10
Gesamt:	87 | 100

Cox

20099 Hamburg

Im eleganten Ambiente werden beständig authentische französische Bistro-Küche und hanseatische Hausmannskost mit dem gewissen Etwas serviert. Charmanter und kompetenter Service. Mittagstisch.

Lange Reihe 68
+49 40 249422
restaurant-cox.de
Bistro • französisch • regionale Produkte • elegant

Essen:	**43** | 50
Service:	**19** | 20
Getränke:	**18** | 20
Ambiente:	**8** | 10
Gesamt:	88 | 100

Das Dorf

20099 Hamburg

Urig eingerichtetes Lokal im Souterrain mit ausgezeichneter gutbürgerlicher Küche und lokalen Klassikern wie Pannfisch, original Hamburger Labskaus oder Muttis gute Roulade. Tolle Bratkartoffeln.

Lange Reihe 39
+49 40 245614
restaurant-dorf.de
deutsche Küche • gemütlich • regionale Produkte

Essen:	**42** | 50
Service:	**17** | 20
Getränke:	**17** | 20
Ambiente:	**8** | 10
Gesamt:	84 | 100

Dorfkrug Volksdorf 🍴🍴

22359 Hamburg

Schöner Landgasthof mit Holzbalken und offenem Kamin. Überraschungsmenü, À-la-carte-Gerichte und Sushi-Angebote stehen zur Auswahl. Rustikalklassiker wie Zwiebelrostbraten und geschmorte Kalbsbacke.

Im Alten Dorfe 44
+49 40 6039294
dorfkrug-volksdorf.com
Gasthaus • Gastgarten • gemütlich

Essen:	43	50
Service:	17	20
Getränke:	17	20
Ambiente:	8	10
Gesamt:	85	100

east Hotel & Restaurant 🍴

20359 Hamburg

Außergewöhnliches Design mit hohen Decken und Fabrikfenstern in einer ehemaligen Eisengießerei. Kulinarische Schwerpunkte sind Sushi, Sashimi und Gerichte vom Robata-Grill. Bar und Lounge-Bereich.

Simon-von-Utrecht-Straße 31
+49 40 309933
east-hamburg.de
Hotelrestaurant • japanisch • entspannt • modern

P

Essen:	42	50
Service:	17	20
Getränke:	17	20
Ambiente:	8	10
Gesamt:	84	100

Fischereihafen 🍴🍴🍴

22767 Hamburg

Eine Institution in Sachen Fisch in Hamburg. Direkt am Hafen gelegen, mit elegantem Ambiente und Balkonterrasse. Frische Qualitätsprodukte von der Maischolle bis zur Nordsee-Seezunge »Müllerin Art«.

Große Elbstraße 143
+49 40 381816
fischereihafenrestaurant.de
Fine Dining • Fisch • traditionell

P

Essen:	44	50
Service:	19	20
Getränke:	18	20
Ambiente:	10	10
Gesamt:	91	100

Haco 🍴🍴

20359 Hamburg

Wechselndes Zehn-Gänge-Menü, auch als vegetarische Variante. Puristisches Ambiente mit offenem Holzfeuergrill. Björn Jahnke und sein Team verwenden norddeutsche Zutaten. Gute Weinbegleitung.

Clemens-Schultz-Straße 18
+49 40 74203939
restaurant-haco.com
Fine Dining • regionale Produkte • modern

Essen:	44	50
Service:	18	20
Getränke:	17	20
Ambiente:	8	10
Gesamt:	87	100

Haerlin

20354 Hamburg

Elegantes Gourmetrestaurant im legendären Fairmont Hotel Vier Jahreszeiten. Christoph Rüffer ist seit Jahren ein Garant, dass die saisonal inspirierten Gerichte kulinarische Meisterwerke sind.

Neuer Jungfernstieg 9–14	Essen: **49** I 50
+49 40 34943302	Service: **20** I 20
restaurant-haerlin.de	Getränke: **19** I 20
Hotelrestaurant • Fine Dining • elegant	Ambiente: **9** I 10
	Gesamt: 97 I 100

Heimatjuwel

20255 Hamburg

Marcel Görke bietet in zurückhaltend dekorierten Gasträumen mehrgängige Menüs, die dem Wechsel der Jahreszeiten folgen. Dabei verarbeitet er Spitzenprodukte aus der Region. Besonderheit sind die Naturweine.

Stellinger Weg 47	Essen: **44** I 50
+49 40 42106989	Service: **18** I 20
heimatjuwel.de	Getränke: **18** I 20
Bistro • modern • regionale Produkte	Ambiente: **8** I 10
	Gesamt: 88 I 100

Heldenplatz

20457 Hamburg

In ansprechendem Ambiente kommen die Gäste bis Mitternacht in den Genuss klassisch inspirierter Gerichte, für die die besten Zutaten der Region verwendet werden. Gute Auswahl auch an offenen Weinen.

Brandstwiete 46	Essen: **45** I 50
+49 40 30372250	Service: **18** I 20
heldenplatz-restaurant.de	Getränke: **18** I 20
Bistro • unkonventionell • regionale Produkte	Ambiente: **7** I 10
	Gesamt: 88 I 100

Henriks

20148 Hamburg

Lebendiges Restaurant mit einer großen Auswahl an Fisch-, Fleisch- und vegetarischen Gerichten. Tatar-Special und Austern. Große Auswahl an Weinen und ein in den Gastraum integrierter Bartresen.

Tesdorpfstraße 8	Essen: **43** I 50
+49 40 288084280	Service: **18** I 20
henriks.cc	Getränke: **18** I 20
Casual Dining • Terrasse • modern	Ambiente: **8** I 10
P	Gesamt: 87 I 100

Henssler & Henssler

22767 Hamburg

Restaurant des bekannten TV-Kochs mit großem, puristisch gehaltenem Gästeraum. Der Schwerpunkt liegt auf klassisch japanischen und modern inspirierten Sushi- und Sashimi-Gerichten. Auch warme Speisen.

Große Elbstraße 160	Essen: **42** I 50
+49 40 38699000	Service: **17** I 20
hensslerhenssler.de	Getränke: **18** I 20
Fisch • modern • Terrasse • Meeresfrüchte	Ambiente: **7** I 10
	Gesamt: 84 I 100

Heritage

20099 Hamburg

Modern eingerichtetes Restaurant auf dem Dach des Hotels Le Méridien mit Blick auf die Außenalster. Gehobene internationale Küche. Erstklassig gereifte Steaks vom 800-Grad-US-Southbend-Grill.

An der Alster 52–56
+49 40 21001070
heritage-restaurants.com
Hotelrestaurant • Essen mit Aussicht • regionale Produkte

Essen:	42 | 50
Service:	18 | 20
Getränke:	18 | 20
Ambiente:	8 | 10
Gesamt:	86 | 100

Hobenköök

20457 Hamburg

Restaurant, Markthalle und Catering in einem. Im Mittelpunkt stehen saisonale Produkte aus der Region. Preiswerter Mittagstisch. Am Abend ein Fleisch- und ein Fischgericht, dazu drei vegetarische Angebote.

Stockmeyerstraße 43
+49 40 22865538
hobenkoeoek.de
Allrounder • regionale Produkte • unkonventionell

Essen:	42 | 50
Service:	17 | 20
Getränke:	16 | 20
Ambiente:	8 | 10
Gesamt:	83 | 100

Hummer Pedersen

22767 Hamburg

Gemütliches Bistro eines Großhändlers für alles, was aus dem Meer kommt. Neben frischem Hummer auch Austern, Muscheln und Fische. Empfehlung sind die leckeren Fischteller mit dreierlei Fisch. Gute Weine.

Große Elbstraße 152
+49 40 522993926
hummer-pedersen.de
Bistro • Fisch • Terrasse • unkonventionell

Essen:	42 | 50
Service:	17 | 20
Getränke:	17 | 20
Ambiente:	7 | 10
Gesamt:	83 | 100

Hygge

22607 Hamburg

In der ländlichen Idylle der Elbvororte eine stilvolle Stätte der Gastlichkeit. Der Schwerpunkt der Küche liegt auf klassischen Gerichten in bester Qualität. Große Weinauswahl und kreative Cocktails.

Baron-Voght-Straße 179
+49 40 82274160
hygge-hamburg.de
Hotelrestaurant • Bistro • regionale Produkte • gemütlich

P

Essen:	43 | 50
Service:	18 | 20
Getränke:	18 | 20
Ambiente:	8 | 10
Gesamt:	87 | 100

80–84 85–89 90–94 95–100 Punkte

Hæbel

22767 Hamburg

Intimes Restaurant mit nur 14 Plätzen. Alles dreht sich um die moderne französische Küche, zwei Carte-blanche-Menüs stehen zur Auswahl, dazu »Fauna« und »Flora« als vegetarische Varianten.

Paul-Roosen-Straße 31
+49 1578 6864585
fabiohaebel.de
Fine Dining • französisch • modern

Essen:	**44** | 50
Service:	**18** | 20
Getränke:	**18** | 20
Ambiente:	**8** | 10
Gesamt:	88 | 100

Jacobs Restaurant

22609 Hamburg

Traditionsrestaurant, das nach seiner Neuausrichtung geradlinige, auf das Produkt bezogene Küche bietet. Die Gäste können aus mehreren Menüs und à la carte wählen. Ausgezeichnete Weinkarte, Elbterrasse.

Elbchaussee 401–403
+49 40 822550
jacobs-restaurant.de
Hotelrestaurant • Terrasse • regionale Produkte • elegant

P

Essen:	**44** | 50
Service:	**18** | 20
Getränke:	**18** | 20
Ambiente:	**9** | 10
Gesamt:	89 | 100

Jahreszeiten Grill

20354 Hamburg

Institution im original Art-déco-Stil an der Binnenalster mit hanseatischen Klassikern wie Steak Tatar oder Kalbsleber. Erstklassige Steaks und ausgezeichnete Wildgerichte. Guter Business-Lunch.

Neuer Jungfernstieg 9–14
+49 40 34943302
hvj.de
Hotelrestaurant • klassisch • elegant • Essen mit Aussicht

Essen:	**43** | 50
Service:	**19** | 20
Getränke:	**18** | 20
Ambiente:	**9** | 10
Gesamt:	89 | 100

Jellyfish

20357 Hamburg

Küchenchef Stefan Fäth verarbeitet bei den Fischen ausschließlich Wildfang und bietet ein attraktives Menü in großer und kleiner Variante mit ansprechender Weinbegleitung. Angenehmes Ambiente.

Weidenallee 12
+49 40 4105414
jellyfish-restaurant.de
Fine Dining • Fisch • modern

Essen:	**45** | 50
Service:	**18** | 20
Getränke:	**18** | 20
Ambiente:	**8** | 10
Gesamt:	89 | 100

Kinfelts Kitchen & Wine

20457 Hamburg

Modernes, puristisch eingerichtetes Lokal in der Hafencity, in der Kirill Kinfelt internationale Küche mit französischen Einflüssen bietet. Ausgezeichnete Weinkarte mit über 350 erlesenen Positionen.

Am Kaiserkai 56
+49 40 30068369
kinfelts.de
Bistro • modern • regionale Produkte • entspannt

Essen:	**43** | 50
Service:	**17** | 20
Getränke:	**19** | 20
Ambiente:	**8** | 10
Gesamt:	87 | 100

Kleine Brunnenstrasse 1 🍴🍴

22765 Hamburg

Gemütliches Restaurant im lebendigen Ottensen, in dem der Wechsel der Jahreszeiten vor allem durch norddeutsche Gerichte erlebbar gemacht wird. Überraschungsmenü und eine ausgezeichnete Weinkarte.

Kleine Brunnenstraße 1	Essen:	**42** | 50
+49 40 39907772	Service:	**17** | 20
kleine-brunnenstrasse.de	Getränke:	**18** | 20
Bistro • regionale Produkte • unkonventionell	Ambiente:	**8** | 10
	Gesamt:	85 | 100

Kleiner Speisesaal 🍴

22301 Hamburg

Im schicken Ambiente werden raffiniert zubereitete Gerichte mit Zutaten aus der Region im wöchentlichen Wechsel angeboten. Es gibt auch Klassiker wie getrüffelte Steinpilzravioli oder Lammrücken.

Dorotheenstraße 33	Essen:	**42** | 50
+49 40 30330331	Service:	**17** | 20
kleinerspeisesaal.de	Getränke:	**17** | 20
Bistro • regionale Produkte • modern • Terrasse	Ambiente:	**8** | 10
	Gesamt:	84 | 100

Klinker 🍴🍴

20144 Hamburg

Unprätentiöse, gleichwohl anspruchsvolle Küche mit Zutaten von hervorragender Qualität. Überraschende Kombinationen (Blumenkohl, Schnittlauch, Mole) sind hier an der Tagesordnung. Fokus auf Naturwein.

Schlankreye 73	Essen:	**44** | 50
+49 40 35701435	Service:	**17** | 20
restaurant-klinker.de	Getränke:	**18** | 20
modern • Sharing Menu • regionale Produkte	Ambiente:	**8** | 10
	Gesamt:	87 | 100

Küchenfreunde 🍴

20251 Hamburg

Im modernen Landhausstil eingerichtetes Restaurant mit schönen Freiplätzen. Er werden modern zubereitete Klassiker der internationalen Küche aufgetischt. Attraktive Angebote zur Mittagszeit.

Lehmweg 30	Essen:	**42** | 50
+49 40 49021965	Service:	**17** | 20
kuechenfreunde.net	Getränke:	**17** | 20
Bistro • Terrasse • regionale Produkte • entspannt	Ambiente:	**8** | 10
	Gesamt:	84 | 100

L'Europeo 🍴🍴

22607 Hamburg

Typisches italienisches Restaurant, in dem der Chef die Angebote des Tages persönlich am Tisch vorträgt. Große Auswahl an italienischen und mediterranen Speisen. Ansprechende Weine aus Italien.

Osdorfer Weg 27	Essen:	**42** | 50
+49 40 8992138	Service:	**18** | 20
leuropeo.de	Getränke:	**17** | 20
Gasthaus • italienisch • gemütlich • Terrasse	Ambiente:	**8** | 10
	Gesamt:	85 | 100

Lakeside

20354 Hamburg

Julian Stowasser zelebriert mit seiner Mannschaft Gourmetküche vom Feinsten. Den Rahmen bildet ein lichtdurchflutetes Refugium im siebten Stock des Hotels. Ausgezeichnete Weine und exzellenter Service.

Fontenay 10
+49 40 60566050
thefontenay.de
Hotelrestaurant • Fine Dining • Essen mit Aussicht

Essen:	46	50
Service:	18	20
Getränke:	19	20
Ambiente:	9	10
Gesamt:	92	100

Landhaus Scherrer

22763 Hamburg

Kulinarische Institution an der Elbchaussee im klassisch-eleganten Ambiente. Heinz O. Wehmann kocht vor allem norddeutsche Gerichte auf höchstem Niveau. Beeindruckender Weinkeller mit rund 10.000 Flaschen.

Elbchaussee 130
+49 40 883070030
landhausscherrer.de
Gasthaus • Fine Dining • deutsche Küche • traditionell

Essen:	46	50
Service:	19	20
Getränke:	20	20
Ambiente:	9	10
Gesamt:	94	100

Le Plat du Jour

20095 Hamburg

Ein kleines Stück Frankreich in der Hamburger Innenstadt. Hier werden einfache, unkomplizierte Gerichte auf hohem Niveau serviert. Etwa Rumpsteak Bordelaise oder Lyoner Saucisson, aber auch neue Kreationen.

Dornbusch 4
+49 40 321414
le-plat-du-jour.de
Bistro • französisch • entspannt • traditionell

Essen:	42	50
Service:	17	20
Getränke:	17	20
Ambiente:	8	10
Gesamt:	84	100

Lenz

22397 Hamburg

Unprätentiös eingerichtetes Restaurant, das vor allem kreative deutsche Küche bietet. Das Angebot reicht vom exzellenten Labskaus über Grützwurst und Kalbsbacken bis hin zu vegetarischen Gerichten.

Poppenbütteler Chaussee 3
+49 40 60558887
restaurant-lenz.de
Gasthaus • deutsche Küche • gemütlich • traditionell

Essen:	42	50
Service:	17	20
Getränke:	18	20
Ambiente:	8	10
Gesamt:	85	100

Matsumi

20354 Hamburg

Japanisches Restaurant im stilechten Ambiente, zum Teil mit Tatami-Matten. Ausgebildete japanische Köche bereiten aus frischen Zutaten original japanische Gerichte nach altüberlieferten Rezepten zu.

Colonnaden 96
+49 40 343125
matsumi.de
japanisch • Ramen • entspannt

Essen:	42	50
Service:	18	20
Getränke:	17	20
Ambiente:	8	10
Gesamt:	85	100

Memory
22589 Hamburg

Gutbürgerliches Restaurant mit schlichter Eleganz und schönem Außenbereich. Bodenständige deutsche Küche aus regionalen Zutaten als Menü mit Wahlmöglichkeiten. Ausgewogene, gute Weinangebote.

Sülldorfer Landstraße 222
+49 40 86626938
memory.metro.bar
Gasthaus • deutsche Küche • regionale Produkte

Essen:	**42** | 50
Service:	**17** | 20
Getränke:	**17** | 20
Ambiente:	**8** | 10
Gesamt:	84 | 100

MOMO Ramen
20357 Hamburg

Schön gestaltetes Restaurant mit feiner japanischer Küche. Das Angebot reicht von Nudelsuppen über Gyozo-Teigtaschen bis hin zu authentischen Ramen-Gerichten. Dazu gibt es Cocktails und guten Sake.

Margaretenstraße 58
+49 40 57226024
momo-ramen.de
japanisch • entspannt • Cocktails

Essen:	**43** | 50
Service:	**17** | 20
Getränke:	**16** | 20
Ambiente:	**8** | 10
Gesamt:	84 | 100

Nikkei Nine
20354 Hamburg

Im stilvoll-eleganten Rahmen kommt das Beste aus der japanischen und peruanischen Küche auf den Tisch. Gerichte vom japanischen Robata-Grill und ein wunderbares Omakase-Menü. Ausgezeichnete Weinkarte.

Neuer Jungfernstieg 9–14
+49 40 34943399
nikkei-nine.de
japanisch • peruanisch • unkonventionell • elegant

Essen:	**44** | 50
Service:	**19** | 20
Getränke:	**18** | 20
Ambiente:	**10** | 10
Gesamt:	91 | 100

Nil
20359 Hamburg

Im stilvollen Ambiente werden Klassiker der internationalen Küche in bester Qualität aufgetragen. Es gibt ein monatlich wechselndes Menü und Gerichte à la carte. Ausgezeichnete Weinkarte und Kochkurse.

Neuer Pferdemarkt 5
+49 40 4397823
restaurant-nil.de
Bistro • regionale Produkte • mediterran • modern

Essen:	**42** | 50
Service:	**18** | 20
Getränke:	**18** | 20
Ambiente:	**8** | 10
Gesamt:	86 | 100

Oechsle
20146 Hamburg

Restaurant und Weinbar mit südddeutsch beeinflusster bodenständiger Küche. Klassiker sind Wiener Schnitzel, Zürcher Geschnetzeltes und Hirschrücken, aber auch vegetarische Gerichte.

Bundesstraße 15
+49 40 4107585
oechsle-restaurant.de
Allrounder • deutsche Küche • modern • Terrasse

Essen:	**42** | 50
Service:	**17** | 20
Getränke:	**18** | 20
Ambiente:	**8** | 10
Gesamt:	85 | 100

Opitz

22087 Hamburg

Urgemütliche Gasträume und Essen wie bei Oma zu Hause. Serviert werden norddeutsche Gerichte wie Labskaus mit Spiegelei, Hamburger Pannfisch, Matjestopf oder Rote Grütze. Terrassenplätze und Mittagstisch.

Mundsburger Damm 17
+49 40 2290222
speisewirtschaft-opitz.de
Gasthaus • regionale Küche • traditionell • Terrasse

Essen:	**42**	50
Service:	**17**	20
Getränke:	**16**	20
Ambiente:	**8**	10
Gesamt:	83	100

Osteria da Francesco

20148 Hamburg

Elegantes Ambiente, in dem Jochen Kempf moderne italienische Küche zelebriert. Hausgemachte Pasta gehört ebenso dazu wie Gerichte mit frischen Produkten der Region. Kleine Terrasse und gute Weine.

Milchstraße 2–4
+49 40 25304380
osteria-da-francesco.de
Bistro • italienisch • klassisch • traditionell

Essen:	**43**	50
Service:	**17**	20
Getränke:	**17**	20
Ambiente:	**7**	10
Gesamt:	84	100

Petit Bonheur

20355 Hamburg

Schönes Ambiente mit dunkelroten Wänden und vielen Bildern. Gekocht werden französische und internationale Gerichte aus frischen regionalen Zutaten. Klassiker sind Bœuf bourguignon, gebratene Blutwurst und Ravioli.

Hütten 85–86
+49 40 33441526
petitbonheur-restaurant.de
Bistro • französisch • gemütlich • traditionell

P

Essen:	**42**	50
Service:	**17**	20
Getränke:	**17**	20
Ambiente:	**8**	10
Gesamt:	84	100

Philipps Restaurant

20357 Hamburg

Charmantes Restaurant mit internationaler Küche. Man wählt aus einem Menü oder à la carte. Frisch verarbeitete Produkte der Region. Mit Wiener Schnitzel, Kabeljau und Ochsenbacke viele Klassiker.

Turnerstraße 9
+49 40 63735108
philipps-restaurant.de
Bistro • regionale Produkte • gemütlich

Essen:	**44**	50
Service:	**18**	20
Getränke:	**17**	20
Ambiente:	**8**	10
Gesamt:	87	100

Piment

20251 Hamburg

Im eleganten Rahmen bietet Wahabi Nouri französisch, fernöstlich und nordafrikanisch inspirierte Gerichte in Form von zwei Menüs an. Er ist ein Meister der Aromen und Gewürze. Tolle Weinkarte.

Lehmweg 29
+49 40 42937788
restaurant-piment.de
Bistro • französisch • marokkanisch • mediterran

Essen:	**46**	50
Service:	**18**	20
Getränke:	**18**	20
Ambiente:	**8**	10
Gesamt:	90	100

Portomarin 🍴🍴

22299 Hamburg

Ambitionierte spanische Küche in schönem Ambiente. Das Beste der Tapaskultur sind hausgemachte Datteln im Speckmantel mit Marzipan und mehr. Tagesaktuelle Angebote mit Wildfangfisch. Tolle Weinauswahl.

Dorotheenstraße 180	Essen:	**42** I 50
+49 40 46961547	Service:	**17** I 20
portomarin.de	Getränke:	**18** I 20
Bistro • spanisch • Fisch • Terrasse	Ambiente:	**8** I 10
	Gesamt:	85 I 100

Quellental 🍴

22609 Hamburg

Schön gelegenes Fachwerkhaus in Parknähe mit Bier- und Wintergarten. Hier triumphiert die ambitionierte deutsche und mediterrane Küche. Saisonal geprägte Speisekarte mit frischen Zutaten aus der Region.

Quellental 36	Essen:	**42** I 50
+49 40 82242270	Service:	**17** I 20
quellental-restaurant.de	Getränke:	**17** I 20
Bistro • deutsche Küche • italienisch • im Grünen	Ambiente:	**8** I 10
P	Gesamt:	84 I 100

Rive 🍴🍴

22767 Hamburg

Restaurant mit maritimem Flair. Großartiger Blick auf die Elbe. Hier bestellt man Austern, Kaviar oder Meeresfrüchte-Etageren – und natürlich Fische und Seafood aus nachhaltigem Fang. Ansprechendes Mittagsmenü.

Van-der-Smissen-Straße 1	Essen:	**42** I 50
+49 40 3805919	Service:	**17** I 20
rive.de	Getränke:	**18** I 20
Bistro • Terrasse • Fisch • elegant	Ambiente:	**8** I 10
P	Gesamt:	85 I 100

Röperhof 🍴🍴

22605 Hamburg

Schöne Gaststuben in einem alten, reetgedeckten Landgasthaus mit Garten und Terrasse. Regionale Frischeprodukte werden auf hohem Niveau zubereitet. Ideal für Familienfeiern und andere Anlässe.

Agathe-Lasch-Weg 2	Essen:	**42** I 50
+49 40 8811200	Service:	**18** I 20
roeperhof-restaurant.de	Getränke:	**17** I 20
Gasthaus • Terrasse • gemütlich	Ambiente:	**9** I 10
	Gesamt:	86 I 100

Salt & Silver – Lateinamerika

20359 Hamburg

Uriges Lokal mit Elbblick. Zwei kreative Degustationsmenüs mit mexikanischen und peruanischen Gerichten stehen zur Wahl, eines davon als vegetarische Variante. Große Auswahl an Naturweinen.

Sankt Pauli Hafenstraße 136–138	Essen:	43 | 50
+49 173 4274366	Service:	17 | 20
saltandsilver.de	Getränke:	17 | 20
Bistro • mexikanisch • peruanisch • Terrasse	Ambiente:	8 | 10
	Gesamt:	85 | 100

Salt & Silver – Levante

20359 Hamburg

Stimmungsvolles Restaurant mit Musik und Lichtspiel. Bei den Speisen kommen kleine und größere orientalisch inspirierte Gerichte zum Teilen auf den Tisch. Warmes und kaltes Soulfood. Gute Cocktailauswahl.

Sankt Pauli Hafenstraße 140	Essen:	42 | 50
+49 173 4274366	Service:	18 | 20
saltandsilver.de	Getränke:	16 | 20
Allrounder • Cocktails • modern	Ambiente:	8 | 10
	Gesamt:	84 | 100

Stammtisch

22303 Hamburg

Im einstigen Trüffelschwein haben Leon Blume und Clemens Maiwald ihr Restaurant neu eröffnet, im »Stammtisch« gibt es regional-saisonale Sharing-Gerichte mit Schwerpunkt Fisch und feinen Gemüsesorten.

Mühlenkamp 54	Essen:	42 | 50
+49 40 30953030	Service:	17 | 20
stammtisch-restaurant.de	Getränke:	17 | 20
regionale Produkte • nachhaltig • Sharing Menu	Ambiente:	8 | 10
	Gesamt:	84 | 100

Stock's

22399 Hamburg

Stilvoll eingerichtete Gasträume, dazu eine urige Kaminstube. Gekocht wird auf hohem Niveau mit Zutaten aus der Region. Ein Schwerpunkt der Küche sind Fischgerichte. Ausgezeichnete Sushi und Sashimi.

An der Alsterschleife 3	Essen:	43 | 50
+49 40 6113620	Service:	17 | 20
stocks.de	Getränke:	17 | 20
Bistro • Terrasse • regionale Produkte • Fisch	Ambiente:	8 | 10
P	Gesamt:	85 | 100

Stüffel

20249 Hamburg

Speisen im schicken Bistro-Ambiente direkt am Isekai. Ausgewogene Speisekarte mit zahlreichen Fischgerichten. Ondrej Kovar bietet aber auch Klassiker wie Beef Tatar und Rinderfilet. Gute Weine.

Isekai 1	Essen:	42 | 50
+49 40 60902050	Service:	18 | 20
restaurantstueffel.de	Getränke:	18 | 20
Bistro • Fisch • Terrasse • elegant	Ambiente:	8 | 10
	Gesamt:	86 | 100

Tarantella

20354 Hamburg

Internationale Küche in stilvoll designten Räumen, schöne Terrasse. Robert Kleinschmidt serviert köstliche Steakspezialitäten ebenso wie Spanferkelbauch oder Nordseezunge. Hervorragende Lunch-Angebote.

Stephansplatz 10	Essen: **42** I 50
+49 40 65067790	Service: **17** I 20
tarantella.hamburg	Getränke: **18** I 20
Bistro • elegant • Fisch • Steak	Ambiente: **8** I 10
	Gesamt: 85 I 100

The Table

20457 Hamburg

Feinschmeckerrestaurant mit futuristischem Design und einem geschwungenen Tisch für maximal 20 Gäste. Kevin Fehling serviert ein Menü mit einfallsreich und handwerklich perfekt zubereiteten Speisen. Grandios!

Shanghaiallee 15	Essen: **49** I 50
+49 40 22867422	Service: **19** I 20
thetable-hamburg.de	Getränke: **19** I 20
Fine Dining • elegant • modern	Ambiente: **10** I 10
	Gesamt: 97 I 100

Tigre

22765 Hamburg

Typisch lateinamerikanisches Restaurant im trendig-farbenfrohen Ambiente und mit vielen modernen, innovativen Gerichten, vor allem kalte und warme Tapas. Große Auswahl an guten Cocktails und Drinks.

Nernstweg 32–34	Essen: **41** I 50
+49 176 22891575	Service: **17** I 20
tigre-hamburg.com	Getränke: **17** I 20
Bistro • peruanisch • Tapas • gemütlich	Ambiente: **7** I 10
	Gesamt: 82 I 100

Tim's

22767 Hamburg

Das neueste Projekt von Gastroprofi Tim Lange setzt auf unkompliziertes Fine Dining mit herrlichem Elbblick. Küchenchef Leo Witzke kocht feine norddeutsche Küche mit viel Fisch und Wild aus der Region.

Große Elbstraße 27	Essen: **44** I 50
+49 430 31171007	Service: **17** I 20
tims-restaurant.de	Getränke: **17** I 20
Fisch • Meeresfrüchte • elegant • unkonventionell	Ambiente: **8** I 10
	Gesamt: 86 I 100

Tschebull

20095 Hamburg

Authentische österreichische Küche im schicken Ambiente im Levantehaus. Neben Klassikern wie Salzburger Nockerl und Kaiserschmarren gibt es zahlreiche Neuinterpretationen der österreichischen Küche.

Mönckebergstraße 7	Essen: **43** I 50
+49 40 32964796	Service: **18** I 20
tschebull.de	Getränke: **18** I 20
Bistro • österreichisch • entspannt	Ambiente: **8** I 10
	Gesamt: 87 I 100

Uhlenhorster Weinstube
22087 Hamburg

Stimmungsvolles Weinlokal mit ansprechender Karte. Flammkuchen, Schnitzel, Sauerfleisch sowie Käse- und Fleischfondue zählen zu den Klassikern. Wechselnde Kunstausstellungen. Gutes Weinangebot.

Papenhuder Straße 29	Essen:	41 | 50
+49 40 2200250	Service:	17 | 20
uhlenhorster-weinstube.de	Getränke:	17 | 20
deutsche Küche • gemütlich • regionale Produkte	Ambiente:	8 | 10
	Gesamt:	83 | 100

Vlet in der Speicherstadt
20457 Hamburg

Modernes, stilvolles Ambiente in der Speicherstadt. Mehrgängige Feinschmeckermenüs, auch vegetarisch. Dazu nordische Spezialitäten wie Pannfisch oder Nordseescholle. Sonntags schönes Brunchbuffet.

Am Sandtorkai 23–24	Essen:	42 | 50
+49 40 334753750	Service:	17 | 20
vlet.de	Getränke:	18 | 20
Bistro • Fisch • Brunch • elegant	Ambiente:	8 | 10
	Gesamt:	85 | 100

Wehmanns Bistro
22763 Hamburg

Gemütliches Bistro mit schöner Eibenholzvertäfelung. Bodenständige Gerichte wie geröstete Grützwurst, Königsberger Klopse oder Kalbsleber, perfekt aus den besten Zutaten hergestellt. Gute Weinkarte.

Elbchaussee 130	Essen:	43 | 50
+49 40 883070030	Service:	18 | 20
landhausscherrer.de	Getränke:	18 | 20
Bistro • deutsche Küche • regionale Produkte	Ambiente:	8 | 10
P	Gesamt:	87 | 100

Witwenball
20357 Hamburg

Elegantes Ambiente in Anlehnung an die 1920er-Jahre. Markus Hampp bietet verschiedene erstklassige Menüs und À-la-carte-Gerichte im internationalen Stil. Schöne Weinkarte mit Fokus auf deutsche Weine.

Weidenallee 20	Essen:	42 | 50
+49 40 53630085	Service:	18 | 20
witwenball.com	Getränke:	18 | 20
Bistro • Fine Dining • elegant	Ambiente:	8 | 10
	Gesamt:	86 | 100

Wolfs Junge

22085 Hamburg

Entspannte Atmosphäre. Küchenchef Sebastian Junge setzt auf nachhaltig erzeugte Produkte, die er zu wunderbaren Fünf-Gänge-Menüs verarbeitet. Mittags kommen handfeste Gerichte auf den Tisch.

Zimmerstraße 30
+49 40 20965157
wolfs-junge.de
Bistro • eigener Gemüsegarten • modern

Essen:	43 | 50
Service:	18 | 20
Getränke:	18 | 20
Ambiente:	8 | 10
Gesamt:	87 | 100

XO Seafoodbar

22767 Hamburg

Szenelokal mit innovativen Gerichten. Fisch, Meeresfrüchte und vegane Speisen aus nachhaltiger Erzeugung dominieren die wöchentlich wechselnde Speisekarte. Interessantes Cocktail- und Sake-Angebot.

Paul-Roosen-Straße 22
+49 151 72423046
thisisxo.de
Meeresfrüchte • vegan • Fisch • Bistro

Essen:	44 | 50
Service:	17 | 20
Getränke:	18 | 20
Ambiente:	8 | 10
Gesamt:	87 | 100

Yoshi im Alsterhaus

20354 Hamburg

Stilvoll eingerichtetes Kaiseki-Lokal im Alsterhaus mit Terrasse. Verschiedene mehrgängige japanische Menüs. Ausgezeichnete Sushi- und Sashimi-Gerichte aus erstklassigen Frischeprodukten. Mittagstisch.

Jungfernstieg 16–20
+49 40 36099999
yoshi-hamburg.de
Bistro • japanisch • Fisch • unkonventionell

P

Essen:	42 | 50
Service:	17 | 20
Getränke:	18 | 20
Ambiente:	8 | 10
Gesamt:	85 | 100

Zeik

22299 Hamburg

Angenehmes puristisches Ambiente mit Chef's Table im Hinterzimmer. Maurizio Oster zaubert ein kreatives Menü, auch vegetarisch, aus handverlesenen Zutaten, bei dem die Aromen im Vordergrund stehen.

Sierichstraße 112
+49 40 46653531
zeik.de
Fine Dining • Bistro • Terrasse • regionale Produkte

Essen:	45 | 50
Service:	18 | 20
Getränke:	18 | 20
Ambiente:	8 | 10
Gesamt:	89 | 100

Zipang — 20253 Hamburg

In puristischem Ambiente lädt Chefkoch Toshiharu zu kulinarischen Entdeckungsreisen nach Japan ein. Authentische Gerichte mit erstklassiger Produktqualität. Mittags gibt es ein einfacheres Lunch-Angebot.

Eppendorfer Weg 171
+49 40 43280032
zipang.de
Bistro • japanisch • Fisch • modern

Essen:	**42** I 50
Service:	**17** I 20
Getränke:	**17** I 20
Ambiente:	**8** I 10
Gesamt:	84 I 100

Zur Flottbeker Schmiede — 22609 Hamburg

Stilvoll eingerichtete Gasträume in einer denkmalgeschützten alten Schmiede mit offener Feuerstelle. Hier serviert man Tapas und Flammkuchen mit feinem Schinken und Feigen. Dazu gibt es portugiesische Weine.

Baron-Voght Straße 79
+49 40 20918236
zurflottbekerschmiede.de
Bistro • mediterran • portugiesisch • entspannt

Essen:	**40** I 50
Service:	**18** I 20
Getränke:	**17** I 20
Ambiente:	**8** I 10
Gesamt:	83 I 100

MECKLENBURG-VORPOMMERN

Jagdhaus Heiligendamm — 18209 Bad Doberan

Das familiengeführte Restaurant überzeugt mit nuancenreicher wilder Kräuterküche in entspannter Atmosphäre. Qualität wird großgeschrieben, das Wild kommt aus der Region, das Gemüse aus ökologischem Anbau.

Seedeichstraße 18b
+49 38203 735775
jagdhaus-heiligendamm.de
Familienbetrieb • deutsche Küche • eigener Kräutergarten

Essen:	**42** I 50
Service:	**18** I 20
Getränke:	**18** I 20
Ambiente:	**8** I 10
Gesamt:	86 I 100

Friedrich Franz — 18209 Bad Doberan-Heiligendamm

Das luxuriöse Gourmetrestaurant mit handbemalten Seidentapeten und glitzernden Kronleuchtern überzeugt mit geschmacksintensiven, aromareichen Kreationen, kombiniert aus edlen und regionalen Produkten.

Prof.-Dr.-Vogel-Straße 6
+49 38203 7406210
grandhotel-heiligendamm.de
Fine Dining • französisch • Essen mit Aussicht

Essen:	**45** I 50
Service:	**19** I 20
Getränke:	**18** I 20
Ambiente:	**8** I 10
Gesamt:	90 I 100

Freustil

18609 Binz

Küchenchef Ralf Haug adaptiert die skandinavische Küche für die Region und serviert im legeren Hotelrestaurant in Binz puristische und aromenstarke Gerichte unter dem Label »natürlich feine Kost«.

Zeppelinstraße 8
+49 38393 50444
freustil.de
Hotelrestaurant • Fine Dining • regionale Produkte

Essen:	**45** | 50
Service:	**18** | 20
Getränke:	**18** | 20
Ambiente:	**8** | 10
Gesamt:	89 | 100

Ostseelounge

18347 Dierhagen

Gehobene Heimatküche mit nordischen Akzenten. Die beiden Küchenchefs André Beiersdorff und Matthias Stolze kochen auf Spitzenniveau und inszenieren ihre Kreationen vor traumhafter Ostseekulisse.

Ernst-Moritz-Arndt-Straße 6
+49 38226 520
gourmetrestaurant-ostseelounge.de
Fine Dining • modern • Terrasse • Essen mit Aussicht

Essen:	**45** | 50
Service:	**19** | 20
Getränke:	**18** | 20
Ambiente:	**9** | 10
Gesamt:	91 | 100

Alte Schule

17258 Fürstenhagen

Bei Sternekoch Daniel Schmidthaler gibt es keine Speisekarte. Er kreiert seine Gerichte täglich neu, je nachdem, was ihm die Natur und seine regionalen Produzenten gerade saisonal anbieten. Großartig!

Zur Alten Schule 5
+49 39831 22023
hotelalteschule.de
Hotelrestaurant • Fine Dining • im Grünen

Essen:	**45** | 50
Service:	**18** | 20
Getränke:	**18** | 20
Ambiente:	**8** | 10
Gesamt:	89 | 100

Blüchers

17213 Göhren-Lebbin

Die Atmosphäre ist gediegen, der Küchenstil traditionell, raffiniert und mediterran beeinflusst: Garnelen-Carpaccio, knusprige Auster oder Agnolotti, aber auch Regionales wie Fisch aus der Müritz.

Schlossstraße 1
+49 39932 80100
schlosshotel-fleesensee.com
Hotelrestaurant • regionale Produkte • Terrasse

Essen:	**42** | 50
Service:	**17** | 20
Getränke:	**17** | 20
Ambiente:	**8** | 10
Gesamt:	84 | 100

Natürlich Büttner's

17489 Greifswald

Integriert in das Ensemble des Pommerschen Landesmuseums, bietet das Büttner's nicht nur regionale Speisen, sondern auch Kulinarisches aus der eigenen Manufaktur: Königsberger Klopse, Gin oder Pralinen.

Rakower Straße 9
+49 3834 8870737
buettners-restaurant.de
regionale Produkte • Delikatessenverkauf • Terrasse

Essen:	**42** | 50
Service:	**17** | 20
Getränke:	**17** | 20
Ambiente:	**8** | 10
Gesamt:	84 | 100

80–84 85–89 90–94 95–100 Punkte

Tischlerei

17489 Greifswald

In dem sympathischen Restaurant auf dem Gelände der Marina sind die tagesaktuellen Speisen auf der Kreidetafel über dem offenen Kamin angeschrieben. Man sitzt an langen Tischen in entspannter Atmosphäre.

Salinenstraße 22
+49 3834 884848

Bistro • deutsche Küche • unkonventionell • entspannt

Essen:	**42**	50
Service:	**17**	20
Getränke:	**17**	20
Ambiente:	**7**	10
Gesamt:	83	100

The View

17094 Groß Nemerow

Drei unterschiedliche Räume, jeweils mit eigenem Charakter und Einrichtungsstil. Gekocht wird mit Leidenschaft und Enthusiasmus, regionale und internationale Gerichte stehen im Fokus der Küche.

Bornmühle 35
+49 39605 359
bornmuehle.de
Hotelrestaurant • Allrounder • modern

Essen:	**42**	50
Service:	**17**	20
Getränke:	**17**	20
Ambiente:	**8**	10
Gesamt:	84	100

Medinis

18209 Heiligendamm

Kulinarischer Wohlfühlort an der Ostseeküste. In elegant-maritimem Ambiente werden authentische italienische Gerichte mit Bezügen zur traditionsreichen Küche Apuliens serviert. Exzellente Weinkarte.

Prof.-Dr.-Vogel-Straße 14
+49 38203 400647
medinis-restaurant.com
italienisch • Terrasse • Essen mit Aussicht

Essen:	**42**	50
Service:	**18**	20
Getränke:	**18**	20
Ambiente:	**8**	10
Gesamt:	86	100

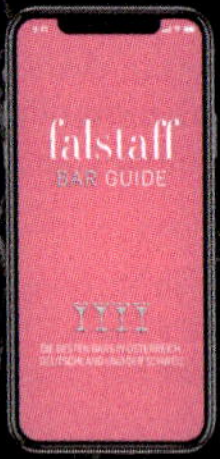

Bernstein

17424 Heringsdorf

Großes Kochkino! Direkt an der Strandpromenade von Heringsdorf gelegen, bringt Küchenchef Arjan Mensies den natürlichen Reichtum Usedoms auf den Teller. Dazu gibt es Weine von jungen deutschen Winzern.

Kulmstraße 28
+49 38378 54297
strandhotel-ostseeblick.de
Hotelrestaurant • Essen mit Aussicht • Terrasse

Essen:	43 | 50
Service:	17 | 20
Getränke:	17 | 20
Ambiente:	8 | 10
Gesamt:	85 | 100

Heinrich's

17424 Heringsdorf

Die Frische macht das Restaurant an der Strandpromenade von Heringsdorf so erstklassig. Der Fisch kommt von heimischen Fischern, die Kräuter aus dem eigenen Garten und das Wild aus hauseigener Jagd.

Liehrstraße 10
+49 38378 2320
strandhotel-heringsdorf.de
Essen mit Aussicht • Terrasse • eigener Kräutergarten

Essen:	42 | 50
Service:	18 | 20
Getränke:	17 | 20
Ambiente:	8 | 10
Gesamt:	85 | 100

Kulmeck Restaurant

17424 Heringsdorf

Fine Dining und legerer Hochgenuss: Spitzenkoch Tom Wickboldt hat das legendäre Restaurant im Seebad Heringsdorf übernommen und zaubert dort hochklassige Menükreationen voller Finesse. Hingehen!

Kulmstraße 17
+49 38378 488040
kulmeck.de
Fine Dining • modern • klassisch • elegant

Essen:	45 | 50
Service:	19 | 20
Getränke:	18 | 20
Ambiente:	8 | 10
Gesamt:	90 | 100

The O'Room

17424 Heringsdorf

Essen im Conceptstore einer Modemarke am Ostseestrand? Unbedingt! Das Gourmetrestaurant unter der Leitung von Küchenchef André Kähler verbindet seine ausbalancierte Aromenküche mit stylishem Design.

Kulmstraße 33
+49 38378 183911
strandcasino-marc-o-polo.com
Fine Dining • unkonventionell • modern

Essen:	45 | 50
Service:	18 | 20
Getränke:	18 | 20
Ambiente:	8 | 10
Gesamt:	89 | 100

Wappen-Saal

17166 Hohen-Demzin

Im Restaurant des Schlosshotels lässt es sich hochherrschaftlich speisen. Im eindrucksvollen historischen Wappen-Saal serviert man klassische französische Küche aus feinsten regionalen Zutaten.

Burg Schlitz 2
+49 39961 2700
burg-schlitz.de
Hotelrestaurant • französisch • klassisch • elegant

Essen:	43 | 50
Service:	19 | 20
Getränke:	18 | 20
Ambiente:	9 | 10
Gesamt:	89 | 100

Ich weiß ein Haus am See

18292 Kuchelmiß

Das Restaurant ist seit Jahren für seine gute Küche und seine attraktiven Gerichte bekannt. Küchenchef Raik Zeigner entwickelt den klassisch-französischen Küchenstil kontinuierlich weiter.

Paradiesweg 3	Essen: **45** I 50
+49 38457 23273	Service: **18** I 20
hausamsee.de	Getränke: **18** I 20
Hotelrestaurant • französisch • Seeterrasse	Ambiente: **8** I 10
	Gesamt: 89 I 100

Morizaner

17207 Ludorf

Das Restaurant ist nach den Ureinwohnern an der Müritz benannt. Hier kommt eine feine regionale Frischeküche auf den Teller, die vom Slow-Food-Gedanken geprägt ist. Auch vegetarische und vegane Gerichte.

Rondell 7–8	Essen: **43** I 50
+49 39931 8400	Service: **18** I 20
gutshaus-ludorf.de	Getränke: **17** I 20
Hotelrestaurant • regionale Produkte • vegetarisch	Ambiente: **8** I 10
	Gesamt: 86 I 100

Landküche Hotel de Weimar

19288 Ludwigslust

Das in historischem Ambiente untergebrachte Hotelrestaurant bietet gehobene saisonale, frische Küche von Chefkoch Wilfried Glania-Brachmann. Imposant: der von einem Glasdach überspannte Innenhof.

Schloßstraße 15	Essen: **42** I 50
+49 3874 4180	Service: **18** I 20
hotel-de-weimar.de	Getränke: **18** I 20
Hotelrestaurant • Casual Dining • deutsche Küche	Ambiente: **8** I 10
	Gesamt: 86 I 100

Morgenitz

17429 Morgenitz

Es kann so einfach sein: Gastgeber und Koch René Bobzin macht mit herzlichem Service und frischem Fisch aus Peene und Achterwasser samt pommerschen Kartoffelbeilagen seine Gäste auf Usedom glücklich.

Dewichower Straße 5	Essen: **42** I 50
+49 38372 70924	Service: **19** I 20
bauernstube-morgenitz.de	Getränke: **17** I 20
Gasthaus • Fisch • gemütlich • traditionell	Ambiente: **8** I 10
	Gesamt: 86 I 100

Allesisstgut

23992 Nakenstorf

Die Küche des wunderschön am See gelegenen Hotelrestaurants ist dem Slow-Food-Gedanken verbunden. Der fangfrische Fisch kommt aus dem Neuklostersee oder der Ostsee, Fleisch und Wild aus der Region.

Seestraße 1
+49 38422 4570
seehotel-neuklostersee.de
Hotelrestaurant • im Grünen • Seeterrasse

Essen:	42	50
Service:	17	20
Getränke:	16	20
Ambiente:	8	10
Gesamt:	83	100

Strelitz

17235 Neustrelitz

Wenzel Pankratzs Küchenstil ist radikal. Er kocht nur auf Holzfeuer und verwendet ausschließlich Regionales. Das Ergebnis sind produktbezogene Kompositionen. Dazu passt die Auswahl an Naturweinen.

Berliner Chaussee 1
+49 3981 447135
forsthaus-strelitz.de
Gasthaus • eigene Landwirtschaft • unkonventionell

Essen:	43	50
Service:	17	20
Getränke:	18	20
Ambiente:	8	10
Gesamt:	86	100

Seeblick

18375 Ostseebad Prerow

Das familiengeführte Fischrestaurant ist in einem denkmalgeschützten Gebäude an der Prerower Seebrücke untergebracht. Steinbutt, Dorsch und Co. kommen aus Ostsee und Bodden. Dazu Wildbret vom Darß.

Hauptübergang zum Strand
+49 38233 348
wolff-prerow.de
Familienbetrieb • Fisch • Wild • regionale Produkte

Essen:	42	50
Service:	17	20
Getränke:	15	20
Ambiente:	8	10
Gesamt:	82	100

Schimmel's

18347 Ostseebad Wustrow

Das hübsch gelegene Restaurant bietet feine regionale Landhausküche. Zwei Tagesmenüs stehen zur Auswahl. Dazu ausgesuchte Weine aus der Alten Welt. Ebenfalls empfehlenswert: selbst gebackene Kuchen.

Parkstraße 1
+49 38220 66500
schimmels.de
Gasthaus • traditionell • klassisch • gemütlich

Essen:	42	50
Service:	17	20
Getränke:	17	20
Ambiente:	8	10
Gesamt:	84	100

Der Butt

18119 Rostock-Warnemünde

Sternekoch André Münch steht für herausragende Menükreationen aus frischen Produkten und hohe Handwerkskunst. Zudem bietet das Gourmetrestaurant direkt im Jachthafen seinen Gästen exzellenten Service.

Am Yachthafen 1
+49 381 50400
hohe-düne.de
Hotelrestaurant • Fine Dining • elegant • international

Essen:	45	50
Service:	19	20
Getränke:	18	20
Ambiente:	8	10
Gesamt:	90	100

80–84 85–89 90–94 95–100 Punkte

Grützmann's
18573 Samtens

Madlen und Steffen Grützmann mögen es regional und wild. Das Wild beziehen die Gastgeber aus den Wäldern von Rügen, die Kräuter wachsen im eigenen Garten. Die Gäste schätzen die familiäre Atmosphäre.

Gingster Straße 1
+49 38306 1487
restaurant-samtens.de
Gasthaus • eigener Kräutergarten • Wild • gemütlich

Essen:	**43**	50
Service:	**18**	20
Getränke:	**17**	20
Ambiente:	**7**	10
Gesamt:	**85**	100

Gastmahl des Meeres
18546 Sassnitz

Frische, regionale Fischspezialitäten wie Zanderfilet in der Kartoffelkruste, Sassnitzer Pannfisch oder Kräutermatjes. In dem sympathischen Traditionslokal an der Hafenmole schmeckt alles nach Urlaub.

Strandpromenade 2
+49 38392 5170
gastmahl-des-meeres-ruegen.de
Gasthaus • Fisch • regionale Produkte • traditionell

Essen:	**42**	50
Service:	**18**	20
Getränke:	**18**	20
Ambiente:	**8**	10
Gesamt:	**86**	100

Schillings Gasthof
18569 Schaprode

Einst verkehrte hier Asta Nielsen, auch Günter Grass war mal da. Heute werden regionale Spezialitäten serviert, zum Beispiel Hiddenseer Kutterfisch oder Schnucken von den Salzwiesen der Insel Öhe.

Hafenweg 45
+49 38309 1216
schillings-gasthof.de
Gasthaus • regionale Produkte • gemütlich • traditionell

Essen:	**42**	50
Service:	**17**	20
Getränke:	**17**	20
Ambiente:	**8**	10
Gesamt:	**84**	100

Gourmetfabrik
19055 Schwerin

Alte Tradition trifft auf moderne Küchenkultur: In dem Schweriner Restaurant werden fast vergessene Rezeptklassiker zeitgemäß interpretiert. Dabei setzt man auf frische, saisonale Produkte. Kochkurse.

Werderstraße 74B
+49 0385 76098570
gourmetfabrik.de
Casual Dining • regionale Produkte • nachhaltig • modern

Essen:	**42**	50
Service:	**18**	20
Getränke:	**18**	20
Ambiente:	**8**	10
Gesamt:	**86**	100

La Bouche
19053 Schwerin

Gemütliches Bistro in der Schweriner Innenstadt. Die mediterrane Küche mit französischem Einschlag genießen die Gäste sowohl im La Bouche im Erdgeschoss als auch im El Pato in der ersten Etage.

Buschstraße 9
+49 385 39456092
bistrolabouche.de
Bistro • mediterran • gemütlich • Terrasse

Essen:	**42**	50
Service:	**18**	20
Getränke:	**18**	20
Ambiente:	**8**	10
Gesamt:	**86**	100

Weinbistro

19055 Schwerin

Fischsuppe, Blutwurstsäcke oder einfach eine Bauernstulle: Im Weinbistro finden sich die passenden Begleiter zu den rund 300 Sorten aus der Weinhandlung, darunter viele Spitzengewächse junger Winzer.

Schusterstraße 13–15
+49 385 48939430
weinhaus-uhle.de
Bistro • regionale Produkte • gemütlich

Essen:	42 | 50
Service:	18 | 20
Getränke:	18 | 20
Ambiente:	8 | 10
Gesamt:	86 | 100

Weinhaus Uhle

19055 Schwerin

Ambitionierte Degustationsmenüs mit drei bis acht Gängen lassen sich im historischen Ambiente des 250 Jahre alten Weinhauses genießen. Dazu finden sich selbstverständlich die passenden Weinbegleiter.

Schusterstraße 13–15
+49 385 48939430
weinhaus-uhle.de
Hotelrestaurant • regionale Produkte • nachhaltig

P

Essen:	43 | 50
Service:	18 | 20
Getränke:	19 | 20
Ambiente:	8 | 10
Gesamt:	88 | 100

Blauer Salon

17419 Seebad Ahlbeck

Das 1890 erbaute Seehotel war schon um die Jahrhundertwende ein Haus ersten Ranges. Im ehrwürdigen Grandhotel genießt man neuerdings auch im Blauen Salon exquisite französische Hochküche. Kaiserlich!

Dünenstraße 47
+49 38378 620
seetel.de
Hotelrestaurant • Fine Dining • französisch • klassisch

P

Essen:	43 | 50
Service:	18 | 20
Getränke:	18 | 20
Ambiente:	8 | 10
Gesamt:	87 | 100

Kaisers Eck

17419 Seebad Ahlbeck

Das kleine, feine Restaurant ist ein Geheimtipp. Die Fischboulette als Vorspeise ist ein Gedicht, ebenso der auf der Haut gebratene Zander oder die Fischplatte. Raffiniert, mediterran, köstlich!

Kaiserstraße 1
+49 38378 30058
kaiserseck.de
Fine Dining • Fisch • mediterran • regionale Produkte

Essen:	43 | 50
Service:	19 | 20
Getränke:	18 | 20
Ambiente:	8 | 10
Gesamt:	88 | 100

Belvedere — 17424 Seebad Heringsdorf

Fine Dining mit Ostseeblick. Das Restaurant in der Glaskuppel des Strandhotels bietet das perfekte Ambiente, um die vornehmlich aus regionalen Produkten kreativ zubereiteten Speisen zu genießen.

Delbrückstraße 10	Essen: **44** | 50
+49 38378 33536	Service: **19** | 20
travelcharme.com	Getränke: **18** | 20
Hotelrestaurant • Fine Dining • Essen mit Aussicht	Ambiente: **8** | 10
	Gesamt: 89 | 100

Gutshaus Kubbelkow — 18528 Sehlen

Die Speisekarte ist bewusst klein, täglich gibt es jeweils ein Drei-Gänge-Menü mit Fisch oder Fleisch. Gekocht wird mit erlesenen Produkten der heimischen Fischer, Jäger, Schlachter, Käsereien und Bauern.

Dorfstraße 8	Essen: **42** | 50
+49 3838 8227777	Service: **18** | 20
kubbelkow.de	Getränke: **17** | 20
mediterran • französisch • regionale Produkte	Ambiente: **8** | 10
	Gesamt: 85 | 100

Ambiance — 18586 Sellin

Das Hotelrestaurant im schönen Ostseebad Sellin auf Rügen ist eine sehr gute Adresse für Feinschmecker. Das Ambiente ist klassisch, die Küche ambitioniert mit internationalem und regionalem Twist.

Wilhelmstraße 34	Essen: **42** | 50
+49 38303 122150	Service: **17** | 20
roewers.de	Getränke: **18** | 20
regionale Produkte • Terrasse • Essen mit Aussicht	Ambiente: **8** | 10
	Gesamt: 85 | 100

Fährkrug — 17391 Stolpe

Das historische Wirtshaus ist über 350 Jahre alt. Während nebenan auf Gourmetniveau gekocht wird, geht es im Fährkrug mit pommerscher Genussküche rustikaler und deftiger zu. Schöner Biergarten.

Peenstraße 33	Essen: **42** | 50
+49 39721 52225	Service: **18** | 20
gutshaus-stolpe.de	Getränke: **17** | 20
Hotelrestaurant • Gasthaus • Gastgarten • traditionell	Ambiente: **8** | 10
	Gesamt: 85 | 100

Gutshaus Stolpe

17391 Stolpe

Seit Mai 2022 liegt die kulinarische Ausrichtung des Hotelrestaurants in der Verantwortung von Küchenchef Christian Somann. Sein Motto für die exquisite Gutsherrenküche: Denke global, kaufe regional.

Peenstraße 33	Essen: **45** | 50
+49 39721 5500	Service: **18** | 20
gutshaus-stolpe.de	Getränke: **18** | 20
Fine Dining • regionale Produkte • im Grünen	Ambiente: **8** | 10
	Gesamt: 89 | 100

Lara

18439 Stralsund

Eine gute Adresse, um nach einem Besuch im nahe gelegenen Ozeaneum einzukehren und sich in leger-lockerer Atmosphäre verwöhnen zu lassen. Mit frischen saisonalen deutschen und mediterranen Gerichten.

Am Fischmarkt 4–6	Essen: **42** | 50
+49 3831 666339	Service: **18** | 20
das-restaurant-lara.de	Getränke: **17** | 20
Bistro • deutsche Küche • mediterran • entspannt	Ambiente: **7** | 10
	Gesamt: 84 | 100

Kleines Meer

17192 Waren (Müritz)

Seit 2010 verwöhnt Küchenchef Hendrik Türk seine Gäste mit typischen regionalen Gerichten unter Verwendung der besten Zutaten aus der Region: frischer Fisch aus der Müritz, Wild aus heimischen Wäldern.

Alter Markt 7	Essen: **43** | 50
+49 3991 6480	Service: **17** | 20
restaurant-kleinesmeer.de	Getränke: **17** | 20
Hotelrestaurant • Seeterrasse • klassisch	Ambiente: **8** | 10
	Gesamt: 85 | 100

Tafelhuus

23966 Wismar

Das Auge isst mit. Hier können Feinschmecker nicht nur regionale und saisonale Spezialitäten genießen, sondern auch Küchenchef Mario Peters und Team dank der offenen Küche bei der Zubereitung zusehen.

Bürgermeister-Haupt-Straße 36	Essen: **42** | 50
+49 03841 3742420	Service: **18** | 20
tafelhuus-restaurant.de	Getränke: **17** | 20
Casual Dining • Gastgarten • modern • elegant	Ambiente: **8** | 10
	Gesamt: 85 | 100

Meerlust

18374 Zingst

Elegantes Hotelrestaurant, dessen Küchenstil sich zwischen Tradition und Moderne bewegt. Dabei werden regionale Zutaten verarbeitet: Lamm aus Fuhlendorf, Käse aus Daskow oder Katerbower Apfelschwein.

Seestraße 72	Essen: **42** | 50
+49 38232 8850	Service: **18** | 20
hotelmeerlust.de	Getränke: **18** | 20
Hotelrestaurant • deutsche Küche • mediterran	Ambiente: **8** | 10
	Gesamt: 86 | 100

NIEDERSACHSEN

1570 – Petit Gourmet
31855 Aerzen

Zum Reinschnuppern in Achim Schwekendieks ausgefeilte Gourmetküche ist das kleine Restaurant genau der richtige Ort. Man genießt französische Haute Cuisine in kleinen Portionen zu moderaten Preisen.

Schwöbber 9	Essen:	**45** | 50
+49 5154 7060	Service:	**18** | 20
schlosshotel-muenchhausen.com	Getränke:	**17** | 20
Fine Dining • französisch • im Schloss	Ambiente:	**8** | 10
P	Gesamt:	88 | 100

Gourmet-Restaurant Münchhausen
31855 Aerzen

Im schicken Renaissance-Ambiente des Gourmet-Restaurants zelebriert Achim Schwekendiek gekonnt seine mediterran zugespitzte französische Haute Cuisine, die er hie und da mit eigenen Ideen verfeinert.

Schwöbber 9	Essen:	**45** | 50
+49 5154 70600	Service:	**18** | 20
schlosshotel-muenchhausen.com	Getränke:	**18** | 20
Fine Dining • französisch • mediterran • im Schloss	Ambiente:	**9** | 10
P	Gesamt:	90 | 100

Schlosskeller
31855 Aerzen

Gut gemachte bodenständige Klassiker der deutschen und internationalen Küche bestimmen hier das Angebot. Der Donnerstagabend steht bei gutem Wetter ganz im Zeichen des Grillens auf der Terrasse.

Schwöbber 9	Essen:	**44** | 50
+49 5154 70600	Service:	**17** | 20
schlosshotel-muenchhausen.com	Getränke:	**17** | 20
deutsche Küche • regionale Produkte • gemütlich	Ambiente:	**8** | 10
P	Gesamt:	86 | 100

Behnecke
38667 Bad Harzburg

Die beiden Küchenchefs Helmut Söffge und Carsten Valentin lieben Wild und schöpfen im Harz aus dem Vollen. Das spiegelt sich auf der Karte mit Rotwild, Rehbraten, Wildschweinfilet und Co. wider.

Herzog-Wilhelm-Straße 54	Essen:	**43** | 50
+49 5322 7880	Service:	**18** | 20
hotel-braunschweiger-hof.de	Getränke:	**17** | 20
Hotelrestaurant • deutsche Küche • Wild • Terrasse	Ambiente:	**8** | 10
	Gesamt:	86 | 100

Schmiedegasthaus Gehrke

31542 Bad Nenndorf

Gekocht wird herrlich ländlich und saisonal auf Basis des »Kulinarischen Kalenders«. Bei schönem Wetter lockt der blühende Obstgarten. Mehr als 500 Spitzenweine sind ein zusätzliches Argument.

Riepener Straße 21
+49 5725 94410
schmiedegasthaus.de
Hotelrestaurant • deutsche Küche • Gastgarten

Essen:	**43** | 50
Service:	**17** | 20
Getränke:	**19** | 20
Ambiente:	**7** | 10
Gesamt:	86 | 100

Apicius

26160 Bad Zwischenahn

Als Schüler gab Küchenchef Tim Extra sein Taschengeld gerne in Toprestaurants aus. Die Leidenschaft für klassische Küche mit modernen Akzenten blieb. Gemüse und Obst kommen aus dem hauseigenen Garten.

Eiden 9
+49 4403 698416
jagdhaus-eiden.de
eigener Gemüse- und Kräutergarten • deutsche Küche

Essen:	**45** | 50
Service:	**18** | 20
Getränke:	**18** | 20
Ambiente:	**8** | 10
Gesamt:	89 | 100

Jäger- und Fischerstuben

26160 Bad Zwischenahn

Leidenschaft für frische Produkte, das ist die Basis der Küche von Thomas Eilers und Stefan Karger. In gemütlicher Wohnzimmeratmosphäre wird herzhaft aufgetischt, begleitet von passenden Weinen.

Eiden 9
+49 4403 698433
jagdhaus-eiden.de
deutsche Küche • Fisch • Essen mit Aussicht • gemütlich

Essen:	**44** | 50
Service:	**17** | 20
Getränke:	**17** | 20
Ambiente:	**8** | 10
Gesamt:	86 | 100

Müller

30890 Barsinghausen

Die geschmorten Kalbsbacken mit Trüffel und den Wildfangheilbutt lassen sich auch Gourmets schmecken. Dazu überzeugt die üppige und abwechslungsreiche Auswahl an internationalen Gerichten ebenfalls.

Golterner Straße 2
+49 5108 2163
gasthausmueller.de
Gasthaus • regionale Produkte • gemütlich

Essen:	**42** | 50
Service:	**17** | 20
Getränke:	**16** | 20
Ambiente:	**7** | 10
Gesamt:	82 | 100

Stiller's Restaurant

30890 Barsinghausen

Überraschende Gerichte als Markenzeichen der Küche. Coq au Vin blanc, Tatar vom norwegischen Lachs oder sizilianische Caponata sind drei dieser Offerte. Bei Sonnenschein ist der Biergarten ein Muss.

Egestorfer Straße 36A
+49 5105 61818
stiller-geniessen.de
Biervielfalt • Terrasse • gemütlich

Essen:	**43** | 50
Service:	**17** | 20
Getränke:	**17** | 20
Ambiente:	**8** | 10
Gesamt:	85 | 100

Das Alte Haus

38100 Braunschweig

Küchenchef Enrico Dunkel erhellt die niedersächsische Gastrolandschaft mit jahreszeitlich abgestimmten Gaumenfreuden aus verschiedenen Regionen Europas. Großen Raum nehmen auch die Weinmenüs ein.

Alte Knochenhauerstraße 11
+49 531 6180100
altehaus.de
Fine Dining • Terrasse • elegant

Essen:	**44** I 50
Service:	**18** I 20
Getränke:	**18** I 20
Ambiente:	**8** I 10
Gesamt:	88 I 100

Monkey Rosé

38100 Braunschweig

Der Rebensaft ist der rote Faden in dieser Weinbrasserie im altehrwürdigen Gewandhaus. Stimmige regionale, saisonale Gerichte, zu denen der freundliche Service die passenden Weine empfiehlt, sind inbegriffen.

Altstadtmarkt 1
+49 531 28793388
monkey-rose.de
deutsche Küche • französisch • romantisch

Essen:	**43** I 50
Service:	**17** I 20
Getränke:	**18** I 20
Ambiente:	**8** I 10
Gesamt:	86 I 100

Mono

38100 Braunschweig

Japanische Küche mit Crossover-Einflüssen steht hier im Fokus. Natürlich dürfen hausgemachte Sushi, auch in vegetarischer Variante, und Sashimi nicht fehlen, ebenso wenig wie knusprig gegrillte Ente.

Papenstieg 4
+49 531 61491457
mono-restaurant.com
japanisch • Fisch • elegant

Essen:	**43** I 50
Service:	**18** I 20
Getränke:	**17** I 20
Ambiente:	**8** I 10
Gesamt:	86 I 100

Überland

38102 Braunschweig

Gleich auf drei Etagen wird hier der Spitzengastronomie gehuldigt. Beim Panoramablick über die Stadt kann man sich wie im Gastrohimmel fühlen. Das kulinarische Konzept stammt von TV-Koch Tim Mälzer.

Willy-Brandt-Platz 18
+49 531 18053410
ueberland-bs.de
Bar • deutsche Küche • Essen mit Aussicht

Essen:	**43** I 50
Service:	**17** I 20
Getränke:	**16** I 20
Ambiente:	**8** I 10
Gesamt:	84 I 100

Vielharmonie

38100 Braunschweig

Das ist »ginial«: In der Bar sind rund 80 Gins vorrätig. Für eine gute Grundlage sorgt die deutsche Küche, die mit Bedacht gepflegt wird. Eines der Karten-Highlights ist der Pulpo auf Ziegenkäserisotto.

Bankplatz 7
+49 531 41611
vielharmonie-bs.de
Bar • deutsche Küche • Terrasse • elegant

Essen:	**43** I 50
Service:	**17** I 20
Getränke:	**17** I 20
Ambiente:	**7** I 10
Gesamt:	84 I 100

Zucker

38122 Braunschweig

In dieser ehemaligen Zuckerraffinerie sind zwar auch süße Sünden wie etwa Mandelküchlein zu haben. Der Schwerpunkt liegt jedoch auf gehobener Küche wie gebratenen Riesengarnelen oder Erbsenrisotto.

Frankfurter Straße 2	Essen:	43 | 50
+49 531 281980	Service:	17 | 20
zucker-raffinerie.de	Getränke:	16 | 20
deutsche Küche • Terrasse • traditionell	Ambiente:	8 | 10
	Gesamt:	84 | 100

Henry's

21244 Buchholz in der Nordheide

Wildragout aus heimischer Jagd oder Omas Königsberger Klopse bringen hier die Zunge zum Schnalzen. Sie stehen für eine gehobene und vor allem nachhaltige Küche unter der Regie von Jan Philip Stöver.

Steinbecker Straße 111	Essen:	44 | 50
+49 4181 2000	Service:	17 | 20
zur-eiche.de	Getränke:	16 | 20
deutsche Küche • regionale Produkte • Terrasse	Ambiente:	8 | 10
	Gesamt:	85 | 100

Lege

30938 Burgwedel

In vierter Generation werden Gastfreundschaft und kulinarische Wonnen gepflegt. Die Küche bereitet frische deutsch-französische Gerichte zu. Vorzüglich ist der gefüllte Kaninchenrücken mit Kräuterrisotto.

Engenser Straße 2	Essen:	44 | 50
+49 5139 8233	Service:	17 | 20
gasthaus-lege.de	Getränke:	16 | 20
Gasthaus • deutsche Küche • Terrasse • gemütlich	Ambiente:	8 | 10
	Gesamt:	85 | 100

Allerkrug

29227 Celle

Ausgefeilte deutsche und französische Gerichte mit internationaler Inspiration sind zum Markenzeichen von Sven Hütten geworden. Letzterer hat sich auch als regionaler Lebensmittelproduzent einen Namen gemacht.

Alte Dorfstraße 14	Essen:	44 | 50
+49 5141 84894	Service:	18 | 20
allerkrug.de	Getränke:	17 | 20
deutsche Küche • französisch • Gastgarten	Ambiente:	7 | 10
	Gesamt:	86 | 100

Das Esszimmer

29221 Celle

Die Preiselbeeren für die Käseplatte sammelt Koch David Hoven selbst – eines der vielen Details, die unterstreichen, wie viel Wert bei den internationalen Gaumenfreuden auf »handmade« gelegt wird.

Hostmannstraße 37	Essen:	42 | 50
+49 5141 9777536	Service:	17 | 20
dasesszimmer-celle.de	Getränke:	17 | 20
Fine Dining • Terrasse • entspannt	Ambiente:	7 | 10
	Gesamt:	83 | 100

Palio

29221 Celle

Wer italienische Küche und Italo-Lebensart mag, wird das Palio lieben. Die Spezialitäten aus den verschiedenen Regionen wechseln regelmäßig. Eine rundum authentische Küche im toskanischen Ambiente!

Hannoversche Straße 55–56
+49 5141 2010
althoffcollection.com
Hotelrestaurant • italienisch • mediterran • Gastgarten

Essen:	**44** I 50
Service:	**17** I 20
Getränke:	**17** I 20
Ambiente:	**8** I 10
Gesamt:	86 I 100

Schapers Restaurant

29225 Celle

Bereits seit 1905 wird hier Gastfreundschaft praktiziert. Heutzutage werden die Gäste unter anderem mit Bœuf bourguignon, Doradenfilets auf Fregola-Pasta oder Ricotta-Spinat-Ravioli kulinarisch verwöhnt.

Heese 6–7
+49 5141 94880
hotel-schaper.de
Familienbetrieb • deutsche Küche • Terrasse

Essen:	**43** I 50
Service:	**17** I 20
Getränke:	**17** I 20
Ambiente:	**7** I 10
Gesamt:	84 I 100

Köllners Landhaus

29223 Celle-Boye

Ein liebevoll restauriertes Landhaus mitten in der Natur – das inspiriert zum entspannten Genuss. Die Küche glänzt mit Filet vom Wildlachs, Maispoulardenbrust und Erbsenschaumsuppe mit Dim Sum.

Im Dorfe 1
+49 5141 951950
koellners-landhaus.de
Hotelrestaurant • Vinothek • im Grünen • Terrasse

Essen:	**43** I 50
Service:	**17** I 20
Getränke:	**17** I 20
Ambiente:	**8** I 10
Gesamt:	85 I 100

Sterneck

27476 Cuxhaven

Marc Rennhack charakterisiert seine Küche als deutsch mit spanischem und orientalischem Einschlag. In das Gedächtnis brennt sich der Besuch auch wegen der atemberaubenden Blicke auf die Nordsee ein.

Cuxhavener Straße 86
+49 4721 4340
badhotel-sternhagen.de
Hotelrestaurant • Fine Dining • Essen mit Aussicht

Essen:	**45** I 50
Service:	**18** I 20
Getränke:	**18** I 20
Ambiente:	**8** I 10
Gesamt:	89 I 100

Der Schwan

37574 Einbeck

Einst stand Ute Wicke als DDR-Leistungssportlerin auf dem Siegerpodest. Doch seit 1965 wetteifert sie um die Gunst ihrer Gäste. Als Köchin spielt sie gerne mit regionalen Aromen, Kräutern und Gewürzen.

Tiedexer Straße 1
+49 5561 4609
schwan-einbeck.de
Hotelrestaurant • Terrasse • urig • romantisch

Essen:	**42** | 50
Service:	**18** | 20
Getränke:	**16** | 20
Ambiente:	**7** | 10
Gesamt:	83 | 100

Genusswerkstatt

37574 Einbeck

Gegrilltes ist die Basis der Küche, gerne aufgepeppt mit scharfen Senfkörnern aus Einbeck. Reizvoll wird ein Besuch auch durch die benachbarte Erlebnisausstellung PS.Speicher mit 350 alten Fahrzeugen.

Tiedexer Tor 3b
+49 5561 3199970
genusswerkstatt-einbeck.de
Hotelrestaurant • Steak • im Museum • unkonventionell

Essen:	**43** | 50
Service:	**16** | 20
Getränke:	**17** | 20
Ambiente:	**8** | 10
Gesamt:	84 | 100

Schäferstuben

29328 Faßberg-Müden

Regionale Heideküche und Einflüsse aus der französischen Haute Cuisine vertragen sich gut. Das zeigt sich in diesem Restaurant, dessen Küche beide Stile in kreativen Gerichten harmonisch zusammenführt.

Hauptstraße 7
+49 5053 98900
niemeyers-posthotel.de
Hotelrestaurant • Familienbetrieb • Terrasse • romantisch

P

Essen:	**44** | 50
Service:	**17** | 20
Getränke:	**17** | 20
Ambiente:	**8** | 10
Gesamt:	86 | 100

Genießerstube im Landhaus Biewald

37133 Friedland

Im Rückblick war das Praktikum beim Steuerberater für Küchenchef Daniel Raub ein Ausrutscher. Rechtzeitig erkannte er seine wahre Profession: unverwechselbare Kochkunst mit dem Produkt im Zentrum.

Weghausstraße 20
+49 5504 93500
geniesserstube.de
Hotelrestaurant • Fine Dining • elegant

P

Essen:	**45** | 50
Service:	**18** | 20
Getränke:	**17** | 20
Ambiente:	**8** | 10
Gesamt:	88 | 100

Landhaus am See

30827 Garbsen

In tiefen Korbsesseln lässt es sich im eleganten Landhausambiente vortrefflich gutbürgerlich-deutsch schmausen. Dafür gibt die ambitionierte Küche alles, die passenden Weine werden kompetent empfohlen.

Seeweg 27–29
+49 5131 46860
landhausamsee.de
Hotelrestaurant • deutsche Küche • Terrasse • gemütlich

Essen:	**44** | 50
Service:	**18** | 20
Getränke:	**17** | 20
Ambiente:	**8** | 10
Gesamt:	87 | 100

Berggasthaus Niedersachsen

30989 Gehrden

Berge und Niedersachsen? Geht das? Und ob! Das Berggasthaus Niedersachsen liegt auf dem 136 Meter hohen Köthnerberg – ein malerisches Ambiente. Kulinarisch geht es mit deutscher Küche hoch hinaus.

Köthnerberg 4
+49 5108 3101
berggasthaus-niedersachsen.de
Gasthaus • deutsche Küche • am Berg • gemütlich

Essen:	**42** I 50
Service:	**17** I 20
Getränke:	**17** I 20
Ambiente:	**8** I 10
Gesamt:	84 I 100

Trüffel

38640 Goslar

Wenig überraschend, dominiert die Trüffel die Speisekarte. Diese gibt es vielfältig, zum Beispiel als getrüffelte Jakobsmuscheln, gebratener Ziegenkäse mit Trüffelhonig oder opulent als Trüffelteller.

Bäckerstraße 106
+49 5321 29677
restaurant-trueffel.de
Bistro • mediterran • Terrasse • modern

Essen:	**44** I 50
Service:	**17** I 20
Getränke:	**16** I 20
Ambiente:	**8** I 10
Gesamt:	85 I 100

INTUU

37073 Göttingen

Hausgemachte Sushi und andere Klassiker der japanischen Küche erhalten durch südamerikanische Akzente eine besondere Note. Zu der Nikkei-Küche passt der schicke Design-Mix der angesagten Location.

Berliner Straße 30
+49 551 999530
freigeist-goettingen.de
Hotelrestaurant • Sushi • Sharing Menu

Essen:	**44** I 50
Service:	**18** I 20
Getränke:	**17** I 20
Ambiente:	**8** I 10
Gesamt:	87 I 100

Schillingshof

37133 Groß Schneen

Eine Traditionsgastronomie, die seit Jahrzehnten mit Leidenschaft betrieben wird. Das spiegelt sich auch auf der Karte wider, etwa bei gebratenem Zander, heimischem Kalbsrücken oder geschmorter Kaninchenkeule.

Lappstraße 14
+49 5504 228
schillingshof.de
Hotelrestaurant • deutsche Küche • regionale Produkte

Essen:	**43** I 50
Service:	**17** I 20
Getränke:	**16** I 20
Ambiente:	**7** I 10
Gesamt:	83 I 100

Schalotte

26197 Großenkneten-Huntlosen

Als Jörg Stein vor fast 30 Jahren Biofleisch auf seine Karte setzte, war das revolutionär. Seitdem ist sein Angebot an biologischen und ökologischen Produkten immer größer geworden, auch für Vegetarier.

Bahnhofstraße 9
+49 4487 1579
schalotte-restaurant.de
deutsche Küche • bio • Terrasse • gemütlich

Essen:	**44** I 50
Service:	**17** I 20
Getränke:	**16** I 20
Ambiente:	**8** I 10
Gesamt:	85 I 100

Bistro Schweizerhof
30175 Hannover

Zentral in der Innenstadt gelegen, bietet das unkonventionelle Bistro eine gute Auswahl an Fisch- und Fleischgerichten mit passenden, meist hausgemachten Beilagen und Saucen. Offene Showküche.

Hinüberstraße 6	Essen:	43 | 50
+49 511 34950	Service:	18 | 20
schweizerhof-hannover.de	Getränke:	17 | 20
Hotelrestaurant • deutsche Küche • Terrasse	Ambiente:	8 | 10
	Gesamt:	86 | 100

Die Insel
30519 Hannover

Küchenchef Benjamin Meusel schreibt europäisch-mediterrane Küche mit regionalen Einflüssen groß. Dazu passt der Ausblick auf den Maschsee. Beachtlich ist die Weinkarte mit fast 2000 Positionen.

Rudolf-von-Bennigsen-Ufer 81	Essen:	43 | 50
+49 511 831214	Service:	18 | 20
dieinsel.de.rs	Getränke:	20 | 20
mediterran • Essen mit Aussicht • entspannt	Ambiente:	8 | 10
	Gesamt:	89 | 100

Handwerk
30173 Hannover

Der Name ist Programm, denn das Kochhandwerk wird bei dieser Menüküche auf die Spitze getrieben. Ann-Kristin und Thomas Wohlfeld bieten ihren Gästen ein rundum gelungenes kulinarisches Verwöhnprogramm.

Altenbekener Damm 17	Essen:	45 | 50
+49 511 26267588	Service:	18 | 20
handwerk-hannover.com	Getränke:	17 | 20
Casual Dining • Terrasse • modern	Ambiente:	8 | 10
	Gesamt:	88 | 100

Jante
30171 Hannover

Eine lebendige und farbenfrohe Aromenvielfalt findet sich auf jedem Teller, der die talentierte Küche verlässt. Besonderer Clou: Hier bedienen die Köche die Gäste und plaudern gerne über ihre Kreationen.

Marienstraße 116	Essen:	48 | 50
+49 511 54555606	Service:	19 | 20
jante-restaurant.de	Getränke:	18 | 20
Fine Dining • deutsche Küche • unkonventionell	Ambiente:	9 | 10
	Gesamt:	94 | 100

Lindenblatt Grill-Garten
30159 Hannover

Nur drei Restaurants in Niedersachsen arbeiten mit einem Southbend-Grill, der für den Namen des Restaurants Pate stand. Dieser grillt das Fleisch mit bis zu 800 Grad Celsius und gibt ihm eine schöne Kruste.

Schuhstraße 11	Essen:	43 | 50
+49 511 45008808	Service:	19 | 20
lindenblatt-hannover.de	Getränke:	18 | 20
Steak • entspannt • Geschäftsessen	Ambiente:	8 | 10
	Gesamt:	88 | 100

Schorse

30159 Hannover

Im lichtdurchfluteten Anbau des Leineschlosses geht es in Sachen Küche wohltuend bodenständig und unkompliziert zu. Küchenchef Benjamin Gallein bietet hier deutsche Hausmannskost mit modernem Touch.

Hannah-Arendt-Platz 1
+49 511 30302411
schorse-im-leineschloss.de
deutsche Küche • im Schloss • Terrasse

Essen: **43** | 50
Service: **17** | 20
Getränke: **15** | 20
Ambiente: **8** | 10
Gesamt: 83 | 100

Schuberts Brasserie

30173 Hannover

Französische Kochkunst begegnet deutschen Speisen aus der Region – hausgemacht aus feinen und erlesenen Zutaten. An Veganer ist ebenfalls gedacht, für sie hat Jan Schubert ein Drei-Gänge-Menü kreiert.

Geibelstraße 77
+49 511 89963633
schuberts-brasserie.de
deutsche Küche • französisch • vegan • romantisch

Essen: **43** | 50
Service: **17** | 20
Getränke: **17** | 20
Ambiente: **8** | 10
Gesamt: 85 | 100

Shin Ramen

30159 Hannover

Die legendäre japanische Nudelsuppe Ramen wird hier nach einem alten Geheimrezept und ausschließlich aus hausgemachten Zutaten hergestellt. Ein wahrer Satt- und Glücklichmacher für jeden Tag.

Thielenplatz 3
+49 511 5474240
shin-foods.com
japanisch • Ramen • modern

Essen: **43** | 50
Service: **18** | 20
Getränke: **13** | 20
Ambiente: **7** | 10
Gesamt: 81 | 100

Titus im Röhrbein

30159 Hannover

Das Lokal heißt nach dem Spitznamen seines Machers, Dieter Grubert. Titus kocht puristisch, modern-klassisch und ohne aufwendige Garnituren. Stattdessen stehen Produkt und Geschmack im Rampenlicht.

Joachimstraße 6
+49 511 835524
restaurant-titus.com
deutsche Küche • Fisch • gemütlich

Essen: **43** | 50
Service: **17** | 20
Getränke: **17** | 20
Ambiente: **7** | 10
Gesamt: 84 | 100

Votum

30159 Hannover

Im stylish eingerichteten Votum entscheiden die Gäste über Speisefolge, Upgrades, Weinbegleitung und alkoholfreie Alternativen. Benjamin Gallein macht ihnen mit seiner Gourmetküche die Wahl nicht leicht.

Hannah-Arendt-Platz 1
+49 511 30302412
vo-tum.de
Fine Dining • französisch • im Schloss

Essen: **45** | 50
Service: **18** | 20
Getränke: **17** | 20
Ambiente: **8** | 10
Gesamt: 88 | 100

Flux

34346 Hannoversch Münden

Bio ist das große Thema des nachhaltig arbeitenden Restaurants in der Nähe von Göttingen. Die ambitionierte Küche ist entsprechend saisonal und regional orientiert, gutes Essen mit gutem Gewissen.

Buschweg 40
+49 5541 9980
flux-biohotel.de
Hotelrestaurant • bio • nachhaltig • gemütlich

Essen:	**44**	50
Service:	**17**	20
Getränke:	**16**	20
Ambiente:	**7**	10
Gesamt:	84	100

Sellhorn

21271 Hanstedt

Die meisten Zutaten, die in der Küche verarbeitet werden, kommen aus der heimatlichen Lüneburger Heide. Erleben lässt sich dann beispielsweise, welche Gaumenfreuden sich aus Heidschnucken zaubern lassen.

Winsener Straße 23
+49 4184 8010
hotel-sellhorn.de
Gasthaus • Wild • elegant • Gastgarten

Essen:	**43**	50
Service:	**17**	20
Getränke:	**17**	20
Ambiente:	**7**	10
Gesamt:	84	100

Zur Eiche

21271 Hanstedt

Man schmaust unter Eichen der Lüneburger Heide – so viel Natur spiegelt sich auch auf der Speisekarte wider. Heidschnuckencurrywurst mit hausgemachter Sauce oder der Ollsener Pannfisch sind bei den Gästen beliebt.

Am Naturschutzpark 3
+49 4184 88300
landgasthof-zureiche.de
Gasthaus • deutsche Küche • gemütlich

Essen:	**43**	50
Service:	**17**	20
Getränke:	**15**	20
Ambiente:	**7**	10
Gesamt:	82	100

Meyers

26197 Huntlosen

Für Wildspezialitäten aus heimischer Jagd nimmt mancher Gast lange Wege auf sich – und wird nicht enttäuscht. Der Chef kocht hier noch selbst und mag es nicht nur »wild«, sondern auch herzhaft-gutbürgerlich.

Bahnhofstraße 67
+49 4487 92770
meyersgasthaus.de
Gasthaus • deutsche Küche • Wild • Terrasse

Essen:	**43**	50
Service:	**17**	20
Getränke:	**15**	20
Ambiente:	**7**	10
Gesamt:	82	100

Die Mühle

21635 Jork

Dass Gastronomie in einer 160 Jahre alten Windmühle ein besonderes Ambiente verheißt, liegt auf der Hand. Zusätzlich lässt die Küche mit ihren frischen Saisonprodukten Gourmetherzen höherschlagen.

Am Elbdeich 1
+49 4162 6395
diemuehlejork.de
deutsche Küche • regionale Produkte • Terrasse • urig

Essen:	**44**	50
Service:	**17**	20
Getränke:	**17**	20
Ambiente:	**8**	10
Gesamt:	86	100

Danzer's

26571 Juist

Direkt hinter dem Deich auf der Nordseeinsel Juist kommen bodenständige Gerichte mit Küstenfisch und Krabben oder vom Deichlamm groß heraus. Denn Stefan Danzer setzt vor allem auf heimische Produkte.

Wilhelmstraße 36	Essen:	**43** I 50
+49 4935 8040	Service:	**17** I 20
hotel-achterdiek.de	Getränke:	**16** I 20
Hotelrestaurant • Fisch • Meeresfrüchte	Ambiente:	**8** I 10
	Gesamt:	84 I 100

Field

29439 Lüchow

Seinen Kochlöffel vergleicht Salvatore Fontanazza mit dem Malerpinsel. Und so »malt« er etwa Black Cod mit Schweinefuß, Topinambur und Kohl oder Gambero rosso mit Erbsen, Umeboshi und Bottarga.

Bergstraße 6	Essen:	**42** I 50
+49 5841 97760	Service:	**17** I 20
hotel-katerberg.de	Getränke:	**16** I 20
Hotelrestaurant • Fine Dining • italienisch • gemütlich	Ambiente:	**8** I 10
P	Gesamt:	83 I 100

Röhms Deli

21335 Lüneburg

Restaurant, Café und Delikatessenshop unter einem Dach. Im heimelig eingerichteten Restaurant werden Jakobsmuscheln und Rotfleischgarnelen, geschmorte Rinderschulter und Trüffelgnocchi aufgetischt.

Heiligengeiststraße 30	Essen:	**43** I 50
+49 4131 24160	Service:	**17** I 20
roehmsdeli.de	Getränke:	**16** I 20
deutsche Küche • Delikatessenverkauf • Terrasse	Ambiente:	**8** I 10
	Gesamt:	84 I 100

LandHaus Zum LindenHof

21439 Marxen

Seit mehr als 200 Jahren ist der Betrieb fest in Familienhand. Das verpflichtet die siebte Generation zu Höchstleistungen für die Gäste. Diese werden in Form klassischer, stets frisch gekochter Gerichte erbracht.

Hauptstraße 18	Essen:	**43** I 50
+49 4185 4182	Service:	**18** I 20
landhaus-zum-lindenhof.de	Getränke:	**16** I 20
Familienbetrieb • deutsche Küche • regionale Produkte	Ambiente:	**8** I 10
P	Gesamt:	85 I 100

von Euch

49716 Meppen

Nicht nur die Ravioli sind hausgemacht, auch die sorgfältige Auswahl der Produkte, bei der das Tierwohl eine Rolle spielt, ist beachtenswert. Bierfans probieren das emsländische Craft-Meisterwerk.

Kuhstraße 21	Essen:	**43** I 50
+49 5931 4950100	Service:	**16** I 20
voneuch.de	Getränke:	**17** I 20
Hotelrestaurant • nachhaltig • Terrasse	Ambiente:	**7** I 10
	Gesamt:	83 I 100

Fährhaus Nessmersiel

26553 Neßmersiel

Je nach Lust, Laune und Marktangebot ändert sich die Karte. Immer angeboten werden regionale, rustikale Leckereien. Klassiker: Greetsieler Kutterschollen mit Salat, Speck, Nordseekrabben, Bratkartoffeln.

Dorfstraße 42	Essen:	43 | 50
+49 4933 303	Service:	18 | 20
faehrhaus-nessmersiel.de	Getränke:	17 | 20
Hotelrestaurant • Fisch • regionale Produkte	Ambiente:	9 | 10
	Gesamt:	87 | 100

Sülbecker Krug

31688 Nienstädt

Steaks aus dem 800 Grad heißen Ofen sind die Champions unter dem Fleisch. Hier gönnt man sich diese Technik. Im gemütlichen Ambiente gibt es aber nicht nur Steaks, sondern auch Salate, Fisch und Nudeln.

Mindener Straße 6	Essen:	43 | 50
+49 5724 3992550	Service:	17 | 20
suelbeckerkrug.de	Getränke:	16 | 20
Hotelrestaurant • Steak • Terrasse • gemütlich	Ambiente:	7 | 10
	Gesamt:	83 | 100

Heimisch

26506 Norden

Ostfriesland wird mit Gemütlichkeit verbunden. Letztere kennzeichnet auch dieses Lokal, wo heimische Klassiker und moderne Gerichte miteinander kombiniert werden. Gekocht wird mit Zutaten aus der Region.

Neuer Weg 53	Essen:	43 | 50
+49 4931 175287	Service:	17 | 20
reichshof-norden.de	Getränke:	15 | 20
Hotelrestaurant • regionale Küche • Terrasse • gemütlich	Ambiente:	8 | 10
	Gesamt:	83 | 100

Esszimmer im Inselloft Norderney

26548 Norderney

An einer langen Tafel saisonal und frisch speisen, den Blick zur offenen Küche gerichtet: Auch das macht den Charme des Restaurants mit eigener Bäckerei aus. Motto des Hauses: »Zu Gast bei Freunden«.

Damenpfad 37	Essen:	42 | 50
+49 4932 893800	Service:	17 | 20
inselloft-norderney.de	Getränke:	16 | 20
deutsche Küche • regionale Produkte • gemütlich	Ambiente:	8 | 10
	Gesamt:	83 | 100

Oktopussy

26548 Norderney

An der langen Bar hat man einen Topblick in die Küche. Mit Zutaten aus aller Welt und dem Besten aus der Region werden Genussmomente bereitet. Bei Grillwetter lockt der »Kugelblitz« im Kräutergarten.

Luisenstraße 13–15	Essen:	43 | 50
+49 4932 9342050	Service:	18 | 20
oktopussy-norderney.de	Getränke:	16 | 20
Fisch • eigener Kräutergarten • Terrasse • entspannt	Ambiente:	8 | 10
	Gesamt:	85 | 100

80–84 85–89 90–94 95–100 Punkte

Seesteg
26548 Norderney

Die tosende Nordsee quasi vor der Nase, sorgt Markus Kebschull für Sternstunden. Er bereitet stets zwei exklusive Menüs mit starken saisonal-internationalen Einflüssen zu, darunter ein vegetarisches.

Damenpfad 36a	Essen:	45 | 50
+49 4932 893600	Service:	18 | 20
seesteg-norderney.de	Getränke:	17 | 20
Hotelrestaurant • Fine Dining • Seeterrasse • romantisch	Ambiente:	8 | 10
	Gesamt:	88 | 100

Weisse Düne
26548 Norderney

Beachburger mit Süßkartoffelstäbchen und Kartoffelsuppe mit Kutterkrabben sind eine Verbeugung vor dem heimatlichen Ostfriesland. Das Restaurant in den Dünen ist ein Hort der regionalen Küche.

Weiße Düne 1	Essen:	43 | 50
+49 4932 935717	Service:	17 | 20
weisseduene.com	Getränke:	16 | 20
Bar • Meeresfrüchte • Essen mit Aussicht	Ambiente:	8 | 10
	Gesamt:	84 | 100

Novalis
37176 Nörten-Hardenberg

Fast alle Gerichte in dem nach dem Lyriker Novalis benannten Restaurant sind ein Gedicht, saisonal beeinflusst und nahezu ausschließlich aus regionalen Produkten. Vegetarisches Menü vom Feinsten.

Hinterhaus 11a	Essen:	43 | 50
+49 5503 9810	Service:	17 | 20
burghotel-hardenberg.de	Getränke:	17 | 20
vegetarisch • Terrasse • Essen mit Aussicht	Ambiente:	8 | 10
	Gesamt:	85 | 100

Waldwerk
37154 Northeim

Mitten im Wald lässt es sich hervorragend speisen. Und der Wald drückt der Kulinarik auch seinen Stempel auf, zum Beispiel durch seine saisonalen Zutaten wie Fichtennadeln, Moosbeeren oder Wiesensauerampfer.

Am Gesundbrunnen	Essen:	44 | 50
+49 5551 6070	Service:	18 | 20
waldwerk-northeim.de	Getränke:	18 | 20
regionale Küche • im Grünen • Terrasse • gemütlich	Ambiente:	8 | 10
	Gesamt:	88 | 100

Friedrich
49078 Osnabrück

Küchenchef Lars Keiling ist leidenschaftlicher Kicker-Fan und wäre gerne Fußballprofi geworden. Gut, dass er heute täglich erfolgreich für modernes, französisch inspiriertes Soulfood in der Küche steht.

Lotter Straße 99	Essen:	45 | 50
+49 541 96380899	Service:	18 | 20
friedrich-osnabrueck.de	Getränke:	18 | 20
Fine Dining • französisch • Gastgarten	Ambiente:	8 | 10
	Gesamt:	89 | 100

Iko

49086 Osnabrück

Die Kombination aus Restaurant, Töpferei und Blumen-Deko-Laden dürfte ein ziemliches Alleinstellungsmerkmal sein. In der offenen Küche wird naturnah gekocht, serviert wird auf handgemachter Töpferware.

Stadtweg 38a	Essen:	44 | 50
+49 0541 44018030	Service:	18 | 20
iko-restaurant.de	Getränke:	17 | 20
regionale Küche • Terrasse • unkonventionell	Ambiente:	8 | 10
	Gesamt:	87 | 100

Kesselhaus

49084 Osnabrück

Alle sechs Wochen wird Küchenchef Randy de Jong zum Erfinder und denkt sich die nächste Menükomposition aus. Davon hat er immer geträumt, ebenso wie von hochwertigem Kochen im Industrieambiente.

Neulandstraße 12	Essen:	45 | 50
+49 541 97000072	Service:	18 | 20
kesselhaus-os.de	Getränke:	17 | 20
Fine Dining • Terrasse • unkonventionell	Ambiente:	8 | 10
P	Gesamt:	88 | 100

Walhalla

49074 Osnabrück

In Osnabrücks ältestem noch existierendem Gasthaus wird wie eh und je handfest und herzhaft gekocht. Gebratene Gambas, Kalbstafelspitz, Tournedos vom Rinderfilet und geschmorte Ochsenbacke sind die Favoriten.

Bierstraße 24	Essen:	44 | 50
+49 541 34910	Service:	17 | 20
hotel-walhalla.de	Getränke:	17 | 20
Hotelrestaurant • deutsche Küche • elegant	Ambiente:	8 | 10
P	Gesamt:	86 | 100

Wilde Triebe

49082 Osnabrück

Die moderne, manchmal etwas wilde Restaurantgestaltung lag seinerzeit in den Händen des Künstlers Johannes Volker Trieb. Abwechslungsreich zeigt sich auch die wöchentlich wechselnde Speisekarte.

Am Sutthauser Bahnhof 5	Essen:	43 | 50
+49 541 60079033	Service:	17 | 20
wilde-triebe.de	Getränke:	17 | 20
regionale Produkte • Terrasse • modern	Ambiente:	8 | 10
	Gesamt:	85 | 100

80–84 85–89 90–94 95–100 Punkte

Graf Everstein 37647 Polle

Am Fuße der Burg Polle geht Uwe Multhoff seinem Handwerk nach und achtet dabei vor allem auf Regionalität. Sollinger Rehrücken und Weserbergland-Tapas sind die Favoriten der vielen Stammgäste.

Amtsstraße 6	Essen:	43 I 50
+49 5535 999780	Service:	17 I 20
graf-everstein.de	Getränke:	15 I 20
• deutsche Küche • Essen mit Aussicht • gemütlich	Ambiente:	8 I 10
	Gesamt:	83 I 100

Schaumburger Ritter 31737 Rinteln

Das Restaurant ist eines der ältesten in Deutschland und war ab 1448 ein Treffpunkt für Ritter. Die Ritterstube mit ihrem mittelalterlichen Ambiente muss man gesehen und in ihr herzhaft gegessen haben!

Burgstraße 2–4	Essen:	43 I 50
+49 5152 947460	Service:	17 I 20
schaumburger-ritter.de	Getränke:	15 I 20
deutsche Küche • Steak • urig	Ambiente:	8 I 10
	Gesamt:	83 I 100

Stadt Kassel 31737 Rinteln

In dem Fachwerkhaus, in dem heute eine leichte Frischeküche mit Saisonalem im Zentrum steht, kehrten bereits Mitte des 18. Jahrhunderts Gäste ein. Die Zeit ist vergangen, das Lokal mit der Zeit gegangen.

Klosterstraße 42	Essen:	43 I 50
+49 5751 95040	Service:	18 I 20
hotel-stadtkassel.de	Getränke:	16 I 20
Hotelrestaurant • deutsche Küche • Terrasse • urig	Ambiente:	8 I 10
	Gesamt:	85 I 100

Ramster 29640 Schneverdingen

Marcus Ramster stellt für regionale Produkte das Vorfahrtsschild auf. Typisch für seine Gerichte ist zum Beispiel der Heidschnuckenbraten aus der Keule von Tieren direkt aus dem Naturschutzpark.

Heberer Straße 16	Essen:	43 I 50
+49 5193 6888	Service:	17 I 20
hotel-ramster.de	Getränke:	16 I 20
Hotelrestaurant • regionale Produkte • gemütlich • Terrasse	Ambiente:	8 I 10
	Gesamt:	84 I 100

Lieblingsplatz 21218 Seevetal

Der passende Name für ein liebenswertes Restaurant mit herzlichen Gastgebern. Auch die Küche macht da keine Ausnahme. Alles wird frisch zubereitet, natürlich nur aus besten Qualitätsprodukten.

Moorstraße 41	Essen:	43 I 50
+49 4105 6766966	Service:	17 I 20
restaurant-lieblingsplatz.de	Getränke:	16 I 20
deutsche Küche • Steak • Fisch • Seeterrasse	Ambiente:	8 I 10
	Gesamt:	84 I 100

Backers

49767 Twist

Dass Helmut Backers bei Slow Food aktiv ist, lässt sich durchaus schmecken. Zum Beispiel am Rehrücken aus heimischer Jagd oder dem Kotelett vom Bentheimer Schwein. Der Hausherr baut das Gemüse selbst an.

Kirchstraße 25
+49 5936 904770
gasthof-backers.de
Gasthaus • regionale Küche • nachhaltig • im Grünen

Essen:	44	50
Service:	18	20
Getränke:	16	20
Ambiente:	8	10
Gesamt:	86	100

Pades

27283 Verden (Aller)

Wolfgang Pade kann auf eine erfolgreiche Kochkarriere zurückblicken, die einen unschätzbaren Erfahrungsschatz darstellt. Pades ambitionierte Küche ist heute strikt regional und nachhaltig ausgerichtet.

Grüne Straße 15
+49 4231 3060
pades.de
regionale Produkte • Terrasse • entspannt

Essen:	44	50
Service:	17	20
Getränke:	17	20
Ambiente:	8	10
Gesamt:	86	100

Waldschänke

49326 Wellingholzhausen

Alexander Bachmann hat ein Faible fürs Federvieh, rund 400 Hühner nennt er sein Eigen. Der Koch und Landwirt bringt aber auch saftige Steaks auf die Teller, begleitet von hausgemachten Beilagen.

Dissener Straße 73
+49 5429 2683
steinreich-alexanderbachmann.eu
deutsche Küche • Steak • Terrasse • urig

Essen:	43	50
Service:	17	20
Getränke:	15	20
Ambiente:	7	10
Gesamt:	82	100

Ratsstube

38709 Wildemann

Optisch und geschmacklich sind die regional und saisonal dominierten Speisen ein Vergnügen. Gegrilltes Ochsenherz mit Kräuterrisotto zum Beispiel gibt es in der Gastronomie wahrlich nicht alle Tage.

Bohlweg 37
+49 5323 6261
hotel-rathaus-wildemann.de
Hotelrestaurant • deutsche Küche • regionale Produkte

Essen:	43	50
Service:	18	20
Getränke:	16	20
Ambiente:	8	10
Gesamt:	85	100

Artischocke 🍴

26382 Wilhelmshaven

Beim örtlichen Stadttheater findet man feine französische und saisonale Landküche und einen charmanten Service. Zu den französischen Klassikern gibt es eine kleine, aber wohl ausgesuchte Weinauswahl.

Peterstraße 19
+49 4421 34305
artischocke-whv.de
französisch • regionale Produkte • gemütlich

Essen:	**42** I 50
Service:	**18** I 20
Getränke:	**16** I 20
Ambiente:	**8** I 10
Gesamt:	84 I 100

Aqua 🍴🍴🍴🍴

38440 Wolfsburg

In der Autostadt Wolfsburg drückt Kreativkopf Sven Elverfeld aufs Tempo: Laufend kreiert er zahlreiche neue Gerichte mit hoher Komplexität. Gerne interpretiert er deutsche Klassiker neu und überraschend.

Parkstraße 1
+49 5361 606056
restaurant-aqua.com
Hotelrestaurant • Fine Dining • elegant

P

Essen:	**50** I 50
Service:	**20** I 20
Getränke:	**20** I 20
Ambiente:	**10** I 10
Gesamt:	100 I 100

Beef Club 🍴🍴

38440 Wolfsburg

Aromatisches Fleisch – etwa vom Angus-Ochsen – gart hier auf einem eigens angefertigten Grill, der mit Holz befeuert wird. Um die passende Würze kümmert sich ein Salzsommelier. Gute Drinks.

Stadtbrücke
+49 800 6116600
autostadt.de
Steak • modern • gemütlich

Essen:	**42** I 50
Service:	**18** I 20
Getränke:	**17** I 20
Ambiente:	**9** I 10
Gesamt:	86 I 100

Terra 🍴🍴

38440 Wolfsburg

Unter dem Motto »Terra« segelt die Küche mit ihren bodenständigen Gerichten. Oskar Majewski bewahrt beim Kochen die Natürlichkeit des eigentlichen Produkts inklusive natürlicher Aromen und Texturen.

Parkstraße 1
+49 5361 607091
ritzcarlton.com
Hotelrestaurant • Steak • elegant

Essen:	**43** I 50
Service:	**18** I 20
Getränke:	**17** I 20
Ambiente:	**8** I 10
Gesamt:	86 I 100

wildfrisch Gutsküche

38446 Wolfsburg

Lässt sich Kulinarik noch näher als in diesem Gutshof erleben? Der Gast sitzt inmitten der Küche und kann den Köchen auf die Finger schauen. Ein spannendes Konzept für eine herzhaft-bodenständige Küche.

Schulenburgstraße 16
+49 5363 8133310
wildfrisch.de
deutsche Küche • regionale Produkte • unkonventionell

Essen:	**43** | 50
Service:	**17** | 20
Getränke:	**17** | 20
Ambiente:	**8** | 10
Gesamt:	85 | 100

Zur Börse

27639 Wurster Nordseeküste

Dass man sich hier an der Nordseeküste befindet, zeigt sich auf der attraktiven Fischkarte des Traditionsbetriebs. Saisonal werden Röhrkohlgerichte aus dem Nationalpark Wattenmeer gereicht.

In der Langen Straße 22
+49 4705 1277
zur-boerse.de
Familienbetrieb • Fisch • regionale Produkte • gemütlich

Essen:	**43** | 50
Service:	**17** | 20
Getränke:	**16** | 20
Ambiente:	**7** | 10
Gesamt:	83 | 100

SCHLESWIG-HOLSTEIN

Jagdhaus Waldfrieden

25485 Bilsen

Der ambitionierte Küchenchef Thomas Lubig bietet seinen Gästen ein kreatives Genießermenü für zwei Personen. À la carte gibt es von der Bauernente bis zum einfachen Katenschinkenbrot zahlreiche Genüsse.

Kieler Straße 1
+49 4106 61020
waldfrieden.com
Hotelrestaurant • traditionell • regionale Produkte

Essen:	**41** | 50
Service:	**17** | 20
Getränke:	**17** | 20
Ambiente:	**8** | 10
Gesamt:	83 | 100

Missunde

24864 Brodersby

Nordischer Lifestyle in schöner Lage an der Schlei. Serviert werden zahlreiche Fischgerichte und Hausmannskost, dazu auch Angebote für Vegetarier. Große Auswahl an erlesenen Weinen.

Missunder Fährstraße 33
+49 4622 626
faehrhaus-missunde.de
deutsche Küche • regionale Produkte • gemütlich

Essen:	**41** | 50
Service:	**17** | 20
Getränke:	**17** | 20
Ambiente:	**8** | 10
Gesamt:	83 | 100

Odins Haddeby

24866 Busdorf

Nordische Tapas, schleswig-holsteinische Gerichte, badische Weine, hausgebackenes Brot. Dazu ein Sonnenuntergangsblick über die Schlei. Das ist das Erfolgsgeheimnis von Odins Haithabu.

Haddebyer Chaussee 13
+49 4621 850500
odins-haddeby.de
Gasthaus • regionale Produkte • Fisch • Terrasse

Essen:	41	50
Service:	18	20
Getränke:	15	20
Ambiente:	8	10
Gesamt:	82	100

Sette Feinbistro

25335 Elmshorn

Bella Italia im hohen Norden. Bildschöne, italienisch inspirierte Bistroküche, die aromenstark und mit ausgefallenen Details überrascht. Dazu kommen Weine aus Deutschland und Italien ins Glas.

Marktstraße 7
+49 4121 262939
sette-feinbistro.de
Bistro • deutsche Küche • italienisch • modern

Essen:	43	50
Service:	17	20
Getränke:	15	20
Ambiente:	8	10
Gesamt:	83	100

Margaretenhof

23769 Fehmarn

Fangfrischer Fisch, heimisches Wild, Gemüse von der Insel: Das sind die Zutaten im Landhausrestaurant Margaretenhof. Sascha Dietrich zaubert daraus kreative Gerichte, auch mal mit asiatischem Twist.

Neujellingsdorf 7
+49 4371 87670
restaurant-margaretenhof.com
Gasthaus • Thai • japanisch • regionale Produkte

Essen:	42	50
Service:	16	20
Getränke:	16	20
Ambiente:	8	10
Gesamt:	82	100

Das Grace

24944 Flensburg

Gourmetrestaurant in einem an der Innenförde im Hafenviertel gelegenen Hotel. Küchenchef Quirin Brundobler kreiert hippe Kulinarik und kreative Gerichte mit großer Aromenvielfalt. Tolle Weinkarte.

Fördepromenade 30
+49 461 1672360
dasjames.com
Hotelrestaurant • Fine Dining • eigene Landwirtschaft

Essen:	46	50
Service:	18	20
Getränke:	18	20
Ambiente:	8	10
Gesamt:	90	100

der Steinort

24955 Flensburg

Küchenchef Eicke Steinort bringt handwerklich perfekte und detailverliebte Kompositionen auf den Teller. Mit dem Restaurant Wassersleben 4 gibt es ein ansprechendes Zweitrestaurant. Gute Weinauswahl.

Wassersleben 4
+49 461 77420
hotel-wassersleben.de
Hotelrestaurant • französisch • Fine Dining

Essen:	40	50
Service:	17	20
Getränke:	17	20
Ambiente:	8	10
Gesamt:	82	100

Ursprung 25840 Friedrichstadt

Im chic gestylten Ursprung setzt der junge Küchenchef Jan Boddenberg Klassiker der deutschen und internationalen Küche modern um. Dazu überzeugen Wein- und Getränkekarte und der freundliche Service.

Am Mittelburgwall 4
+49 4881 93050
hotel-aquarium.de
Hotelrestaurant • Casual Dining • Steak • Fisch

Essen:	44 | 50
Service:	18 | 20
Getränke:	17 | 20
Ambiente:	8 | 10
Gesamt:	87 | 100

Brasserie 24960 Glücksburg

Neben dem Gourmetrestaurant Meierei Dirk Luther ist die Brasserie ein Schlemmerboulevard der französischen Art mit zahlreichen Fisch- und Fleischgerichten aus den besten Zutaten der Region.

Uferstraße 1
+49 4631 6199411
alter-meierhof.de
Hotelrestaurant • französisch • Terrasse

Essen:	42 | 50
Service:	18 | 20
Getränke:	18 | 20
Ambiente:	8 | 10
Gesamt:	86 | 100

Felix 24960 Glücksburg

Strandhotel in schöner Lage an der Flensburger Förde. Verschiedene Menüs und À-la-carte-Gerichte. Fleisch- und Fischgerichte vom Lavasteingrill, daneben Klassiker wie Wiener Schnitzel und Zanderfilet.

Kirstenstraße 6
+49 4631 61410
strandhotel-gluecksburg.de
Hotelrestaurant • mediterran • Fisch • Terrasse

Essen:	42 | 50
Service:	17 | 20
Getränke:	17 | 20
Ambiente:	8 | 10
Gesamt:	84 | 100

Meierei Dirk Luther 24960 Glücksburg

Dirk Luther bleibt in der Meierei seit Jahren seinem Stil und Qualitätsanspruch treu. Seine vielfach ausgezeichnete französische Küche bereichert er gekonnt mit überraschend modernen Akzenten.

Uferstraße 1
+49 4631 6199411
alter-meierhof.de
Hotelrestaurant • Fine Dining • französisch • modern

Essen:	48 | 50
Service:	19 | 20
Getränke:	19 | 20
Ambiente:	9 | 10
Gesamt:	95 | 100

Kai3 🍴🍴🍴

25997 Hörnum (Sylt)

In einem Hotel der Superlative darf die passende Küche nicht fehlen. »Nordic Fusion« heißt das Küchenmotto. Hinter tollen, innovativen Gourmetgerichten stehen heimische und skandinavische Produkte.

Am Kai 3
+49 4651 46070
budersand.de
Fine Dining • regionale Produkte • Fisch

Essen:	45	50
Service:	18	20
Getränke:	18	20
Ambiente:	10	10
Gesamt:	91	100

Strönholt 🍴🍴

25997 Hörnum (Sylt)

Mittags werden kleine Snacks und wechselnde Tagesempfehlungen angeboten. Abends läuft das kulinarische Programm »Land und Meer« mit feinen, schmackhaft zubereiteten Gerichten. Tolle Aussicht inklusive!

Fernsicht 1
+49 4651 4492727
stroenholt.de
Gasthaus • Casual Dining • regionale Produkte • Fisch

P

Essen:	43	50
Service:	18	20
Getränke:	17	20
Ambiente:	8	10
Gesamt:	86	100

Das Eucken 🍴

25813 Husum

Charmantes Hotel in einer ehemaligen Schule mit Gourmetrestaurant. Mehrgängiges Menü mit frischen, hochwertigen Zutaten aus der Region. Zu empfehlen ist der Deichlammrücken. Ansprechende Weinauswahl.

Süderstraße 2
+49 4841 8330
altes-gymnasium.de
Hotelrestaurant • regionale Küche • gemütlich

Essen:	42	50
Service:	17	20
Getränke:	17	20
Ambiente:	7	10
Gesamt:	83	100

Brüdigams Wildwechsel 🍴🍴

25582 Kaaks

Kleiner Landgasthof, in dem Frank Brüdigam mehrere Menüs mit Weinbegleitung anbietet. Er verarbeitet Frischeprodukte aus der Region wie etwa das Tomahawk vom Kaaker Black Angus. Schöner Biergarten.

Waidmannsweg 2
+49 4893 9373128
bruedigams-wildwechsel.de
Gasthaus • Wild • Terrasse

P

Essen:	42	50
Service:	18	20
Getränke:	17	20
Ambiente:	8	10
Gesamt:	85	100

Gogärtchen 🍴🍴

25999 Kampen (Sylt)

Längst eine Institution! Ganz oben auf der Speisekarte steht natürlich die Sylter Royal-Auster. Ansonsten bestellt man norddeutsche Klassiker, aber auch Gerichte aus dem internationalen Küchentopf.

Strönwai 12
+49 4651 41242
gogaertchen.com
Casual Dining • Allrounder • Meeresfrüchte

Essen:	43	50
Service:	18	20
Getränke:	17	20
Ambiente:	8	10
Gesamt:	86	100

Tipken's

25980 Keitum (Sylt)

Es geht entspannt zu im gemütlichen Restaurant des weitläufigen Resorts. Die Küche orientiert sich zielsicher an weltoffenen Stilen und serviert gekonnt mit modernen Akzenten aufgepeppte Klassiker.

Am Tipkenhoog 18	Essen: **43** I 50
+49 4651 46066533	Service: **18** I 20
severins-sylt.de	Getränke: **17** I 20
Hotelrestaurant • Allrounder • entspannt	Ambiente: **8** I 10
	Gesamt: 86 I 100

Ahlmanns

24105 Kiel

Im historischen Ambiente bietet Küchenchef Arne Linke ein mehrgängiges Menü aus hochwertigen regionalen Produkten. Köstlich die Kieler Lachsforelle. Im Sommer wunderbare Terrasse mit Parkblick.

Niemannsweg 102	Essen: **45** I 50
+49 431 8811	Service: **18** I 20
kieler-kaufmann.de	Getränke: **18** I 20
Hotelrestaurant • elegant • Terrasse • regionale Produkte	Ambiente: **8** I 10
	Gesamt: 89 I 100

Bärenkrug

24113 Kiel

Familiäres Hotelrestaurant mit ausgezeichneter bodenständiger Küche. Verwendet werden beste Produkte aus der Region wie Markeruper Gänse oder Fisch direkt vom Kutter. Unbedingt probieren: Sauerfleisch.

Hamburger Chaussee 10	Essen: **43** I 50
+49 4347 71200	Service: **17** I 20
baerenkrug.de	Getränke: **17** I 20
Hotelrestaurant • regionale Produkte • gemütlich	Ambiente: **8** I 10
	Gesamt: 85 I 100

Claudio's Ristorante alla Scala

24114 Kiel

Feine italienische Landküche. Padrone Claudio Berlese serviert Drei- und Fünf-Gänge-Menüs, die täglich neu nach Marktangeboten zusammengestellt werden. Klassische Antipasti und hausgemachte Pasta.

Königsweg 47	Essen: **42** I 50
+49 431 676867	Service: **18** I 20
	Getränke: **18** I 20
italienisch • Bistro • gemütlich	Ambiente: **8** I 10
	Gesamt: 86 I 100

Fischers Fritz

24109 Kiel

Stilvoll eingerichtetes Hotelrestaurant, in dem regionale Spezialitäten wie Deichwiesenlamm und Wild aus holsteinischer Jagd serviert werden. Fangfrischer Fisch direkt vom Kutter. Tolle Weinauswahl.

Martenshofweg 2–8	Essen: **43** I 50
+49 431 5331300	Service: **18** I 20
hotel-birke.de	Getränke: **18** I 20
Hotelrestaurant • Fisch • eigener Kräutergarten	Ambiente: **8** I 10
	Gesamt: 87 I 100

Flygge

24105 Kiel

Restaurant mit puristischem Ambiente in exponierter Lage und mit Blick auf die Kieler Förde. Mathias Apelt serviert regional geprägte Küche auf hohem Niveau und verwendet die besten Zutaten aus der Region.

Düsternbrooker Weg 46	Essen: **44** | 50
+49 431 566002	Service: **18** | 20
flygge-kiel.de	Getränke: **17** | 20
Fine Dining • regionale Produkte • Essen mit Aussicht	Ambiente: **8** | 10
	Gesamt: 87 | 100

Königshafen

25992 List

Hier stehen zwei Generationen am Herd – und das spiegelt sich auf der Speisekarte wider. Auf der einen Seite finden sich Klassiker wie Speckscholle, auf der anderen moderne Einflüsse mit Pasta und Thai-Curry.

Alte Dorfstraße 1	Essen: **42** | 50
+49 4651 870446	Service: **17** | 20
koenigshafen.de	Getränke: **14** | 20
Gasthaus • Fisch • Gastgarten • klassisch	Ambiente: **8** | 10
P	Gesamt: 81 | 100

Johanna Berger – das Restaurant

23552 Lübeck

Esskultur vom Feinsten in der Lübecker Innenstadt in einem schmucken Haus aus der Gründerzeit. Mehrere Menüs, aus denen die Gäste die Gänge ihrer Wahl aussuchen. Fleisch- und Fischspezialitäten.

Doktor-Julius-Leber-Straße 69	Essen: **43** | 50
+49 451 58696890	Service: **18** | 20
restaurant-johanna-berger.de	Getränke: **18** | 20
Fine Dining • traditionell • Terrasse	Ambiente: **9** | 10
	Gesamt: 88 | 100

Schabbelhaus zu Lübeck

23552 Lübeck

Vor der historischen Kulisse zweier Backstein-Renaissance-Bürgerhäuser vermählt Joachim Stern mit viel Können im Lübecker Schabbelhaus die gehobene deutsche Küche mit französischer Raffinesse.

Mengstraße 48–52	Essen: **42** | 50
+49 451 72011	Service: **16** | 20
schabbelhaus.de	Getränke: **14** | 20
deutsche Küche • französisch • vegetarisch	Ambiente: **8** | 10
	Gesamt: 80 | 100

Schiffergesellschaft

23552 Lübeck

Die gutbürgerliche norddeutsche Küche steht im ehemaligen Gildehaus im Vordergrund. Hanseatische Klassiker wie Labskaus und Pannfisch kommen hier auf den Tisch, genauso wie auch moderne Variationen.

Breite Straße 2	Essen: **42** | 50
+49 451 76776	Service: **17** | 20
schiffergesellschaft.de	Getränke: **16** | 20
Gasthaus • Casual Dining • Fisch • vegan	Ambiente: **8** | 10
	Gesamt: 83 | 100

Wullenwever
23552 Lübeck

Eines der besten Restaurants Lübecks. Im eleganten Patrizierhaus entführt Roy Petermann die Gäste mit seinen Menüs auf eine beeindruckende Reise durch die moderne, mediterran geprägte Genusswelt.

Beckergrube 71
+49 451 704333
wullenwever.de
Fine Dining • moderne Küche • mediterran • elegant

Essen:	**46**	50
Service:	**19**	20
Getränke:	**18**	20
Ambiente:	**8**	10
Gesamt:	91	100

Lindenhof 1887
25774 Lunden

Im Traditionshaus Lindenhof genießt man im modernen Ambiente. Die Kreationen sind fantasievoll und bestens zubereitet, denn Küchenchef Tjark Peter Maaß hat schon in den besten Häusern gearbeitet.

Friedrichstraße 39
+49 4882 407
lindenhof1887.de
Gasthaus • Casual Dining • regionale Produkte • modern

Essen:	**42**	50
Service:	**17**	20
Getränke:	**17**	20
Ambiente:	**8**	10
Gesamt:	84	100

PUR
24321 Lütjenburg

Fantasievolle Bistroküche mit internationalen Einflüssen und regionalen Produkten, oftmals in Bioqualität. Einige der Beilagen können ins Glas gefüllt mit nach Hause genommen werden.

Neuwerkstraße 9
+49 4381 404147
einfachpurgeniessen.de
Bistro • vegetarisch • Gastgarten

Essen:	**41**	50
Service:	**16**	20
Getränke:	**15**	20
Ambiente:	**7**	10
Gesamt:	79	100

Fischerklause
22952 Lütjensee

Idyllisch am See gelegen und mit schöner Außenterrasse. Gute Auswahl an Fischgerichten wie Filets vom Zander oder Steinbeißer. Rustikale Gerichte wie Bratwurst vom Wildschwein aus besten Zutaten.

Am See 1
+49 4154 792200
fischerklause-luetjensee.de
Hotelrestaurant • Terrasse • Fisch

Essen:	**43**	50
Service:	**18**	20
Getränke:	**18**	20
Ambiente:	**8**	10
Gesamt:	87	100

Melkhus
23714 Malente

Feine heimische Küche in rustikaler Gemütlichkeit. Im Melkhus von Gut Immenhof kommt Fisch aus eigener Zucht, Wild aus eigener Jagd und Gemüse von den eigenen Feldern auf die Teller.

Rothensande 1
+49 4523 88280
gut-immenhof.de
deutsche Küche • eigene Landwirtschaft • Seeterrasse

Essen:	**42**	50
Service:	**18**	20
Getränke:	**16**	20
Ambiente:	**8**	10
Gesamt:	84	100

80–84 85–89 90–94 95–100 Punkte

Rodesand

23714 Malente

Im Rodesand kommen Kochkunst, regionale und internationale Topprodukte und ein stilvoll-eleganter Rahmen im alten Herrenhaus zusammen. Die Gäste dürfen sich auf eine modern-klassische Küche freuen.

Rothensande 1
+49 4523 8828441
gut-immenhof.de
Hotelrestaurant • regionale Produkte • Fisch • vegetarisch

Essen:	**45** | 50
Service:	**19** | 20
Getränke:	**19** | 20
Ambiente:	**9** | 10
Gesamt:	**92** | 100

Landhaus Severin's

25980 Morsum (Sylt)

Ein Landhaus wie aus dem Bilderbuch! Im gemütlichen Ambiente werden regionale Gerichte aus Produkten von heimischen Bauern, Fischen und Meerestieren serviert, verfeinert mit Kräutern der Heidelandschaft.

Nösistig 13
+49 4651 4606880
landhaus-severins.de
Gasthaus • regionale Produkte • Fisch • Terrasse

Essen:	**43** | 50
Service:	**18** | 20
Getränke:	**16** | 20
Ambiente:	**7** | 10
Gesamt:	**84** | 100

Käpt'n Selmer Stube

25980 Munkmarsch (Sylt)

Ein beeindruckend schönes und gastliches Haus, das Gaumenfreuden samt traumhaftem Ausblick bietet. Hier genießt man Sylter Austern, fangfrischen Fisch und eine Auswahl klassischer Fleischgerichte.

Bi Heef 1
+49 4651 93970
faehrhaus-sylt.de
Fine Dining • Allrounder • Fisch • Essen mit Aussicht

Essen:	**44** | 50
Service:	**18** | 20
Getränke:	**18** | 20
Ambiente:	**8** | 10
Gesamt:	**88** | 100

Zum Dückerstieg

25554 Neuendorf-Sachsenbande

Mit saisonal frischen Zutaten von Produzenten aus der Region wird im Gasthof Zum Dückerstieg die traditionelle Landhausküche auf ein neues, leichtes, ansprechendes Niveau gehoben.

Dückerstieg 7
+49 4823 92929
dueckerstieg.de
Hotelrestaurant • Gasthaus • deutsche Küche • klassisch

Essen:	**43** | 50
Service:	**17** | 20
Getränke:	**15** | 20
Ambiente:	**9** | 10
Gesamt:	**84** | 100

Am Kamin

24534 Neumünster

Empfehlenswertes Überraschungsmenü und hochwertige À-la-carte-Gerichte mit französischem Akzent. Eigener Kräutergarten. Immer gut sind die klassische Oldenburger Ofenente und die köstlichen Filetspitzen.

Propstenstraße 13
+49 4321 42853
am-kamin.info
französisch • Bistro • regionale Produkte

Essen:	**43** | 50
Service:	**17** | 20
Getränke:	**17** | 20
Ambiente:	**8** | 10
Gesamt:	**85** | 100

Marienhof — 23730 Neustadt in Holstein

Die deutschen Klassiker wie Matjes nach Hausfrauenart, Roastbeef mit Bratkartoffeln und Kalbsleber mit Apfelkompott bekommen im traditionsreichen Marienhof einen frischen Auftritt.

Rosengarten 50
+49 4561 16010
restaurant-marienhof.de
Gasthaus • deutsche Küche • Fisch • traditionell

Essen:	**41**	50
Service:	**15**	20
Getränke:	**15**	20
Ambiente:	**8**	10
Gesamt:	79	100

Zwutschkerl Alm — 22848 Norderstedt

Bodenständige österreichische Kost im urgemütlichen Ambiente. Wechselnde Schmankerl der Woche wie Fiakergulasch oder Bandnudeln in Sahnesauce. Hervorragende Mehlspeisen als Dessert. Gute Weinauswahl.

Gutenbergring 30a
+49 40 5253431
zwutschkerl-alm.de
österreichisch • Bistro • gemütlich

Essen:	**42**	50
Service:	**17**	20
Getränke:	**17**	20
Ambiente:	**8**	10
Gesamt:	84	100

1797 — 24321 Panker

Das Restaurant 1797 ist Teil des historischen Guts Panker mit dörflichem Charme in reizvoller Landschaft. Volker M. Fuhrwerk zelebriert moderne deutsche Spitzenküche mit regionalen Qualitätsprodukten.

Gut Panker
+49 4381 90690
ole-liese.de
Gasthaus • eigene Landwirtschaft • entspannt

Essen:	**46**	50
Service:	**18**	20
Getränke:	**18**	20
Ambiente:	**9**	10
Gesamt:	91	100

Ole Liese Wirtschaft — 24321 Panker

Das Gut Panker ist ein Kleinod in der Holsteinischen Schweiz. Mittendrin die Ole Liese, ein Hotel mit zwei Restaurants. Hier wird regionale Küche auf hohem Niveau serviert, die Lieferanten von Fisch und Fleisch werden genannt.

Gut Panker
+49 4381 90690
oleliese.de
Hotelrestaurant • eigener Kräutergarten • Terrasse

Essen:	**42**	50
Service:	**18**	20
Getränke:	**14**	20
Ambiente:	**7**	10
Gesamt:	81	100

Rolin — 25421 Pinneberg

Erfahrung hat der junge Küchenchef Marc Ostermann in den besten Häusern gesammelt. Nun ist sein Restaurant ein Pilgerziel für Gourmets und Feinschmecker, die eine gut gemachte klassische Küche schätzen.

Fahltskamp 48
+49 4101 5330
cap-polonio.de
Hotelrestaurant • Fisch • vegetarisch

Essen:	**43**	50
Service:	**17**	20
Getränke:	**16**	20
Ambiente:	**7**	10
Gesamt:	83	100

Eat.Share.Live

24306 Plön

Wohlfühlatmosphäre an großen Tischen gemeinsam mit anderen Gästen. Robert Stolz kocht vor den Augen der Gäste in einer offenen Küche und serviert kreative norddeutsche Küche auf höchstem Niveau.

Markt 24
+49 4522 7895295
robertstolz.de
Fine Dining • regionale Produkte • deutsche Küche

Essen:	**44** I 50
Service:	**18** I 20
Getränke:	**18** I 20
Ambiente:	**8** I 10
Gesamt:	88 I 100

Dorint Söl'ring Hof

25980 Rantum (Sylt)

Küchenchef Jan-Philipp Berner steht für vollendete Kochkunst, die regionale Zutaten geschickt einsetzt. Große, facettenreiche Weinkarte, über die Restaurantleiterin Bärbel Ring wacht. Exzellente Lage.

Am Sandwall 1
+49 4651 836200
soelring-hof.de
Fine Dining • Fisch • Meeresfrüchte • elegant

Essen:	**48** I 50
Service:	**19** I 20
Getränke:	**19** I 20
Ambiente:	**9** I 10
Gesamt:	95 I 100

Sansibar

25980 Rantum (Sylt)

Bekannt wie der sprichwörtlich bunte Hund, ist das kultige Strandrestaurant ein Muss für Sylt-Gäste. Die Küche bringt beste Fisch- und Fleischgerichte auf die Teller, die Weinkarte ist sensationell.

Hörnumer Straße 80
+49 4651 964647
sansibar.de
Casual Dining • Delikatessenverkauf • Essen mit Aussicht

Essen:	**44** I 50
Service:	**18** I 20
Getränke:	**20** I 20
Ambiente:	**9** I 10
Gesamt:	91 I 100

Salt & Silver am Meer

25826 Sankt Peter-Ording

Die Nordsee bestimmt den Ausblick, auch in der Küche. Auf den Tisch kommt regionales Salzwiesenlamm oder vegetarische Mezze aus regionalen Gemüsen, empfohlen sei die Ceviche aus »Catch of the Day«.

Zum Böhler Strand
+49 173 4274366
saltandsilver.de
Casual Dining • regionale Küche • Fisch • Meeresfrüchte

Essen:	**43** I 50
Service:	**17** I 20
Getränke:	**17** I 20
Ambiente:	**8** I 10
Gesamt:	85 I 100

Strandhütte

25826 Sankt Peter-Ording

Moderne Küche in einer einzigartigen Location. Am Südstrand von Sankt Peter-Ording ist einer der legendären Pfahlbauten die Bühne für die Strandhütte, in der auch Kaffee und Kuchen serviert werden.

Op de Geest 26
+49 4863 4747011
die-strandhuette.de
Essen mit Aussicht • Fisch • vegetarisch

Essen:	**42** I 50
Service:	**16** I 20
Getränke:	**15** I 20
Ambiente:	**8** I 10
Gesamt:	81 I 100

DiVa

23683 Scharbeutz

Ausgezeichnetes Restaurant im Hotel Belvedere, in dem Küchenchef Gunter Ehinger mehrgängige Menüs anbietet. Auch einzelne Gänge wählbar. Kreative Gerichte mit feinen Aromen. Ausgewogene Weinkarte.

Strandallee 146	Essen: **45** | 50
+49 4503 35266	Service: **18** | 20
belveder.de	Getränke: **18** | 20
Hotelrestaurant • Fine Dining • mediterran • Terrasse	Ambiente: **8** | 10
	Gesamt: 89 | 100

Watt'n

25813 Simonsberg

Hausgäste des Hotels Lundenbergsand können sich auf eine feine, frische Küche aus regionalen und saisonalen Produkten freuen. Die Weine kommen aus Südafrika und von deutschen Winzern.

Lundenbergweg 3	Essen: **41** | 50
+49 4841 83930	Service: **16** | 20
hotel-lundenbergsand.de	Getränke: **14** | 20
Hotelrestaurant • Fisch • vegetarisch	Ambiente: **8** | 10
	Gesamt: 79 | 100

Altes Zollhaus

25980 Sylt

Die Weinauswahl mit Jahrgangstiefe beeindruckt! Hier finden auch Kenner den passenden Tropfen. Die Küche trumpft mit Ideen aus der ganzen Welt auf, natürlich auch mit frischem Fisch aus der Nordsee.

Boysenstraße 18	Essen: **45** | 50
+43 4651 449443	Service: **18** | 20
altes-zollhaus-sylt.de	Getränke: **18** | 20
Gasthaus • internationale Küche • Fisch • Terrasse	Ambiente: **8** | 10
	Gesamt: 89 | 100

Hummerkoje

25980 Sylt

Internationale Trends verbindet die Küche gekonnt mit regionalen Gerichten. Fangfrische Fische und saftige Steaks sind hier die Favoriten, aber natürlich darf auch der Hummer nicht auf der Karte fehlen.

Elisabethstraße 15	Essen: **44** | 50
+49 4651 9959257	Service: **18** | 20
ilovesylt.de	Getränke: **16** | 20
Casual Dining • Fisch • Steak	Ambiente: **8** | 10
	Gesamt: 86 | 100

Oma Wilma Heimatküche

25980 Sylt

Heimatküche im Friesenhaus: Unter dem Reetdach wird herzhaft und unbeschwert aufgekocht und regionale Küche, bodenständige Klassiker und Omas Rezepte mit modernen internationalen Einflüssen verbunden.

Gurtstig 32	Essen: **43** | 50
+49 465 18860066	Service: **18** | 20
omawilma.de	Getränke: **17** | 20
Casual Dining • Allrounder • gemütlich	Ambiente: **7** | 10
	Gesamt: 85 | 100

Samoa Seepferdchen

25980 Sylt

Die Nordsee vor der Nase, liegt das bekannte Restaurant mitten in den Dünen. Fangfrische Fische, berühmt als Bouillabaisse, aber auch Currys sowie vegetarische und vegane Gerichte sind hier gesetzt.

Hörnumer Straße 70	Essen: **42** I 50
+49 4651 5579	Service: **17** I 20
samoa-seepferdchen.com	Getränke: **16** I 20
Casual Dining • Fisch • Essen mit Aussicht	Ambiente: **7** I 10
	Gesamt: 82 I 100

Web Christel

25980 Sylt

Eine Sylter Institution mit Kultstatus. Wer einen der begehrten Plätze ergattert, hat eine riesige Auswahl an Gerichten vor sich. Alles frisch zubereitet – und am gebratenen Hummer führt kein Weg vorbei.

Süderstraße 11	Essen: **43** I 50
+49 4651 22900	Service: **17** I 20
webchristel.de	Getränke: **16** I 20
Gasthaus • Meeresfrüchte • Fisch	Ambiente: **8** I 10
	Gesamt: 84 I 100

Brot & Bier

25980 Sylt-Ost

Eine gute Vesper mit herzhaften Stullen und belegten Broten, dazu ein erfrischendes, kühles Bier. In der Szenelocation werden bewährte Klassiker neu und attraktiv inszeniert. Einfach gut!

Gurtstig 1	Essen: **42** I 50
+49 4651 9363743	Service: **17** I 20
brot-und-bier.de	Getränke: **15** I 20
Casual Dining • Biervielfalt • modern	Ambiente: **8** I 10
	Gesamt: 82 I 100

Gutsküche Wulksfelde

22889 Tangstedt

Nachhaltige Landhausküche vor den Toren der Stadt Hamburg. Küchenchef Matthias Gförer verarbeitet hochwertige Produkte der Region. Handwerkliches Können und ausgezeichnete Aromenvielfalt. Bioweine.

Wulksfelder Damm 15–17	Essen: **44** I 50
+49 40 64419441	Service: **18** I 20
gutskueche.de	Getränke: **18** I 20
Gasthaus • traditionell • regionale Produkte	Ambiente: **8** I 10
	Gesamt: 88 I 100

Café Wichtig

23669 Timmendorfer Strand

Traditionsreiches Kultcafé und Restaurant in Timmendorfs Fußgängerzone. Sehen und gesehen werden bei erstklassigem Frühstück und exzellenter Küche mit guten Pastakreationen. Feine Torten und Kuchen.

Timmendorfer Platz 3	Essen:	42 | 50
+49 4503 2058	Service:	17 | 20
cafewichtig.de	Getränke:	18 | 20
Bistro • Allrounder • Terrasse	Ambiente:	8 | 10
	Gesamt:	85 | 100

Horizont

23669 Timmendorfer Strand

Was für ein schickes Hotel, innen und außen geschmackvoll inszeniert! Dazu passt die Küche, die sich von französischem kulinarischem Esprit genauso inspirieren lässt wie von asiatischen Einflüssen.

Strandallee 47–49	Essen:	44 | 50
+49 4503 870414	Service:	18 | 20
strandhotel-fontana.de	Getränke:	18 | 20
Fine Dining • Sushi • elegant • Terrasse	Ambiente:	9 | 10
	Gesamt:	89 | 100

Orangerie

23669 Timmendorfer Strand

Nach über 30 Jahren hat Lutz Niemann in der Orangerie noch immer nicht die Lust am kreativen Spiel mit Topprodukten verloren. Seine Kompositionen sind immer neue Klassiker der Genussküche.

Strandallee 73b	Essen:	46 | 50
+49 4503 6050	Service:	18 | 20
orangerie-timmendorfer-strand.de	Getränke:	18 | 20
Hotelrestaurant • Fine Dining • französisch • klassisch	Ambiente:	8 | 10
	Gesamt:	90 | 100

Bodendorf's

25980 Tinnum (Sylt)

Die Gourmetküche geht Holger Bodendorf leicht von der Hand, seine Kreationen sind finessenreich und stecken voller aromatischer Überraschungen. Eine Sylter Kultlocation für feinste Gaumenfreuden!

Boy-Nielsen-Straße 10	Essen:	46 | 50
+49 4651 8899	Service:	18 | 20
landhaus-stricker.com	Getränke:	18 | 20
Fine Dining • Allrounder • entspannt • modern	Ambiente:	8 | 10
	Gesamt:	90 | 100

Siebzehn84

25980 Tinnum (Sylt)

Im heimeligen Restaurant trifft man auch Insulaner, denn Holger Bodendorf ist einer der Kochstars von Sylt. Seine bodenständig-kreativen Gerichte sind für alle Gaumen ein geschmackliches Highlight.

Boy-Nielsen-Straße 10
+49 4651 88990
landhaus-stricker.de
Casual Dining • Allrounder • gemütlich

Essen:	**44**	50
Service:	**18**	20
Getränke:	**18**	20
Ambiente:	**8**	10
Gesamt:	**88**	100

Bootshaus Weissenhaus

23758 Wangels

Schönes Strandlokal in exponierter Lage direkt am Ostseestrand. Teil des Luxushotels Grand Village. Am Abend traumhafter Sonnenuntergang. Köstliche Pastagerichte, Pizza und Polenta. Gute Weinauswahl.

Parkallee 1
+49 4382 92620
schloss-weissenhaus.de
italienisch • Essen mit Aussicht • regionale Produkte

Essen:	**42**	50
Service:	**18**	20
Getränke:	**17**	20
Ambiente:	**8**	10
Gesamt:	**85**	100

Courtier

23758 Wangels

Gourmetvergnügen vom Feinsten in traumhafter Schlossatmosphäre. Christian Scharrer serviert raffinierte Gerichte mit großer Aromenvielfalt, handwerklich perfekt. Ausgezeichnete Weinbegleitung.

Parkallee 1	Essen: **48** | 50
+49 4382 9262100	Service: **18** | 20
weissenhaus.de	Getränke: **18** | 20
Hotelrestaurant • Fine Dining • im Schloss	Ambiente: **9** | 10
	Gesamt: 93 | 100

Bistro Stadt Hamburg

25980 Westerland (Sylt)

Das Zweitrestaurant der Sylter Hotelinstitution ist ebenso geschmackvoll eingerichtet wie der Rest des Hauses. Die Bandbreite der Küche umfasst norddeutsche Klassiker ebenso wie orientalische Aromen.

Strandstraße 2	Essen: **42** | 50
+49 4651 8580	Service: **17** | 20
hotelstadthamburg.com	Getränke: **17** | 20
Allrounder • klassisch • gemütlich	Ambiente: **9** | 10
	Gesamt: 85 | 100

Hardy's

25980 Westerland (Sylt)

Ulrich Person geht die leichte, mediterran geprägte Küche besonders gut von der Hand. Im schönen Ambiente genießen die Gäste vor allem seine beliebten Fischgerichte. Aromatisch-fein, perfekt arrangiert.

Strandstraße 2	Essen: **45** | 50
+49 4651 8580	Service: **18** | 20
hotelstadthamburg.com	Getränke: **18** | 20
Casual Dining • Fisch • elegant	Ambiente: **8** | 10
	Gesamt: 89 | 100

JM Jörg Müller

25980 Westerland (Sylt)

Jörg Müllers Friesenstube genießt längst Kultstatus auf Sylt. Mit erstklassigen Fischgerichten und den französisch inspirierten Klassikern begeistert der Altmeister die Gäste immer wieder aufs Neue.

Süderstraße 8	Essen: **45** | 50
+49 4651 27788	Service: **18** | 20
jmsylt.de	Getränke: **20** | 20
Casual Dining • Fisch • französisch	Ambiente: **8** | 10
	Gesamt: 91 | 100

Alt Wyk

25938 Wyk auf Föhr

Daniela und René Dittrich sind perfekte Gastgeber und servieren ein erstklassiges Menü mit ausgezeichneter Weinbegleitung. Hervorragend sind das Kalbsfilet und die Seeteufelmedaillons.

Große Straße 4	Essen: **46** | 50
+49 4681 3212	Service: **18** | 20
alt-wyk.de	Getränke: **18** | 20
Fine Dining • regionale Produkte • gemütlich	Ambiente: **8** | 10
	Gesamt: 90 | 100

OSTEN

DIE BESTEN RESTAURANTS UND GASTHÄUSER IN BERLIN, BRANDENBURG, SACHSEN, SACHSEN-ANHALT UND THÜRINGEN.

Rutz Restaurant
10115 Berlin, Seite 127

Tim Raue
10969 Berlin
Seite 130

Ernst
13347 Berlin, Seite 114

Horváth
10999 Berlin
Seite 118

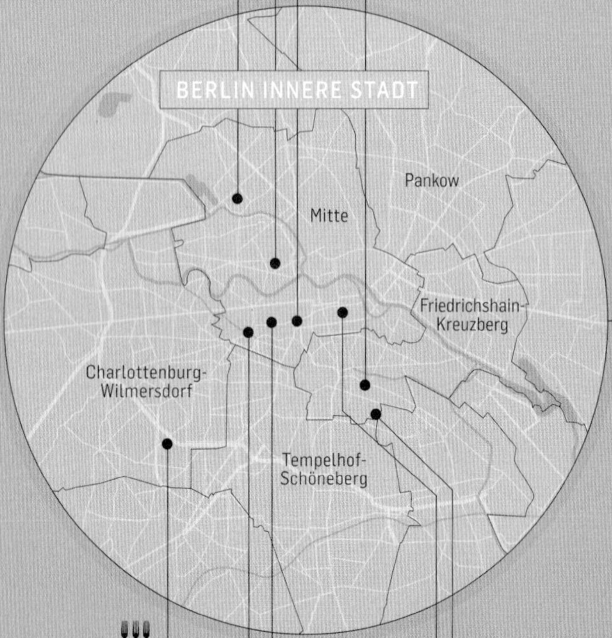

Bieberbau
10715 Berlin
Seite 109

Nobelhart & Schmutzig
10969 Berlin
Seite 123

Coda
12047 Berlin
Seite 113

Facil
10785 Berlin
Seite 115

Lorenz Adlon Esszimmer
10117 Berlin
Seite 122

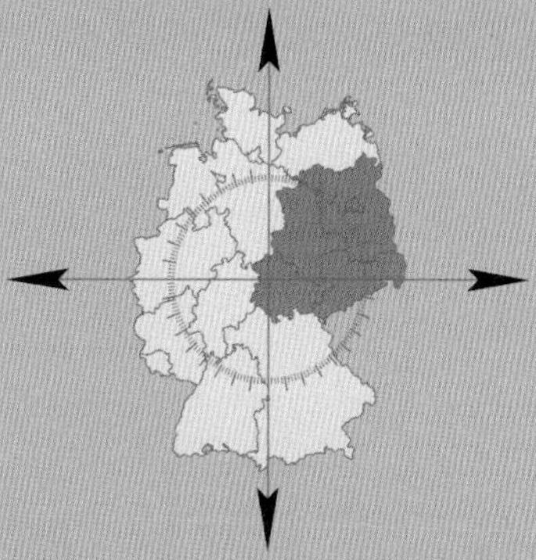

TOP-10 IM OSTEN

BERLIN, BRANDENBURG, SACHSEN, SACHSEN-ANHALT, THÜRINGEN

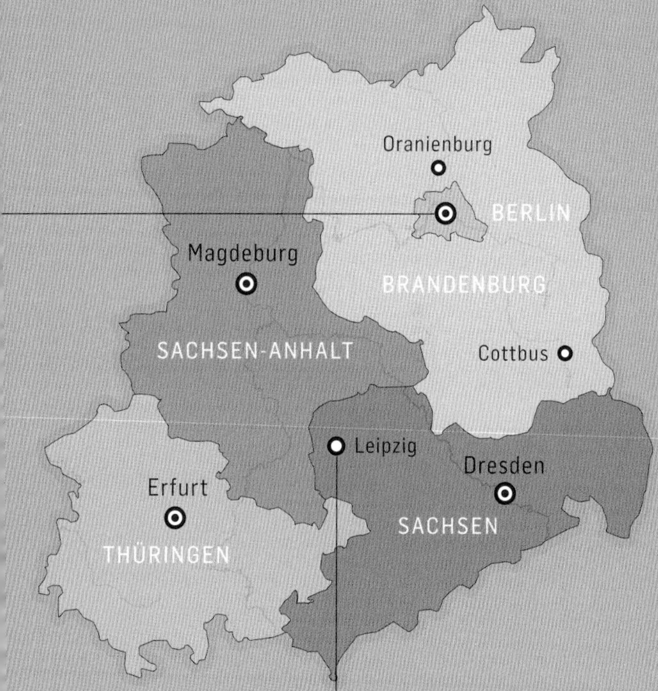

Falco
04105 Leipzig
Seite 144

BERLIN

136

10115 Berlin

Die Nordsee bestimmt den Ausblick, auch in der Küche. Auf den Tisch kommt regionales Salzwiesenlamm oder vegetarische Mezze aus regionalen Gemüsen, empfohlen sei die Ceviche aus »Catch of the Day«.

Linienstraße 136	Essen: **43** | 50
+49 30 2730909683	Service: **18** | 20
sagrantino136.com	Getränke: **18** | 20
Casual Dining • italienisch • peruanisch • unkonventionell	Ambiente: **8** | 10
	Gesamt: 87 | 100

3 Schwestern

10997 Berlin

Moderne Küche aus regionalen Bioprodukten mit alpenländischen und mediterranen Einflüssen. Serviert werden die Gerichte im historischen Gewölbesaal des ehemaligen Stiftskrankenhauses. Lauschiger Garten.

Mariannenplatz 2	Essen: **43** | 50
+49 30 600318600	Service: **17** | 20
3schwestern-berlin.de	Getränke: **15** | 20
Bistro • nachhaltig • bio • Gastgarten	Ambiente: **8** | 10
	Gesamt: 83 | 100

893 Ryotei

10625 Berlin

Hinter der mit Graffiti bemalten Fassade der einstigen Schleckerfiliale versteckt sich The Duc Ngos cooles Gangster-Speakeasy mit hervorragender japanischer Küche. Exquisite Sake- und Weinauswahl.

Kantstraße 135	Essen: **43** | 50
+49 30 91703121	Service: **17** | 20
893ryotei.de	Getränke: **18** | 20
Fine Dining • japanisch • asiatisch • unkonventionell	Ambiente: **9** | 10
	Gesamt: 87 | 100

Am Steinplatz

10623 Berlin

Der ehemalige Souschef Oliver Fritz ist inzwischen zum Chefkoch avanciert. Seine saisonal-regionale Küche überzeugt durch ihre Aromenvielfalt. Gastgeber Yannick Kern kredenzt dazu passende Weine.

Steinplatz 4	Essen: **44** | 50
+49 30 5544447053	Service: **19** | 20
restaurantsteinplatz.com	Getränke: **18** | 20
Hotelrestaurant • Casual Dining • regionale Produkte	Ambiente: **10** | 10
	Gesamt: 91 | 100

AV-Restaurant

10435 Berlin

Nachhaltig, europäisch-kreativ und hochspannnend ist die Crossover-Küche von Antonio Vinciguerra, der sich mit seinem schlicht eingerichteten Restaurant an die trubeligste Ecke der Stadt gewagt hat.

Schönhauser Allee 44
+49 30 27018851
de.avrestaurantberlin.com
Allrounder • nachhaltig • regionale Produkte • vegan

Essen:	**43**	50
Service:	**18**	20
Getränke:	**16**	20
Ambiente:	**8**	10
Gesamt:	85	100

Bandol

10115 Berlin

Unprätentiöses Gourmetrestaurant in einer ehemaligen Dönerbude mit gerade mal 18 Plätzen. Andreas Saul und sein Team sorgen für kulinarische Exzellenz ohne Schnickschnack. Fantastische Weinauswahl.

Torstraße 167
+49 30 67302051
bandolsurmer.de
Fine Dining • französisch • regionale Produkte • vegetarisch

Essen:	**45**	50
Service:	**17**	20
Getränke:	**19**	20
Ambiente:	**8**	10
Gesamt:	89	100

Barra

12049 Berlin

Klein und stilvoll, das Interieur ebenso wie die sehr feinen Teller, etwa »Black Pudding, Beetroot & Plum«. Daniel Remers und Neil Paterson vereinen britische Kreativität mit Berliner Raffinesse.

Okerstraße 2
+49 30 81860757
barraberlin.com
Casual Dining • nachhaltig • vegetarisch

Essen:	**44**	50
Service:	**17**	20
Getränke:	**17**	20
Ambiente:	**9**	10
Gesamt:	87	100

Bieberbau

10715 Berlin

Küchenchef Stephan Garkisch überzeugt seit Jahren mit seiner ambitionierten Gemüse- und Kräuterküche. Vieles davon bezieht er aus dem eigenen Garten. Sehenswert ist der üppig mit Stuck verzierte Gastraum.

Durlacher Straße 15
+49 30 8532390
bieberbau-berlin.de
Fine Dining • deutsche Küche • regionale Produkte

Essen:	**47**	50
Service:	**19**	20
Getränke:	**18**	20
Ambiente:	**9**	10
Gesamt:	93	100

Blend

10787 Berlin

Die besten Rezepte aus den Küchen der Welt an einem Ort versammeln und dann loskochen: Das ist die Idee der »Melting Pot Cuisine« von Küchenchef Marcel Oms und seinem engagierten Team.

Budapester Straße 25
+49 30 26962696
restaurant-blend.com
Allrounder • Bistro • regionale Produkte

Essen:	**42**	50
Service:	**17**	20
Getränke:	**13**	20
Ambiente:	**8**	10
Gesamt:	80	100

Bob & Thoms

10777 Berlin

Ambitioniert, aber unaufgeregt in lässiger Wohnzimmeratmosphäre. Die französisch inspirierte Küche von Felix Thoms wird durch den aufmerksamen Service von Oliver »Bob« Körber bestens ergänzt.

Welserstraße 10	Essen: **42** I 50
+49 30 20929492	Service: **18** I 20
bobthoms.berlin	Getränke: **15** I 20
Casual Dining • Allrounder • französisch	Ambiente: **8** I 10
	Gesamt: 83 I 100

Bocca di Bacco

10117 Berlin

Stilvolles Restaurant, das sich dank der klassisch-authentischen italienischen Küche einen Namen als »Edelitaliener« gemacht hat. In der begehbaren Enoteca lagern mehr als 250 Rot- und Weißweine.

Friedrichstraße 167/168	Essen: **43** I 50
+49 30 20672828	Service: **17** I 20
boccadibacco.de	Getränke: **17** I 20
Vinothek • Casual Dining • italienisch	Ambiente: **8** I 10
	Gesamt: 85 I 100

Borchardt

10117 Berlin

Nicht nur die Prominenz aus Politik und Kultur liebt diese Berliner Institution wegen der selbstbewussten Nonchalance der Kellner, der gehobenen österreichisch-französischen Küche und der guten Weine.

Französische Straße 47	Essen: **43** I 50
+49 30 81886262	Service: **18** I 20
borchardt-restaurant.de	Getränke: **19** I 20
Gasthaus • österreichisch • französisch • traditionell	Ambiente: **9** I 10
	Gesamt: 89 I 100

Brasserie Colette

10789 Berlin

Der Tipp für einen köstlichen Lunch im entspannten Brasserie-Ambiente. Feinste französische Küche, konzipiert vom Berliner Kochstar Tim Raue. Abends auch großartige Menüs zu moderaten Preisen.

Passauer Straße 5–7	Essen: **43** I 50
+49 30 21992174	Service: **18** I 20
brasseriecolette.de	Getränke: **17** I 20
Casual Dining • Bistro • französisch • Geschäftsessen	Ambiente: **8** I 10
	Gesamt: 86 I 100

Bricole

10437 Berlin

Gelungen, ambitioniert und doch unglaublich lässig: Das gilt für die regional geprägte, aber dennoch weltläufige Küche von Steve Zeidler ebenso wie für den Service von Patron Fabian Fischer.

Senefelderstraße 30	Essen: **45** I 50
+49 30 84421362	Service: **19** I 20
bricole.de	Getränke: **19** I 20
Casual Dining • regionale Produkte • vegetarisch	Ambiente: **8** I 10
	Gesamt: 91 I 100

BRIKZ

10623 Berlin

Mitten im Lockdown eröffnet, dank Kochboxen die Krise gemeistert und nun richtig am Start: Arne Anker rockt mit seiner produktverliebten und raffinierten Küche wieder die Berliner Gastronomie.

Grolmanstraße 53/54	Essen:	44 | 50
+49 30 31803780	Service:	18 | 20
restaurantbrikz.com	Getränke:	18 | 20
Fine Dining • regionale Produkte • nachhaltig • vegetarisch	Ambiente:	8 | 10
	Gesamt:	88 | 100

BRLO BRWHOUSE

10963 Berlin

Man nehme 38 Überseecontainer, staple sie auf einer Brache am Gleisdreieck übereinander – und fertig ist das urbane Brauhaus. Alle Gerichte werden auf die aromatische Vielfalt der Biersorten abgestimmt.

Schöneberger Straße 16	Essen:	42 | 50
+49 30 55577606	Service:	16 | 20
brlo-brwhouse.de	Getränke:	15 | 20
Biervielfalt • regional • vegetarisch • unkonventionell	Ambiente:	7 | 10
P	Gesamt:	80 | 100

Buchholz

12359 Berlin

Ein kleiner Landausflug mit feiner Küche, guten Weinen und U-Bahn-Anschluss gefällig? Matthias Buchholz bespielt seit Jahren erfolgreich das Lokal des schönen Gutshofs am Rande der Stadt.

Alt-Britz 81	Essen:	42 | 50
+49 30 60034607	Service:	16 | 20
matthias-buchholz.de	Getränke:	17 | 20
Gasthaus • eigener Kräutergarten • gemütlich	Ambiente:	8 | 10
	Gesamt:	83 | 100

Capital Grill

10117 Berlin

Exklusive Club-Atmosphäre mit offenem Kamin, dazu eine erstklassige Küche. Zum Lunch oder Dinner gibt es im altenglischen Ambiente fein gemachte Klassiker aus der internationalen Küche, dazu die passenden Weine.

Mohrenstraße 30	Essen:	41 | 50
+49 30 2062976	Service:	17 | 20
berlincapitalclub.de	Getränke:	17 | 20
Fine Dining • Steak • klassisch	Ambiente:	8 | 10
	Gesamt:	83 | 100

Charlotte & Fritz

10117 Berlin

Daniel Müller ist seit März 2022 neuer Küchenchef im Regent. Er setzt auf modernes Fine Dining im noblen Salon des 19. Jahrhunderts. Schwerpunkte sind regionale Produkte und Klassiker der Edelküche.

Charlottenstraße 49	Essen:	43 | 50
+49 30 20336363	Service:	17 | 20
regenthotels.com	Getränke:	17 | 20
Fine Dining • regionale Produkte • traditionell	Ambiente:	8 | 10
P	Gesamt:	85 | 100

Chicha
12047 Berlin

Ein kunterbuntes Kleinod im Neuköllner Kiez. Küchenchef Simón Mendoza zelebriert eine wunderbare, moderne und aromenbetonte Version der peruanischen Andenküche, jeder Teller ist ein kleines Kunstwerk.

Friedelstraße 34	Essen: **42** | 50
+49 30 62731010	Service: **17** | 20
chicha-berlin.de	Getränke: **15** | 20
Casual Dining • peruanisch • modern • unkonventionell	Ambiente: **8** | 10
	Gesamt: 82 | 100

Choi
10119 Berlin

Koreanische Köstlichkeiten am Tresen. Chefin Sooyeon Choi legt in den drei unterschiedlichen Menüs – vegetarisch, Seafood und Fleisch – viel Wert auf authentischen Geschmack und passende Weine.

Fehrbelliner Straße 4	Essen: **43** | 50
+49 176 61941932	Service: **18** | 20
choiberlin.de	Getränke: **17** | 20
Casual Dining • koreanisch • modern • unkonventionell	Ambiente: **8** | 10
	Gesamt: 86 | 100

Christopher's
10629 Berlin

Das höchste Bestreben von Küchenchef Christopher Kümper und Patron Davie Monnie ist, ihre Gäste zu beglücken. Die einfallsreiche Speisekarte vereint Asiatisches mit Regionalem. Fantastische Gin-Auswahl.

Mommsenstraße 63	Essen: **44** | 50
+49 30 24356282	Service: **17** | 20
christophers.online	Getränke: **18** | 20
Fine Dining • regionale Produkte • Fisch • Cocktails	Ambiente: **8** | 10
	Gesamt: 87 | 100

Chungking
10999 Berlin

Die vermutlich besten Chili-Nudelsuppen der Stadt! Ash Lee brachte die Rezepte und das fantastische Chiliöl aus ihrer Heimatstadt Schanghai mit. Kein Wunder, dass sich Schlangen vor dem Lokal bilden.

Reichenberger Straße 35	Essen: **43** | 50
	Service: **16** | 20
chungkingnoodles.berlin	Getränke: **15** | 20
chinesisch • modern • entspannt • unkonventionell	Ambiente: **7** | 10
	Gesamt: 81 | 100

Clärchens Ballhaus
10117 Berlin

Eine Institution seit 1913: Das legendäre Tanzlokal mit Livemusik und Spiegelsaal offeriert Berliner Küchenklassiker wie Königsberger Klopse oder Senfeier. Geeignet für Firmen- und Privatfeiern.

Auguststraße 24	Essen: **41** | 50
+49 30 2829295	Service: **17** | 20
ballhaus.de	Getränke: **15** | 20
deutsche Küche • klassisch • traditionell	Ambiente: **8** | 10
	Gesamt: 81 | 100

Coda

12047 Berlin

Versteckt im Neuköllner Kiez liegt das schicke Gourmetrestaurant. René Frank ist ein Meister der Patisserie, für sein Dessertmenü spielt er mit fantastischen und ungewöhnlichsten Aromen.

Friedelstraße 47	Essen:	48 | 50
+49 30 91496396	Service:	19 | 20
coda-berlin.com	Getränke:	18 | 20
Fine Dining • regionale Produkte • nachhaltig	Ambiente:	8 | 10
	Gesamt:	93 | 100

Cookies Cream

10117 Berlin

Stephan Hentschel ist ein wahrer Zauberer. Aus allem, was gerade wächst, erschafft der ambitionierte Küchenchef des Gourmetrestaurants fantastische vegetarische Menüs. Alkoholfreies Beverage-Pairing.

Behrenstraße 55	Essen:	45 | 50
+49 30 27492940	Service:	17 | 20
cookiescream.com	Getränke:	18 | 20
Casual Dining • vegetarisch • unkonventionell • vegan	Ambiente:	9 | 10
	Gesamt:	89 | 100

Cordo

10115 Berlin

Küchenchef Yannic Stockhausen setzt auf extrem ausgefeilte Regionalküche. Dabei legt er Wert auf ressourcenschonend erzeugte Produkte aus der Umgebung sowie auf Natur- und Bioweine als Menübegleiter.

Große Hamburger Straße 32	Essen:	46 | 50
+49 30 27581215	Service:	18 | 20
cordo.berlin	Getränke:	19 | 20
Fine Dining • regionale Produkte • nachhaltig	Ambiente:	8 | 10
	Gesamt:	91 | 100

Crackers

10117 Berlin

Coole Bar mit Restaurant im Clubambiente des legendären Cookies. In der blau leuchtenden, offenen Küche werden ausschließlich nachhaltige Produkte in beeindruckende Crossover-Menüs verwandelt.

Friedrichstraße 158	Essen:	44 | 50
+49 30 680730488	Service:	18 | 20
crackersberlin.com	Getränke:	18 | 20
Casual Dining • Allrounder • unkonventionell	Ambiente:	8 | 10
	Gesamt:	88 | 100

Dae Mon

10178 Berlin

Sehr stylish, sehr cool und weltoffen: Küchenchef Raphael Schünemann verknüpft in seiner »Open Minded Cuisine« Rezepte und Aromen aus Korea, Japan und Europa zu traumhaften und überraschenden Menüs.

Monbijouplatz 11	Essen:	42 | 50
+49 30 26304811	Service:	16 | 20
dae-mon.com	Getränke:	17 | 20
Fine Dining • koreanisch • japanisch	Ambiente:	8 | 10
	Gesamt:	83 | 100

Diekmann
10719 Berlin

Tradition mit neuem Schwung. Im legendären Diekmann hat nach 40 Jahren der junge Berliner Max Günther den Kochlöffel übernommen. Gut für die deutsch-französische Küche und die vielen Stammgäste.

Meinekestraße 7
+49 30 8833321
diekmann-restaurant.de
Bistro • Meeresfrüchte • französisch • Geschäftsessen

Essen:	**43** | 50
Service:	**18** | 20
Getränke:	**18** | 20
Ambiente:	**8** | 10
Gesamt:	87 | 100

District
10119 Berlin

Eine knallig-bunte Mischung aus Streetfoodbar und vietnamesischem Basar. Neben gelungenen kräuterintensiven Klassikern wie Pho oder Bánh-mì-Sandwiches findet man hier auch hervorragende Bao-Burger.

Rosenthaler Straße 62
+49 30 20089284
district-mot.com
Burger • vietnamesisch • unkonventionell • Meeresfrüchte

Essen:	**42** | 50
Service:	**17** | 20
Getränke:	**16** | 20
Ambiente:	**8** | 10
Gesamt:	83 | 100

Eins44
12045 Berlin

Trotz der abgelegenen Lage im alten Industriebau ist die Zusatzbezeichnung »Kantine Neukölln« lässiges Understatement. Denn Daniel Achilles bietet mit seiner Küche erstklassigen Genuss.

Elbestraße 28/29
+49 30 62981212
eins44.com
Fine Dining • regionale Produkte • unkonventionell

P

Essen:	**45** | 50
Service:	**18** | 20
Getränke:	**18** | 20
Ambiente:	**8** | 10
Gesamt:	89 | 100

einsunternull
10115 Berlin

Die Abkehr von der reinen Lehre hat nicht geschadet, jetzt gibt es hier auch Espresso. Lokales und Produkte aus dem eigenen Garten stehen bei der Aromaküche von Silvio Pfeufer weiterhin im Mittelpunkt.

Hannoversche Straße 1
+49 30 27577810
einsunternull.com
Fine Dining • eigener Gemüsegarten • modern

Essen:	**45** | 50
Service:	**18** | 20
Getränke:	**18** | 20
Ambiente:	**8** | 10
Gesamt:	89 | 100

Ernst
13347 Berlin

Puristische Produktküche, bestehend aus 20 bis 30 Gängen. Nur acht Personen bekommen pro Abend am langen Holztresen einen Platz, um die innovativen Degustationsmenüs aus regionalen Zutaten zu genießen.

Gerichtstraße 54

ernstberlin.de
Fine Dining • regionale Produkte • unkonventionell

Essen:	**46** | 50
Service:	**19** | 20
Getränke:	**19** | 20
Ambiente:	**9** | 10
Gesamt:	93 | 100

Facil 10785 Berlin

Ein stiller Tempel des feinen Genusses direkt am hektischen Potsdamer Platz. Im ayurvedisch-sanften Ambiente serviert Michael Kempfs Crew exzellent durchdachte Menüs von beeindruckender Aromenvielfalt.

Potsdamer Straße 3, 5. Etage
+49 30 590051234
facil.de
Fine Dining • vegetarisch • entspannt • elegant

Essen:	**47** / 50
Service:	**19** / 20
Getränke:	**19** / 20
Ambiente:	**9** / 10
Gesamt:	94 / 100

Faelt 10823 Berlin

Im kleinen Kiezlokal sitzt man immer nahe an der offenen Küche, wo Björn Swanson und sein Team außergewöhnliche Menüs zaubern. Jeder Gang, den die Köche selbst servieren, erweist sich als Hochgenuss.

Vorbergstraße 10
+49 160 93277462
faelt.de
Fine Dining • deutsche Küche • unkonventionell

Essen:	**45** / 50
Service:	**18** / 20
Getränke:	**18** / 20
Ambiente:	**8** / 10
Gesamt:	89 / 100

Fischerhütte am Schlachtensee 14163 Berlin

Das historische Gasthaus mit Seeblick, Biergarten und Sonnenterrasse ist ein beliebtes Ausflugsziel bei den Großstädtern. Die genießen dort Berliner Klassiker, Alpenländisches oder Kuchen und Kaffee.

Fischerhüttenstraße 136
+49 30 80498310
fischerhuette-berlin.de
deutsche Küche • Essen mit Aussicht • klassisch

Essen:	**43** / 50
Service:	**16** / 20
Getränke:	**18** / 20
Ambiente:	**8** / 10
Gesamt:	85 / 100

FREA 10115 Berlin

Unter dem Motto »Full taste, zero waste« wird in diesem hippen Szenerestaurant nachhaltig vegan gekocht. Mit kulinarischer Kreativität, sehr leckeren Menüs und ganz ohne Lebensmittelverschwendung.

Kleine Hamburger Straße 2
+49 30 98396198
frea.de
Casual Dining • vegan • nachhaltig • unkonventionell

Essen:	**43** / 50
Service:	**17** / 20
Getränke:	**17** / 20
Ambiente:	**8** / 10
Gesamt:	85 / 100

Freundschaft 10117 Berlin

Wer Wein liebt, muss auch »Freundschaft« sagen. Das einstige Motto der »Jungen Pioniere« passt gut zur famosen Weinbar von Willi Schlögl und Johannes Schellhorn. Kleine, aber feine Barküche.

Mittelstraße 1
+49 30 80492444
istdeinbesterfreund.com
Vinothek • Bar • österreichisch • entspannt

Essen:	**42** / 50
Service:	**18** / 20
Getränke:	**19** / 20
Ambiente:	**8** / 10
Gesamt:	87 / 100

Funky

10625 Berlin

Wie beschreibt man dieses Crossover aus vietnamesischer und mediterraner Küche? Mit zwei Worten: einfach großartig! Kochstar The Duc Ngo hat auch in diesem Lokal neue kulinarische Standards gesetzt.

Kantstraße 135–136
+49 30 23531686
funky-fisch.de
Casual Dining • Fisch • unkonventionell

Essen:	**44**	50
Service:	**17**	20
Getränke:	**18**	20
Ambiente:	**8**	10
Gesamt:	87	100

Gärtnerei

10115 Berlin

Bärlauchrisotto, Blumenkohlsteak, Rhabarbersorbet: Der Name ist Programm. Auch das Ambiente mit opulenten Blumengestecken und warmem Licht erhöht den Wohlfühlfaktor. Viele österreichische Weine.

Torstraße 179
+49 30 24631450
gaertnerei-berlin.com
mediterran • deutsche Küche • vegetarisch • entspannt

Essen:	**41**	50
Service:	**17**	20
Getränke:	**17**	20
Ambiente:	**8**	10
Gesamt:	83	100

Golden Phoenix

10707 Berlin

In diesem Lokal spielt Sinnlichkeit eine große Rolle: pompös-verspieltes Ambiente, exquisiter Geschmack der chinesisch-französischen Küche und Laisser-faire des Paris der 1920er-Jahre.

Brandenburgische Straße 21
+49 30 22056060
goldenphoenix.berlin
Casual Dining • chinesisch • französisch • elegant

Essen:	**43**	50
Service:	**17**	20
Getränke:	**17**	20
Ambiente:	**9**	10
Gesamt:	86	100

Golvet Restaurant

10785 Berlin

Höhe ist hier alles. Der Blick hoch über Berlin, die hohe Qualität der beeindruckenden Crossover-Küche von Chef Jonas Zörner und seinem Team und die hohe Kunst des aufmerksamen Services.

Potsdamer Straße 58
+49 30 89064222
golvet.de
Fine Dining • regionale Produkte • elegant

Essen:	**45**	50
Service:	**19**	20
Getränke:	**18**	20
Ambiente:	**9**	10
Gesamt:	91	100

Grace

10719 Berlin

Das Hotelrestaurant erinnert an einen noblen Privatclub: fancy und kosmopolitisch. Dazu passt Martin Bruhns Küchenstil, der gekonnt asiatische und kalifornische Einflüsse miteinander verbindet.

Kurfürstendamm 25
+49 30 88437750
grace-berlin.com
Fine Dining • amerikanisch • asiatisch

Essen:	**44**	50
Service:	**19**	20
Getränke:	**17**	20
Ambiente:	**8**	10
Gesamt:	88	100

Grain

10437 Berlin

»A Slice of Heaven« steht auf den T-Shirts im Film »Mystic Pizza«. Berlins beste neapolitanische Pizza zaubern Sarah und Musa, die mit diesem Spruch werben. Ihr Geheimnis: gutes Mehl, Kreativität und Zeit.

Gleimstraße 38
+49 30 25325361
thegrainberlin.de
italienisch • Pizza • gemütlich • unkonventionell

Essen:	**40**	50
Service:	**18**	20
Getränke:	**15**	20
Ambiente:	**7**	10
Gesamt:	80	100

Grill Royal

10117 Berlin

Typisch Berlin, cool und urban, mit entspanntem Blick auf die Spree. Moderne, geradlinige Crossover-Küche mit feinstem Dry-Aged-Fleisch vom Grill – und das alles ohne Getue. Sehr souveräner Service.

Friedrichstraße 105b
+49 30 28879288
grillroyal.com
Casual Dining • Steak • Fisch

Essen:	**44**	50
Service:	**18**	20
Getränke:	**19**	20
Ambiente:	**9**	10
Gesamt:	90	100

Hallmann & Klee

12055 Berlin

Entdeckenswerter Spot im aufstrebenden Neukölln. Gründerin Sarah Hallmann hat bereits in mehreren Gourmetrestaurants gekocht, ihre kreativen Menüs sind sehr produktorientiert, bodenständig und ehrlich.

Böhmische Straße 13
+49 30 23938186
hallmann-klee.de
Casual Dining • regionale Produkte • entspannt

Essen:	**43**	50
Service:	**18**	20
Getränke:	**18**	20
Ambiente:	**8**	10
Gesamt:	87	100

heimlichTreu

10115 Berlin

Food-Sharing liegt im Trend. Ob zum Lunch oder Dinner, die vorwiegend mediterranen Speisen, die auf kleinen Tellern serviert werden, sollen geteilt werden. Sehr schön ist die lauschige Gartenbar.

Anklamer Straße 38
+49 30 48494599
heimlichtreu.de
mediterran • Sharing Menu • Gastgarten

Essen:	**42**	50
Service:	**16**	20
Getränke:	**18**	20
Ambiente:	**8**	10
Gesamt:	84	100

Heritage

10117 Berlin

Trendsetter Florian Glauert, bekannt aus dem Ellington Restaurant, hat eine neue Wirkungsstätte. Im edlen Heritage bezaubert er mit neuen vegetarischen Rezepten, tollen Aromen und spannenden Texturen.

Charlottenstraße 52
+49 30 58709771910
heritage-restaurants.com
Fine Dining • vegetarisch • vegan • elegant

Essen:	**44**	50
Service:	**17**	20
Getränke:	**17**	20
Ambiente:	**8**	10
Gesamt:	86	100

Hoa Rong

10117 Berlin

Ein märchenhaft gestalteter Gastraum ist die Bühne für die traditionelle vietnamesische Küche, die hier aus landestypischen Produkten, Gewürzen und frischen Kräutern authentisch zubereitet wird.

Georgenstraße 25
+49 30 43666683
hoa-rong.com
Casual Dining • vietnamesisch • gemütlich

Essen:	**42** I 50
Service:	**18** I 20
Getränke:	**16** I 20
Ambiente:	**8** I 10
Gesamt:	84 I 100

Horváth

10999 Berlin

Sternekoch Sebastian Frank steht für Produktqualität und handwerkliches Können. Er entwickelt die gehobene österreichische Küche stetig weiter. Dazu empfehlenswert: alkoholfreie Getränkebegleiter.

Paul-Lincke-Ufer 44a
+49 30 61289992
restaurant-horvath.de
Fine Dining • österreichisch • entspannt • Gastgarten

Essen:	**48** I 50
Service:	**19** I 20
Getränke:	**18** I 20
Ambiente:	**8** I 10
Gesamt:	93 I 100

Hot Spot

10709 Berlin

Das Lokal nahe des Ku'damms ist nicht nur für seine aromenreiche und scharfe Sichuanküche berühmt, sondern auch für die Weinkompetenz von Jianhua Wu, der den passenden deutschen Riesling dazu empfiehlt.

Eisenzahnstraße 66
+49 30 89006878
restaurant-hotspot.de
Casual Dining • chinesisch • entspannt • unkonventionell

Essen:	**43** I 50
Service:	**18** I 20
Getränke:	**19** I 20
Ambiente:	**7** I 10
Gesamt:	87 I 100

Hugos

10787 Berlin

Westberlin rules! Das Hugos im 14. Stock des legendären InterConti pfeift auf Hipness. Küchenchef Eberhard Lange legt seinen Schwerpunkt lieber auf edelste Produkte und bestes, erfahrenes Handwerk.

Budapester Straße 2
+49 30 26021263
hugos-restaurant.de
Fine Dining • Essen mit Aussicht • Geschäftsessen

P

Essen:	**45** I 50
Service:	**18** I 20
Getränke:	**18** I 20
Ambiente:	**9** I 10
Gesamt:	90 I 100

India Club

10117 Berlin

Perfekte Tandoori-Gerichte, aromatische Currys und Raffiniert-Vegetarisches. Wie indische Küche auf hohem Niveau schmeckt, zeigt Manish Bahukhandi mit seiner authentischen »Rustic Cuisine«.

Behrenstraße 72
+49 30 20628610
india-club-berlin.com
Casual Dining • indisch • Meeresfrüchte • vegetarisch

Essen:	**44** I 50
Service:	**18** I 20
Getränke:	**17** I 20
Ambiente:	**8** I 10
Gesamt:	87 I 100

Irma la Douce
10785 Berlin

Küchenchef Michael Schulz interpretiert die französische Küche auf seine Art: unprätentiös, aromenreich und voller Finesse. In lockerer Atmosphäre bestellt man à la carte, Menüs gibt es keine.

Potsdamer Straße 102	Essen: **43** / 50
+49 30 23000555	Service: **19** / 20
irmaladouce.de	Getränke: **18** / 20
Fine Dining • französisch • entspannt	Ambiente: **8** / 10
	Gesamt: 88 / 100

Jungbluth
12163 Berlin

Ein gemütliches, unkonventionelles Nachbarschaftslokal mit gehobener Küche. Der schwierige Spagat ist André Sawahn und Felix Leisegang mit einer perfekten, gemüseorientierten Frischeküche gelungen.

Lepsius-Straße 63	Essen: **43** / 50
+49 30 79789605	Service: **19** / 20
jungbluth-restaurant.de	Getränke: **17** / 20
Casual Dining • vegetarisch • regionale Produkte	Ambiente: **8** / 10
	Gesamt: 87 / 100

Kin Dee
10785 Berlin

Die Autodidaktin Dalad Kambhu kann stolz auf sich sein, ihre authentische Thai-Küche hat höchste Auszeichnungen erfahren. Menüs werden im Family-Style serviert: Alle Gäste am Tisch probieren alles.

Lützowstraße 81	Essen: **43** / 50
+49 30 2155294	Service: **18** / 20
kindeeberlin.com	Getränke: **16** / 20
Casual Dining • Thai • entspannt • unkonventionell	Ambiente: **8** / 10
	Gesamt: 85 / 100

Kink
10119 Berlin

Berliner Szenerestaurant mit offener Küche und ebenso offenem Kochstil. Regelmäßig werden Gastköchinnen und -köche aus der ganzen Welt eingeladen, um die Speisekarte mit neuen Impulsen zu bereichern.

Schönhauser Allee 176	Essen: **42** / 50
+49 30 41207344	Service: **16** / 20
kink-berlin.de	Getränke: **16** / 20
Casual Dining • Gastgarten • modern	Ambiente: **8** / 10
	Gesamt: 82 / 100

Kitchen Library
10623 Berlin

Die Gastgeber Daniela und Udo Knörlein bieten in ihrem »kulinarischen Wohnzimmer« gehobene deutsch-französische Küche mit Crossover-Touch. Man speist inmitten der 650 Kochbücher umfassenden Bibliothek.

Bleibtreustraße 55	Essen: **42** / 50
+49 30 3125449	Service: **17** / 20
kitchen-library.de	Getränke: **16** / 20
deutsche Küche • französisch • gemütlich • entspannt	Ambiente: **8** / 10
	Gesamt: 83 / 100

Kochu Karu

10437 Berlin

Eine koreanisch-spanische Koproduktion. Opernsängerin Bini Lee und José Miranda Morillo verbinden die Küchen ihrer beiden Heimatländer zu aromatischen und außergewöhnlichen Menüs aus lokalen Produkten.

Eberswalder Straße 35	Essen:	43 | 50
+49 30 80938191	Service:	18 | 20
kochukaru.de	Getränke:	17 | 20
Casual Dining • koreanisch • spanisch • entspannt	Ambiente:	8 | 10
	Gesamt:	86 | 100

Kumpel & Keule

10997 Berlin

Sehr kleines, schickes Lokal mit viel Holz, Backstein und einem imposanten Reifeschrank im Zentrum. Die Jungs aus der hippen Fleischerei in der Markthalle Neun bringen hier Qualität auf den Teller.

Skalitzer Straße 97	Essen:	42 | 50
+49 170 6503779	Service:	17 | 20
kumpelundkeule.de	Getränke:	16 | 20
Bistro • Steak • nachhaltig • unkonventionell	Ambiente:	8 | 10
	Gesamt:	83 | 100

Kurpfalz Weinstuben

10629 Berlin

Das traditionsreiche Lokal ist seit fast 90 Jahren ein Muss für Weinliebhaber. Zu den vielen offenen Weinen und den feinen und raren Kellerschätzen wird bodenständige, moderne Pfälzer Küche serviert.

Wilmersdorfer Straße 93	Essen:	40 | 50
+49 30 8836664	Service:	18 | 20
kurpfalz-weinstuben.de	Getränke:	19 | 20
Gasthaus • deutsche Küche • Gastgarten • unkonventionell	Ambiente:	8 | 10
	Gesamt:	85 | 100

Lamazère

10627 Berlin

Regis Lamazère hat sich einen Traum erfüllt und ein kleines Stück Frankreich nach Berlin geholt. Aus seiner Küche kommen anspruchsvolle französische Klassiker, persönliche Weinentdeckungen inklusive.

Stuttgarter Platz 18	Essen:	43 | 50
+49 30 31800712	Service:	16 | 20
lamazere.de	Getränke:	18 | 20
Bistro • Casual Dining • französisch • entspannt	Ambiente:	8 | 10
	Gesamt:	85 | 100

Larb-Koi

10245 Berlin

Monay Keawmali ist jemand, der Menschen zu Tränen rühren kann. Zum einen aus Dankbarkeit für seine fantastischen Teller mit authentischem »Thai Home Cooking«, zum anderen wegen derer pikanter Schärfe.

Krossener Straße 15	Essen:	42 | 50
+49 30 74078235	Service:	18 | 20
larb-koi.business.site	Getränke:	16 | 20
Bistro • Thai • Fisch • Meeresfrüchte	Ambiente:	7 | 10
	Gesamt:	83 | 100

Le Petit Royal

10623 Berlin

Die West-Dependance des Grill Royal setzt auch auf feinstes Dry-Aged, hat aber eine größere Auswahl an französischen Fischgerichten und Meeresfrüchten. Souveräner Service.

Grolmanstraße 59
+49 30 330060750
lepetitroyal.de
Casual Dining • Steak • Fisch • Meeresfrüchte

Essen:	42	50
Service:	17	20
Getränke:	16	20
Ambiente:	9	10
Gesamt:	84	100

Lochner Weinwirtschaft

10781 Berlin

Andreas und Gerlinde Lochner sind perfekte Gastgeber. In ihrem netten Kiezlokal bieten sie beste Weine aus Deutschland und Europa an, dazu werden feine Weinbegleiter aus den Regionalküchen serviert.

Eisenacher Straße 86
+49 30 23005220
lochner-weinwirtschaft.de
Gasthaus • Vinothek • deutsche Küche • gemütlich

Essen:	42	50
Service:	19	20
Getränke:	18	20
Ambiente:	8	10
Gesamt:	87	100

Lode & Stijn

10999 Berlin

Das Konzept der beiden holländischen Köche ist klar und einfach: Es gibt nur ein sechsgängiges Tastingmenü. Saisonal wechselnd und immer vom Feinsten. Legendär ist das selbst gebackene Sauerteigbrot.

Lausitzer Straße 25
+49 30 65214507
lode-stijn.de
Fine Dining • regionale Produkte • unkonventionell

Essen:	44	50
Service:	18	20
Getränke:	18	20
Ambiente:	7	10
Gesamt:	87	100

Lokal

10115 Berlin

Schlicht, chic und ohne Chichi, das ist nicht nur das optische Konzept von Betreiberin Maren Thimm. Küchenchef Stefan Langelüttich setzt ebenso auf regionale, ehrliche und sehr gelungene Rezepte.

Linienstraße 160
+49 30 28449500
lokal-berlin.blogspot.co.at
Casual Dining • Geschäftsessen • vegetarisch

Essen:	42	50
Service:	17	20
Getränke:	16	20
Ambiente:	8	10
Gesamt:	83	100

Long March

10997 Berlin

Hervorragende modern interpretierte Shanghai-Küche mit Spezialisierung auf Dim-Sum und Dumplings. Man sitzt an langen Tischen in stylishem Ambiente. Etabliertes Szenelokal in Kreuzberg.

Wrangelstraße 20
+49 30 31176789
longmarchcanteen.com
chinesisch • modern • unkonventionell

Essen:	43	50
Service:	16	20
Getränke:	17	20
Ambiente:	8	10
Gesamt:	84	100

Lorenz Adlon Esszimmer

10117 Berlin

Detailversessenheit sowie die Liebe zur Ästhetik und zu exzellenten Produkten zeichnen den neuen Küchenchef Reto Brändli aus. Im eleganten Salon des Adlon werden die Menüs mit größter Aufmerksamkeit serviert.

Unter den Linden 77	Essen: **48** | 50
+49 30 22611960	Service: **19** | 20
lorenzadlon-esszimmer.de	Getränke: **19** | 20
Fine Dining • Hotelrestaurant • elegant	Ambiente: **9** | 10
	Gesamt: 95 | 100

Lovis

10627 Berlin

Sophia Rudolph und ihr Team kochen aus saisonalen und regionalen Produkten und Zutaten bemerkenswerte traditionelle Gerichte, nicht ohne einen herrlich akzentuierten Touch von Modern Cuisine.

Kantstraße 79	Essen: **44** | 50
+49 30 3087780	Service: **18** | 20
lovisrestaurant.com	Getränke: **18** | 20
Casual Dining • regionale Produkte • traditionell	Ambiente: **9** | 10
	Gesamt: 89 | 100

Lucky Leek

10405 Berlin

Aus der Frischeküche von Josita Hartanto kommen vegane Gerichte auf hohem kulinarischen Niveau. Sie zeigt, dass Nachhaltigkeit, gesunde Ernährung und die Lust am Genuss sehr gut zusammenpassen.

Kollwitzstraße 54	Essen: **43** | 50
+49 30 66408710	Service: **18** | 20
lucky-leek.com	Getränke: **17** | 20
Casual Dining • vegan • nachhaltig • entspannt	Ambiente: **8** | 10
	Gesamt: 86 | 100

Lutter & Wegner

10117 Berlin

Ob im Restaurant oder in der Weinstube, das Lutter & Wegner ist immer gut gefüllt. Das mag an der prominenten Lage, aber auch an der guten alpenländischen Küche liegen. Angeschlossene Weinhandlung.

Charlottenstraße 56	Essen: **44** | 50
+49 30 20295415	Service: **17** | 20
l-w-berlin.de	Getränke: **18** | 20
Vinothek • österreichisch • deutsche Küche • traditionell	Ambiente: **8** | 10
	Gesamt: 87 | 100

Michelberger

10245 Berlin

Minimalistisches Industrieflair mit weiß gefliesten Wänden und langen Holztischen, an denen sich Gäste aus der ganzen Welt treffen. Das Hotelrestaurant bietet »Modernes Casual Dining« mit Niveau.

Warschauer Straße 39	Essen: **42** | 50
+49 30 29778590	Service: **17** | 20
michelbergerhotel.com	Getränke: **17** | 20
Hotelrestaurant • Casual Dining • modern • Terrasse	Ambiente: **8** | 10
	Gesamt: 84 | 100

Mine
10719 Berlin

Hinter dem Lokal, das mit gehobener, moderner italienischer Küche brilliert, steckt der »russische Jamie Oliver« Mikhail Mnatsakanov. Schönes Vintage-Ambiente. Ungewöhnliche Auswahl an Natur- und biodynamischen Weinen.

Meinekestraße 10	Essen: **43** I 50
+49 30 88926363	Service: **17** I 20
minerestaurant.de	Getränke: **17** I 20
Casual Dining • italienisch • modern	Ambiente: **8** I 10
	Gesamt: 85 I 100

MontRaw
10405 Berlin

Feine, kreative israelisch-mediterrane Gerichte kommen in dem kleinen Clubrestaurant auf den Tisch. Ein angenehmer Ort für kulinarische Entdeckungen. Im Sommer sitzt man auf der großen Terrasse.

Straßburger Straße 33	Essen: **42** I 50
+49 30 25782707	Service: **17** I 20
montraw.com	Getränke: **17** I 20
Casual Dining • levantinisch • Terrasse	Ambiente: **8** I 10
	Gesamt: 84 I 100

Mrs. Robinson's
10437 Berlin

Feine, kleine aromatische Gerichte, israelisch und asiatisch inspiriert, die gerne am Tisch geteilt werden dürfen. Samina Raza und Ben Zviel setzen auf nachhaltige Bioprodukte und regionale Erzeuger.

Pappelallee 29	Essen: **43** I 50
+49 30 54622839	Service: **17** I 20
mrsrobinsons.de	Getränke: **16** I 20
mediterran • asiatisch • regionale Produkte	Ambiente: **8** I 10
	Gesamt: 84 I 100

Nobelhart & Schmutzig
10969 Berlin

Gourmetküche mal ganz anders: Micha Schäfer kocht »brutal regional«. Das Zehn-Gänge-Menü wird am runden Tresen serviert und kongenial begleitet von den ungewöhnlichen Weinen, die Billy Wagner entdeckt.

Friedrichstraße 218	Essen: **46** I 50
+49 30 25940610	Service: **18** I 20
nobelhartundschmutzig.com	Getränke: **20** I 20
unkonventionell • regionale Produkte • nachhaltig	Ambiente: **9** I 10
	Gesamt: 93 I 100

Noname
10117 Berlin

Das ironische Motto »No limits, no boundaries, no name« steht für die Idee von einer ganzheitlichen Küche. Inszenierte Dinnerabende führen die Gäste auf eine unerwartet spannende kulinarische Reise.

Oranienburger Straße 32	Essen: **44** I 50
+49 30 279099027	Service: **18** I 20
the-noname.de	Getränke: **17** I 20
Fine Dining • unkonventionell • modern • Biervielfalt	Ambiente: **8** I 10
	Gesamt: 87 I 100

November

10435 Berlin

Puristisch das Interieur, die Küche original japanisch, aromastark und konzentriert auf das Wesentliche. Spezialitäten der Brasserie sind fangfrischer Fisch und Seafood, dazu schmecken auch die Cocktails.

Husemannstraße 15
+49 162 3332135
november.berlin
Casual Dining • japanisch • Fisch • Meeresfrüchte

Essen:	41 | 50
Service:	17 | 20
Getränke:	16 | 20
Ambiente:	7 | 10
Gesamt:	81 | 100

Nußbaumerin

10629 Berlin

Chefin Johanna Nußbaumer verwöhnt seit 2008 die Berliner mit Salzburger Küche. Der Andrang auf die knusprigen Backhendln oder die wunderbaren Marillenknödel ist groß, also unbedingt reservieren.

Leibnizstraße 55
+49 30 50178033
nussbaumerin.de
Gasthaus • österreichisch • traditionell • Geschäftsessen

Essen:	43 | 50
Service:	18 | 20
Getränke:	18 | 20
Ambiente:	8 | 10
Gesamt:	87 | 100

Oh, Panama

10785 Berlin

Der Oberbayer Johann Maier hat die Küche im Oh, Panama übernommen. Das kommunikative Konzept bleibt: drei- bis fünfgängige Menüs mit modernen deutschen Speisen, die am besten tischweise geteilt werden.

Potsdamer Straße 91
+49 30 983208435
oh-panama.com
Casual Dining • Sharing Menu • regionale Produkte

Essen:	42 | 50
Service:	18 | 20
Getränke:	17 | 20
Ambiente:	8 | 10
Gesamt:	85 | 100

ORA

10999 Berlin

Das Originalinterieur der alten Apotheke aus dem 19. Jahrhundert gibt dem Restaurant ein ganz besonderes Flair. Gekocht wird europäisch, saisonal und unprätentiös mit hochwertigen Produkten.

Oranienplatz 14
+49 30 54861070
ora.berlin
bio • nachhaltig • Wild

Essen:	43 | 50
Service:	17 | 20
Getränke:	17 | 20
Ambiente:	9 | 10
Gesamt:	86 | 100

Orania

10999 Berlin

Integriert in das schicke Hotel, hat sich das in warmen Farben ausstaffierte Restaurant gut etabliert und gibt sich mit der offenen Küche zugänglich. Spezialität des Hauses ist die Kreuzberg-Ente »Xberg Duck«.

Oranienplatz 17
+49 30 69539680
orania.berlin
Hotelrestaurant • Casual Dining • modern

P

Essen:	46 | 50
Service:	18 | 20
Getränke:	19 | 20
Ambiente:	9 | 10
Gesamt:	92 | 100

Osterberger

10115 Berlin

Das inhabergeführte Kiezlokal serviert in zeitlos-elegantem Ambiente kreative und aromenstarke Bistroküche, sowohl für Veganer als auch für Fisch- und Fleischliebhaber. Keine Barzahlung möglich.

Elisabethkirchstraße 2	Essen:	43 | 50
+49 30 26565661	Service:	18 | 20
osterberger.de	Getränke:	16 | 20
Bistro • Familienbetrieb • modern • vegan	Ambiente:	8 | 10
	Gesamt:	85 | 100

Osteria Centrale

10623 Berlin

Ohne Reservierung geht hier nichts. Die Osteria Centrale zählt zu den Topadressen unter den italienischen Restaurants in Berlin. Das Allerbeste aus der Küche wird auf die Schiefertafel geschrieben.

Bleibtreustraße 51	Essen:	44 | 50
+49 30 31013263	Service:	18 | 20
	Getränke:	18 | 20
italienisch • mediterran • traditionell	Ambiente:	8 | 10
	Gesamt:	88 | 100

Ottenthal

10623 Berlin

Preußen und Österreicher frotzeln sich gerne, lieben sich aber dennoch. An diesem beliebten Treffpunkt im alten Westberlin teilt man auch die Liebe zur österreichischen Küche und zu den guten Weinen.

Kantstraße 153	Essen:	43 | 50
+49 30 3133162	Service:	18 | 20
ottenthal.com	Getränke:	18 | 20
österreichisch • gemütlich • Delikatessenverkauf	Ambiente:	8 | 10
	Gesamt:	87 | 100

Otto

10435 Berlin

Konsequent arbeitet Vadim Otto Ursus nur mit regionalen, sogar selbst gepflückten Lebensmitteln. Das Menü entsteht beim Kochen und ist zum Teilen gedacht. Für aufmerksamen Service sorgt Cate Gowers.

Oderberger Straße 56	Essen:	43 | 50
+49 30 25977159	Service:	18 | 20
otto-berlin.net	Getränke:	17 | 20
Sharing Menu • regionale Produkte • nachhaltig	Ambiente:	8 | 10
	Gesamt:	86 | 100

Pastis

14197 Berlin

Das kleine, feine französische Lokal am Rüdesheimer Platz ist bei der Nachbarschaft beliebt. Hier gibt es nicht nur Klassiker wie Froschschenkel oder Entenstopfleber, sondern auch exquisite Patisserie.

Rüdesheimer Straße 9	Essen:	42 | 50
+49 30 81055769	Service:	17 | 20
restaurant-pastis.de	Getränke:	17 | 20
Bistro • französisch • klassisch • traditionell	Ambiente:	8 | 10
	Gesamt:	84 | 100

POTS
10785 Berlin

Patron und Spitzenkoch Dieter Müller und sein Küchenchef Christopher Kujanski kredenzen neu interpretierte deutsche Klassiker und lokale Spezialitäten mit modernem Twist. Abends auch im Sharing-Stil.

Potsdamer Platz 3
+49 30 337775402
potsrestaurant.com
Sharing Menu • deutsche Küche • Terrasse • modern

Essen:	**42**	50
Service:	**18**	20
Getränke:	**18**	20
Ambiente:	**8**	10
Gesamt:	86	100

Prism
10627 Berlin

Bei Patron Gal Ben-Moshe trifft europäische Spitzenküche auf levantinische Inspiration. Der Topkoch aus Tel Aviv ist in Berlin angekommen. Die passenden Weine empfiehlt Sommelière Jacqueline Lorenz.

Fritschestraße 48
+49 30 54710861
prismberlin.de
Fine Dining • Allrounder • unkonventionell

Essen:	**46**	50
Service:	**19**	20
Getränke:	**19**	20
Ambiente:	**8**	10
Gesamt:	92	100

Remi
10119 Berlin

Das zweite Lokal der niederländischen Gastronomen Lode & Stijn befindet sich im Haus des Suhrkamp-Verlags. Das sympathische Konzept: modernes Design, urbane europäische Küche und Zeit zum Genießen.

Torstraße 48
+49 30 27593090
remi-berlin.de
Fine Dining • Allrounder • modern • Geschäftsessen

Essen:	**42**	50
Service:	**17**	20
Getränke:	**17**	20
Ambiente:	**9**	10
Gesamt:	85	100

Renger-Patzsch
10823 Berlin

Der Name erinnert an den Pionier der Landschaftsfotografie, dessen Bilder im Gastraum zu sehen sind. Die Küche ist bodenständig-süddeutsch und elsässisch geprägt: von Kaspressknödel bis Tarte flambée.

Wartburgstraße 54
+49 30 7842059
renger-patzsch.com
Gasthaus • französisch • deutsche Küche • traditionell

Essen:	**43**	50
Service:	**18**	20
Getränke:	**17**	20
Ambiente:	**8**	10
Gesamt:	86	100

Restaurant 1687 🍴 10117 Berlin

Entspannte Atmosphäre, obwohl der Boulevard Unter den Linden ganz nahe ist. Imposantes Ambiente mit edlem Holz und viel Gold, dazu passt die moderne, italienisch orientierte Küche von Kevin Falk Lupp.

Mittelstraße 30	Essen:	42 | 50
+49 30 20630611	Service:	17 | 20
1687.berlin	Getränke:	17 | 20
italienisch • regionale Produkte • Geschäftsessen	Ambiente:	8 | 10
	Gesamt:	84 | 100

Richard 10997 Berlin

Im historischen Saal mit moderner Kunst von Chef Hans Richard zaubert Küchenchef Francesco Contiero französisch Inspiriertes auf höchstem Niveau. Produktorientiert, aromenintensiv und oft überraschend.

Köpenicker Straße 174	Essen:	46 | 50
+49 30 49207242	Service:	18 | 20
restaurant-richard.de	Getränke:	18 | 20
französisch • vegetarisch • klassisch	Ambiente:	8 | 10
	Gesamt:	90 | 100

Rotisserie Weingrün 10178 Berlin

Bodenständige, herzhafte Küche vom großen »Flammenwandgrill«: Dort brutzeln Paderborner Hühner, Saalower Spanferkel oder Finnischer Flammlachs. Beherzter Service und beeindruckende Weinvielfalt.

Gertraudenstraße 10–12	Essen:	42 | 50
+49 30 20621900	Service:	18 | 20
rotisserie-weingruen.de	Getränke:	18 | 20
Gasthaus • Steak • Fisch • traditionell	Ambiente:	8 | 10
	Gesamt:	86 | 100

Rüdiger's 10777 Berlin

Ob Frittatensuppe, Kalbsbeuscherl oder Backhendlsalat, Freunden der österreichischen Küchenklassiker geht hier das Herz auf. Wiener Schnitzel, Tafelspitz und Saftgulasch gibt es natürlich auch. Urig!

Motzstraße 63	Essen:	43 | 50
+49 30 25797597	Service:	18 | 20
ruedigers-berlin.de	Getränke:	17 | 20
österreichisch • traditionell • klassisch • Terrasse	Ambiente:	8 | 10
	Gesamt:	86 | 100

Rutz Restaurant 10115 Berlin

Als einziges Restaurant Berlins mit drei Michelin-Sternen dekoriert, überzeugt Marco Müller mit ausdrucksstarken Gerichten voller Finesse und intelligenter Kontraste. Gourmetküche auf höchstem Niveau.

Chausseestraße 8	Essen:	49 | 50
+49 30 24628760	Service:	20 | 20
rutz-restaurant.de	Getränke:	20 | 20
Fine Dining • nachhaltig • elegant • modern	Ambiente:	9 | 10
	Gesamt:	98 | 100

Rutz Zollhaus

10961 Berlin

Das stilvolle alte Fachwerkhaus mit idyllischem Garten am Landwehrkanal hat inzwischen Sternekoch Marco Müller übernommen. Kulinarisch ist man hier in den besten Händen. Exzellente Weinkarte.

Carl-Herz-Ufer 30
+49 30 233276670
rutz-zollhaus.de
Fine Dining • Gastgarten • im Grünen

Essen:	**44** | 50
Service:	**18** | 20
Getränke:	**20** | 20
Ambiente:	**8** | 10
Gesamt:	**90** | 100

Sagrantino

10117 Berlin

Großartige Auswahl an italienischen Weinen, insbesondere vom umbrischen Sagrantino, der dem Lokal auch seinen Namen gibt. Dazu wird klassische italienische Küche angeboten. Ideal nach dem Opernbesuch.

Behrenstraße 47
+49 30 20646895
sagrantino-winebar.de
Vinothek • italienisch • mediterran • Geschäftsessen

Essen:	**40** | 50
Service:	**15** | 20
Getränke:	**18** | 20
Ambiente:	**7** | 10
Gesamt:	**80** | 100

Schneeweiß

10245 Berlin

Märchenhaftes, leuchtend weißes Ambiente, dazu gehobene alpenländische Küche in moderner Interpretation. Kleine, aber feine Weinauswahl, am Wochenende trifft sich hier der Kiez zum Frühschoppenbuffet.

Simplonstraße 16
+49 30 29049704
schneeweiss-berlin.de
Casual Dining • österreichisch • modern • entspannt

Essen:	**42** | 50
Service:	**17** | 20
Getränke:	**16** | 20
Ambiente:	**8** | 10
Gesamt:	**83** | 100

Seaside – Fish & Seafood Bar

10117 Berlin

Das Meer ist weit entfernt, aber einen Hauch von Maritimem kann man im Seaside genießen. Frische Fische, Meeresfrüchte und begleitende Weine werden in blau gefließter Markthallenatmosphäre serviert.

Mohrenstraße 17
+49 30 20917354
seaside-fish.com
Bistro • Fisch • Meeresfrüchte • Geschäftsessen

Essen:	**42** | 50
Service:	**16** | 20
Getränke:	**16** | 20
Ambiente:	**8** | 10
Gesamt:	**82** | 100

Shiori

10119 Berlin

Ein langer edler Tresen, zehn Plätze, elf bis 13 Gänge. Das traditionelle Kaiseki-Menü wird von Meister Shiori mit höchster Achtsamkeit und Präzision vor den Augen der Gäste zubereitet. Ein Erlebnis.

Max-Beer-Straße 13	Essen:	44 | 50
+49 30 24337766	Service:	19 | 20
shioriberlin.com	Getränke:	16 | 20
Fine Dining • japanisch • Sushi • Meeresfrüchte	Ambiente:	9 | 10
	Gesamt:	88 | 100

Sissi

10777 Berlin

Selbstbewusster Mix aus Trash und Genusskultur. Im poppigen Interieur serviert das sympathische Team moderne österreichische Klassiker wie Wiener Schnitzel, Tiroler Spinatknödel und Sissitorte.

Motzstraße 34	Essen:	42 | 50
+49 30 21018101	Service:	18 | 20
sissi-berlin.de	Getränke:	17 | 20
österreichisch • unkonventionell • Delikatessenverkauf	Ambiente:	8 | 10
	Gesamt:	85 | 100

Skykitchen

10369 Berlin

Allein der Ausblick aus der »Himmelsküche« lohnt. Alexander Koppe interpretiert regionale Heimatküche neu, seine himmlisch-aromatischen Menüs sind auch von deutscher Hausmannskost inspiriert.

Landsberger Allee 106	Essen:	45 | 50
+49 30 4530532620	Service:	19 | 20
skykitchen.berlin	Getränke:	18 | 20
Fine Dining • deutsche Küche • Essen mit Aussicht	Ambiente:	9 | 10
P	Gesamt:	91 | 100

Spaghetteria

10435 Berlin

Die hohe Kunst der hausgemachten Pasta wird in der schicken Location mit italienischer Leidenschaft gepflegt. Klar, dass nichts anderes auf der täglich wechselnden Speisekarte steht.

Kollwitzstraße 89	Essen:	40 | 50
+49 176 18089901	Service:	17 | 20
spaghetteria.de	Getränke:	16 | 20
Casual Dining • italienisch • modern	Ambiente:	8 | 10
	Gesamt:	81 | 100

Tante Fichte Speiselokal

10967 Berlin

Fine Dining mit heimischen Produkten und mediterranen Einflüssen. Im Speiselokal, wie es sich mit viel Understatement nennt, werden ausschließlich Menüs mit fünf bis sieben Gängen serviert.

Fichtestraße 31	Essen:	43 | 50
+49 30 69001522	Service:	18 | 20
tantefichte.berlin	Getränke:	18 | 20
Fine Dining • mediterran • regionale Produkte • Terrasse	Ambiente:	8 | 10
	Gesamt:	87 | 100

The Grand

10178 Berlin

Das beste Dry-Aged-Steak Berlins gibt es hier, zubereitet auf dem Southbend-Grill. Aber Küchenchef Tilo Roth kann viel mehr. Zum Beispiel fantastische Horsd'œuvres, die man unbedingt versuchen sollte.

Hirtenstraße 4
+49 30 2789099555
the-grand-berlin.com
Fine Dining • Steak • Geschäftsessen • modern

Essen:	**43** | 50
Service:	**16** | 20
Getränke:	**17** | 20
Ambiente:	**8** | 10
Gesamt:	84 | 100

Tim Raue

10969 Berlin

Tim Raue ist ein Tausendsassa und wohl einer der umtriebigsten Köche der Welt. Wer wissen will, was ihn antreibt, probiere hier das Kolibri-Menü: Aromen, Duft, Sensorik – das Beste aus einem Jahrzehnt.

Rudi-Dutschke-Straße 26
+49 30 25937930
tim-raue.com
Fine Dining • asiatisch • deutsche Küche • Fisch

Essen:	**47** | 50
Service:	**19** | 20
Getränke:	**20** | 20
Ambiente:	**9** | 10
Gesamt:	95 | 100

Tisk

12053 Berlin

Urbanes Restaurant, das nach dem Farm-to-table-Prinzip kocht. Die Tisk-Farm ist gut eine Stunde von Berlin entfernt, Gemüse und Kräuter von dort landen frisch geerntet und verarbeitet auf den Tellern.

Neckarstraße 12
+49 30 39820000
tisk-speisekneipe.de
eigener Gemüsegarten • deutsche Küche • modern

Essen:	**42** | 50
Service:	**17** | 20
Getränke:	**18** | 20
Ambiente:	**8** | 10
Gesamt:	85 | 100

Tulus Lotrek

10967 Berlin

Der furchtlose, zuweilen egozentrische Küchenstil von Max Strohe lässt sich nicht kategorisieren. Strohe kocht stets unkonventionell und bietet zwei Menüvariationen, vegetarisch oder omnivor, an.

Fichtestraße 24
+49 30 41956687
tuluslotrek.de
Fine Dining • Terrasse • unkonventionell

Essen:	**45** | 50
Service:	**19** | 20
Getränke:	**18** | 20
Ambiente:	**8** | 10
Gesamt:	90 | 100

Volt

10999 Berlin

Ein Jahrzehnt kochte Inhaber Matthias Gleiß im Volt. 2020 hat Chefkoch Christopher Jäger den Herd übernommen. Sensationell sind die Räumlichkeiten im alten Umspannwerk. Ein Gesamtkunstwerk.

Paul-Lincke-Ufer 21
+49 30 338402320
restaurant-volt.de
Casual Dining • deutsche Küche • regionale Produkte

Essen:	**43** | 50
Service:	**18** | 20
Getränke:	**18** | 20
Ambiente:	**9** | 10
Gesamt:	88 | 100

Weinbau

10823 Berlin

Vom Fleischmekka zum Weinparadies. Aus dem »To Beef or Not to Beef« hat Giacomo Mannucci eine hochwertige italienische Weinbar gemacht. Feine internationale Tapas sind passende kulinarische Begleiter.

Akazienstraße 3
+49 30 54599047
weinbau.bonita.berlin
Vinothek • Allrounder • Tapas • Delikatessenverkauf

Essen:	**40**	50
Service:	**17**	20
Getränke:	**18**	20
Ambiente:	**8**	10
Gesamt:	83	100

BRANDENBURG

Klosterscheune

15518 Alt Madlitz

Das Restaurant des Wellnesshotels am Madlitzer See ist Hotelgästen vorbehalten. Täglich wechselndes Menü in drei oder zwei Gängen. Regionale Gerichte dominieren, auch vegetarische Variante möglich.

Mühlenstraße 11
+49 33607 59290
gut-klostermuehle.com
Hotelrestaurant • deutsche Küche • Seeterrasse

Essen:	**41**	50
Service:	**16**	20
Getränke:	**16**	20
Ambiente:	**8**	10
Gesamt:	81	100

AS am See

15526 Bad Saarow

Eine Vinothek, ein Bistro und feines Essen auf hohem Niveau. Andreas Staak ist seit Jahren bekannt für Kreativität und ein vorzügliches Preis-Genuss-Verhältnis. Unbedingt der Weinempfehlung folgen!

Seestraße 9
+49 33631 599244
asamsee.de
Casual Dining • mediterran • entspannt

Essen:	**42**	50
Service:	**18**	20
Getränke:	**18**	20
Ambiente:	**8**	10
Gesamt:	86	100

Körzin

14547 Beelitz

Das wechselnde Menü wird an einem großen Tisch serviert, der Platz für alle Gäste bietet. Ein stimmungsvolles und kommunikationsfreudiges Konzept, zur dem die feine Landküche bestens passt.

Körzin 19
+49 173 2483983
landlust-koerzin.de
Gasthaus • bio • gemütlich

Essen:	**42**	50
Service:	**17**	20
Getränke:	**16**	20
Ambiente:	**8**	10
Gesamt:	83	100

Inspektorenhaus
14770 Brandenburg an der Havel

Benjamin Döbbel hat frischen Wind ins alte Inspektorenhaus gebracht. Im skandinavisch-klaren Ambiente serviert er mit seinem Team zwei Menüs, die gekonnt zubereitet die Region geschmacklich weit öffnen.

Altstädtischer Markt 9	Essen:	42 | 50
+49 3381 3282139	Service:	17 | 20
inspektorenhaus.de	Getränke:	17 | 20
Gasthaus • regionale Produkte • modern	Ambiente:	8 | 10
	Gesamt:	84 | 100

Speisenkammer
03096 Burg (Spreewald)

Saisonales bestimmt die Speisekarte des gemütlichen Restaurants, zur Auswahl steht nur ein Menü. Das ist gut durchdacht und mit jedem Gang fein aufeinander abgestimmt. Ein gutes, bodenständiges Konzept.

Waldschlösschenstraße 48	Essen:	42 | 50
+49 35603 750087	Service:	17 | 20
speisenkammer-burg.de	Getränke:	17 | 20
Gasthaus • im Grünen • gemütlich	Ambiente:	8 | 10
P	Gesamt:	84 | 100

Lou im Cavalierhaus
03042 Cottbus

Rezepte aus den Tafelbüchern des berühmten Fürsten Pückler dienen Küchenchef Tim Sillak als Inspiration zur Verarbeitung von saisonalem Gemüse, Wild und Fisch aus der Region. Zum Dessert gibt es das legendäre Eis.

Zum Kavalierhaus 9	Essen:	43 | 50
+49 355 49397030	Service:	19 | 20
cavalierhaus-branitz.de	Getränke:	17 | 20
Gasthaus • Fine Dining • elegant • traditionell	Ambiente:	9 | 10
P	Gesamt:	88 | 100

Bollwerk 4
15890 Eisenhüttenstadt

Im Deutschen Haus in Fürstenberg ist gutbürgerliche Küche angesagt. Steffen Krüger serviert Menüs mit Fleisch, Fisch, vegetarisch und vegan. Durchdachte Weinauswahl und alles zu sehr fairen Preisen.

Lindenplatz 1	Essen:	40 | 50
+49 3364 740264	Service:	17 | 20
bollwerk4.de	Getränke:	17 | 20
deutsche Küche • entspannt • gemütlich	Ambiente:	8 | 10
	Gesamt:	82 | 100

Goldener Hahn

03238 Finsterwalde

Frank und Iris Schreiber sind regional bestens verankert, aber immer mit dem Blick über den Tellerrand hinaus. Sie zelebrieren gekonnt die »Neue Lausitzer Küche« ebenso wie die klassisch französische.

Bahnhofstraße 3	Essen: **44** / 50
+49 3531 2214	Service: **19** / 20
goldenerhahn.com	Getränke: **18** / 20
Fine Dining • regionale Produkte • entspannt	Ambiente: **7** / 10
	Gesamt: **88** / 100

Kaisermühle

15299 Müllrose

Im verwunschenen Schlaubetal kann man hinter dem Fachwerk der alten Wassermühle einen kulinarischen Aha-Effekt genießen: frische regionale Küche von einer kleinen, dafür häufig wechselnden Karte.

Forststraße 13	Essen: **41** / 50
+49 33606 880	Service: **17** / 20
hotel-kaisermuehle.de	Getränke: **16** / 20
Gasthaus • klassisch • regionale Produkte	Ambiente: **7** / 10
P	Gesamt: **81** / 100

Schloss Ribbeck

14641 Nauen

Birne muss natürlich sein im Haus des Herrn Ribbeck auf Ribbeck im Havelland: als Beilage zur Currywurst, zur Roulade, natürlich zum Dessert und als Digestif. Das Abendmenü gibt es nur samstags.

Theodor-Fontane-Straße 10	Essen: **42** / 50
+49 33237 859015	Service: **17** / 20
schlossribbeck.de	Getränke: **17** / 20
deutsche Küche • im Schloss • traditionell	Ambiente: **8** / 10
	Gesamt: **84** / 100

Wilde Klosterküche

15898 Neuzelle

Küchenchef Manuel Bunke und sein Team servieren in stylishen Räumen urbane Lässigkeit auf dem Land. Nur am Wochenende gibt es das Menü, in vier oder sechs Gängen. Regional, saisonal und überraschend.

Bahnhofstraße 18	Essen: **42** / 50
+49 33652 823990	Service: **18** / 20
wildeklosterkueche.de	Getränke: **17** / 20
Casual Dining • regionale Produkte • unkonventionell	Ambiente: **8** / 10
P	Gesamt: **85** / 100

Philippsthal

14558 Nuthetal

Frische Zutaten sind hier das A und O. Deswegen ändert sich die Karte öfter, manchmal auch nur in Teilen. Guido Kachel verbindet gekonnt brandenburgische Frische mit französischem Kochstil.

Philippsthaler Dorfstraße 35	Essen: **42** / 50
+49 33200 524432	Service: **17** / 20
restaurant-philippsthal.de	Getränke: **17** / 20
Fine Dining • französisch • deutsche Küche	Ambiente: **8** / 10
P	Gesamt: **84** / 100

Garage Du Pont

14467 Potsdam

Früher Tankstelle, jetzt Restaurant mit französisch geprägter Küche im Ambiente der 1930er-Jahre. Im gemütlichen Flair sind Klassiker wie Bouillabaisse, Zwiebelsuppe und Steak frites gesetzt.

Berliner Straße 88	Essen: **42** | 50
+49 331 87093272	Service: **17** | 20
garagedupont.de	Getränke: **16** | 20
Restaurant • französisch • Gastgarten	Ambiente: **8** | 10
	Gesamt: 83 | 100

Juliette

14467 Potsdam

Die französische Küche von Carsten Rettschlag kommt mit Finesse und einer guten Portion Kreativität auf die Teller. Menü mit drei bis sechs Gängen. Weinkarte mit 120 deutschen und französischen Positionen.

Jägerstraße 39	Essen: **43** | 50
+49 331 2701791	Service: **17** | 20
restaurant-juliette.de	Getränke: **17** | 20
Fine Dining • französisch • klassisch	Ambiente: **8** | 10
	Gesamt: 85 | 100

Kochzimmer

14467 Potsdam

»Neue Preußische Küche« in den Räumen der Ratswaage, die seit 1783 gastronomisch genutzt werden. Hier gibt es ein eigenständiges vegetarisches Menü, aber auch Gerichte mit Hummer und Bries.

Am Neuen Markt 10	Essen: **45** | 50
+49 331 20090666	Service: **18** | 20
restaurant-kochzimmer.de	Getränke: **18** | 20
Fine Dining • französisch • vegetarisch	Ambiente: **9** | 10
	Gesamt: 90 | 100

Villa Kellermann

14467 Potsdam

Die Lage ist grandios, die Villa ebenso. Zum Topniveau der Location passt die Qualität der Speisen. Blutwurst, Klops und Gulasch werden von Küchenchef Christopher Wecker gekonnt neu interpretiert.

Mangerstraße 34	Essen: **44** | 50
+49 331 20046540	Service: **18** | 20
villakellermann.de	Getränke: **18** | 20
Fine Dining • deutsche Küche • modern	Ambiente: **10** | 10
	Gesamt: 90 | 100

Hasenpfeffer

14712 Rathenow

Regionale und internationale Gerichte stehen auf der attraktiven Speisekarte des im idyllischen Golfresort gelegenen Restaurants. Mit Blick auf den Golfplatz lässt es sich hier trefflich genießen.

Ferchesarer Straße 8B	Essen: **42** | 50
+49 3385 5540	Service: **17** | 20
golfresort-semlin.de	Getränke: **17** | 20
Hotelrestaurant • Fine Dining • elegant	Ambiente: **8** | 10
	Gesamt: 84 | 100

Schloss Reichenow — 15345 Reichenow-Möglin

Nachhaltig, frisch und bodenständig ist die Küche, die mit Berliner und Brandenburger Klassikern aufwartet. Einige Produkte kommen aus der schlosseigenen Räucherei – ein Genuss! Gut sortierte Weinkarte.

Neue Dorfstraße 1
+49 33437 276628
schlossreichenow.com
Hotelrestaurant • Allrounder • regionale Produkte

Essen:	42	50
Service:	17	20
Getränke:	18	20
Ambiente:	8	10
Gesamt:	85	100

Hammers Landgasthof — 14513 Teltow

Hammers Landhaus-Burger sind in der gemütlichen Location der Hammer und in vielen Varianten zu haben. Die Gäste schätzen nicht nur die handfeste und herzhafte Küche, sondern auch den freundlichen Service.

Genshagener Straße 1
+49 3328 41423
hammers-landhotel.de
Hotelrestaurant • Allrounder • klassisch

Essen:	42	50
Service:	17	20
Getränke:	16	20
Ambiente:	8	10
Gesamt:	83	100

Zum grünen Baum — 17268 Temmen-Ringenwalde

Die Küche verarbeitet frische regionale und saisonale Produkte von örtlichen Bauern, Fischern und Jägern zu herzhaften Gerichten wie mit grober Leberwurst gefüllte Kartoffelklöße und Sauerkraut.

Dorfstraße 57
+49 39881 44016
landgasthofzumgruenenbaum.de
Gasthaus • deutsche Küche • regionale Produkte

Essen:	41	50
Service:	17	20
Getränke:	15	20
Ambiente:	8	10
Gesamt:	81	100

Fisch-Haus — 15864 Wendisch Rietz

Fische von Aal bis Zander kommen aus heimischen Gewässern, hier angelt der Chef Matthias Gödicke noch persönlich. Thunfisch und Krabben haben längere Wege, dafür kommt das Wild vom Nachbarn.

Am Kleinen Glubigsee 31
+49 33679 75073
fischhaus-goedicke.de
deutsche Küche • Fisch • traditionell

Essen:	42	50
Service:	17	20
Getränke:	16	20
Ambiente:	8	10
Gesamt:	83	100

Alte Überfahrt — 14542 Werder (Havel)

Gemüse aus dem nahen Schlossgarten Petzow spielt hier die Hauptrolle. Fisch und Fleisch sind eher Beilagen, aber Chefkoch Thomas Hübner kombiniert sie italienisch inspiriert und handwerklich perfekt.

Fischerstraße 48b
+49 3327 7313336
alte-ueberfahrt.de
Fine Dining • mediterran • regionale Produkte

Essen:	45	50
Service:	18	20
Getränke:	17	20
Ambiente:	8	10
Gesamt:	88	100

80–84 85–89 90–94 95–100 Punkte

Filterhaus

14542 Werder (Havel)

Beliebte Hochzeits- und Eventlocation in der alten Vulkanfiber-Fabrik. Das Restaurant bietet eine übersichtliche Karte mit herzhaften, bodenständigen Gerichten, teils vom X-OVEN-Holzkohlengrill.

Adolf-Damaschke Straße 56
+49 3327 5724457
restaurant-filterhaus.de
Allrounder • Seeterrasse • modern

Essen:	**42** I 50
Service:	**17** I 20
Getränke:	**16** I 20
Ambiente:	**8** I 10
Gesamt:	83 I 100

Zum Rittmeister

14542 Werder (Havel)

Es gibt hausgemachtes Bier und dazu das passende Essen. Herzhaft brandenburgisch-preußisch wie hausgemachte Eisbeinsülze, Königsberger Klopse und Klassiker, zu denen auch Wein gut passt.

Seestraße 9
+49 3327 4646
zum-rittmeister.de
Gasthaus • deutsche Küche • regionale Produkte

Essen:	**42** I 50
Service:	**17** I 20
Getränke:	**17** I 20
Ambiente:	**8** I 10
Gesamt:	84 I 100

SACHSEN

St. Andreas

08280 Aue-Bad Schlema

Neue deutsche Küche auf bemerkenswert hohem Niveau gibt es im Gourmetzimmer des Blauen Engels. Benjamin Unger kocht fantastisch, sein Bruder Claudius serviert mit kompetenter Gelassenheit. Tolle Weinauswahl.

Altmarkt 1
+49 3771 5920
hotel-blauerengel.de
Hotelrestaurant • Fine Dining • elegant

Essen:	**45** I 50
Service:	**18** I 20
Getränke:	**19** I 20
Ambiente:	**8** I 10
Gesamt:	90 I 100

Tausendgüldenstube

08280 Aue-Bad Schlema

Im stimmungsvollen Hauptrestaurant des Hotels Blauer Engel treffen traditionelle sächsische Gerichte und regionale Spezialitäten auf einen Hauch von Gourmetküche. Bestens sortierte Weinkarte.

Altmarkt 1
+49 3771 5920
hotel-blauerengel.de
Hotelrestaurant • regionale Produkte • deutsche Küche

Essen:	**43** I 50
Service:	**18** I 20
Getränke:	**18** I 20
Ambiente:	**8** I 10
Gesamt:	87 I 100

Renoir

08209 Auerbach/Vogtland

Französisch geprägte Küche mit mediterranem Touch. Küchenchef Ulf König setzt auf saisonale Frische und bringt zusammen mit Gastgeber und Sommelier André Baldauf kulinarischen Spaß in diesen Teil des Erzgebirges.

Schönheider Straße 235	Essen: **42** | 50
+49 3744 215119	Service: **18** | 20
restaurant-renoir.de	Getränke: **17** | 20
Fine Dining • französisch • mediterran	Ambiente: **7** | 10
P	Gesamt: 84 | 100

Wjelbik

02625 Bautzen

Bautzen kann mehr als Senf. Im Wjelbik, sorbisch für Speisekammer, verarbeitet Küchenchef Thomas Lukasch regionale Zutaten der traditionellen sorbischen Küche zu schmackhaften Gerichten. Freundlicher Service.

Kornstraße 7	Essen: **42** | 50
+49 3591 42060	Service: **17** | 20
wjelbik.de	Getränke: **16** | 20
Gasthaus • Gewölbe • klassisch	Ambiente: **8** | 10
	Gesamt: 83 | 100

Landgasthof Topfmarktscheune

09235 Burkhardtsdorf

In der ehemaligen Scheune des alten Dreiseithofs geht es regional zu, die Lieferanten kann man der Karte entnehmen. Einiges ist bio, serviert wird mit regionalem Charme, etwa Wildschwein in Aroniasauce.

Topfmarkt 7	Essen: **42** | 50
+49 3721 24324	Service: **16** | 20
topfmarktscheune.de	Getränke: **14** | 20
Gasthaus • regionale Produkte • Terrasse	Ambiente: **8** | 10
P	Gesamt: 80 | 100

Alexxanders

09130 Chemnitz

Die Karte ist klein, aber was dann auf den Tisch kommt, erfreut jeden Geschmack. Ob Fisch, Fleisch oder vegetarisch, alle Gerichte sind auf einem hohem Niveau. Dazu wird eine gute Weinauswahl angeboten.

Ludwig-Kirsch-Straße 9	Essen: **43** | 50
+49 371 4311111	Service: **18** | 20
alexxanders.de	Getränke: **17** | 20
Hotelrestaurant • Bar • modern	Ambiente: **8** | 10
P	Gesamt: 86 | 100

Max Louis

09113 Chemnitz

Wiedereröffnung unter neuer Leitung, die lückenlos an die guten Zeiten anknüpft. Im Industriedenkmal gibt es optisch wie geschmacklich ansprechende Gerichte – vom Chemnitzer Tofu bis zum Dry-Aged-Steak.

Schönherrstraße 8	Essen: **41** | 50
+49 371 46402433	Service: **17** | 20
max-louis.de	Getränke: **16** | 20
Casual Dining • klassisch • entspannt	Ambiente: **8** | 10
P	Gesamt: 82 | 100

Villa Esche

09120 Chemnitz

Die 1903 von Henry van de Velde entworfene Villa Esche bietet Gastgeber Falk Heinrich seit Jahren eine Bühne für seine bemerkenswerten Gerichte. Täglich wechselt die Karte, die Weinauswahl ist stattlich.

Parkstraße 58	Essen:	42 | 50
+49 371 2361363	Service:	18 | 20
restaurant-villaesche.de	Getränke:	18 | 20
Fine Dining • im Park • elegant	Ambiente:	8 | 10
	Gesamt:	86 | 100

Fischerhof

08451 Crimmitschau

Nachhaltigkeit ist hier kein Fremdwort, 18 Teiche bewirtschaftet Familie Lokotsch. Da haben es die Fische nicht weit zum Restaurant im denkmalgeschützten Vierseithof. Nicht verpassen: Karpfen und Sushi-Abende!

Am Torteich 29	Essen:	41 | 50
+49 36608 20640	Service:	17 | 20
gasthaus-fischerhof.de	Getränke:	16 | 20
eigene Fischzucht • regionale Produkte • urig	Ambiente:	8 | 10
	Gesamt:	82 | 100

Neubert's

08451 Crimmitschau

Küchenchef Volker Neubert liebt Steaks. Die gibt es in bester Qualität und auf den Punkt gegart. Dazu hausgemachte Saucen und passende Weine. Wer kein Steak mag, findet auf der Karte attraktive Alternativen.

Jakobsgasse 25a	Essen:	43 | 50
+49 3762 941806	Service:	18 | 20
neuberts-restaurant.de	Getränke:	16 | 20
Steak • regionale Produkte • gemütlich	Ambiente:	8 | 10
	Gesamt:	85 | 100

Caroussel Nouvelle

01097 Dresden

Im schicken Ambiente trifft unkomplizierter Bistro-Style auf finessenreiche Gourmetküche – ganz nach dem eigenen Geschmack. Der Spagat gelingt bestens, dazu gibt es eine gute internationale Weinauswahl.

Königstraße 14	Essen:	43 | 50
+49 351 80030	Service:	18 | 20
buelow-palais.de	Getränke:	18 | 20
Fine Dining • Hotelrestaurant • klasssich	Ambiente:	8 | 10
	Gesamt:	87 | 100

Deli im Elements

01099 Dresden

Im kleinen Bruder des Sternerestaurants geht es leger zu, die Speisen sind unkompliziert, aber aus der gleichen Küche. Tipp: »Sandwich der Zeit« oder getrüffelte Ravioli draußen am Wasserfall genießen.

Königsbrücker Straße 96	Essen:	42 | 50
+49 351 2721696	Service:	18 | 20
restaurant-elements.de	Getränke:	17 | 20
Casual Dining • modern • Gastgarten	Ambiente:	8 | 10
	Gesamt:	85 | 100

e-VITRUM
01069 Dresden

Der ambitionierte Spitzenkoch Mario Pattis bietet im modern gestylten Restaurant in der VW-Manufaktur eine kleine, attraktive, bunte Mischung von der Currywurst bis zum Fine Dining mit Kaviar und Co.

Lennéstraße 1
+49 351 4204250
vitrum-dresden.de
klassisch • Gastgarten • Geschäftsessen

Essen:	**42**	50
Service:	**18**	20
Getränke:	**17**	20
Ambiente:	**8**	10
Gesamt:	**85**	100

ElbUferei
01097 Dresden

Mediterrane Gerichte und Steaks schickt Küchenchef Marcel Kube aus seiner Küche. Leger geht es in der angesagten Location zu, im Sommer auch draußen. Die ungewöhnlichen Tapas sind für viele Gäste die Favoriten.

Leipziger Straße 29
+49 351 4481110
elbuferei.de
Hotelrestaurant • Fine Dining • entspannt • mediterran

Essen:	**42**	50
Service:	**17**	20
Getränke:	**16**	20
Ambiente:	**8**	10
Gesamt:	**83**	100

Elements
01099 Dresden

Stephan Mießner und sein Küchenteam verwöhnen im modern gestylten hohen Raum des ehemaligen Industriegebäudes mit saisonalen, regionalen Gourmetgerichten – manche in unerwartet überraschender Interpretation.

Königsbrücker Straße 96
+49 351 2721696
restaurant-elements.de
Fine Dining • regionale Produkte • elegant

Essen:	**45**	50
Service:	**18**	20
Getränke:	**18**	20
Ambiente:	**9**	10
Gesamt:	**90**	100

Genuss Atelier
01099 Dresden

Hohe Qualität zu fairen Preisen versprechen die Geschwister Marcus und Nicole Blonkowski. Tipp: das Überraschungsmenü mit einem Querschnitt der Karte. Das Weinangebot ist regional und überschaubar.

Bautzner Straße 149
+49 351 25028337
genuss-atelier.net
Fine Dining • deutsche Küche • modern • entspannt

Essen:	**45**	50
Service:	**18**	20
Getränke:	**16**	20
Ambiente:	**9**	10
Gesamt:	**88**	100

Heiderand
01324 Dresden

Frisch, regional und ein Hauch von schlesischer Küche auf Gourmetniveau: Martin Walther hat in vierter Generation den Heiderand kulinarisch umgekrempelt. Beim Sharing-Menü geht es besonders entspannt zu.

Ullersdorfer Platz 4
+49 351 2683166
heiderand.restaurant
Fine Dining • deutsche Küche • Gastgarten • entspannt

Essen:	**43**	50
Service:	**18**	20
Getränke:	**18**	20
Ambiente:	**8**	10
Gesamt:	**87**	100

Moritz 01067 Dresden

Aus der Dachterrasse wurde ein Wintergarten mit atemberaubendem Blick auf die Frauenkirche. Aber dennoch keine Touristenfalle, sondern Kulinarik auf den Punkt mit freundlich-kompetentem Service.

An der Frauenkirche 13
+49 351 417270
moritz-dresden.de
Hotelrestaurant • Fine Dining • Essen mit Aussicht

Essen:	42	50
Service:	18	20
Getränke:	17	20
Ambiente:	8	10
Gesamt:	85	100

Palais Bistro 01067 Dresden

Das Palais Bistro ist im Taschenbergpalais für die französischen Momente zuständig. Serviert werden Austern, Bouillabaisse, Schnecken, Quiche & Co. Manchmal auch mit französischer Musik auf dem Akkordeon.

Taschenberg 3
+49 351 4912712
kempinski.com
Hotelrestaurant • französisch • elegant

Essen:	43	50
Service:	18	20
Getränke:	17	20
Ambiente:	9	10
Gesamt:	87	100

Petit Frank 01127 Dresden

André Fröbel in der Küche und Frank Ollhoff als perfekter Gastgeber sind ein eingespieltes Team im kleinen französischen Restaurant mit seinen 25 Plätzen. Im Sommer wird im lauschigen Garten serviert.

Bürgerstraße 14
+49 351 8211900
petit-frank.de
Fine Dining • französisch • Gewölbe

Essen:	43	50
Service:	18	20
Getränke:	17	20
Ambiente:	8	10
Gesamt:	86	100

Raskolnikoff 01099 Dresden

Innerstädtische Landhausküche im Szeneviertel Neustadt. Spezialität des Hauses sind die mannigfach und kreativ gefüllten Pelmeni. Täglich wechselnde Tageskarte mit Hinweis auf regionale Produzenten.

Böhmische Staße 34
+49 351 8045706
raskolnikoff.de
Gasthaus • deutsche Küche • Gastgarten • entspannt

Essen:	42	50
Service:	17	20
Getränke:	17	20
Ambiente:	8	10
Gesamt:	84	100

Restaurant Daniel

01309 Dresden

Daniel Fischer liebt es, aus besten Produkten frisch und regional zu kochen. In seinen schmackhaften Gerichten, die häufig wechseln, steckt nicht nur handwerkliches Können, sondern auch viel Liebe zum Detail.

Gluckstraße 3/Ecke Dürerstraße
+49 351 81197575
restaurant-daniel.de
Casual Dining • deutsche Küche • regionale Produkte

Essen:	**43** / 50
Service:	**17** / 20
Getränke:	**16** / 20
Ambiente:	**8** / 10
Gesamt:	84 / 100

Restaurant finesse

01067 Dresden

Mit stoischer Ruhe werkelt Elvis Herbek allein in der offenen Küche und zaubert dabei feine, trefflich gewürzte Gerichte. Seine Partnerin Nicole Hieke agiert charmant im Service. Altstadt-Tipp!

Schützengasse 13
+49 351 48454930
restaurant-finesse.de
Fine Dining • deutsche Küche • entspannt

Essen:	**42** / 50
Service:	**19** / 20
Getränke:	**17** / 20
Ambiente:	**8** / 10
Gesamt:	86 / 100

Schillergarten

01309 Dresden

Traditionsgaststätte mit eigener Fleischerei und Blick auf die Elbe mit »Blauem Wunder«. Der Biergarten ist entsprechend voll. Neben Weißwurst und Brezeln gibt es auch Klassiker wie Sauerbraten und Soljanka.

Schillerplatz 9
+49 351 811990
schillergarten.de
Gasthaus • eigene Fleischerei • Gastgarten

Essen:	**41** / 50
Service:	**17** / 20
Getränke:	**15** / 20
Ambiente:	**7** / 10
Gesamt:	80 / 100

Schmidt's

01109 Dresden

Weil alles frisch ist und nicht auf Vorrat gekauft wird, wechselt das Angebot auf der Tafel manchmal sogar während des Abends. Man schmeckt das! Tipp für Unentschlossene ist das »Rauf und runter«-Menü.

Moritzburger Weg 67
+49 351 8044883
schmidts-dresden.de
Casual Dining • regionale Produkte • modern

Essen:	**43** / 50
Service:	**18** / 20
Getränke:	**17** / 20
Ambiente:	**8** / 10
Gesamt:	86 / 100

80–84 85–89 90–94 95–100 Punkte

Speisewerk 🍴 — 01099 Dresden

Ohne Pandemie wäre das beliebte Tagesbistro schon längst auch abends offen, nun startet ein zweiter Versuch am Wochenende. Unkompliziert, modern und mit Anspruch auf regionale Qualität und Frische!

Bautzner Straße 71	Essen: **42** | 50
+49 351 33948925	Service: **17** | 20
speisewerk.com	Getränke: **15** | 20
regionale Produkte • unkonventionell • deutsche Küche	Ambiente: **8** | 10
	Gesamt: **82** | 100

Ven — 01067 Dresden

Das Team um Marcel Spahn kocht und serviert mit Freude. Kulinarische Abende im Hotelrestaurant werden durch kreative Kombinationen zum Rundum-Genuss. Absacker gibt es in der Twist Bar im 6. Stock.

Rampische Straße 9	Essen: **42** | 50
+49 351 795151021	Service: **18** | 20
ven-dresden.de	Getränke: **17** | 20
Hotelrestaurant • Terrasse • modern	Ambiente: **8** | 10
	Gesamt: **85** | 100

Genussbar by Ronny Löser — 09599 Freiberg

Im Herzen Freibergs ist Ronny Löser weinwissender und perfekter Gastgeber. Das Küchenteam um Tobias Hänsel kocht geschmackssicher und undogmatisch. Erfrischend unkompliziert, Hauptsache frisch zubereitet.

Mönchsstraße 1	Essen: **43** | 50
+49 3731 2188290	Service: **18** | 20
genussbar-freiberg.de	Getränke: **18** | 20
Fine Dining • deutsche Küche • Gastgarten	Ambiente: **8** | 10
	Gesamt: **87** | 100

Brasserie Ehrlich — 01705 Freital

Am liebsten möchte man die Karte rauf und runter essen – was aber zu viel wäre. Aber ums »Schokomalheur« oder die »Schweinerei« als Dessert kommt man nicht herum. Familiäre Atmosphäre, tolle Weine!

Wiesenweg 1	Essen: **43** | 50
+49 351 30934232	Service: **17** | 20
brasserie-ehrlich.de	Getränke: **17** | 20
Familienbetrieb • mediterran • entspannt	Ambiente: **8** | 10
	Gesamt: **85** | 100

Schwarzbachtal — 01848 Hohnstein

Barbara Siebert pflegt in ihrem Gasthaus in der Sächsischen Schweiz eine attraktive regionale Landhausküche. Die Gäste fühlen sich rundum wohl, ab und zu gibt es Autorenlesungen oder Musikabende.

Niederdorfstraße 3	Essen: **41** | 50
+49 35975 80345	Service: **16** | 20
schwarzbachtal.de	Getränke: **17** | 20
Gasthaus • regionale Produkte • im Grünen	Ambiente: **8** | 10
	Gesamt: **82** | 100

Westphalenhof

02977 Hoyerswerda

Im Westphalenhof sorgen die Brüder Alexander und Oliver Westphal als Küchenchef und Sommelier seit 30 Jahren für höchsten kulinarischen Genuss. Kenntnisreiche Weinauswahl aus dem begehbaren Weindepot.

Dorfaue 43
+49 3571 913944
westphalenhof.de
Fine Dining • deutsche Küche • elegant

Essen:	**43** | 50
Service:	**19** | 20
Getränke:	**19** | 20
Ambiente:	**8** | 10
Gesamt:	89 | 100

Rosenschänke

01731 Kreischa

Vieles dreht sich hier um Rosen und um Kräuter – das macht die regional geprägte Landhausküche besonders geschmackvoll. Familienfeiern und spezielle Themenabende werden seit Jahren liebevoll gestaltet.

Baumschulenstraße 17
+49 35206 21870
landhotel-rosenschaenke.de
Hotelrestaurant • Gasthaus • deutsche Küche

Essen:	**42** | 50
Service:	**18** | 20
Getränke:	**17** | 20
Ambiente:	**8** | 10
Gesamt:	85 | 100

Aries

04103 Leipzig

Im großzügig-modernen Ambiente kann man erahnen, was die Hochküche mit Leipziger Allerlei ursprünglich meinte. Klassisch und modern inspiriert ist das Essen, die Weinauswahl passt immer!

Dresdner Straße 7
+49 341 99383859
aries-restaurant.de
Allrounder • modern • Terrasse

Essen:	**42** | 50
Service:	**18** | 20
Getränke:	**18** | 20
Ambiente:	**9** | 10
Gesamt:	87 | 100

Campana

04155 Leipzig

Gesund soll es sein und trotzdem schmecken! Das ist die Devise von Thomas Linke. Im Campana servieren er und Partnerin Doreen Matousek frische mediterrane Küche. Kleine, aber feine Weinkarte.

Gohliser Straße 42
+49 341 65228790
campana-leipzig.de
Casual Dining • mediterran • gemütlich

Essen:	**43** | 50
Service:	**18** | 20
Getränke:	**18** | 20
Ambiente:	**8** | 10
Gesamt:	87 | 100

Campus

04155 Leipzig

Im Szenerestaurant Campus auf dem Mediencampus Villa Ida im Leipziger Stadtteil Gohlis geht es ungezwungen zu. Leichte und frische Küche, viele Zutaten aus der Region. Innen hell und modern, Sommerterrasse.

Schlösschenweg 2
+49 341 56296750
michaelis-leipzig.de
Bistro • modern • unkonventionell

Essen:	**40** | 50
Service:	**18** | 20
Getränke:	**16** | 20
Ambiente:	**8** | 10
Gesamt:	82 | 100

Château9

04103 Leipzig

Eine Weinbar ohne Kuschelfaktor, aber mit unschlagbarem Preis-Genuss-Verhältnis. Das Regal ist die Karte, das Korkgeld mit zehn Euro sehr moderat. Kleines, aber passendes Speiseangebot zu den Weinen.

Dresdner Straße 3–5	Essen: **40** | 50
+49 341 99383862	Service: **18** | 20
chateau9.de	Getränke: **18** | 20
Weinbar • modern • entspannt	Ambiente: **8** | 10
	Gesamt: 84 | 100

C'est la vie

04109 Leipzig

Französische Lebensart pur. Die Küche präsentiert sich klassisch französisch mit Entenleber-Terrine, Hummer und Mille-feuille. Drei Menüs stehen zur Wahl, eines davon ist vegetarisch. Tolle Weinbegleitung.

Zentralstraße 7	Essen: **44** | 50
+49 341 97501210	Service: **18** | 20
cest-la-vie.restaurant	Getränke: **18** | 20
Fine Dining • französisch • gemütlich	Ambiente: **8** | 10
	Gesamt: 88 | 100

Falco

04105 Leipzig

Die Aussicht auf die Stadt ist im schicken Restaurant genauso grandios wie die ideenreiche Küche von Peter Maria Schnurr. Kreativ und handwerklich perfekt zubereitet. Großes Geschmackskino im 27. Stock.

Gerberstraße 15	Essen: **47** | 50
+49 341 9882727	Service: **19** | 20
falco-leipzig.de	Getränke: **19** | 20
Hotelrestaurant • Fine Dining • elegant	Ambiente: **10** | 10
	Gesamt: 95 | 100

Felix

04109 Leipzig

Die Dachterrasse auf der alten Hauptpost ist ein beliebter Treff mit Aussicht auf den Augustusplatz. Hier gibt es mehr Cocktails als Wein, die Speisekarte ist klein und übersichtlich.

Augustusplatz 3	Essen: **40** | 50
+49 341 21829910	Service: **17** | 20
dein-felix.de	Getränke: **14** | 20
Cocktails • Essen mit Aussicht • modern	Ambiente: **8** | 10
	Gesamt: 79 | 100

Frieda

04155 Leipzig

Lisa Angermann, Andreas Reinke und ihr Team servieren derzeit nur ein Menü, aus dem man fünf oder sechs Gänge wählen kann. Alles auf hohem Niveau, hier triumphiert Gourmetküche. Freundlicher Service.

Menckestraße 48–50	Essen: **45** | 50
+49 341 56108648	Service: **18** | 20
frieda-restaurant.de	Getränke: **18** | 20
Fine Dining • regionale Produkte • entspannt	Ambiente: **8** | 10
	Gesamt: 89 | 100

Genussreich

04177 Leipzig

Helles, freundliches Bistro mit moderner deutscher Küche, in der im vierzehntägigen Wechsel regionale und saisonale Produkte bevorzugt werden. An Wochenenden gibt es nachmittags hausgebackene Kuchen und Torten.

Nathanaelstraße 1
+49 341 97579571
genussreich-leipzig.de
Bistro • deutsche Küche • Allrounder

Essen:	**40** | 50
Service:	**18** | 20
Getränke:	**15** | 20
Ambiente:	**8** | 10
Gesamt:	81 | 100

Macis

04109 Leipzig

Teil des Bioreichs mit Markthalle, Bäckerei und Biomarkt. Das Restaurant nutzt die Zutaten für ambitionierte Menüs mit Austern, Huhn und Käse mit hausgemachtem Sauerteigbrot in feinen, kleinen Portionen.

Markgrafenstraße 10
+49 341 22287520
macis.de
Fine Dining • Allrounder • bio

Essen:	**42** | 50
Service:	**17** | 20
Getränke:	**17** | 20
Ambiente:	**8** | 10
Gesamt:	84 | 100

Max Enk

04109 Leipzig

Seit zehn Jahren ist das Restaurant eine zuverlässige Adresse im Zentrum Leipzigs. Die Menüs werden aus regionalen Produkten zubereitet, natürlich auch vegetarisch. Große Weinkarte mit Schatzkiste.

Neumarkt 9–19
+49 341 9997638
max-enk.de
Fine Dining • regionale Produkte • modern

Essen:	**42** | 50
Service:	**18** | 20
Getränke:	**18** | 20
Ambiente:	**8** | 10
Gesamt:	86 | 100

Maître

04275 Leipzig

Im schönen Café geht es vor allem um Torten. Ganz im Stil eines französischen Bistros gibt es nach dem üppigen Frühstück auch Coq au Vin blanc oder Bœuf bourguignon und abends eine eigene Karte.

Karl-Liebknecht-Straße 62
+49 341 30328924
cafe-maitre.de
Café • Bistro • französisch

Essen:	**40** | 50
Service:	**17** | 20
Getränke:	**16** | 20
Ambiente:	**8** | 10
Gesamt:	81 | 100

Michaelis

04107 Leipzig

Hier werden farbenfrohe und geschmackvolle Menüs im modernen Ambiente serviert, eines davon ist immer vegetarisch. Wenn es nicht so viel sein soll, bestellt man das unkomplizierte »Abendessen wie daheim«.

Paul-Gruner-Straße 44
+49 341 26780
michaelis-leipzig.de
Hotelrestaurant • Fine Dining • Terrasse

Essen:	**42**	50
Service:	**18**	20
Getränke:	**17**	20
Ambiente:	**8**	10
Gesamt:	85	100

Münsters

04155 Leipzig

André Münster ist Gastgeber aus Leidenschaft, seit zehn Jahren gibt es nun schon seine gehobene, schmackhafte Küche in der ehemaligen Gohliser Mühle. Eingespieltes Serviceteam, großer Biergarten.

Platnerstraße 11–13
+49 341 5906309
münsters.com
Gasthaus • Gastgarten • Bar

Essen:	**42**	50
Service:	**17**	20
Getränke:	**15**	20
Ambiente:	**7**	10
Gesamt:	81	100

Planerts

04109 Leipzig

Asiatisch inspiriert, isst man hier mittags schnell und unkompliziert in dem stylishen hohen Raum mit offener Küche. Abends läuft der ambitionierte Restaurantbetrieb mit Klassikern wie Thai-Curry.

Ritterstraße 23
+49 341 99999975
planerts.com
Casual Dining • Allrounder • modern

Essen:	**42**	50
Service:	**18**	20
Getränke:	**17**	20
Ambiente:	**8**	10
Gesamt:	85	100

Restaurant 7010

04109 Leipzig

Mit Panoramablick wird in der alten Hauptpost hoch über den Dächern der Stadt unkompliziert aufgetischt, meist mit einem feinen asiatischen Aromentouch. Außer im Sommer, da ist Kreativpause.

Augustusplatz 1
+49 341 21829 910
dein-felix.de
Hotelrestaurant • Allrounder • Essen mit Aussicht

Essen:	**40**	50
Service:	**17**	20
Getränke:	**17**	20
Ambiente:	**8**	10
Gesamt:	82	100

Schaarschmidts

04157 Leipzig

Die amüsante Speisekarte sollte man vorab schon zu Hause lesen, das erleichtert die Wahl. Angeboten werden sächsisch-bürgerliche Gerichte genauso wie internationale Spezialitäten. Gut sortierte Weinkarte.

Coppistraße 32
+49 341 9120517
schaarschmidts.de
deutsche Küche • Gasthaus • traditionell

Essen:	**42**	50
Service:	**17**	20
Getränke:	**18**	20
Ambiente:	**8**	10
Gesamt:	85	100

Stadtpfeiffer

04109 Leipzig

Detlef und Petra Schlegel sind seit Jahren Genussgaranten für Gourmets in Leipzig. Die ambitionierte Küche ist geradlinig klassisch-französisch und modern zugleich, der Service agiert freundlich-engagiert.

Augustusplatz 8
+49 341 2178920
stadtpfeiffer.de
Fine Dining • französisch • klassisch

Essen:	45 | 50
Service:	19 | 20
Getränke:	18 | 20
Ambiente:	8 | 10
Gesamt:	90 | 100

Zest

04277 Leipzig

Wer noch nie vegan gegessen hat, es aber versuchen möchte, sollte hier starten. Denn die handwerklich gut gemachte Küche ist ideenreich und kreativ, bis ins Detail geschmacksintensiv und nachhaltig.

Bornaische Straße 54
+49 341 2319126
zest-leipzig.de
vegan • unkonventionell • nachhaltig

Essen:	42 | 50
Service:	17 | 20
Getränke:	17 | 20
Ambiente:	7 | 10
Gesamt:	83 | 100

Ratsstube

09212 Limbach-Oberfrohna

Ronny Pester in der Küche und Frau Antje im Service sorgen für kulinarische Überraschungen in Limbach-Oberfrohna. Frisch und regional ist die Ware, international-aromatisch-ambitioniert die Küche.

Rathausplatz 1
+49 3722 92480
ratsstube-restaurant.de
Gasthaus • Allrounder • regionale Produkte

Essen:	42 | 50
Service:	18 | 20
Getränke:	17 | 20
Ambiente:	8 | 10
Gesamt:	85 | 100

Weinbeißerei

04416 Markkleeberg

Weine vornehmlich aus Saale/Unstrut und Sachsen sowie Deutschland und Österreich stehen hier im Mittelpunkt. Dazu genießt man Gerichte wie Entenleber, Lammkeule oder Steinbeißerfilet! Prima Lage am See.

Seeblick 4
+49 341 3366608
weinbeisserei.de
mediterran • im Grünen • entspannt

Essen:	43 | 50
Service:	17 | 20
Getränke:	18 | 20
Ambiente:	8 | 10
Gesamt:	86 | 100

Adams Gasthof

01468 Moritzburg

Allseits beliebtes Traditionshaus in Moritzburg mit junger, frischer Küche. Ob sächsisch-traditionell mit herzhaftem Würzfleisch oder traditionell-gutbürgerlich: Es wird frisch und regional gekocht.

Markt 9
+49 35207 99775
adamsgasthof.de
Gasthaus • deutsche Küche • im Grünen

Essen:	42 | 50
Service:	17 | 20
Getränke:	17 | 20
Ambiente:	8 | 10
Gesamt:	84 | 100

80–84 85–89 90–94 95–100 Punkte

Das Guck

09484 Oberwiesenthal

Chefkoch Dirk Meinel hat mit einem gelungenen Mix aus bodenständig-regionaler und internationaler Küche das stilvoll eingerichtete Restaurant zu einem kulinarischen Hotspot des Erzgebirges gemacht.

Fichtelbergstraße 8
+49 37348 1230
hotel-fichtelberghaus.de
Hotelrestaurant • Essen mit Aussicht • urig

Essen:	**42** I 50
Service:	**17** I 20
Getränke:	**16** I 20
Ambiente:	**8** I 10
Gesamt:	83 I 100

Felsenbirne

01796 Pirna

Felix Mikulla bereitet seine Gerichte immer öfter vegetarisch und vegan zu. Regional und saisonal sind die Zutaten. Im Menü zeigt er aber, dass er mit Fisch und Fleisch auch gut umzugehen weiß.

Lange Straße 34
+49 3501 7599791
felsenbirne-restaurant.de
Casual Dining • vegetarisch • Terrasse

Essen:	**40** I 50
Service:	**18** I 20
Getränke:	**16** I 20
Ambiente:	**8** I 10
Gesamt:	82 I 100

Lazy Laurich

01796 Pirna

Küchenchef Sören Oertel hat immer gute Kochideen und macht auch aus einfachen Produkten schmackhafte Gerichte. Klassiker wie Tafelspitz sorgen im sehenswerten Restaurant im Designhotel für Genussmomente.

Hauptplatz 4
+49 3501 7709088
lazylaurich.de
Hotelrestaurant • deutsche Küche • modern

Essen:	**41** I 50
Service:	**16** I 20
Getränke:	**16** I 20
Ambiente:	**9** I 10
Gesamt:	82 I 100

Atelier Sanssouci

01445 Radebeul

Mit Marcus Langer verwöhnt hier ein talentierter und ambitionierter Koch die Gäste in traumhaftem Ambiente. Klassisch französisch ist sein Stil, gekocht wird vorwiegend mit regionalen Zutaten. Tolle Weinkarte.

Augustusweg 48
+49 351 7956660
hotel-villa-sorgenfrei.de
Fine Dining • französisch • elegant

Essen:	**45** I 50
Service:	**18** I 20
Getränke:	**18** I 20
Ambiente:	**10** I 10
Gesamt:	91 I 100

Gaumenkitzel

01445 Radebeul

Nicht weit von Schloss Wackerbarth entfernt, pflegt Tilo Haman seine gekonnt inszenierte gutbürgerliche und vor allem regional geprägte Küche, Sonntagnachmittagskaffee inklusive. Schöner Garten!

Coswiger Straße 23
+49 351 79514393
gaumenkitzel-radebeul.de
Casual Dining • französisch • regionale Produkte

Essen:	**42** I 50
Service:	**17** I 20
Getränke:	**16** I 20
Ambiente:	**8** I 10
Gesamt:	83 I 100

Schloss Wackerbarth 🍴 01445 Radebeul

Am Fuße der Weinberge gibt es im Erlebnisweingut Schloss Wackerbarth zu den hauseigenen Sekten und Weinen das passende Essen, meist aus regionalen Zutaten. Auf der Weinkarte stehen auch ältere Jahrgänge.

Wackerbarthstraße 1	Essen: **42** I 50
+49 351 8955310	Service: **17** I 20
schloss-wackerbarth.de	Getränke: **17** I 20
Gasthaus • eigener Weinbau • im Schloss	Ambiente: **8** I 10
	Gesamt: 84 I 100

Zu den Linden 🍴 01445 Radebeul

Sächsischer Sauerbraten, böhmisches Gulasch, hausgemachte Roulade – alles mit Rotkohl und Klößen und Knödel. Eine unaufgeregte regionale Küche, die schmeckt! Dazu gibt es auch Weine aus der Region.

Meißner Straße 64	Essen: **41** I 50
+49 351 8362226	Service: **16** I 20
zudenlinden.de	Getränke: **15** I 20
Hotelrestaurant • deutsche Küche • traditionell	Ambiente: **8** I 10
	Gesamt: 80 I 100

Bärwalde 🍴🍴 01471 Radeburg

Olav und Manuela Seidel haben mit ihrem Gasthof in Bärwalde unweit von Dresden einen Ort für eine französisch inspirierte Grand Cuisine geschaffen. Höchste Handwerkskunst, dazu eine gute Weinauswahl.

Kalkreuther Straße 10A	Essen: **45** I 50
+49 35208 342901	Service: **18** I 20
olav-seidel.de	Getränke: **18** I 20
Fine Dining • französisch • traditionell	Ambiente: **8** I 10
	Gesamt: 89 I 100

Al Forno 🍴🍴 02681 Schirgiswalde-Kirschau

Eines von vier Restaurants im Luxus-Spa Bei Schumann – für die italienischen Momente im Oberlausitzer Bergland. Antipasti, Pasta und Pizza wie »bei Mamma«, die große Weinkarte bietet mehr als Italien.

Bautzener Straße 74	Essen: **42** I 50
+49 3592 5200	Service: **17** I 20
bei-schumann.de	Getränke: **18** I 20
Hotelrestaurant • italienisch • Pizza	Ambiente: **8** I 10
	Gesamt: 85 I 100

Juwel
02681 Schirgiswalde-Kirschau

In der Oberlausitz ist das Juwel im Luxusresort die Nummer eins. Küchenchef Robert Hauptvogel verarbeitet fantasievoll internationale Top-Produkte. Großartige Käseauswahl, verführerische Patisserie.

Bautzener Straße 74	Essen: 45 | 50
+49 3592 5200	Service: 18 | 20
bei-schumann.de	Getränke: 18 | 20
Hotelrestaurant • Fine Dining • regionale Produkte	Ambiente: 9 | 10
	Gesamt: 90 | 100

Weberstube
02681 Schirgiswalde-Kirschau

Zum attraktiven Hotelrestaurant-Angebot kommen deftige regionale Spezialitäten und hausgebackenes Sauerteigbrot inklusive. Käse und Patisserie profitieren vom benachbarten Gourmetrestaurant.

Bautzener Straße 74	Essen: 42 | 50
+49 3592 5200	Service: 17 | 20
bei-schumann.de	Getränke: 17 | 20
Hotelrestaurant • deutsche Küche • traditionell	Ambiente: 8 | 10
	Gesamt: 84 | 100

Schillerstuben
04435 Schkeuditz

Bereits seit 20 Jahren verwöhnen Chefkoch Miroslav Drahokoupil und seine Frau Claudia ihre Gäste mit klassischer, französisch inspirierter Küche. Monatlich wechselndes Menü, schöne Sommerterrasse.

Herderstraße 26	Essen: 43 | 50
+49 34204 14716	Service: 19 | 20
schillerstuben.de	Getränke: 17 | 20
Fine Dining • französisch • Terrasse	Ambiente: 8 | 10
	Gesamt: 87 | 100

Zur Grünen Wiese
01855 Sebnitz

Bodenständige, gutbürgerliche Wirtshausküche mit Liebe zum Knoblauch. Zur Saison gibt es jagdfrisches Wild aus heimischen Wäldern. Der freundliche Service bringt handfeste, große Portionen!

Schandauer Straße 80	Essen: 40 | 50
+49 35971 58794	Service: 18 | 20
zur-gruenen-wiese.de	Getränke: 15 | 20
Gasthaus • deutsche Küche • Wild	Ambiente: 7 | 10
	Gesamt: 80 | 100

Erbgericht Tautewalde
2681 Wilthen

Enrico Schulz kocht regional, saisonal und gut, der engagierte Service spiegelt das Engagement am Gast ebenso. Reservieren sollte man in jedem Fall, da die Hotelgäste abends auch gerne im Restaurant sitzen.

Tautewalde 61	Essen: 42 | 50
+49 3592 38300	Service: 18 | 20
tautewalde.de	Getränke: 17 | 20
Hotelrestaurant • deutsche Küche • modern	Ambiente: 8 | 10
	Gesamt: 85 | 100

SACHSEN-ANHALT

Warias
06242 Braunsbedra

Bodenständige Küche in ausgezeichneter Qualität. Im Warias bekommt man endlich mal wieder eine gute Rinderroulade mit feinem Quitten-Rotkraut. Die frischen Zutaten kommen aus der Region.

Markt 13–14	Essen:	42 | 50
+49 34633 9090	Service:	17 | 20
warias-restaurant.de	Getränke:	16 | 20
Hotelrestaurant • deutsche Küche • regionale Produkte	Ambiente:	8 | 10
P	Gesamt:	83 | 100

Pretzsch Zscheiplitz
06632 Freyburg

Gabriele und Alexander Schnee führen das traditionelle Gasthaus und bieten bodenständige Kost wie hausgemachte Sülze oder geschmorte Rinderrouladen. Gute Weine aus der Region und kompetenter Service.

Am Anger 6	Essen:	41 | 50
+49 34464 27311	Service:	17 | 20
gasthaus-pretzsch.de	Getränke:	17 | 20
Gasthaus • deutsche Küche • Essen mit Aussicht	Ambiente:	7 | 10
P	Gesamt:	82 | 100

Speiseberg
06120 Halle

Konstantin Kuntzsch verwöhnt in der traditionsreichen Burgschänke, die sich heute im puristischen Ambiente präsentiert, maximal 15 Gäste mit einem kreativen Neun-Gänge-Menü voller Überraschungen.

Kröllwitzer Straße 45	Essen:	46 | 50
+49 1525 6029306	Service:	18 | 20
bergschenke-halle.com	Getränke:	18 | 20
Fine Dining • regionale Produkte • Essen mit Aussicht	Ambiente:	8 | 10
	Gesamt:	90 | 100

Zur Güldenen Pfanne
39539 Havelberg

Rustikales Wirtshaus mit deftigen, regionalen Spezialitäten von Fisch, Schwein, Rind, Lamm, Pferd und Wild. Auch für Vegetarier gibt es leckere Gerichte. Special: Havelberger Ritteressen wie anno 948.

Lehmkuhle 2	Essen:	42 | 50
+49 39387 79951	Service:	17 | 20
gueldene-pfanne.de	Getränke:	17 | 20
Gasthaus • deutsche Küche • Hausmannskost • urig	Ambiente:	7 | 10
	Gesamt:	83 | 100

Landhaus Hadrys

39116 Magdeburg

Sebastian Hadrys und sein Team bieten ein ausgezeichnetes Menü mit dem Besten, was die Region aus Gewässern und von der Weide bietet. Es gibt ein Menü für Kinder und Kochkurse. Große Whisk(e)yauswahl.

An der Halberstädter Chaussee 1
+49 391 6626680
landhaus-hadrys.de
Gasthaus • deutsche Küche • regionale Produkte • Terrasse

Essen:	**43** | 50
Service:	**17** | 20
Getränke:	**17** | 20
Ambiente:	**8** | 10
Gesamt:	85 | 100

Zufriedenheit

06618 Naumburg

Der Name ist Programm, denn Alexander Frömel kocht klassisch und international. Gerichte gibt es à la carte oder als mehrgängiges Menü, auch in vegetarischer Variante. Gute Weinauswahl.

Steinweg 26
+49 3445 7912051
gasthof-zufriedenheit.de
Gasthaus • regionale Produkte • Gastgarten

Essen:	**42** | 50
Service:	**17** | 20
Getränke:	**18** | 20
Ambiente:	**8** | 10
Gesamt:	85 | 100

Weinstube

06484 Quedlinburg

Genusserlebnis im historischen Ambiente in einem ehemaligen Pferdestall. Sebastian Lorenz überrascht mit kreativen Speisen wie dem knusprigen Bauch vom Havelländer Schwein. À la carte und Drei-Gänge-Menü.

Billungstraße 11
+49 3946 96180
hotelambruehl.de
Gasthaus • entspannt • elegant

Essen:	**42** | 50
Service:	**17** | 20
Getränke:	**18** | 20
Ambiente:	**8** | 10
Gesamt:	85 | 100

20zwanzig

06536 Südharz

Philipp Liebisch arbeitet mit viel Leidenschaft und zelebriert exzellente deutsche Küche. Ein Schwerpunkt sind Wildgerichte aus regionaler Jagd. An einigen Sonntagen gibt es Barbecue.

Thyrahöhe 24	Essen: **43** / 50
+49 34654 85900	Service: **17** / 20
hotel-freiwerk.de	Getränke: **17** / 20
Hotelrestaurant • deutsche Küche • Wild • im Grünen	Ambiente: **8** / 10
	Gesamt: 85 / 100

1699

39590 Tangermünde

Aus der Schlossküche kommen vor allem regionale Gerichte wie eine »Altmärkische Hochzeitssuppe« oder Schweinemedaillons in bester Qualität auf den Tisch. Tolle Kaiserterrasse mit großartigem Ausblick.

Amt 1	Essen: **43** / 50
+49 39322 7373451	Service: **18** / 20
schloss-tangermuende.de	Getränke: **17** / 20
Hotelrestaurant • deutsche Küche • im Schloss • Terrasse	Ambiente: **8** / 10
	Gesamt: 86 / 100

Pietsch

38855 Wernigerode

Robin Pietsch verzaubert seine Gäste mit einer finessenreichen Menüfolge. 17 Gänge, vollendet zubereitet und wunderschön präsentiert, überzeugen auch den verwöhnten Feinschmecker. Perfekter Service.

Breite Straße 53a	Essen: **46** / 50
+49 3943 5536053	Service: **18** / 20
robin-pietsch.de	Getränke: **18** / 20
Fine Dining • deutsche Küche • modern	Ambiente: **9** / 10
	Gesamt: 91 / 100

Zeitwerk

38855 Wernigerode

Wie erfrischend innovativ und modern eine Küche aus regionalen Zutaten und Produkten sein kann, zeigt Robin Pietsch in seinem unprätentiös gestalteten Restaurant. Ein Menü mit vielen kleinen Gängen!

Große Bergstraße 2a	Essen: **46** / 50
+49 3943 6947884	Service: **19** / 20
dein-zeitwerk.de	Getränke: **18** / 20
Fine Dining • regionale Produkte • unkonventionell	Ambiente: **8** / 10
	Gesamt: 91 / 100

Vogelherd

39261 Zerbst

Schöne Gasträume im einstigen Gutshaus mit jahreszeitlich geprägter, bodenständiger Küche. Es gibt wunderbare Wildspezialitäten, manchmal kommt sogar Fasan auf den Tisch. Kompetenter Service.

Lindauer Straße 78	Essen: **42** / 50
+49 3923 780444	Service: **17** / 20
	Getränke: **17** / 20
Gasthaus • deutsche Küche • traditionell	Ambiente: **7** / 10
	Gesamt: 83 / 100

THÜRINGEN

Café & Restaurant Saline — 99831 Amt Creuzburg

Im barocken Gutshaus mit Slowfood-Genusssiegel kommen die Produkte vom Feld auf den Teller. Fleisch stammt von der hauseigenen Galloway-, Lamm- und Wasserbüffelzucht, Käse aus der hofeigenen Käserei.

Wilhelmsglücksbrunn 1
+49 36926 7100325
wilhelmsglueckesbrunn.de
regionale Produkte • gemütlich • eigener Kräutergarten

Essen:	41	50
Service:	17	20
Getränke:	16	20
Ambiente:	8	10
Gesamt:	82	100

Masters — 99444 Blankenhain

Das Küchenteam um Danny Schwabe spielt mit Aromen, Texturen, verschiedensten Gewürzen und Produkten und serviert auf den Tellern geschmackliche Kunstwerke. Auch von überregionalen Gästen sehr gelobt.

Weimarer Straße 60
+49 36459 61644430
golfresort-weimarerland.de
Fine Dining • mediterran • elegant • gemütlich

Essen:	44	50
Service:	17	20
Getränke:	17	20
Ambiente:	8	10
Gesamt:	86	100

BjoernsOx — 36466 Dermbach

Im Mini-Restaurant mit fünf Tischen serviert Bjoern Leist auf Bestellung achtgängige Menüs, vorwiegend kreiert aus regionalen Zutaten. Ein gelungener kulinarisch-bunter Mix aus Tradition und Innovation.

Bahnhofstraße 2
+49 36964 869230
rhoener-botschaft.de
Allrounder • regionale Produkte • gemütlich

Essen:	45	50
Service:	19	20
Getränke:	18	20
Ambiente:	8	10
Gesamt:	90	100

Landgrafenstube

99817 Eisenach

Annett Reinhardt hat sich ganz der Historie verschrieben und interpretiert Thüringer Spezialitäten auf moderne Weise. Pate stehen ihr dafür historisch belegte Festbankette, die einst hier stattfanden.

Auf der Wartburg 2	Essen: 43 | 50
+49 3691 7970	Service: 17 | 20
wartburghotel.de	Getränke: 17 | 20
Allrounder • Terrasse • modern	Ambiente: 9 | 10
	Gesamt: 86 | 100

Turmschänke

99817 Eisenach

Ulrich Röschs beständige Qualität in der Küche hat sein Restaurant weit über die Grenzen Thüringens bekannt gemacht. Frische Produkte treffen auf solide Handwerkskunst und Liebe zu raffinierten Details.

Karlsplatz 28	Essen: 43 | 50
+49 3691 213533	Service: 17 | 20
turmschaenke-eisenach.de	Getränke: 17 | 20
Allrounder • regionale Produkte • traditionell	Ambiente: 8 | 10
P	Gesamt: 85 | 100

Bachstelze

99094 Erfurt

Küchenchefin Maria Groß serviert in ihrer Backsteinvilla raffiniert zubereitete saisonal-regionale Gerichte. Cool und lässig geht es zu, gepaart mit eine guten Brise Nostalgie. Fast wie bei Freunden.

Hamburger Berg 5	Essen: 43 | 50
+49 361 7968386	Service: 17 | 20
bachstelze-erfurt.de	Getränke: 16 | 20
Casual Dining • deutsche Küche • regional • nachhaltig	Ambiente: 8 | 10
	Gesamt: 84 | 100

Ballenberger

99084 Erfurt

Frühstück, Lunch und Dinner im wöchentlich wechselnden Angebot: Alles ist möglich im kleinen, freundlich eingerichteten Lokal von Christin Ballenberger. Das sympathische Team agiert aufmerksam und professionell.

Gotthardtstraße 25/26	Essen: 42 | 50
+49 361 64456088	Service: 17 | 20
das-ballenberger.de	Getränke: 16 | 20
Allrounder • gemütlich • klassisch	Ambiente: 8 | 10
	Gesamt: 83 | 100

Clara

99084 Erfurt

Sternekoch Christopher Weigel verwöhnt seine Gäste mit spielerischer Detailverliebtheit und moderner Aromenküche. Der natürliche Eigengeschmack der Lebensmittel steht im Mittelpunkt seiner Kompositionen.

Futterstraße 15/16
+49 361 5688207
restaurant-clara.de
Allrounder • entspannt • modern

Essen:	**45** | 50
Service:	**18** | 20
Getränke:	**18** | 20
Ambiente:	**8** | 10
Gesamt:	89 | 100

Estima by Catalana

99084 Erfurt

Moderne Degustationsmenüs sind die Spezialität im französisch-katalanisch angehauchten Lokal von Jan-Hendrik Feldner. Vegetarier freut's, denn sie finden stets ein eigenes kreatives Menü auf der Karte.

Allerheiligenstraße 3
+49 361 5506335
estima-erfurt.de
spanisch • französisch • modern • kreativ

Essen:	**43** | 50
Service:	**18** | 20
Getränke:	**15** | 20
Ambiente:	**8** | 10
Gesamt:	84 | 100

Il Cortile

99084 Erfurt

Statt auf à la carte setzt Inhaberin Denise König auf ein kreatives Degustationsmenü in ihrem gemütlich-rustikalen Restaurant im Herzen der Altstadt. Gäste lieben ihre leichte mediterrane Küche.

Johannesstraße 150
+49 361 5664411
ilcortile.de
italienisch • entspannt • klassisch

Essen:	**42** | 50
Service:	**17** | 20
Getränke:	**15** | 20
Ambiente:	**8** | 10
Gesamt:	82 | 100

Kromers Restaurant & Gewölbekeller

99084 Erfurt

Die kleine Speisekarte mit ausgewählten regionalen und saisonalen Angeboten überzeugt. Ein gemütlich ausstaffiertes Domizil für eine handwerklich gut gemachte Gasthausküche mit viel Liebe zum Detail.

Kleine Arche 4
+49 361 64477211
kromers-restaurant.de
Allrounder • regionale Produkte • gemütlich • Gewölbe

Essen:	**42** | 50
Service:	**17** | 20
Getränke:	**13** | 20
Ambiente:	**8** | 10
Gesamt:	80 | 100

Pier 37

99084 Erfurt

Stadt, Land, Fluss, rustikal bis modern: Kulinarisch ist auf der Speisekarte alles vertreten. Die Lage in einer restaurierten Getreidemühle abseits des touristischen Altstadtzentrums könnte idyllischer nicht sein.

Lange Brücke 37a
+49 361 6027600
pier37.de
Allrounder • deutsche Küche • gemütlich

Essen:	**41** | 50
Service:	**18** | 20
Getränke:	**15** | 20
Ambiente:	**8** | 10
Gesamt:	82 | 100

Zumnorde

99084 Erfurt

Das Restaurant mit moderner, internationaler und regionaler Küche befindet sich in einem stilvoll sanierten Bürgerhaus aus dem 19. Jahrhundert. Auch besuchenswert ist das Tabakskolleg mit Raucherlounge.

Grafengasse 2–6
+49 361 5680426
hotel-zumnorde.de
Allrounder • modern • Gastgarten

Essen:	43 | 50
Service:	17 | 20
Getränke:	17 | 20
Ambiente:	8 | 10
Gesamt:	85 | 100

Schloss Ettersburg

99439 Ettersburg

Das UNESCO-Weltkulturerbe »Klassisches Weimar« bildet den perfekten Rahmen für das modern eingerichtete Restaurant, in dem neben neu interpretierten Klassikern eine abwechslungsreiche Küche serviert wird.

Am Schloss 1
+49 3643 7428410
schlossettersburg.de
Allrounder • modern • im Schloss

Essen:	42 | 50
Service:	17 | 20
Getränke:	15 | 20
Ambiente:	8 | 10
Gesamt:	82 | 100

Landgrafen

07743 Jena

Inhaber Daniel Reich bezieht Wild, Fisch und Lamm aus der Region und interpretiert seine Gerichte im traditionellen Ausflugsrestaurant international und modern. Auch für Cafébesucher gibt es viel Regionales.

Landgrafenstieg 25
+49 3641 507071
landgrafen.com
Allrounder • Essen mit Aussicht • Gastgarten

Essen:	42 | 50
Service:	16 | 20
Getränke:	15 | 20
Ambiente:	8 | 10
Gesamt:	81 | 100

Scala

07743 Jena

Die Küche bietet Internationales zum Lunch und abends ein Sharing-Menü, bei dem die Gerichte in der Mitte des Tischs platziert werden, auch als vegetarische Variante. Toller Blick aus 128 Meter Höhe.

JenTower 27.–29. OG, Leutragraben 1
+49 3641 356666
scala-jena.de
Fine Dining • modern • Essen mit Aussicht

Essen:	44 | 50
Service:	16 | 20
Getränke:	17 | 20
Ambiente:	8 | 10
Gesamt:	85 | 100

Cortina

98559 Oberhof

Südtirol inmitten des Thüringer Walds. Mit viel Liebe zum Detail werden Klassiker der italienischen Alpenküche modern und saisonal gekocht, ebenso Pizza und Pasta. Beliebtes Haus im Wintersport-Hotspot.

Dr.-Theodor-Neubauer-Straße 8
+49 36842 22323
restaurant-cortina.de
italienisch • Essen mit Aussicht • modern

Essen:	42 | 50
Service:	17 | 20
Getränke:	13 | 20
Ambiente:	8 | 10
Gesamt:	80 | 100

Feine Speiseschenke

99734 Rüdigsdorf

Das Spektrum reicht von gutbürgerlich bis zum kreativen Feinschmecker-menü. Der Schwerpunkt liegt auf saisonaler Küche mit regionalen und internationalen Einflüssen sowie Fleisch aus direkter Nachbarschaft.

Winkelberg 13–15	Essen: **43** / 50
+49 3631 4736490	Service: **17** / 20
speiseschenke.de	Getränke: **15** / 20
Allrounder • regionale Produkte • gemütlich	Ambiente: **8** / 10
	Gesamt: 83 / 100

Güldene Gans

07318 Saalfeld/Saale

In historischem Ambiente wählen die Gäste zwischen Menüs der Kategorien »Klassik«, »Vegetarisch«, »Fluss & Meer« und »Genuss«: allesamt kreativ und mediterran-leicht mit regionaler Verbundenheit.

Markt 25	Essen: **42** / 50
+49 3671 520468	Service: **17** / 20
gueldene-gans.de	Getränke: **16** / 20
Allrounder • vegetarisch • klassisch	Ambiente: **8** / 10
	Gesamt: 83 / 100

36 Phô Cô

99423 Weimar

Inhaber Linh und Linh Nguyen nehmen ihre Gäste mit auf eine Reise in die Altstadt Hanois, Phô Cô. In stylish-exotischem Ambiente gibt es traditionelle vietnamesische Küche und authentisches Streetfood.

Marktstraße 1	Essen: **42** / 50
+49 3643 4684899	Service: **16** / 20
pho-co-weimar.de	Getränke: **14** / 20
vietnamesisch • Burger • entspannt	Ambiente: **8** / 10
	Gesamt: 80 / 100

Andreas Scholz

99423 Weimar

In der ehemaligen Jugendstilvilla von Rudolf Steiner heißt der Chef seine Gäste willkommen. Serviert werden kreativ komponierte Menüs, wahlweise mit passender Weinbegleitung, regional und international.

Prellerstraße 2	Essen: **43** / 50
+49 3643 861922	Service: **17** / 20
restaurant-andreas-scholz.de	Getränke: **16** / 20
deutsche Küche • mediterran • gemütlich	Ambiente: **8** / 10
	Gesamt: 84 / 100

AnnA 🍴🍴 99423 Weimar

Bei Küchenchef Johannes Wallner trifft Regionales auf internationale Einflüsse, entweder im À-la-carte-Geschäft oder bei den Monatsmenüs mit vorwiegend deutscher Weinbegleitung. Alles modern und kreativ.

Markt 19	Essen:	43 | 50
+49 3643 802639	Service:	17 | 20
hotelelephantweimar.de	Getränke:	17 | 20
Allrounder • regionale Produkte • entspannt	Ambiente:	8 | 10
	Gesamt:	85 | 100

Weinbar Weimar 🍴🍴 99423 Weimar

Mehr als 100 offene Weine lässt Inhaber Philipp Heine in die Gläser seiner Gäste fließen, begleitet von einem feinen Fünf-Gänge-Menü oder kleinen, aromatischen Barfood-Gerichten.

Humboldtstraße 2	Essen:	43 | 50
+49 3643 4699533	Service:	17 | 20
weinbar-weimar.de	Getränke:	17 | 20
Weinbar • urig • gemütlich	Ambiente:	8 | 10
	Gesamt:	85 | 100

Zum weißen Schwan 🍴 99423 Weimar

Ein bekannter Touristenmagnet! Seit dem 16. Jahrhundert wird im gemütlichen Lokal nach überlieferten Rezepten gekocht, aber auch Internationales steht auf der Karte. Schon Goethe hat es hier geschmeckt.

Frauentorstraße 23	Essen:	42 | 50
+49 3643 908751	Service:	17 | 20
weisserschwan.de	Getränke:	16 | 20
Gasthaus • Allrounder • traditionell • urig	Ambiente:	8 | 10
	Gesamt:	83 | 100

WESTEN

DIE BESTEN RESTAURANTS UND GASTHÄUSER IN HESSEN, NORDRHEIN-WESTFALEN, RHEINLAND-PFALZ UND IM SAARLAND.

Vendôme
51429 Bergisch Gladbach
Seite 192

Rosin
Dorsten
Seite 199

Le Moissonnier
50670 Köln
Seite 223

PURS
56626 Andernach
Seite 244

Sonnora
54518 Dreis
Seite 252

Schanz
54498 Piesport
Seite 267

Victor's Fine Dining by Christian Bau
66706 Perl-Nennig
Seite 279

Louis
66740 Saarlouis
Seite 281

Esplanade
66111 Saarbrücken
Seite 280

Lafleur
60325 Frankfurt am Main
Seite 171

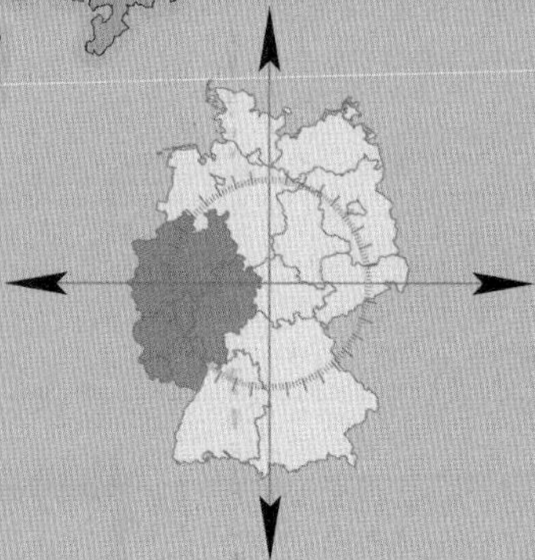

TOP-10 IM WESTEN

HESSEN, NORDRHEIN-WESTFALEN, RHEINLAND-PFALZ, SAARLAND

HESSEN

Emstaler Höhe

34308 Bad Emstal

Komplett renoviert, erstrahlt das Restaurant Habichtswald in neuem Glanz. Die Karte bietet bodenständige, teils regional inspirierte Gerichte. Freitagabends ist das mediterrane Schlemmerbuffet Favorit.

Kissinger Straße 2
+49 5624 5090
emstaler-hoehe.de
Hotelrestaurant • regionale Produkte • klassisch

Essen:	**43** | 50
Service:	**17** | 20
Getränke:	**18** | 20
Ambiente:	**8** | 10
Gesamt:	86 | 100

L'étable

36251 Bad Hersfeld

Herzliche Gastlichkeit, gemütlicher Landhausstil und eine erstklassige Küche: Im Gourmetrestaurant des Romantikhotels werden ausgesuchte, raffiniert zubereitete Produkte aufgetischt. Vom Feinsten!

Linggplatz 11
+49 6621 1890
zumsternhersfeld.de
Hotelrestaurant • Fine Dining • klassisch

Essen:	**45** | 50
Service:	**17** | 20
Getränke:	**17** | 20
Ambiente:	**8** | 10
Gesamt:	87 | 100

Stern's

36251 Bad Hersfeld

In der urig-gemütlichen »Guten Stube« des Romantikhotels bekommen die Gäste eine große Auswahl an hausgemachten bodenständigen Gerichten geboten. Besonders beliebt sind die saftigen Steaks vom Grill.

Linggplatz 11
+49 6621 1890
zumsternhersfeld.de
Hotelrestaurant • deutsche Küche • gemütlich • Steak

Essen:	**42** | 50
Service:	**17** | 20
Getränke:	**17** | 20
Ambiente:	**8** | 10
Gesamt:	84 | 100

Lindenallee

61350 Bad Homburg

Die geschmorte Rinderroulade ist der beliebteste Klassiker in dem modern-gemütlichen Restaurant, das eine gutbürgerliche deutsche Küche und täglich auch Stammessen anbietet. Gut sortierte Weinkarte.

Lindenallee 2
+49 6172 8506601
restaurant-lindenallee.de
deutsche Küche • gemütlich • Terrasse

Essen:	**42** I 50
Service:	**16** I 20
Getränke:	**17** I 20
Ambiente:	**7** I 10
Gesamt:	82 I 100

bellas

65812 Bad Soden am Taunus

Ein kleines, schmuckes Lokal mit großer Küche. Isabelle Pering hat das richtige Händchen, um den Geschmack der Saison und der Regionalität in feinen Gerichte umzusetzen – perfekt bodenständig-aromatisch.

Langstraße 15
+49 617 49529141
bellaslokal.de
Casual Dining • regionale Produkte • unkonventionell

Essen:	**43** I 50
Service:	**18** I 20
Getränke:	**17** I 20
Ambiente:	**8** I 10
Gesamt:	86 I 100

Oyster Lodge

61118 Bad Vilbel

Mit japanischer Sorgfalt werden die Sushi im Omakase-Menü serviert, verfeinert mit hausgemachten Zutaten nach eigener Rezeptur. Spezialität des Hauses ist »Kobe Jime«, in Algen eingelegte Fischstücke.

Frankfurter Straße 4
+49 6101 9898966
oyster-lodge.de
Fine Dining • japanisch • Sushi

Essen:	**42** I 50
Service:	**17** I 20
Getränke:	**16** I 20
Ambiente:	**7** I 10
Gesamt:	82 I 100

Blauer Aff

64625 Bensheim

Im stimmungsvollen Gasthaus bietet die verlässliche Küche seit gut 100 Jahren bodenständige Klassiker: halbes Hähnchen, Saumagen, Wildbratwürste und – klar! – Handkäs mit Musik. Gut sortierte Weinkarte!

Kappengasse 2
+49 6251 72958
blauer-aff.de
Gasthaus • urig • gemütlich

P

Essen:	**42** I 50
Service:	**17** I 20
Getränke:	**17** I 20
Ambiente:	**7** I 10
Gesamt:	83 I 100

Lammershof

69488 Birkenau

Ostasiatische Einflüsse sind immer dabei, wenn Kenneth Rentschler am Herd steht. Der Meisterkoch bereichert damit gekonnt die gutbürgerlich ausgerichtete Küche, die auch frisches Bison-Fleisch anbietet.

Abtsteinacher Straße 2
+49 6201 845030
lammershof.de
Gasthaus • gemütlich • Steak

P

Essen:	**43** I 50
Service:	**16** I 20
Getränke:	**16** I 20
Ambiente:	**7** I 10
Gesamt:	82 I 100

Stuben

69488 Birkenau

Massive Eichentische und gemütliche Bänke sind das passende rustikale Ambiente für saftige Bison-Steaks, Bäckchen und Gulasch vom Galloway-Rind oder einen herzhaften, großzügig belegten Bison-Burger.

Abtsteinacher Straße 2
+49 6201 845030
lammershof.de
Gasthaus • eigene Fleischerei • Steak • gemütlich

Essen:	**42** | 50
Service:	**17** | 20
Getränke:	**16** | 20
Ambiente:	**8** | 10
Gesamt:	83 | 100

www.derPIRAT.com

Orangerie

64285 Darmstadt

Die Orangerie in der barocken Gartenanlage bietet eine ideale Kulisse für die gehobene Küche, die hier zelebriert wird: Pasta, am liebsten mit gehobelten Trüffeln, frischer Fisch, hausgemachte Dolci.

Bessunger Straße 44
+49 6151 3966446
orangerie-darmstadt.de
Casual Dining • italienisch • Fisch • entspannt

Essen:	**41** | 50
Service:	**16** | 20
Getränke:	**17** | 20
Ambiente:	**8** | 10
Gesamt:	82 | 100

OX

64289 Darmstadt

So einfach die Ausstattung des Gastraums ist, so aufwendig sind die Gerichte arrangiert. Aus vielen Produkten und Zutaten entstehen kleine, aromatische Kunstwerke, die der Service kompetent erläutert.

Mauerstraße 6
+49 6151 961 5333
ox-restaurant.de
Fine Dining • modern • unkonventionell

Essen:	**45** | 50
Service:	**18** | 20
Getränke:	**17** | 20
Ambiente:	**8** | 10
Gesamt:	88 | 100

Gutsschänke Neuhof

63303 Dreieich

Gut gemachte bodenständige Hausmannskost, dazu einige vegetarische Gerichte, alles frisch und mit Liebe zubereitet. Das Konzept des historischen Hofguts geht auf, Küche und Keller genießen einen guten Ruf.

Hofgut Neuhof
+49 6102 30000
gutsschaenkeneuhof.de
Gasthaus • im Grünen • gemütlich

Essen:	**42** | 50
Service:	**17** | 20
Getränke:	**17** | 20
Ambiente:	**8** | 10
Gesamt:	84 | 100

Klosterschänke

65346 Eberbach

Regionale und saisonale Produkte stehen im Vordergrund der Küche, die im »spartanischen« Gastraum angeboten wird. Geflügel, Fisch und Wild aus heimischen Jagdrevieren sind Klosterküchen-Klassiker.

Kloster Eberbach
+49 6723 993299
kloster-eberbach.de
Gasthaus • klassisch • regionale Produkte

Essen:	**40** | 50
Service:	**16** | 20
Getränke:	**16** | 20
Ambiente:	**7** | 10
Gesamt:	**79** | 100

Anleger 511

65343 Eltville

Direkt am Rheinufer, mit Blick auf den Fluss, bestellt man auf den begehrten Terrassenplätzen zu Rheingau-Weinen erstklassige Bratwurst – auch als Curry-Variante erhältlich – des Labels »11te Generation«.

Platz von Montrichard 2
+49 6123 689168
anleger511.de
Bistro • unkonventionell • Terrasse • Essen mit Aussicht

Essen:	**40** | 50
Service:	**16** | 20
Getränke:	**16** | 20
Ambiente:	**8** | 10
Gesamt:	**80** | 100

Baiken

65343 Eltville

Der Blick von der Terrasse ins Rheintal macht das Gutsrestaurant zu einem beliebten Ausflugsziel. Außerdem hat Miguel Sattler ein Händchen für Fleischgerichte, die er mit hausgemachten Beilagen serviert.

Wiesweg 86
+49 6123 900345
baiken.de
Gasthaus • Essen mit Aussicht • klassisch • Terrasse

Essen:	**41** | 50
Service:	**17** | 20
Getränke:	**16** | 20
Ambiente:	**7** | 10
Gesamt:	**81** | 100

Eltvinum

65343 Eltville

Steaks in unterschiedlichen Cuts und mit verschiedenen Beilagen sind in dem modern-einfach eingerichteten Restaurant die beste Wahl. Ein günstiger Business-Lunch wird in zwei und drei Gängen angeboten.

Schmittstraße 2
+49 6123 601780
eltvinum.de
Steak • entspannt • modern

Essen:	**42** | 50
Service:	**16** | 20
Getränke:	**16** | 20
Ambiente:	**7** | 10
Gesamt:	**81** | 100

Jean

65343 Eltville

Johannes »Jean« Frankenbach hat ein Faible für die klassische französische Gourmetküche, die er in der ehemaligen Weinstube des Familienhotels am Bahnhof gekonnt authentisch seinen Gästen anbietet.

Wilhelmstraße 13
+49 6123 9040
hotel-frankenbach.de
Hotelrestaurant • Fine Dining • gemütlich

Essen:	**44** | 50
Service:	**18** | 20
Getränke:	**18** | 20
Ambiente:	**8** | 10
Gesamt:	**88** | 100

Kronenschlösschen

65347 Eltville

Das Restaurant im schicken Boutiquehotel ist bekannt für variantenreiche Haute Cuisine, die gekonnt moderne Akzente einfließen lässt. Zweitrestaurant mit Brasserie-Küche. Sensationelle Weinkarte!

Rheinallee
+49 6723 640
kronenschloesschen.de
Hotelrestaurant • Fine Dining • französisch • Terrasse

Essen:	**46** | 50
Service:	**17** | 20
Getränke:	**20** | 20
Ambiente:	**8** | 10
Gesamt:	91 | 100

Y Wine & Kitchen

65343 Eltville am Rhein

Rund um seine Weinserie »Y« hat Winemaker Ahmet Yildirim ein kulinarisches und buntes Refugium geschaffen, das feine Speisen, oft mit Regionalbezug (Rhön-Stör, Taunus-Reh), zum Wine-Tasting anbietet.

Rheingauer Straße 22
+49 6123 7096563
y-wineandkitchen.com
Casual Dining • eigener Weinbau • regionale Produkte

Essen:	**42** | 50
Service:	**17** | 20
Getränke:	**17** | 20
Ambiente:	**8** | 10
Gesamt:	84 | 100

Flörsheimer Warte

65439 Flörsheim

Der historische Turm ist vor allem für Weinfreunde ein beliebtes Ausflugsziel. Zu den angebotenen herzhaften kalten Gerichten und Brotzeiten werden ausgesuchte Gewächse regionaler Winzer eingeschenkt.

Landwehrweg
+49 1520 8316001
floersheimer-warte.de
im Grünen • unkonventionell • regionale Produkte

Essen:	**40** | 50
Service:	**15** | 20
Getränke:	**17** | 20
Ambiente:	**6** | 10
Gesamt:	78 | 100

Bärenmühle – Maison Martron

35110 Frankenau

Feine Landküche mit französischem Esprit erwartet den Gast. Spezialität des Hauses sind Gerichte aus der Hugenottenzeit, vom Küchenchef neu interpretiert und mit modernen Akzenten etwas aufgepeppt.

Lengeltalstraße 2
+49 6455 759040
baerenmuehle.de
Gasthaus • klassisch • französisch • im Grünen

Essen:	**43** | 50
Service:	**18** | 20
Getränke:	**17** | 20
Ambiente:	**8** | 10
Gesamt:	86 | 100

Philipp Soldan

35066 Frankenberg

Mit naturverbundener Gourmetküche (Battenberger Rehbock oder Hummer in Grüner Soß') steht Erik Arnecke für Genuss mit Konzentration auf den ursprünglichen Geschmack der Produkte. Tolle Weinauswahl!

Marktplatz 2–4
+49 6451 7500
sonne-frankenberg.de
Fine Dining • Hotelrestaurant • regionale Produkte

Essen:	**45** | 50
Service:	**18** | 20
Getränke:	**18** | 20
Ambiente:	**8** | 10
Gesamt:	89 | 100

Sonne Stuben

35066 Frankenberg

Timo Schröder und Markus Willich bieten den Gästen unkomplizierte bodenständige Gerichte aus besten – meist regionalen – Produkten und Zutaten. Restaurant zur entspannten Einkehr in froher Runde!

Marktplatz 2–4	Essen: **42** | 50
+49 6451 7500	Service: **18** | 20
sonne-frankenberg.de	Getränke: **17** | 20
Hotelrestaurant • regionale Produkte • klassisch • entspannt	Ambiente: **8** | 10
	Gesamt: 85 | 100

Aureus

60325 Frankfurt am Main

Das Team um Christian Senff bietet in der schicken Günderzeitvilla mittags und abends ein umfassendes kulinarisches Programm mit attraktiven Gerichten aus vorwiegend regionalen und saisonalen Produkten.

Kettenhofweg 27	Essen: **44** | 50
+49 69 79533979	Service: **17** | 20
aureus-restaurant-im-goldmuseum.de	Getränke: **18** | 20
Fine Dining • Geschäftsessen • elegant	Ambiente: **8** | 10
	Gesamt: 87 | 100

Bidlabu

60313 Frankfurt am Main

Etwas versteckt in der City gelegen, trumpft Küchenchef André Rickert mit einer unkonventionellen Bistroküche und zwei Menüs zu moderaten Preisen auf. Bei gutem Wetter wird auf der Terrasse serviert.

Kleine Bockenheimer Straße 14	Essen: **44** | 50
+49 69 95648784	Service: **17** | 20
bidlabu.de	Getränke: **17** | 20
Bistro • entspannt • Casual Dining • Terrasse	Ambiente: **7** | 10
	Gesamt: 85 | 100

Carmelo Greco

60598 Frankfurt am Main

Im edlen, gemütlichen Ambiente triumphiert in den Menüs die gehobene italienische Küche, Pizza und Pasta sucht man hier vergebens. Der Service führt mit Grandezza durchs Angebot, Weintipps inklusive.

Ziegelhüttenweg 1–3	Essen: **45** | 50
+49 69 60608967	Service: **18** | 20
carmelo-greco.de	Getränke: **17** | 20
Fine Dining • italienisch • elegant	Ambiente: **9** | 10
	Gesamt: 89 | 100

Carte Blanche

60316 Frankfurt am Main

Was die Küche in der Pfanne hat, hängt vom Tageseinkauf ab. Kulinarische Überraschungen sind im stilvollen Altbau Programm, Chef Sebastian Ziese liebt unkonventionelle, marktfrische Kompositionen.

Egenolffstraße 39	Essen: **42** | 50
+49 69 27245883	Service: **17** | 20
carteblanche-ffm.de	Getränke: **16** | 20
Casual Dining • nachhaltig • regionale Produkte	Ambiente: **7** | 10
	Gesamt: 82 | 100

Chairs

60385 Frankfurt am Main

Milan Müller und Dennis Aukili legen Wert auf lockere Atmosphäre. Ihr einfach ausstaffiertes Restaurant bietet ein übersichtliches Angebot von unkonventionellen Gerichten aus regionalen Bioprodukten.

Gronauer Straße 1	Essen:	44 | 50
+49 69 48446922	Service:	17 | 20
chairsffm.de	Getränke:	18 | 20
Casual Dining • regionale Produkte • unkonventionell	Ambiente:	7 | 10
	Gesamt:	86 | 100

Emma Metzler

60594 Frankfurt am Main

Wenn die riesige Terrasse geöffnet ist, treffen sich die Frankfurter zum Mittagessen – oder abends im puristischen Restaurant zu vegetarischen Kreationen oder Fisch- und Fleischgerichten in Bioqualität.

Schaumainkai 17	Essen:	44 | 50
+49 69 83040094	Service:	18 | 20
emmametzler.de	Getränke:	17 | 20
Fisch • bio • Terrasse	Ambiente:	8 | 10
	Gesamt:	87 | 100

Erno's Bistro

60323 Frankfurt am Main

Längst eine gastronomische Institution in Frankfurt, trumpft die Küche mit allen französischen Klassikern auf, die die Haute Cuisine zu bieten hat. Dazu trinkt man Champagner, Bordeaux und Burgunder.

Liebigstraße 15	Essen:	46 | 50
+49 69 721997	Service:	18 | 20
ernosbistro.de	Getränke:	18 | 20
Fine Dining • französisch • klassisch	Ambiente:	8 | 10
	Gesamt:	90 | 100

Frankfurter Botschaft

60327 Frankfurt am Main

Die Botschaft lautet: internationale Küche mit saisonalen und regionalen Einflüssen. Im schmucken Gastraum gibt es, neben Fleisch- und Fischklassikern, eine Frankfurter Grüne Soße zum Niederknien.

Westhafenplatz 6–8	Essen:	43 | 50
+49 69 24004899	Service:	17 | 20
frankfurterbotschaft.de	Getränke:	16 | 20
Casual Dining • regionale Produkte • gemütlich	Ambiente:	8 | 10
	Gesamt:	84 | 100

Franziska

60599 Frankfurt am Main

Geniale Aussicht im neuen Henninger Turm: Ganz oben ist es modern, hier wird eine Brasserieküche aufgetragen, die aus Maultaschen, Fischstäbchen oder Schinkennudeln herzhaft leckere Gerichte zaubert.

Hainer Weg 72	Essen:	42 | 50
+49 69 66377640	Service:	17 | 20
mook-group.de	Getränke:	16 | 20
Casual Dining • Essen mit Aussicht • modern	Ambiente:	9 | 10
	Gesamt:	84 | 100

Gerbermühle

60594 Frankfurt am Main

Kultiges Ausflugslokal am Main. Auf der Terrasse und in modern designten Gasträumen trifft man sich bei bodenständigen, herzhaften Gerichten mit internationalem Touch und guten Weinen aus aller Welt.

Gerbermühlstraße 105	Essen: **42** I 50
+49 69 68977790	Service: **17** I 20
gerbermuehle.de	Getränke: **17** I 20
Gasthaus • entspannt • Terrasse	Ambiente: **8** I 10
	Gesamt: 84 I 100

GO by Steffen Henssler

60329 Frankfurt am Main

Ein neuer Hotspot in Frankfurt: japanisch mit exklusiven Materialien und Naturelementen durchgestylt. Aus der Küche kommen Sushi und Sashimi, aber auch Blue Fin Tuna, Perlhuhn-Brust und Greater Omaha Roastbeef.

Düsseldorfer Straße 1	Essen: **43** I 50
+49 69 248680692	Service: **17** I 20
gobysteffenhenssler.com	Getränke: **17** I 20
Casual Dining • japanisch • Steak • modern	Ambiente: **8** I 10
	Gesamt: 85 I 100

Gustav

60323 Frankfurt am Main

Im grau gestylten Restaurant von Milica Trajkovska Scheiber und ihrem Mann Matthias geht es unkompliziert und locker zu. Die Küche arrangiert aufwendige Teller mit fordernder aromatischer Spannung.

Reuterweg 57	Essen: **48** I 50
+49 69 74745252	Service: **19** I 20
restaurant-gustav.de	Getränke: **18** I 20
Fine Dining • modern • regionale Produkte	Ambiente: **9** I 10
	Gesamt: 94 I 100

Heimat | Essen & Weine

60311 Frankfurt am Main

Die Speisekarte des schlicht designten Restaurants ist klein, aber umfasst nationale und internationale Gerichte. Großstädtischer Brasserie-Style und doch heimatlich. Dazu Weine aus Europa: passend!

Berliner Straße 70	Essen: **43** I 50
+49 69 29725994	Service: **17** I 20
heimat-restaurant.de	Getränke: **17** I 20
Casual Dining • modern • entspannt • Geschäftsessen	Ambiente: **8** I 10
	Gesamt: 85 I 100

Lafleur

60325 Frankfurt am Main

Andreas Krolik hat mit vegetarischen, aber vor allem mit seinen veganen Kreationen nachhaltig Akzente gesetzt. Dazu sind seine Fischgerichte einfallsreich arrangiert. Großes Kino. Tolle Weinauswahl!

Palmengartenstraße 11	Essen: **48** I 50
+49 69 90029	Service: **19** I 20
restaurant-lafleur.de	Getränke: **20** I 20
Fine Dining • elegant • nachhaltig • Fisch	Ambiente: **9** I 10
P	Gesamt: 96 I 100

Leuchtendroter

60314 Frankfurt am Main

Ab sieben Uhr morgens kann man frühstücken, danach ist erst abends wieder Programm in der coolen Location. Dann wird unkompliziert, aber einfallsreich gekocht und aufgetischt, nur vegan muss es sein.

Lindleystraße 17
+49 170 818057
leuchtendroter.com
vegan • Terrasse • unkonventionell • entspannt

Essen:	**43** I 50
Service:	**17** I 20
Getränke:	**15** I 20
Ambiente:	**7** I 10
Gesamt:	82 I 100

Lohninger

60594 Frankfurt am Main

Schickes Wirtshaus, in dem der Österreicher Mario Lohninger samt Familie den Gästen vor allem fein gemachte Klassiker der Alpenrepublik serviert. Kult ist Lohningers Wiener Schnitzel, einfach genial!

Schweizer Straße 1
+49 69 247557860
lohninger.de
Gasthaus • Casual Dining • österreichisch • klassisch

Essen:	**44** I 50
Service:	**17** I 20
Getränke:	**17** I 20
Ambiente:	**8** I 10
Gesamt:	86 I 100

Main Tower

60311 Frankfurt am Main

Im 53. Stockwerk gelegen, haben die Gäste einen spektakulären Blick auf die pulsierende City. Dazu passt Martin Weghofers Küchenstil: international ausgerichtet mit teils markantem asiatischem Akzent.

Neue Mainzer Straße 52–58
+49 69 36504777
maintower-restaurant.de
Fine Dining • Essen mit Aussicht • modern

Essen:	**44** I 50
Service:	**17** I 20
Getränke:	**17** I 20
Ambiente:	**9** I 10
Gesamt:	87 I 100

Masa Japanese Cuisine

60314 Frankfurt am Main

Masaru Oae eröffnet seinen Gästen nicht nur die japanische Geschmackswelt von Sushi und Sashimi, sondern lädt mit seinen Menüs zur kulinarischen Entdeckungsreise über den Nippon-Tellerrand ein. Großartig!

Hanauer Landstraße 131
+49 69 60666247
masa-frankfurt.de
Fine Dining • japanisch • Sushi

Essen:	**46** I 50
Service:	**17** I 20
Getränke:	**17** I 20
Ambiente:	**8** I 10
Gesamt:	88 I 100

Maxie Eisen

60329 Frankfurt am Main

Geschmackvoll durchgestylte Location im Herzen der Mainmetropole. Die Speisekarte ist klein, die Gerichte sind eine Mischung aus »Urban Style« und regionaler Bodenständigkeit. Vegetarisches Menü auf Anfrage.

Münchener Straße 18
+49 69 76758362
maxieeisen.com
modern • vegetarisch • unkonventionell

Essen:	**42** I 50
Service:	**17** I 20
Getränke:	**16** I 20
Ambiente:	**9** I 10
Gesamt:	84 I 100

Medici

60311 Frankfurt am Main

Moderne europäische Küche, so nennen die Brüder Christos und Stamatios Simiakos ihr Restaurantkonzept, für das nur marktfrische Produkte zu nationalen Klassikern verarbeitet werden. Europa, fein gemacht!

Weißadlergasse 2	Essen: **41** / 50
+49 69 21990794	Service: **17** / 20
restaurantmedici.de	Getränke: **16** / 20
Casual Dining • klassisch • entspannt	Ambiente: **8** / 10
	Gesamt: **82** / 100

Mon Amie Maxi

60325 Frankfurt am Main

Wer eintauchen möchte ins echte Brasserie-Feeling, ist hier genau richtig. Das Interieur, das Ambiente und natürlich die Speisekarte mit attraktiven Brasserie-Klassikern sind einfach genial gut gemacht.

Bockenheimer Landstraße 31	Essen: **43** / 50
+49 69 71402121	Service: **17** / 20
mook-group.de	Getränke: **18** / 20
Casual Dining • französisch • gemütlich	Ambiente: **9** / 10
	Gesamt: **87** / 100

Nihonryori Ken

60594 Frankfurt am Main

Japanische Haute Cuisine und Gastfreundschaft, beides wird in dem eleganten Restaurant aufwendig zelebriert. Alle verwendeten Produkte und Zutaten kommen direkt aus Japan, dazu gute Auswahl an Sake.

Wallstraße 22	Essen: **42** / 50
+49 69 97694660	Service: **17** / 20
ken-japan.de	Getränke: **17** / 20
Fine Dining • japanisch • klassisch • elegant	Ambiente: **8** / 10
	Gesamt: **84** / 100

Leopardi

Ponte

60487 Frankfurt am Main

Fangfrische Fische, allerlei Meeresfrüchte wie Austern und Muscheln: ein maritimes Eldorado, mediterran ausgerichtet und arrangiert. Fehlt zum vollkommenen Glück nur noch der Blick aufs Mittelmeer.

Am Weingarten 5	Essen: **42** / 50
+49 69 24704041	Service: **17** / 20
restaurant-ponte-frankfurt.de	Getränke: **17** / 20
Fisch • mediterran • Meeresfrüchte • entspannt	Ambiente: **7** / 10
	Gesamt: **83** / 100

Schönemann

60313 Frankfurt am Main

Im Stil eines französischen Salons gemütlich eingerichtet, orientiert sich das Küchenangebot vorwiegend an regionalen Produkten und internationalen Klassikern. Sehr gute Weinauswahl, Tipps inklusive.

Opernplatz 16
+49 69 256695936
restaurant-schoenemann.de
gemütlich • regionale Produkte • französisch

Essen:	**42** I 50
Service:	**18** I 20
Getränke:	**17** I 20
Ambiente:	**8** I 10
Gesamt:	85 I 100

Rubro

60311 Frankfurt am Main

In Frankfurt wurde die erste deutsche Dependance der portugiesischen Restaurantkette eröffnet, die das kulinarische Lebensgefühl und die Lebensfreude der iberischen Halbinsel mit der Lust auf Wein verbindet.

Friedensstraße 2
+49 69 30058853
restaurant-rubro.de
Casual Dining • portugiesisch • Steak • modern

Essen:	**41** I 50
Service:	**17** I 20
Getränke:	**17** I 20
Ambiente:	**8** I 10
Gesamt:	83 I 100

Seven Swans & The Tiny Cup

60311 Frankfurt am Main

Das kleine Restaurant am Mainkai hat nur wenige Plätze, die aber heiß begehrt sind. In der Mini-Location wird ausschließlich vegan gekocht und »Kraut und Rüben« zu bemerkenswerten Gerichten veredelt.

Mainkai 4
+49 178 8539718
thetinycup.de
Fine Dining • vegan • bio

Essen:	**45** I 50
Service:	**18** I 20
Getränke:	**17** I 20
Ambiente:	**8** I 10
Gesamt:	88 I 100

Sushimoto

60313 Frankfurt am Main

Mitsunori Sakamoto ist ausgewiesener Meister der japanischen Kochkunst, seine Sushi und Sashimi sind von erlesener Frischequalität. Auch wer bestes Wagyu-Beef mag, sollte einen Tisch reservieren.

Konrad-Adenauer-Straße 7
+49 69 1310057
sushimoto.eu
Casual Dining • japanisch • Sushi

Essen:	**43** I 50
Service:	**17** I 20
Getränke:	**17** I 20
Ambiente:	**8** I 10
Gesamt:	85 I 100

The Ivory Club

60325 Frankfurt am Main

Szene-Location mit urbanem Flair, im gestylten Indien-Ambiente trifft man sich zum Absacker oder Dinner. Natürlich stehen Tandoori-Gerichte und »spicy« ganz oben auf der Liste. Eine Versuchung wert!

Taunusanlage 15
+49 69 77067767
mook-group.de
Casual Dining • indisch • Cocktails

P

Essen:	**43** I 50
Service:	**18** I 20
Getränke:	**18** I 20
Ambiente:	**9** I 10
Gesamt:	88 I 100

The Sakai

60596 Frankfurt am Main

Sushi-Meister Hiro Sakai lässt sich beim Zubereiten der Speisen gerne auf die Finger schauen. Natürlich steht das Omakase-Menü im Vordergrund. The Sakai garantiert japanische Kochkunst vom Feinsten.

Hedderichstraße 69
+49 69 89990330
the-sakai.com
japanisch • Sushi • traditionell
P

Essen:	43 | 50
Service:	17 | 20
Getränke:	17 | 20
Ambiente:	8 | 10
Gesamt:	85 | 100

Villa Merton

60487 Frankfurt am Main

Zum großstädtischen Flair passt die urbane Gourmetküche von André Großfeld, die er in der stattlichen Villa serviert. Am exklusiven Chef's Table kann man dem Meister bei der Zubereitung über die Schulter schauen.

Am Leonhardsbrunn 12
+49 69 703033
restaurant-villa-merton.de
Fine Dining • elegant • Geschäftsessen

Essen:	45 | 50
Service:	17 | 20
Getränke:	18 | 20
Ambiente:	8 | 10
Gesamt:	88 | 100

Weinsinn

60329 Frankfurt am Main

Im architektonisch großzügigen Restaurant triumphiert eine weltoffene Küche, die sich bei europäischen und asiatischen Küchenstilen bedient. Meetingpoint für Youngster, Businesspeople und Gourmets.

Weserstraße 4
+49 69 56998080
weinsinn.de
Fine Dining • modern • unkonventionell • Geschäftsessen

Essen:	45 | 50
Service:	18 | 20
Getränke:	18 | 20
Ambiente:	8 | 10
Gesamt:	89 | 100

Zenzakan

60325 Frankfurt am Main

Entspanntes Fine Dining auf asiatisch: Im glamourösen Ambiente des Supperclubs ist das möglich. Sushi und Sashimi machen einen Großteil des attraktiven Angebots aus, zu dem aber auch Steaks gehören.

Taunusanlage 15
+49 69 97086908
mook-group.de
Fine Dining • japanisch • Sushi
P

Essen:	43 | 50
Service:	17 | 20
Getränke:	17 | 20
Ambiente:	8 | 10
Gesamt:	85 | 100

Zur Golden Kron

60433 Frankfurt am Main

Alfred Friedrich hat mit seiner Landhausküche einem der ältesten Frankfurter Wirtshäuser neues Leben geschenkt. Ganz oben auf der Favoritenliste steht das Wiener Schnitzel des gebürtigen Österreichers.

Alt-Eschersheim 58
+49 69 26941174
goldenkron.de
Gasthaus • österreichisch • gemütlich

Essen:	43 | 50
Service:	16 | 20
Getränke:	18 | 20
Ambiente:	8 | 10
Gesamt:	85 | 100

Bastian's Restaurant

61169 Friedberg

Neben seinen klassisch französisch inspirierten Gerichten bietet Chris Bastian Draisbach auch eine gute Auswahl an vegetarischen Kreationen an, die mit passender Weinbegleitung geordert werden können.

Erbsengasse 16	Essen: **44** I 50
+49 6031 6726551	Service: **17** I 20
bastians-restaurant.de	Getränke: **17** I 20
Casual Dining • entspannt • nachhaltig	Ambiente: **8** I 10
	Gesamt: 86 I 100

Christian & Friends

36037 Fulda

Ein bisschen Wohnzimmeratmosphäre, dazu eine aufwendig-raffinierte Küche aus regionalen und internationalen Produkten, die auch Klassiker wie Rehrücken, Welsfilet und Vitello tonnato im Menü anbietet.

Nonnengasse 5	Essen: **45** I 50
+49 162 4139588	Service: **18** I 20
christianandfriends.de	Getränke: **18** I 20
Fine Dining • gemütlich • klassisch	Ambiente: **8** I 10
	Gesamt: 89 I 100

Goldener Karpfen

36037 Fulda

Unprätentiös-klassisch und weltoffen zugleich ist die Küche im gemütlichen Romantik-Traditionshaus. In verlässlicher Qualität kommen bodenständige Klassiker auf die Teller, die Weinkarte ist gut sortiert.

Simpliziusbrunnen 1	Essen: **42** I 50
+49 661 6800	Service: **17** I 20
hotel-goldener-karpfen.de	Getränke: **17** I 20
Gasthaus • gemütlich • romantisch	Ambiente: **7** I 10
P	Gesamt: 83 I 100

Burgrestaurant Schwarzenstein

65366 Geisenheim

Romantische Eleganz bestimmt das Restaurant im historischen Gemäuer. Küchenchef Marco Stenger verwöhnt seine Gäste mit Rinderroulade, Lammrücken, Kalbsleber, Sauerbraten und vegetarischen Gerichten.

Rosengasse 32	Essen: **43** I 50
+49 6722 99500	Service: **17** I 20
burg-schwarzenstein.de	Getränke: **18** I 20
Hotelrestaurant • Casual Dining • deutsche Küche	Ambiente: **8** I 10
	Gesamt: 86 I 100

Müllers auf der Burg

65366 Geisenheim

Im schicken Ambiente mit Aussicht setzen Nelson Müller und sein Team auf kosmopolitische Brasseriegerichte. Sommelier Michel Fouquet sorgt mit seinen Empfehlungen für die passende Weinbegleitung.

Rosengasse 32	Essen: **44** I 50
+49 6722 99500	Service: **17** I 20
burg-schwarzenstein.de	Getränke: **17** I 20
Casual Dining • elegant • klassisch	Ambiente: **8** I 10
P	Gesamt: 86 I 100

Zwei und Zwanzig 65366 Geisenheim

Das vegane Konzept der Küche erfreut sich zunehmender Beliebtheit. Das angesagte, cool gestylte Restaurant mit seinen rein pflanzlichen Gerichten ist längst eine gute kulinarische Adresse im Rheingau.

Lindenplatz 1	Essen: **42** | 50
+49 6722 7108312	Service: **17** | 20
zwei-und-zwanzig.de	Getränke: **16** | 20
Casual Dining • vegan • unkonventionell	Ambiente: **7** | 10
	Gesamt: 82 | 100

Heyligenstaedt 35392 Gießen

Einst wurde im Industriebau Eisen geschmiedet, heute verwöhnt hier das Ehepaar Leidner mit Casual Dining. Das gehobene, aber entspannte kulinarische Programm läuft mittags und abends. Ein echter Hotspot!

Aulweg 41	Essen: **43** | 50
+49 641 4609650	Service: **17** | 20
restaurant-heyligenstaedt.de	Getränke: **17** | 20
modern • Casual Dining • entspannt	Ambiente: **8** | 10
	Gesamt: 85 | 100

Tandreas 35394 Gießen

Regionales aus hessischen Produkten ist ein Standbein im Restaurant. Daneben bietet die Küche vielerlei Beef vom Grill und mediterran Inspiriertes (Tapas, Burrata, Vitello tonnato). Tolle Weinauswahl!

Licher Straße 55	Essen: **42** | 50
+49 641 94070	Service: **17** | 20
tandreas.de	Getränke: **17** | 20
Hotelrestaurant • spanisch • Tapas	Ambiente: **8** | 10
	Gesamt: 84 | 100

Bocca D'Oro 64347 Griesheim

Ein Wohlfühlrestaurant mit Flair! Dazu verwöhnt die ambitionierte Küche mit klassischen italienischen Vorspeisen und hausgemachter Pasta und Pizza. Außerdem: tolle Fischgerichte, frisch zubereitet.

Wilhelm-Leuschner-Straße 160A	Essen: **43** | 50
+49 6155 8316161	Service: **17** | 20
bocca-doro.de	Getränke: **16** | 20
gemütlich • Fisch • klassisch	Ambiente: **8** | 10
	Gesamt: 84 | 100

Farmerhaus 64823 Groß-Umstadt

Mit dem Überraschungsmenü fährt man auf der »Farm« immer gut. Dazu bietet die Karte eine gute Auswahl an südafrikanischen Wildgerichten. Eine kulinarische Safari, zu der auch Wein aus Südafrika gehört.

Am Farmerhaus 1	Essen: **42** | 50
+49 6078 911191	Service: **16** | 20
farmerhaus.de	Getränke: **16** | 20
Gasthaus • Casual Dining • afrikanisch	Ambiente: **8** | 10
	Gesamt: 82 | 100

Villa Busch

35708 Haiger

Dem Team der wunderschönen Location gelingt es mit Bravour, den kulinarischen Bogen von gutbürgerlich hin zu Gourmetkreationen zu spannen. Dazu ist die Weinkarte bestens sortiert. Einfach großartig!

Westerwaldstraße 4
+49 2773 9189031
villabusch.com
Casual Dining • Terrasse • Essen mit Aussicht • modern

Essen:	**44** | 50
Service:	**17** | 20
Getränke:	**18** | 20
Ambiente:	**8** | 10
Gesamt:	87 | 100

Adler Wirtschaft

65347 Hattenheim

Ein Wirtshaus wie aus dem Bilderbuch mit klassisch-bodenständiger Küche. Familie Keller tischt Fleisch vom eigenen Hof auf, alle Zutaten sind ausschließlich nach Qualität ausgesucht. Tolle Weinkarte.

Hauptstraße 31
+49 6723 7982
franzkeller.de
Gasthaus • bio • traditionell

Essen:	**44** | 50
Service:	**17** | 20
Getränke:	**19** | 20
Ambiente:	**8** | 10
Gesamt:	88 | 100

Zum Krug

65347 Hattenheim

Hinter der Fachwerkfassade verbirgt sich ein Gasthaus wie aus dem Bilderbuch. Die Küche glänzt mit gutbürgerlichen Gerichten, durchweg hausgemacht und von bester Qualität. Tolle Weinkarte mit Raritäten.

Hauptstraße 34
+49 6723 99680
zum-krug-rheingau.de
Gasthaus • deutsche Küche • klassisch • gemütlich

Essen:	**44** | 50
Service:	**18** | 20
Getränke:	**20** | 20
Ambiente:	**8** | 10
Gesamt:	90 | 100

Hohenhaus

37293 Herleshausen

Kleines Gourmetrestaurant, kulinarisch inspiriert von deutschen und bretonischen Produkten. Ohne Schnörkel und Spielereien konzentriert sich die Küche dabei auf die geschmackliche Ursprünglichkeit.

Hohenhaus 1
+49 5654 9870
hohenhaus.de
Fine Dining • französisch • elegant

Essen:	**45** | 50
Service:	**18** | 20
Getränke:	**18** | 20
Ambiente:	**8** | 10
Gesamt:	89 | 100

Hohenhaus Grill

37293 Herleshausen

Tradition wird nicht nur beim Ambiente großgeschrieben. Auch die Speisekarte orientiert sich an Küchenklassikern wie dem Rücken vom Lamm (aus eigener Zucht), mit Sellerie zeitgemäß interpretiert.

Hohenhaus 1
+49 5654 9870
hohenhaus.de
Gasthaus • im Grünen • gemütlich

Essen:	42 / 50
Service:	18 / 20
Getränke:	18 / 20
Ambiente:	8 / 10
Gesamt:	86 / 100

Krone Restaurant

64739 Höchst im Odenwald

Im Familienbetrieb kocht der Chef persönlich. Karl-Ludwig Wölfelschneider legt Wert auf eine saisonale und regionale Ausrichtung seiner Küche, verfeinert mit mediterranen Akzenten. Tolles Weinangebot!

Rondellstraße 20
+49 6163 93100
krone-hetschbach.de
Gasthaus • klassisch • französisch

Essen:	42 / 50
Service:	17 / 20
Getränke:	17 / 20
Ambiente:	8 / 10
Gesamt:	84 / 100

Krone Gaststube

64739 Höchst im Odenwald

In der guten Stube, die gemütlich eingerichtet ist, wird der deftigen Landhausküche gefrönt. Viele der zubereiteten Produkte kommen aus der Region; die Beilagen und Saucen sind allesamt hausgemacht.

Rondellstraße 20
+49 6163 93100
krone-hetschbach.de
Gasthaus • gemütlich • deutsche Küche

Essen:	40 / 50
Service:	16 / 20
Getränke:	16 / 20
Ambiente:	7 / 10
Gesamt:	79 / 100

Die Scheuer

65719 Hofheim

Seine schwäbische Heimat kann Küchenchef Ralph Stöckle nicht verleugnen. Zwischen all den international ausgerichteten Kreationen hat er auch immer wieder heimatliche Klassiker auf der Speisekarte.

Burgstraße 12
+49 6192 27774
die-scheuer.de
Gasthaus • regionale Produkte • entspannt

Essen:	43 / 50
Service:	17 / 20
Getränke:	17 / 20
Ambiente:	7 / 10
Gesamt:	84 / 100

Giorgios

65329 Hohenstein

Unkompliziert, aber immer mit hocharomatischen Akzenten verfeinert: So präsentiert sich die gekonnt zubereitete bodenständige Küche im Hofgut, die vor allem auf regionale und saisonale Produkte setzt.

Georgenthal 1
+49 6128 9430
hofgut-georgenthal.de
Hotelrestaurant • Casual Dining • regionale Produkte

Essen:	43 / 50
Service:	17 / 20
Getränke:	17 / 20
Ambiente:	8 / 10
Gesamt:	85 / 100

80–84 85–89 90–94 95–100 Punkte

Henrich HÖER's Speisezimmer

65510 Idstein

Im aufwendig restaurierten Gemäuer darf die Gaststube nicht fehlen. Im gemütlichen Ambiente werden Sebastian Straubs Gerichte serviert: mal bodenständig, mal aufwendig und facettenreich arrangiert.

Obergasse 26	Essen: **42** I 50
+49 6126 50026	Service: **18** I 20
hoerhof.de	Getränke: **17** I 20
Fine Dining • im Schloss • elegant	Ambiente: **8** I 10
	Gesamt: 85 I 100

Neidharts Küche

61184 Karben

Was die Wetterau an Produkten zu bieten hat, verarbeitet Reiner Neidhart in seiner Küche zu herzhaft-bodenständigen Gerichten. Dazu gibt es eine kleine Auswahl an Weinen aus deutschen Anbauregionen.

Robert-Bosch-Straße 48	Essen: **40** I 50
+49 6039 934443	Service: **17** I 20
neidharts-kueche.de	Getränke: **15** I 20
deutsche Küche • regionale Produkte • gemütlich	Ambiente: **7** I 10
	Gesamt: 79 I 100

Mondi

34117 Kassel

Für seine deutsche Regionalküche bezieht das Küchenteam Produkte und Zutaten aus dem lokalen Umfeld. Zwei Menüs stehen zur Auswahl: herzhafte Gerichte mit Fisch und Fleisch oder durchgängig vegetarisch.

Wilhelmshöher Allee 34	Essen: **41** I 50
+49 561 83079318	Service: **16** I 20
mondi-restaurant.de	Getränke: **16** I 20
Casual Dining • vegetarisch • nachhaltig	Ambiente: **7** I 10
	Gesamt: 80 I 100

Voit

34119 Kassel

In seiner offenen Showküche kreiert Sven Wolf moderne, skandinavisch-puristisch ausgerichtete Gerichte, die er aufwendig auf dem Teller arrangiert. Besonders aromastark sind die ausgefeilten Fisch-Serves.

Friedrich-Ebert-Straße 86	Essen: **44** I 50
+49 561 50376612	Service: **18** I 20
voit-restaurant.de	Getränke: **17** I 20
Fine Dining • modern • elegant	Ambiente: **8** I 10
	Gesamt: 87 I 100

Ambiente Italiano

65451 Kelsterbach

Kreative und traditionelle italienische Küche unter einem Dach. Küchenchef Pedro Fernandes ist für seine Pasta und Pizza genauso bekannt wie für seine kreativen Menüs. Auch Service mit Grandezza!

Staufenstraße 16	Essen: **43** I 50
+49 6107 9896840	Service: **17** I 20
ambienteitaliano.de	Getränke: **17** I 20
Casual Dining • italienisch • gemütlich	Ambiente: **8** I 10
	Gesamt: 85 I 100

Trattoria Alte Oberförsterei

65451 Kelsterbach

Bella Italia im heimeligen Wohnzimmerambiente. Satt belegte Pizzen kommen hier ebenso auf die Teller wie Salatvariationen, hausgemachte Pasta wie bei Mama und mediterrane Fisch- und Fleischgerichte.

Staufenstraße 16	Essen: **40** I 50
+49 6107 9896840	Service: **17** I 20
ambienteitaliano.de	Getränke: **16** I 20
italienisch • Pizza • gemütlich	Ambiente: **7** I 10
	Gesamt: 80 I 100

Weinschänke Schloss Groenesteyn

65399 Kiedrich

Dirk Schröer liegt die gehobene Küche besonders am Herzen, in den gemütlich-holzvertäfelten Gaststuben seiner Weinschänke wird entsprechend aufwendig und qualitätsbewusst aufgetischt. Tolle Weinkarte.

Oberstraße 36	Essen: **44** I 50
+49 6123 1533	Service: **18** I 20
groenesteyn.net	Getränke: **18** I 20
Fine Dining • Terrasse • gemütlich	Ambiente: **8** I 10
	Gesamt: 88 I 100

Adler Kronberg

61476 Kronberg im Taunus

Ex-Fußballprofi Martin Hinteregger hat sich einen Traum erfüllt und das traditionsreiche Gasthaus zu neuem Leben erweckt. Natürlich mit einer herzhaften Küche, die zur Heimat des gebürtigen Österreichers passt.

Friedrich-Ebert Straße 13	Essen: **42** I 50
+49 6173 7027156	Service: **17** I 20
adlerkronberg.de	Getränke: **17** I 20
Gasthaus • deutsche Küche • österreichisch	Ambiente: **8** I 10
	Gesamt: 84 I 100

Grüne Gans

61476 Kronberg im Taunus

Im gediegenen Altstadtrestaurant von Claudia Allgaier gibt es neben guter französischer Klassik – von Weinbergschnecke bis Chateaubriand – vor allem reich belegte Flammkuchen, auf den Punkt gebacken.

Pferdstraße 20	Essen: **41** I 50
+49 6173 783666	Service: **17** I 20
gruene-gans.com	Getränke: **15** I 20
Gasthaus • gemütlich • französisch	Ambiente: **7** I 10
	Gesamt: 80 I 100

Schlossrestaurant Kronberg

61476 Kronberg im Taunus

Im historischen Schlossambiente bieten Küchenchef Christoph Hesse und sein Team zwei modern ausgerichtete Menüs (eines davon vegetarisch) an, die hier und da mit regionalen Produkten gespickt sind.

Hainstraße 25	Essen: **42** | 50
+49 6173 70101	Service: **17** | 20
schlosshotel-kronberg.de	Getränke: **17** | 20
Hotelrestaurant • vegetarisch • im Schloss • klassisch	Ambiente: **8** | 10
	Gesamt: 84 | 100

Schuberts

36341 Lauterbach

Modern und leger, Stefan Schuberts Gäste schätzen das Ambiente im Restaurant. Auch seine Küche ist beliebt. Herzhaft zubereitet kommen klassische Fleischgerichte, Lachs und Wildgerichte auf die Teller.

Kanalstraße 12	Essen: **42** | 50
+49 6641 96070	Service: **17** | 20
hotel-schubert.de	Getränke: **17** | 20
Hotelrestaurant • Fisch • klassisch • Familienbetrieb	Ambiente: **8** | 10
P	Gesamt: 84 | 100

360°

65549 Limburg an der Lahn

Alexander Hohlweins bietet in seinem Restaurant eine weltoffene und aromenstarke Küche, die gekonnt zwischen den internationalen Stilen wandelt. Attraktiver Business-Lunch von mittwochs bis samstags!

Bahnhofsplatz 1a	Essen: **45** | 50
+49 6431 2113360	Service: **18** | 20
restaurant360grad.de	Getränke: **17** | 20
Fine Dining • modern • elegant	Ambiente: **8** | 10
	Gesamt: 88 | 100

Der Löwe

63589 Linsengericht

Ein gemütliches Landgasthaus, das nicht nur seine Stammgäste mit seiner zeitlosen, bodenständigen Küche, die den Jahreszeiten folgt, begeistert. Neben guter Weinauswahl gibt es auch heimische Biere.

Dorfstraße 20	Essen: **42** | 50
+49 6051 71343	Service: **16** | 20
derloewe.com	Getränke: **16** | 20
Gasthaus • gemütlich • regionale Produkte	Ambiente: **8** | 10
	Gesamt: 82 | 100

Die Schmelz

35457 Lollar

Das traditionsreiche Gasthaus ist nicht nur für seine Wildgerichte aus heimischer Jagd bekannt, auch fangfrische Forellen gehören zu den Klassikern der Küche, die vorwiegend mit Bioprodukten arbeitet.

Schmelz 3	Essen: **42** | 50
+49 6406 3419	Service: **17** | 20
schmelz-muehle.de	Getränke: **16** | 20
Gasthaus • bio • Fisch • Wild	Ambiente: **8** | 10
P	Gesamt: 83 | 100

Weinwirtschaft Laquai

65391 Lorch

Familie Laquai betreibt schon rund 300 Jahre Weinbau, in ihrer gemütlichen Wirtschaft werden die Eigengewächse zu herzhaften kleinen Speisen eingeschenkt. Bei gutem Wetter auch im lauschigen Garten!

Schwalbacher Straße 20	Essen: **42** I 50
+49 6726 839213	Service: **18** I 20
weingut-laquai.de	Getränke: **18** I 20
Hausmannskost • eigener Weinbau • Gastgarten	Ambiente: **8** I 10
	Gesamt: 86 I 100

Fleur de Sel

63477 Maintal

Südfrankreich steht Pate für einen Großteil der Gerichte, die Patrick Theumer in dem gemütlichen Lokal anbietet. Doch neben den Klassikern schaut der Küchenchef auch über den mediterranen Tellerrand.

Florscheidstraße 19	Essen: **42** I 50
+49 6181 9683385	Service: **16** I 20
restaurant-fleurdesel.de	Getränke: **16** I 20
französisch • gemütlich • klassisch	Ambiente: **7** I 10
	Gesamt: 81 I 100

Marburger Esszimmer

35037 Marburg

Kurz vor Redaktionsschluss kam die Nachricht, dass Spitzenkoch Denis Feix und seine Frau Kathrin als Sommeliere die Leitung im Traditionshaus übernehmen werden. Wir setzen die Bewertung aus.

Anneliese-Pohl-Allee 1	Essen: **n.b.** I 50
+49 6421 8890471	Service: **n.b.** I 20
marburger-esszimmer.de	Getränke: **n.b.** I 20
Casual Dining • Sushi • Fisch • Terrasse	Ambiente: **n.b.** I 10
	Gesamt: n.b. I 100

Neuer Haferkasten

63263 Neu-Isenburg

Italienisches Restaurant mit Kultstatus, das vor allem für seine kalabrischen Spezialitäten bekannt ist. Dazu empfiehlt der Padrone ausgesuchte, hochwertige Weine, die mit Grandezza serviert werden.

Frankfurter Straße 118	Essen: **42** I 50
+49 6102 35329	Service: **18** I 20
neuer-haferkasten.de	Getränke: **18** I 20
Casual Dining • italienisch • klassisch	Ambiente: **8** I 10
	Gesamt: 86 I 100

Landgasthof zur Post

36399 Nieder-Moos

»Frisch, regional und nachhaltig«: Im klassischen Landgasthof ist das Programm. Traditionell und bürgerlich ist das Speisenangebot, Produkte und Zutaten kommen aus der Region, teils in Bioqualität.

Zum See 10	Essen: **42** I 50
+49 6644 295	Service: **17** I 20
gasthofzurpost-nieder-moos.de	Getränke: **15** I 20
Gasthaus • regionale Produkte • gemütlich	Ambiente: **7** I 10
	Gesamt: 81 I 100

Die Greisslerei

61440 Oberursel

Ob selbst gebackener Kuchen oder Huhn mit Morcheln, dazu frisches Bier oder Kaffee: Der Österreicher Fabian Fuiko hat immer beides im Angebot, sein Restaurant öffnet bereits um 10 Uhr fürs Frühstück.

Rathausplatz 9	Essen:	43 | 50
+49 6171 9796836	Service:	17 | 20
diegreisslerei.de	Getränke:	17 | 20
österreichisch • gemütlich • klassisch	Ambiente:	7 | 10
	Gesamt:	84 | 100

Kraftwerk

61440 Oberursel

Im denkmalgeschützten Industrie-Design hat Adalbert Seebacher sein Restaurant untergebracht, in dem er traditionelle Küche anbietet, die immer österreichische Klassiker beinhaltet. Eine Bereicherung!

Zimmersmühlenweg 2	Essen:	42 | 50
+49 6171 929982	Service:	18 | 20
kraftwerkrestaurant.de	Getränke:	17 | 20
Casual Dining • österreichisch • klassisch	Ambiente:	8 | 10
P	Gesamt:	85 | 100

Brentanohaus

65375 Oestrich-Winkel

Am schönsten sitzt man im weitläufigen Garten des historischen Anwesens, genießt Rieslinge aus dem Familienweingut Allendorf und bestellt Gerichte mit regionalem Bezug sowie herzhafter Bodenhaftung.

Am Lindenplatz 2	Essen:	43 | 50
+49 6723 8854070	Service:	17 | 20
brentanohaus.de	Getränke:	17 | 20
regionale Produkte • eigener Weinbau • Terrasse	Ambiente:	8 | 10
P	Gesamt:	85 | 100

Graues Haus

65375 Oestrich-Winkel

Die schlichte Einrichtung passt in das historische Steinhaus, in dem neben einem Feinkostladen auch Bistro und Restaurant untergebracht sind. Fein gemachte Klassiker. Kompakte Weinkarte.

Graugasse 8	Essen:	41 | 50
+49 6723 8853911	Service:	16 | 20
graueshaus.com	Getränke:	16 | 20
Gastgarten • klassisch • traditionell	Ambiente:	8 | 10
	Gesamt:	81 | 100

Bees Restaurant — 65385 Rüdesheim am Rhein

Die Speisekarte ist nach Geschmacksrichtungen geordnet, das Ambiente modern, der Service freundlich. Das Restaurant auf dem ehemaligen Asbach-Gelände ist der neue gastronomische Hotspot im Rheingau.

Am Rottland 6
+49 6722 4191916
beesrestaurant.de
Fine Dining • elegant • modern

Essen:	44	50
Service:	18	20
Getränke:	18	20
Ambiente:	8	10
Gesamt:	88	100

Breuer's Rüdesheimer Schloss — 65385 Rüdesheim am Rhein

Ein Weingasthaus gleich neben der legendären Drosselgasse mit toller Raritätenkarte und dazu ein Angebot an herzhaften Speisen, die Küchenchef Michael Hemberger vorwiegend aus regionalen Produkten zubereitet.

Steingasse 10
+49 6722 90500
ruedesheimer-schloss.com
Gasthaus • gemütlich • regionale Produkte

Essen:	43	50
Service:	17	20
Getränke:	19	20
Ambiente:	7	10
Gesamt:	86	100

F40 Las Brisas — 65428 Rüsselsheim

Die Auswahl an Tapas, natürlich frisch zubereitet, ist riesig und abwechslungsreich. Doch viele Gäste kommen auch wegen der ordentlich belegten Burger und der saftigen Steaks in das große Restaurant.

Elisabethenstraße 20
+49 6142 9428554
las-brisas.de
Steak • Burger • Tapas • unkonventionell

Essen:	42	50
Service:	16	20
Getränke:	15	20
Ambiente:	7	10
Gesamt:	80	100

Landgraf — 64342 Seeheim-Jugenheim

Besonders beliebt ist das Hummermenü, das an ausgesuchten Tagen angeboten wird. Ansonsten hat die ambitionierte Küche des gemütlichen Gasthauses sehr attraktive Fleischklassiker auf der Speisekarte.

Felsbergstraße 49
+49 6257 5051795
gasthaus-landgraf.de
Gasthaus • gemütlich • Steak

Essen:	42	50
Service:	17	20
Getränke:	17	20
Ambiente:	8	10
Gesamt:	84	100

Landhaus Kehl — 36142 Tann

Regionalprodukte vom Land spielen seit Jahren eine wichtige Rolle im gemütlichen Restaurant des sympathischen Familienbetriebs, dazu gehören auch herzhafte Wildspezialitäten aus heimischen Wäldern.

Eisenacher Straße 15
+49 6682 387
landhaus-kehl.de
Gasthaus • gemütlich • traditionell • Wild

Essen:	41	50
Service:	17	20
Getränke:	16	20
Ambiente:	7	10
Gesamt:	81	100

Uwe & Uli

61250 Usingen

Zwei echte Kerle, die ihren Beruf mit Leidenschaft machen. Das schmeckt man, denn die Küche liefert nicht nur saftige Steaks vom Grill mit hausgemachten Saucen, sondern auch bodenständige Klassiker.

Marktplatz 21
+49 6081 5763760
uwe-uli.de
Casual Dining • Steak • Terrasse • traditionell

Essen:	**43** I 50
Service:	**17** I 20
Getränke:	**17** I 20
Ambiente:	**8** I 10
Gesamt:	85 I 100

Wissegiggl

65606 Villmar

Das stimmungsvolle Wirtshaus bietet genau die Küche, die man im urigen Ambiente erwartet: herzhafte Fleischgerichte von Schwein und Rind, Wildgulasch und – für den kleinen Hunger – regionale Hausmannskost.

Wiesenstraße 3
+49 6483 8007765
wissegiggl.de
Hausmannskost • Wild • Burger • urig

Essen:	**41** I 50
Service:	**17** I 20
Getränke:	**16** I 20
Ambiente:	**7** I 10
Gesamt:	81 I 100

Zur Schlupp

65396 Walluf

Familie Erhardt führt ihr kleines Restaurant mit Leidenschaft. Der Fokus der Küche liegt auf frischen, saisonalen und regionalen Qualitätsprodukten, die mit Können zu feinen Gerichten komponiert werden.

Hauptstraße 25
+49 6123 72638
gasthauszurschlupp.de
Fine Dining • Gasthaus • gemütlich

Essen:	**44** I 50
Service:	**18** I 20
Getränke:	**17** I 20
Ambiente:	**8** I 10
Gesamt:	87 I 100

Burg Gleiberg

35435 Wettenberg

Das romantische Ambiente ist die ideale Kulisse für die rustikale Küche (»Burgfladen«), die hier angeboten wird. Ausgiebig gefeiert werden kann auch, denn die Burg bietet Platz für bis zu 400 Personen.

Burgstraße 90	Essen:	43 | 50
+49 641 8778918	Service:	16 | 20
burggleiberg.de	Getränke:	16 | 20
Gasthaus • Gewölbe • entspannt	Ambiente:	7 | 10
	Gesamt:	82 | 100

Benner's

65189 Wiesbaden

Frische Pasta ist neben Lachstatar und Wiener Schnitzel ein bewährter Klassiker des Kurhausrestaurants im französischen Brasseriestil. Sonntags ab 11 Uhr ist Brunch-Time, unbedingt reservieren!

Kurhausplatz 1	Essen:	42 | 50
+49 611 536200	Service:	16 | 20
benner-s.de	Getränke:	16 | 20
Bistro • Casual Dining • Terrasse	Ambiente:	8 | 10
	Gesamt:	82 | 100

Das Goldstein by Gollners

65207 Wiesbaden

Im wunderschönen Ambiente des Gasthauses im Wald bietet die Speisekarte ein enorm abwechslungsreiches Angebot zwischen österreichischen Klassikern und feinen Gourmetgerichten. Sensationelle Weinkarte!

Goldsteintal 50	Essen:	44 | 50
+49 611 541187	Service:	18 | 20
gollners.de	Getränke:	18 | 20
Gasthaus • österreichisch • gemütlich	Ambiente:	9 | 10
P	Gesamt:	89 | 100

Di Gregorio

65189 Wiesbaden

Im eleganten Ristorante mit Terrasse von Ciccio Di Gregorio und Sohn Daniel gibt es zwar keine Pizza, dafür ist man mit den Tagesempfehlungen, Fischgerichten und Meeresfrüchten immer bestens beraten.

Frankfurter Straße 36	Essen:	44 | 50
+49 611 3757177	Service:	18 | 20
di-gregorio.de	Getränke:	17 | 20
italienisch • elegant • Fisch • Terrasse	Ambiente:	8 | 10
	Gesamt:	87 | 100

Ente Bistro

65183 Wiesbaden

Eine bisschen französisch, ein bisschen italienisch angehaucht. Der Küche im legendären Bistro des Nassauer Hofs gelingt der Spagat zwischen Austern, Entenleber, Loup de Mer und Pasta. Super Weinkarte!

Kaiser-Friedrich-Platz 3–4	Essen:	43 | 50
+49 611 133666	Service:	17 | 20
nassauer-hof.de	Getränke:	18 | 20
Hotelrestaurant • Casual Dining • entspannt	Ambiente:	8 | 10
P	Gesamt:	86 | 100

Forsthaus Rheinblick

65199 Wiesbaden

Landhausküche mit Pfiff. Beliebte Klassiker sind Wildsülze mit knusprigen Bratkartoffeln, hausgemachte Grüne Soße mit Ei und Salzkartoffeln und natürlich das legendäre Kotelett in knuspriger Panade.

Frauensteiner Straße 117
+49 611 429171
forsthaus-rheinblick.net
Gasthaus • gemütlich • klassisch

Essen:	43	50
Service:	18	20
Getränke:	17	20
Ambiente:	8	10
Gesamt:	86	100

I-Punkt

65183 Wiesbaden

Wiesbadens City-Hotspot, wenn es um unkomplizierte, feine Küche geht. Patron Oliver Henrich versorgt seine illustren Gäste auf der überdachten Terrasse oder im weißen Interieur mit hausgemachten Klassikern.

Wilhelmstraße 49
+49 611 5801998
ipunkt-wiesbaden.de
entspannt • Terrasse • Essen mit Aussicht

Essen:	43	50
Service:	17	20
Getränke:	17	20
Ambiente:	8	10
Gesamt:	85	100

Landhaus Diedert

65195 Wiesbaden

Mitten im Grünen gelegen, bietet das gediegene Landhaus eine ebensolche Küche, für die Nicolas Sieberling verantwortlich ist. Gerichte mit fangfrischem Fisch sind die Favoriten der vielen Stammgäste.

Am Kloster Klarenthal 9
+49 611 1846600
landhaus-diedert.de
Gasthaus • im Grünen • Terrasse • klassisch

Essen:	42	50
Service:	18	20
Getränke:	18	20
Ambiente:	8	10
Gesamt:	86	100

Martino Kitchen
65183 Wiesbaden

In dem modern eingerichteten Restaurant kommen zu Lunch und Dinner nur regionale und nachhaltige Produkte direkt von den Erzeugern auf die Teller. Mehr als nur bio, zubereitet im Crossover-Style.

Webergasse 6–8
+49 611 9905530
martino.kitchen
Casual Dining • modern • nachhaltig • bio

Essen:	**42** | 50
Service:	**16** | 20
Getränke:	**16** | 20
Ambiente:	**7** | 10
Gesamt:	81 | 100

Restaurant Ente
65183 Wiesbaden

Küchenchef Michael Kammermeier kocht wie eh und je verlässlich geradlinig und kommt in seinen optisch ansprechenden Arrangements ohne kleinteilige Spielereien aus. Legendäre, umfangreiche Weinkarte.

Kaiser-Friedrich-Platz 3–4
+49 611 1330
nassauer-hof.de
Hotelrestaurant • Fine Dining • klassisch • Terrasse

Essen:	**45** | 50
Service:	**18** | 20
Getränke:	**19** | 20
Ambiente:	**8** | 10
Gesamt:	90 | 100

Weinhaus Sinz
65201 Wiesbaden

Die ambitionierte Küche des sympathischen Familienbetriebs ist vor allem saisonal und regional ausgerichtet. Deutsche Klassiker, herzhafte Brotzeiten sowie deftige Spezialitäten sind hier Programm.

Herrnbergstraße 17
+49 611 942890
weinhaus-sinz.de
Gasthaus • deutsche Küche • gemütlich • Hausmannskost

Essen:	**42** | 50
Service:	**18** | 20
Getränke:	**18** | 20
Ambiente:	**8** | 10
Gesamt:	86 | 100

Gutshof Itterbach
34508 Willingen (Upland)

Klassischer, herausgeputzter Gutshof mit Übernachtungsmöglichkeiten. Daneben wird im angeschlossenen, gediegenen Restaurant gut gegessen, vor allem die Steaks sind bei den Stammgästen die Favoriten.

Mühlenkopfstraße 7
+49 5632 96940
gutshof-itterbach.de
Gasthaus • gemütlich • deutsche Küche

Essen:	**41** | 50
Service:	**16** | 20
Getränke:	**16** | 20
Ambiente:	**8** | 10
Gesamt:	81 | 100

Kaltwassers Wohnzimmer
64673 Zwingenberg

Gemütlich wie im Wohnzimmer: Diesen Wunsch hat sich Marc-André Kaltwasser im Restaurant erfüllt. Gekocht wird bodenständig-fein, teils in Bioqualität, aber immer frisch und auf den Punkt zubereitet.

Obergasse 15
+49 6251 1058640
kaltwasserswohnzimmer.de
Casual Dining • gemütlich • regionale Produkte

Essen:	**42** | 50
Service:	**16** | 20
Getränke:	**16** | 20
Ambiente:	**7** | 10
Gesamt:	81 | 100

NORDRHEIN-WESTFALEN

Bistro Quellenhof — 52062 Aachen

Das sieht gut aus, hier fühlt man sich wohl. Im schicken Ambiente bewegt sich die Küche ganz im Stil französischer Brasseriegerichte. Und natürlich ist hier das Tatar von Hand geschnitten – bien sûr!

Monheimsallee 52
+49 241 9132954
parkhotel-quellenhof.de
Bistro • französisch • Terrasse

Essen:	**44**	50
Service:	**18**	20
Getränke:	**17**	20
Ambiente:	**8**	10
Gesamt:	**87**	100

Estor — 52064 Aachen

Großartig der Spagat, der hier zwischen französischer und thailändischer Küche bestens gelingt. Zwar ist die Speisekarte klein, aber die unkomplizierten, frischen Gerichte sind stets den Versuch wert.

Gerlachstraße 20–22
+49 241 47583261
restaurant-estor.de
Casual Dining • Thai • französisch • unkonventionell

Essen:	**44**	50
Service:	**18**	20
Getränke:	**17**	20
Ambiente:	**8**	10
Gesamt:	**87**	100

La Becasse — 52064 Aachen

Klassische französische Küche mit dem notwendigen Touch der Moderne, zum Beispiel Gänseleberterrine mit Aal und Rhabarber – ein kulinarisches Gedicht mit den passenden Weinen. Wechselnde Mittagsmenüs.

Hanbrucher Straße 1
+49 241 74444
labecasse.de
Fine Dining • französisch • elegant

Essen:	**45**	50
Service:	**18**	20
Getränke:	**18**	20
Ambiente:	**9**	10
Gesamt:	**90**	100

Plaisir — 52066 Aachen

Avec plaisir! Was der sympathische Hamid Heidarzadeh in seinem puristisch-eleganten Restaurant anbietet, gefällt mit durchdachten Liaisons aus Klassik und Moderne. Entspannte Gourmetküche für alle!

Schlossstraße 16
+49 241 89464514
plaisiraachen.de
Fine Dining • vegetarisch • elegant

Essen:	**45**	50
Service:	**18**	20
Getränke:	**18**	20
Ambiente:	**8**	10
Gesamt:	**89**	100

St. Benedikt

52076 Aachen

Die Flut im Sommer 2021 zerstörte das Sankt Benedikt. In vier Monaten, mit großer Hilfe und Kraftanstrengung, baute Maximilian Kreus sein Restaurant wieder auf. Identität und Klasse sind geblieben.

Benediktusplatz 12	Essen:	45 | 50
+49 2408 2888	Service:	19 | 20
stbenedikt.de	Getränke:	18 | 20
Fine Dining • französisch • Terrasse • elegant	Ambiente:	8 | 10
	Gesamt:	90 | 100

Penz Am Dom

48341 Altenberge

Tradition und Erfahrung mit Leidenschaft, darauf können sich die Gäste hier verlassen. Die Speisekarte und die Zubereitung der Gerichte führen dies alles zusammen. Eine verlässlich-bodenständige Küche.

Kirchstraße 13	Essen:	43 | 50
+49 2505 9399530	Service:	18 | 20
penz-am-dom.de	Getränke:	16 | 20
Familienbetrieb • deutsche Küche • gemütlich	Ambiente:	7 | 10
P	Gesamt:	84 | 100

Menge

59821 Arnsberg

Sauerländer Herzlichkeit und Offenheit lassen die Gäste durchatmen und sich wohlfühlen. Auch die ambitionierte Küche hat dieses Ziel und serviert gekonnt fein gemachte, bodenständige Klassiker. Genussvoll!

Ruhrstraße 60	Essen:	44 | 50
+49 2931 52520	Service:	18 | 20
hotel-menge.de	Getränke:	17 | 20
Hotelrestaurant • Familienbetrieb • Allrounder	Ambiente:	8 | 10
P	Gesamt:	87 | 100

Alte Schule

57319 Bad Berleburg

Tradition und Moderne, geschickt miteinander verbunden: Das Restaurant hat sein ganz eigenes Flair. Die Küche gibt sich regional und weltoffen, Burger, Schnitzel und Wildgerichte sind die Favoriten.

Goetheplatz 1	Essen:	43 | 50
+49 2751 9204780	Service:	18 | 20
hotel-alteschule.de	Getränke:	17 | 20
Casual Dining • Burger • Wild • unkonventionell	Ambiente:	8 | 10
P	Gesamt:	86 | 100

Haus im Turm

53604 Bad Honnef

Am Fuß des Drachenfelsens gibt es Gerichte mit Produkten aus der Region wie die Siebengebirgs-Wild-Currywurst. Auch das Ambiente überzeugt: Das Haus im Turm war einst eine mittelalterliche Burg.

Drachenfelsstraße 4–7	Essen:	43 | 50
+49 2224 7799911	Service:	16 | 20
hausimturm.de	Getränke:	16 | 20
regionale Produkte • Terrasse • eigener Weinbau	Ambiente:	8 | 10
P	Gesamt:	83 | 100

Jagdhofstuben

57334 Bad Laasphe

Das Thema Jagd ist im Restaurant – Marke: Gemütlichkeit mit Flair – allgegenwärtig. Da dürfen natürlich klassische Wildgerichte nicht fehlen. Dazu werden feinste Grilladen vom Holzkohlengrill geholt.

Glashütter Straße 20	Essen: **44** I 50
+49 2754 3990	Service: **18** I 20
jagdhof-glashuette.de	Getränke: **18** I 20
Hotelrestaurant • Familienbetrieb • Wild • romantisch	Ambiente: **8** I 10
	Gesamt: **88** I 100

Dröppelminna

51465 Bergisch Gladbach

Der Name stammt von einer bauchigen Kaffeekanne aus Zinn, die sich im urig-gemütlichen Restaurant wiederfindet. Küchenchef Wladimir Bormann verwöhnt mit klassischen Menüs, dazu gibt es passende Weine.

Herrenstrunden 3	Essen: **43** I 50
+49 2202 32528	Service: **16** I 20
restaurant-droeppelminna.de	Getränke: **17** I 20
französisch • urig • gemütlich	Ambiente: **8** I 10
	Gesamt: **84** I 100

Vendôme

51429 Bergisch Gladbach

Joachim Wissler hat mit dem Vendôme im Schloss Bensberg einen Gourmettempel von Weltniveau erschaffen. Zu den edlen, technisch anspruchsvollen Kreationen auf den Tellern gibt's perfekt passende Weine.

Kadettenstraße	Essen: **48** I 50
+49 2204 420906	Service: **19** I 20
schlossbensberg.com	Getränke: **20** I 20
Fine Dining • Hotelrestaurant • französisch • elegant	Ambiente: **8** I 10
P	Gesamt: **95** I 100

Altes Kornhaus

37688 Beverungen

Sonntags gibt es bei Ann-Marie und Raphael Nübel frisch gebackenen Kuchen und sensationelle Windbeutel. Ansonsten geht es im Restaurant deutlich fleischiger zu mit perfekt Zubereitetem vom Grill oder aus der Pfanne.

Klingenburgstraße 24	Essen: **44** I 50
+49 5273 5089	Service: **18** I 20
alteskornhaus.de	Getränke: **17** I 20
Gasthaus • Steak • Burger • Terrasse	Ambiente: **7** I 10
	Gesamt: **86** I 100

Büscher's

33649 Bielefeld

Seit Jahrzehnten ein verlässlicher Familienbetrieb mit einem Restaurant, in dem der Chef persönlich kocht. Und zwar gutbürgerliche Gerichte, die Patrick Büscher mit viel Fingerspitzengefühl verfeinert.

Carl-Severing-Straße 136	Essen: **44** I 50
+49 521 946140	Service: **18** I 20
hotel-buescher.de	Getränke: **17** I 20
Hotelrestaurant • Familienbetrieb • regionale Produkte	Ambiente: **8** I 10
P	Gesamt: **87** I 100

Buschkamp

33659 Bielefeld

Im denkmalgeschützten Museum hat auch die Gastronomie Tradition, seit mehr als 150 Jahren wird hier gekocht. Längst auf hohem Niveau, westfälisch, aber auch mit dem Blick über den Tellerrand hinaus.

Buschkampstraße 75	Essen: **43** | 50
+49 521 492800	Service: **17** | 20
museumshof-senne.de	Getränke: **17** | 20
Gasthaus • im Museum • traditionell	Ambiente: **8** | 10
P €€	Gesamt: 85 | 100

EssBar

33602 Bielefeld

Küchenchef Sebastian Lehmeier ist im Restaurant EssBar im Bielefelder Hof verantwortlich für regionale und mediterrane Küche. Der Veranstaltungsraum GeistReich bietet reichlich Platz für Events.

Am Bahnhof 3	Essen: **42** | 50
+49 521 5282635	Service: **15** | 20
bielefelder-hof.de	Getränke: **15** | 20
Hotelrestaurant • mediterran • Terrasse	Ambiente: **8** | 10
	Gesamt: 80 | 100

GUI

33602 Bielefeld

GUI, das ist Esperanto für Genuss. Und der ist garantiert. Fine Dining im Bistro, mediterran mit regionalen Einflüssen: Das Konzept funktioniert in Bielefeld. Viel Wert wird auf die Weine gelegt.

Gehrenberg 8	Essen: **43** | 50
+49 521 5222119	Service: **16** | 20
gui-restaurant.de	Getränke: **18** | 20
Bistro • mediterran • Terrasse • modern	Ambiente: **7** | 10
	Gesamt: 84 | 100

Höptners Abendmahl

33611 Bielefeld

Ein Abendmahl in charmanter Atmosphäre zwischen rustikal und modern. Und vor dem offenen Kamin ist's gemütlich obendrein. Saisonale Gerichte mit passenden Weinen inklusive angeschlossener Weinhandlung.

Johannisstraße 11A	Essen: **44** | 50
+49 521 86105	Service: **15** | 20
abendmahl-restaurant.de	Getränke: **17** | 20
Gasthaus • Delikatessenverkauf • Terrasse • unkonventionell	Ambiente: **8** | 10
	Gesamt: 84 | 100

Klötzer's

33602 Bielefeld

Mit ausgefallenen Menüs und beliebten Klassikern aus der Weltküche hat sich das Restaurant weit über die Grenzen Bielefelds hinaus seinen Ruf erarbeitet. Auch vegetarische Gerichte sind hier einfallsreich.

Ritterstraße 33	Essen: **43** | 50
+49 521 9677520	Service: **18** | 20
kloetzer-delikatessen.de	Getränke: **16** | 20
Casual Dining • Allrounder • vegetarisch	Ambiente: **7** | 10
	Gesamt: 84 | 100

Tomatissimo

33619 Bielefeld

Eine beliebte Adresse im Ostwestfälischen mit mediterraner Küche, die auf regionale Produkte setzt. Ein Highlight: Bernhard Grubmüller bekocht nach Reservierung kleinere Gruppen am »Küchentisch«.

Am Tie 15	Essen: **44** I 50
+49 521 163333	Service: **18** I 20
tomatissimo.de	Getränke: **18** I 20
eigener Kräutergarten • mediterran • modern	Ambiente: **8** I 10
	Gesamt: 88 I 100

Domschenke

48727 Billerbeck

Seit über 150 Jahren ist das Hotel in Billerbeck im Familienbesitz, modern präsentiert sich jedoch die Küche. Hier gibt es Westfälisches wie Pfefferpotthast oder auch ein Tatar vom Bachsaibling.

Markt 6	Essen: **43** I 50
+49 2543 93200	Service: **16** I 20
domschenke-billerbeck.de	Getränke: **16** I 20
Hotelrestaurant • regionale Produkte • traditionell	Ambiente: **8** I 10
	Gesamt: 83 I 100

Mussumer Krug

46395 Bocholt

Mit beiden Beinen fest auf dem Boden: Im Mussumer Krug gilt das für Küche und Gasträume. In gemütlicher Atmosphäre wird bewährt herzhaft aufgetischt, die Ambitionen der Küche sind zu spüren. Frisch, regional, top!

Mussumer Kirchweg 143	Essen: **43** I 50
+49 2871 13678	Service: **17** I 20
mussumerkrug.de	Getränke: **18** I 20
Gasthaus • regionale Produkte • Fisch • traditionell	Ambiente: **8** I 10
	Gesamt: 86 I 100

Five

44787 Bochum

Zwei Menüs, eines mit Fisch oder Fleisch, eines vegetarisch: Mehr braucht es nicht, um im Five bei Tibor Werzl und Nicolai Menting glücklich zu werden. Dazu passende Getränke, alles unkompliziert und lecker.

Hellweg 28–30	Essen: **44** I 50
+49 234 9535685	Service: **17** I 20
five-bochum.de	Getränke: **17** I 20
Casual Dining • unkonventionell • entspannt	Ambiente: **8** I 10
	Gesamt: 86 I 100

Franz Ferdinand

44791 Bochum

Wiener Küche, Mehlspeisen, Beisl: Wer würde in Bochum eine kulinarische österreichische Exklave vermuten? Im modernen Ambiente ist sie so lebendig, authentisch und gut wie in der Alpenrepublik.

Klinikstraße 51	Essen: **44** I 50
+49 234 93539212	Service: **18** I 20
franzferdinand-bochum.de	Getränke: **17** I 20
Gasthaus • österreichisch • traditionell	Ambiente: **7** I 10
	Gesamt: 86 I 100

Livingroom

44787 Bochum

Das extravagante Loft hat seinen eigenen Charme, ein großes Restaurant mit einer Küche, die sich auf viele Geschmäcker einlässt. Das gelingt vortrefflich mit einer Vielzahl an attraktiven Gerichten.

Luisenstraße 9–13
+49 234 9535685
livingroom-bochum.de
Casual Dining • Allrounder • unkonventionell

Essen:	43 | 50
Service:	17 | 20
Getränke:	17 | 20
Ambiente:	8 | 10
Gesamt:	85 | 100

Takeshi

44803 Bochum

Sushi-Chef Daniel Takeshi Wienand hat in Tokio gelernt und in Altenbochum eines der besten japanischen Restaurants des Reviers aufgebaut. Liebe zum Detail, präzises Handwerk und Kreativität.

Theoderichstraße 27
+49 234 6049470
sushi-takeshi.de
japanisch • Sushi • modern

Essen:	43 | 50
Service:	18 | 20
Getränke:	16 | 20
Ambiente:	8 | 10
Gesamt:	85 | 100

Halbedel's Gasthaus

53173 Bonn

Rainer-Maria Halbedel ist eine feste Institution der Bonner Spitzengastronomie. Mit Anfang 70 kocht er noch immer klassisch französisch auf höchstem Niveau, seine Frau leitet charmant den Service.

Rheinallee 47
+49 228 354253
halbedels-gasthaus.de
Fine Dining • französisch • traditionell

Essen:	46 | 50
Service:	19 | 20
Getränke:	18 | 20
Ambiente:	9 | 10
Gesamt:	92 | 100

K.u.K. Weinhäuschen am Rhein

53179 Bonn

Der Tafelspitz in Krensauce, Palatschinken und eine Rochelt-Marille zum Abgang: Mit grandiosem Blick auf das Siebengebirge kommt im Weinhäuschen die Opulenz der K.-u.-k.-Monarchie ins malerische Rheintal.

Fährstraße 26
+49 228 362756
kuk-weinhaus.de
Gasthaus • österreichisch • Terrasse • traditionell

Essen:	40 | 50
Service:	17 | 20
Getränke:	16 | 20
Ambiente:	10 | 10
Gesamt:	83 | 100

Kinkel-Stuben

53227 Bonn

Das umfangreiche Weinangebot zeigt erfreuliche Jahrgangstiefe. Wer dazu etwas essen möchten, kann kleine Häppchen aus der kalten Küche oder von der abwechslungsreichen Tageskarte bestellen.

Kinkelstraße 1
+49 228 441558
kinkelstuben.de
Vinothek • französisch • traditionell • urig

Essen:	42 | 50
Service:	17 | 20
Getränke:	20 | 20
Ambiente:	9 | 10
Gesamt:	88 | 100

Konrad's

53113 Bonn

Großartige Aussicht vom 17. Stock ins Umland Bonns! Dazu genießt man eine aufs Wesentliche konzentrierte Küche, die französisch inspiriert ist und herrlich aromatische Gerichte auf die Teller bringt.

Platz der Vereinten Nationen 4
+49 228 28050684
konrads-bonn.de
französisch • Essen mit Aussicht • modern

Essen:	44 | 50
Service:	18 | 20
Getränke:	17 | 20
Ambiente:	9 | 10
Gesamt:	88 | 100

Oliveto

53111 Bonn

Erste Rheinlage mit Blick auf den Fluss. Florian Weidlich zelebriert im ansprechend gestylten Restaurant eine authentische italienische Küche, die traditionelle Gerichte dezent modern interpretiert.

Adenauerallee 9
+49 228 26010
ameronhotels.com
Hotelrestaurant • italienisch • Essen mit Aussicht

Essen:	43 | 50
Service:	17 | 20
Getränke:	17 | 20
Ambiente:	8 | 10
Gesamt:	85 | 100

Redüttchen

53177 Bonn

Die Redoute in Bad Godesberg war zu Hauptstadtzeiten legendärer Schauplatz großer Staatsempfänge und Banketts. Das einstige Gärtnerhäuschen nebenan ist ein gemütliches Restaurant mit moderner Küche.

Kurfürstenallee 1
+49 228 68898840
reduettchen.de
Fine Dining • gemütlich • entspannt

P

Essen:	44 | 50
Service:	18 | 20
Getränke:	18 | 20
Ambiente:	7 | 10
Gesamt:	87 | 100

Strandhaus

53111 Bonn

Küchenchefin Astrid Kuth kümmert sich seit der Eröffnung vor mehr als zwei Jahrzehnten erfolgreich um das Wohl der Gäste. Die speisen in maritim angehauchtem Ambiente mitten in der Bonner Altstadt.

Georgstraße 28
+49 228 3694949
strandhaus-bonn.de
Terrasse • entspannt • klassisch

P

Essen:	43 | 50
Service:	17 | 20
Getränke:	16 | 20
Ambiente:	8 | 10
Gesamt:	84 | 100

Yunico im Kameha Grand

53227 Bonn

Küchenchef Christian Sturm-Willms entführt seine Gäste beim Omakase-Menü auf eine kulinarische Reise durch Japan. Dabei setzt er auf mediterrane Einflüsse und einen herrlichen Blick auf den Rhein.

Am Bonner Bogen 1
+49 228 43345000
yunico-kameha.com
Hotelrestaurant • Fine Dining • japanisch • Terrasse

Essen:	45 | 50
Service:	18 | 20
Getränke:	18 | 20
Ambiente:	9 | 10
Gesamt:	90 | 100

Bahnhof Nord

46240 Bottrop

Klassische Küche aus Überzeugung und auf hohem Niveau. In dem historischen Bahnhofsgebäude wird das seit Jahren mit Bedacht und Können gepflegt, aber auch ein attraktives veganes Menü bietet man an.

Am Vorthbach 10
+49 2041 988944
bahnhofnord.de
Gasthaus • regionale Produkte • traditionell

Essen:	**44** I 50
Service:	**18** I 20
Getränke:	**17** I 20
Ambiente:	**8** I 10
Gesamt:	87 I 100

Almer Schlossmühle

59929 Brilon

Zwei, drei westfälische Spezialitäten gibt es hier auch, doch die meisten Gerichte entstammen der österreichischen Küche. Die beherrscht Martin Steiner bestens, zünftig und in handfesten Portionen.

Schlossstraße 13
+49 2964 9451430
almer-schlossmuehle.de
Gasthaus • österreichisch • gemütlich

Essen:	**43** I 50
Service:	**18** I 20
Getränke:	**17** I 20
Ambiente:	**8** I 10
Gesamt:	86 I 100

Zum Adler

32257 Bünde

Im neuen Haus mit dem alten Namen lassen sich die Gäste die vielen verschiedenen Steaks schmecken. Doch es gibt viel mehr im Adler: Frühstück, Jausen und eine vegane Karte mit mehrgängigen Menüs.

Moltkestraße 1
+49 5223 4926453
adler-restaurant.de
Steak • Frühstück • vegan • Terrasse

Essen:	**43** I 50
Service:	**18** I 20
Getränke:	**16** I 20
Ambiente:	**7** I 10
Gesamt:	84 I 100

Das Essperiment

33129 Delbrück

Bœuf bourguignon steht beim gebürtigen Aachener Björn Bitzer im Zentrum des Menüs. Erfahrung hat er als Koch bei Flusskreuzfahrten gesammelt, im Dorf bei Paderborn zeigt er seine modernen Kreationen.

Schöninger Straße 74
+49 5250 9956377
restaurant-essperiment.de
Gasthaus • regionale Produkte • modern

Essen:	**43** I 50
Service:	**16** I 20
Getränke:	**16** I 20
Ambiente:	**7** I 10
Gesamt:	82 I 100

Kantiners

33129 Delbrück

Die Atmosphäre macht gute Laune, bei Familie Strunz fühlt man sich wohl und umsorgt. Serviert werden im gediegenen Restaurant bewährte Gerichte (zum Beispiel Medaillon vom Jungschwein) und saftige Steaks.

Graf-Sporck-Straße 34
+49 5250 98880
waldkrug.de
Hotelrestaurant • Familienbetrieb • deutsche Küche • Steak

Essen:	**43** I 50
Service:	**18** I 20
Getränke:	**16** I 20
Ambiente:	**7** I 10
Gesamt:	84 I 100

Dagernova Culinarium
53507 Dernau

Die Flut hat den Saal in Gold und Burgunderrot verschont, die Aussicht aufs Ahrtal ist ein Highlight. Im Dagernova Culinarium gibt es Klassiker wie den Rheinischen Sauerbraten und die passenden Weine.

Ahrweg 7
+49 2643 8321
dagernova.de
deutsche Küche • regionale Produkte • elegant

Essen:	**42**	50
Service:	**16**	20
Getränke:	**18**	20
Ambiente:	**8**	10
Gesamt:	84	100

Jan's Restaurant
32756 Detmold

Chic ist das Restaurant von Jan Diekjobst und auch die Küche ist auf Zack. Aus regionalen und saisonalen Zutaten macht der ambitionierte Koch erstklassige Gerichte mit Tiefgang und kreativem Augenzwinkern.

Lange Straße 19
+49 5231 980990
jandiekjobst.de
Casual Dining • regionale Produkte • unkonventionell

Essen:	**45**	50
Service:	**18**	20
Getränke:	**18**	20
Ambiente:	**8**	10
Gesamt:	89	100

Goldener Anker
46282 Dorsten

Björn Freitag ist einer der Stars unter den TV-Köchen und verwöhnt auch die Kicker von Schalke 04. Doch seine Heimat ist der Goldene Anker. Kreative Gourmetküche der Extraklasse mit eigener Kochschule.

Lippetor 4
+49 2362 22553
bjoern-freitag.de
Fine Dining • modern • elegant

Essen:	**45**	50
Service:	**18**	20
Getränke:	**19**	20
Ambiente:	**8**	10
Gesamt:	90	100

Henschel
46284 Dorsten

Leonore Henschel kocht seit fast 60 Jahren mit Leidenschaft und feiner Technik Gerichte aus der französisch-internationalen Küche. Ihr Sohn Marco serviert dazu passende Weine aus stattlicher Auswahl.

Borkener Straße 47
+49 2362 62670
restaurant-henschel.de
Familienbetrieb • französisch • gemütlich • elegant

Essen:	**43**	50
Service:	**17**	20
Getränke:	**18**	20
Ambiente:	**8**	10
Gesamt:	86	100

Rosin 🍴🍴🍴

46286 Dorsten

Als Fernsehstar rettet Frank Rosin Restaurants vor der Pleite, in seinem eigenen Laden kann er sich auf Küchenchef Oliver Engelke und Sommelière Susanne Spies blind verlassen. Extraklasse!

Hervester Straße 18 +49 2369 4322 frankrosin.de **Fine Dining • Vinothek • elegant**	Essen: **47** I 50 Service: **19** I 20 Getränke: **19** I 20 Ambiente: **9** I 10 Gesamt: **94** I 100

Der Schneider 🍴🍴🍴

44143 Dortmund

Küchenchef Phillip Schneider kreiert ausbalancierte und ausdrucksstarke Gerichte in modernem Ambiente. Das vegetarische Menü steht dabei der Fleisch- und Fischvariante in nichts nach.

Am Gottesacker 70 +49 231 477377 derschneider-restaurant.de **Fine Dining • modern • Terrasse**	Essen: **46** I 50 Service: **18** I 20 Getränke: **18** I 20 Ambiente: **8** I 10 Gesamt: **90** I 100

Grammons 🍴🍴🍴

44309 Dortmund

Viel Platz hat Dirk Grammon nicht in seinem Restaurant, aber die Atmosphäre und vor allem die Küche wecken große Gefühle. Hochküche im klassischen Stil, behutsam modern interpretiert, ist hier die Stärke.

Wieckesweg 29 +49 231 93144465 grammons.de **Fine Dining • französisch • klassisch • elegant**	Essen: **46** I 50 Service: **18** I 20 Getränke: **18** I 20 Ambiente: **8** I 10 Gesamt: **90** I 100

La Cuisine Mario Kalweit 🍴🍴

44141 Dortmund

Küchenchef und Inhaber Mario Kalweit legt Wert auf Top-Produkte und Transparenz. Herkunft und Rezepte sind kein Geheimnis, ebenso wenig sein größtes Hobby: die Zucht historischer Tomatensorten.

Lübkestraße 21 +49 231 5316198 mariokalweit.de **Fine Dining • Delikatessenverkauf • Terrasse**	Essen: **43** I 50 Service: **17** I 20 Getränke: **17** I 20 Ambiente: **8** I 10 Gesamt: **85** I 100

Lennhof 🍴

44227 Dortmund

Früher war der Lennhof das Mannschaftshotel von Borussia Dortmund und trug seinen Teil zu den großen Erfolgen unter Trainer Jürgen Klopp bei. Auch heute noch sind Haus und Küche titelverdächtig.

Menglinghauser Straße 20 +49 231 758190 der-lennhof.de **Hotelrestaurant • regionale Produkte • Gastgarten**	Essen: **43** I 50 Service: **17** I 20 Getränke: **15** I 20 Ambiente: **8** I 10 Gesamt: **83** I 100

The Stage

44225 Dortmund

Michael Dyllong und Ciro De Luca sind über die Dortmunder Gastroszene hinaus bekannt und ein eingespieltes Team. Auf ihrer Bühne am Westfalenstadion zaubern sie seit September 2021 kulinarische Highlights.

Karlsbader Straße 1A
+49 231 7100111
thestage-dortmund.com
Fine Dining • deutsche Küche • Essen mit Aussicht • modern

Essen:	**45** I 50
Service:	**20** I 20
Getränke:	**18** I 20
Ambiente:	**8** I 10
Gesamt:	91 I 100

Vida

44229 Dortmund

Eine starke Kombination aus Spitzenrestaurant und Bar. Stilvolles Ambiente, kreative Küche und erstaunlich faire Preise. Da darf das Menü gerne um das Signature Dish »Rote Garnele« erweitert werden.

Hagener Straße 231
+49 231 95009940
vida-dortmund.com
Fine Dining • Bar • modern • elegant

P

Essen:	**44** I 50
Service:	**18** I 20
Getränke:	**18** I 20
Ambiente:	**8** I 10
Gesamt:	88 I 100

Einfach Brendel

47051 Duisburg

Küchenchef Dirk Brendel kredenzt abwechslungsreiche Menüs aus der deutschen Küche, allerdings durchaus mit dem Blick in die Welt. Eine echte Empfehlung für einen Besuch in Duisburg-Friemersheim.

Fuldastraße 20
+49 203 36358985
einfach-brendel.de
Gasthaus • Gastgarten • modern

Essen:	**43** I 50
Service:	**16** I 20
Getränke:	**16** I 20
Ambiente:	**8** I 10
Gesamt:	83 I 100

Küppersmühle

47051 Duisburg

Das schicke Restaurant passt mit seiner frischen maritimen Küche perfekt in den Duisburger Innenhafen. Bodenständig und extravagant sind hier keine Gegensätze, sondern kulinarisches Programm.

Philosophenweg 49–51
+49 203 518888
kueppersmuehle-restaurant.de
Casual Dining • Terrasse • Essen mit Aussicht

P

Essen:	**44** I 50
Service:	**17** I 20
Getränke:	**17** I 20
Ambiente:	**9** I 10
Gesamt:	87 I 100

Mimi e Rosa

47051 Duisburg

Die Fischsuppe gibt es traditionell immer samstags, die Woche über bietet das kleine Restaurant Gerichte aus der klassischen Trattoriaküche, begleitet von feinster hausgemachter Pasta und Risotto.

Dellstraße 36
+49 203 22921
mimierosa.de
Casual Dining • italienisch • traditionell

Essen:	**43** I 50
Service:	**18** I 20
Getränke:	**17** I 20
Ambiente:	**7** I 10
Gesamt:	85 I 100

Mod by Sven Nöthel

47199 Duisburg

Kulinarische Inspiration und Lebensfreude vermittelt Sven Nöthel mit seiner Küche. Und er tut es mit Leidenschaft, interpretiert Klassiker neu und gibt Regionalem eine spannende geschmackliche Aura.

Grafschafter Straße 197a	Essen: **45** | 50
+49 176 23557864	Service: **18** | 20
mod-dining.com	Getränke: **17** | 20
Fine Dining • Allrounder • vegetarisch • entspannt	Ambiente: **8** | 10
	Gesamt: 88 | 100

Villa Patrizia

47058 Duisburg

In der Nähe des Duisburger Zoos befindet sich eines der besten italienischen Restaurants der Region. Spitzenprodukte und Tophandwerk in klassisch-eleganter Atmosphäre, das Ganze auch im Pavillon.

Mülheimer Straße 213	Essen: **43** | 50
+49 203 330480	Service: **18** | 20
villa-patrizia-online.de	Getränke: **18** | 20
italienisch • Terrasse • elegant	Ambiente: **8** | 10
	Gesamt: 87 | 100

1876 Daniel Dal-Ben

40239 Düsseldorf

Einst trug das Restaurant den Tafelspitz im Namen, doch das war Daniel Dal-Ben nicht genug. Er hat mehr zu bieten: eine kreative Küche und außergewöhnliche Weine, serviert in Wohnzimmeratmosphäre.

Grunerstraße 42a	Essen: **45** | 50
+49 211 1717361	Service: **18** | 20
1876.restaurant	Getränke: **18** | 20
Fine Dining • gemütlich • modern	Ambiente: **8** | 10
	Gesamt: 89 | 100

Agata's

40217 Düsseldorf

Ein Kulturenmix strahlt in der Düsseldorfer Gastroszene. Die gebürtige Polin Agata Reul und der auf Hawaii aufgewachsene Küchenchef Philipp Lange tischen europäische Küche mit asiatischen Elementen auf.

Kirchfeldstraße 59	Essen: **45** | 50
+49 211 20030616	Service: **18** | 20
agatas.de	Getränke: **18** | 20
Fine Dining • elegant • modern	Ambiente: **9** | 10
	Gesamt: 90 | 100

Bar Olio

40211 Düsseldorf

Schlicht, gemütlich, familiär und immer gut besucht: Im kultigen Bistro treffen sich Jung und Alt und genießen eine einfache, frisch zubereitete italienische Landküche ohne Schnörkel und Firlefanz.

Schirmerstraße 54	Essen: **43** | 50
+49 211 3677294	Service: **16** | 20
bar-olio.de	Getränke: **18** | 20
Bistro • italienisch • Meeresfrüchte • traditionell	Ambiente: **8** | 10
	Gesamt: 85 | 100

Berens am Kai

40221 Düsseldorf

Das Berens am Kai ragt aus der Phalanx der Restaurants am Düsseldorfer Medienhafen heraus. Holger Berens sorgt noch immer für die einfallsreichen Kreationen, steht aber nicht mehr regelmäßig selbst am Herd.

Kaistraße 16
+49 211 3006750
berensamkai.de
Fine Dining • modern • Terrasse • Essen mit Aussicht

Essen:	**45**	50
Service:	**19**	20
Getränke:	**18**	20
Ambiente:	**8**	10
Gesamt:	90	100

Bistro Fatal

40233 Düsseldorf

Sonntags wird locker gebruncht, bei gutem Wetter auf der Terrasse. Die Woche über bietet das Bistro eine sehr französisch ausgerichtete Karte mit allem, was der frankophile Gaumen so liebt. Très bien!

Hermannsstraße 29
+49 211 36183023
bistro-fatal.com
Bistro • französisch • Meeresfrüchte • Terrasse

Essen:	**44**	50
Service:	**18**	20
Getränke:	**17**	20
Ambiente:	**7**	10
Gesamt:	86	100

Bouchon

40477 Düsseldorf

Ein schöner Treffpunkt mit ungezwungener Atmosphäre. Gegen den Hunger serviert die ambitionierte Küche von Patrick Zielonka gekonnt gemachte französische Klassiker, dazu gibt es die passenden Weine.

Blücherstraße 70
+49 211 97713417
lebouchon-duesseldorf.de
Casual Dining • französisch • Meeresfrüchte • entspannt

Essen:	**43**	50
Service:	**18**	20
Getränke:	**18**	20
Ambiente:	**8**	10
Gesamt:	87	100

Brasserie Stadthaus

40213 Düsseldorf

Eine Perle der Düsseldorfer Altstadt mit französischer Küche vom Feinsten und den passenden Weinen. Im Innenhof ist die »längste Theke der Welt« bei Coq au Vin à la Brasserie weit weg.

Mühlenstraße 31
+49 211 16092815
brasserie-stadthaus.de
französisch • Gastgarten • klassisch

Essen:	**44**	50
Service:	**17**	20
Getränke:	**18**	20
Ambiente:	**8**	10
Gesamt:	87	100

Dox

40221 Düsseldorf

Im neuen Glanz erstrahlt das Restaurant mit spektakulärem Blick auf die Skyline der Stadt. Ganz im Stil der internationalen Hotelkette bietet die Küche Gerichte aus aller Welt für jeden Geschmack an.

Speditionstraße 19
+49 211 91341775
dox-restaurant.de
Hotelrestaurant • Allrounder • Essen mit Aussicht

P

Essen:	**44**	50
Service:	**17**	20
Getränke:	**17**	20
Ambiente:	**8**	10
Gesamt:	86	100

Dr. Kosch

40476 Düsseldorf

Eine Gastrobar auf höchstem Niveau: Hier hat Spitzenkoch Volker Drkosch seine kulinarische Heimat gefunden. »Man soll die ganze Vita auf dem Teller schmecken«, so lautet sein Motto. Ein Hochgenuss.

Rossstraße 39	Essen: **45** | 50
+49 176 80487779	Service: **18** | 20
dr-kosch.de	Getränke: **18** | 20
Fine Dining • modern • unkonventionell	Ambiente: **9** | 10
	Gesamt: 90 | 100

Em Brass

40479 Düsseldorf

In die locker-lässige Atmosphäre passt die Crossover-Idee der Küche wunderbar. Urbane Kulinarik mit Blicken über alle Tellerränder der Welt, unkompliziert zubereitet und appetitlich arrangiert. Great!

Moltkestraße 122	Essen: **44** | 50
+49 211 36183617	Service: **18** | 20
	Getränke: **17** | 20
Allrounder • Casual Dining • internationale Küche • Terrasse	Ambiente: **7** | 10
	Gesamt: 86 | 100

EssBar

40479 Düsseldorf

»Fein und pfiffig«, so lautet die Devise der Küche, die einen deutsch-französischen Kochstil mit asiatischem Einfluss pflegt. Ein guter Mix, der von Gänsestopfleber über Thai-Curry bis zum Schnitzel reicht.

Kaiserstraße 27	Essen: **42** | 50
+49 211 91193905	Service: **20** | 20
hm-essbar.de	Getränke: **18** | 20
Casual Dining • französisch • deutsche Küche • asiatisch	Ambiente: **8** | 10
	Gesamt: 88 | 100

Fritz's Frau Franzi

40215 Düsseldorf

Tobias Rocholl ist seit Mai 2022 Nachfolger von Küchenchef Benjamin Kriegel im Restaurant des Boutiquehotels The Fritz. Mit ihm beginnt eine neue Zeitrechnung, Rocholl hat sich viel vorgenommen.

Adersstraße 8	Essen: **43** | 50
+49 211 370750	Service: **18** | 20
fritzs-frau-franzi.de	Getränke: **17** | 20
Hotelrestaurant • Fine Dining • modern	Ambiente: **8** | 10
	Gesamt: 86 | 100

Hashi, Petite chinoiserie
40235 Düsseldorf

Moderne chinesische Küche? Das gibt es! Das kleine Restaurant bietet eine wunderbare Auswahl chinesischer Zutaten und Produkte und verbindet sie gekonnt mit europäischen Fisch- und Fleischgerichten.

Ackerstraße 182
+49 211 68789908
hashi-mahlzeit.de
Casual Dining • Allrounder • chinesisch • traditionell

Essen:	**44** | 50
Service:	**18** | 20
Getränke:	**16** | 20
Ambiente:	**7** | 10
Gesamt:	85 | 100

Hitchcoq
40477 Düsseldorf

Außen kross, innen zart und saftig: Die würzigen Grillhähnchen der unkonventionellen Location haben Kultstatus, auch die Biere der hauseigenen Brauerei sind eine Klasse für sich. Eat more chicken!

Nordstraße 30
+49 211 23395288
hitchcoq.de
Casual Dining • Brauerei • unkonventionell

Essen:	**43** | 50
Service:	**17** | 20
Getränke:	**17** | 20
Ambiente:	**7** | 10
Gesamt:	84 | 100

Hülsmann
40545 Düsseldorf

Französische Brasserieküche am Rhein. Pasteten, Terrinen und Würste aus eigener Herstellung stehen auf einer Speisekarte, die keine Wünsche offenlässt. Jenny Hülsmann führt das Konzept ihres Vaters fort.

Belsenplatz 1
+49 211 86399330
brasserie-huelsmann.de
Bistro • französisch • traditionell

Essen:	**42** | 50
Service:	**15** | 20
Getränke:	**15** | 20
Ambiente:	**7** | 10
Gesamt:	79 | 100

Im Schiffchen
40489 Düsseldorf

Altmeister Jean-Claude Bourgueil wäre kein Franzose, würde er nicht die klassische Haute Cuisine aus dem Effeff beherrschen. Großes Geschmackskino bei jedem Gang des Menüs und bei den À-la-carte-Gerichten.

Kaiserswerther Markt 9
+49 211 401050
im-schiffchen.de
Fine Dining • französisch • traditionell

Essen:	**46** | 50
Service:	**18** | 20
Getränke:	**18** | 20
Ambiente:	**8** | 10
Gesamt:	90 | 100

Kö59
40215 Düsseldorf

Helles Design! Ja, Björn Freitags schicke Location hat Stil. Da darf die Speisekarte nicht hintanstehen. Selbst die guten alten Königsberger Klopse erhalten einen kreativen »Twist« von Weltküche.

Königsallee 59
+49 211 82851220
koe59.com
Hotelrestaurant • Allrounder • vegetarisch • vegan

Essen:	**44** | 50
Service:	**18** | 20
Getränke:	**17** | 20
Ambiente:	**9** | 10
Gesamt:	88 | 100

L'arte in Cucina
40625 Düsseldorf

Authentische Küche aus der Toskana in Düsseldorf-Gerresheim. Das L'arte in Cucina serviert Sous-vide-Pulpo, handgemachte Pasta oder Kalbsfilet. Alles »alla Toscana« und liebevoll zubereitet.

Gerricusplatz 6
+49 211 52039590
arteincucina.de
italienisch • modern • entspannt

Essen:	**43** | 50
Service:	**16** | 20
Getränke:	**16** | 20
Ambiente:	**8** | 10
Gesamt:	83 | 100

Le Flair
40477 Düsseldorf

Ein kleiner Raum, puristisch, aber voller Flair. Das liegt vor allem an der ausgezeichneten Küche, die mit einem Menü durch ausgesuchte Aromen, kreative Texturen und nachhallende Geschmäcker führt.

Marc-Chagall-Straße 108
+49 211 51455688
restaurant-leflair.de
Fine Dining • französisch • elegant

Essen:	**46** | 50
Service:	**18** | 20
Getränke:	**18** | 20
Ambiente:	**8** | 10
Gesamt:	90 | 100

Lido
40221 Düsseldorf

Ein Kubus aus Glas und Beton mitten im Düsseldorfer Medienhafen. Das Lido ist ein außergewöhnlicher Ort mit herausragenden Konzepten: dem Bistro, dem Hafen sowie dem Malkasten in der Stadt.

Am Handelshafen 15
+49 211 15768730
lido1960.de
Casual Dining • französisch • regionale Produkte • Terrasse

Essen:	**43** | 50
Service:	**17** | 20
Getränke:	**17** | 20
Ambiente:	**8** | 10
Gesamt:	85 | 100

Münstermanns Kontor
40213 Düsseldorf

An kulinarischer Abwechslung mangelt es in dem gemütlichen Restaurant nicht, fast täglich gibt es neue Gerichte auf der riesigen Karte: bodenständige und klassische, bewährte und modern-raffinierte.

Hohe Straße 11
+49 211 1300416
muenstermann-delikatessen.de
Casual Dining • Allrounder • Steak

Essen:	**43** | 50
Service:	**17** | 20
Getränke:	**16** | 20
Ambiente:	**8** | 10
Gesamt:	84 | 100

Nagaya
40211 Düsseldorf

Yoshizumi Nagaya verschmilzt in seinem Restaurant die traditionelle naturnahe Küche Japans mit europäischen Elementen. Neben einer guten Auswahl an Weinen stehen auch zahlreiche Sake-Sorten zur Wahl.

Klosterstraße 42
+49 211 8639636
nagaya.de
Fine Dining • japanisch • modern

Essen:	**46** | 50
Service:	**18** | 20
Getränke:	**18** | 20
Ambiente:	**9** | 10
Gesamt:	91 | 100

80–84 85–89 90–94 95–100 Punkte

Nagomi

40210 Düsseldorf

Sushi und Sashimi, Suppen, Salate, Geschmortes und Frittiertes. Fans der japanischen Küche werden im Nagomi glücklich, denn hier ist ein Meister am Werk. Immer zu empfehlen ist das Matcha-Eis.

Bismarckstraße 53
+49 211 41658988
nagomi.de
Casual Dining • japanisch • traditionell

Essen:	**43** I 50
Service:	**17** I 20
Getränke:	**15** I 20
Ambiente:	**7** I 10
Gesamt:	82 I 100

noa Foodbar

40223 Düsseldorf

Murat Avcioglu hat seinem ersten eigenen Restaurant den Namen seiner Tochter gegeben. Der Barcharakter passt perfekt nach Düsseldorf-Unterbilk, die Gerichte sind orientalisch oder asiatisch geprägt.

Martinstraße 11
+49 211 15201446
noafoodbar.de
eigener Gemüsegarten • Delikatessenverkauf • entspannt

Essen:	**43** I 50
Service:	**17** I 20
Getränke:	**16** I 20
Ambiente:	**7** I 10
Gesamt:	83 I 100

Parlin

40213 Düsseldorf

Unter der sehenswerten Stuckdecke lässt es sich vorzüglich essen und trinken. Der freundliche Service berät gerne bei der Weinauswahl, umfasst doch die Karte eine große Anzahl an guten Tropfen.

Altestadt 12–14
+49 211 87744595
parlin-weinbar.de
französisch • klassisch • elegant

Essen:	**43** I 50
Service:	**18** I 20
Getränke:	**18** I 20
Ambiente:	**9** I 10
Gesamt:	88 I 100

Phoenix

40211 Düsseldorf

Das Dreischeibenhaus ist eines der bedeutendsten Zeugnisse der Nachkriegszeit und das Phoenix passt hervorragend hinein. Chef Philipp Wolter kreiert von französischen Einflüssen inspirierte Gerichte.

Dreischeibenhaus
+49 211 30206030
phoenix-restaurant.de
Fine Dining • französisch • nachhaltig • elegant

P

Essen:	**46** I 50
Service:	**18** I 20
Getränke:	**19** I 20
Ambiente:	**9** I 10
Gesamt:	92 I 100

Pink Pepper

40212 Düsseldorf

»Storytelling«, kulinarische Geschichten zu erzählen, das ist das ambitionierte Ziel von Benjamin und Ramona Kriegel im elegant-mondänen Restaurant, das sich im einstigen Wintergarten des Hotels befindet.

Königsallee 1A
+49 211 1381611
steigenberger.com
Hotelrestaurant • Fine Dining • elegant

P

Essen:	**44** I 50
Service:	**18** I 20
Getränke:	**18** I 20
Ambiente:	**9** I 10
Gesamt:	89 I 100

Prinzinger by Saittavini

40545 Düsseldorf

Im Design zwischen Tradition und zeitgemäßem Look gehalten, hat in der schönen Gaststätte die italienische Küche Einzug gehalten. Außer Pizza bietet sie alles, was auch in Bella Italia auf die Teller kommt.

Leostraße 1a
+49 211 50670801
prinzinger-saittavini.de
Casual Dining • italienisch • Fisch • entspannt

Essen:	**43**	50
Service:	**18**	20
Getränke:	**17**	20
Ambiente:	**8**	10
Gesamt:	86	100

Rob's Kitchen

40219 Düsseldorf

Rob op den Kamp lädt in seiner Küche zu einer bunten Mischung ein. Fisch und Fleisch sind von hoher Qualität, Snacks wie Pulled Pork perfekt für den kleineren Hunger. Gemüse aus dem eigenen Garten.

Lorettostraße 23
+49 211 54357428
robs-kitchen.de
eigener Gemüsegarten • regionale Produkte • modern

Essen:	**42**	50
Service:	**17**	20
Getränke:	**16**	20
Ambiente:	**7**	10
Gesamt:	82	100

Rocaille

40476 Düsseldorf

Die Küche ist geprägt von Klassikern der Toskana, aber es gibt auch ein gut gemachtes Cassoulet und andere französische Klassiker. Die Weinkarte ist ausgezeichnet, die Patisserie meisterhaft.

Weißenburgstraße 19
+49 211 97711737
rocaille.de
Bistro • Frühstück • französisch • regionale Produkte

Essen:	**43**	50
Service:	**18**	20
Getränke:	**20**	20
Ambiente:	**8**	10
Gesamt:	89	100

Roku 40477 Düsseldorf

Roku, das bedeutet so viel wie Glücksgefühl. Und das stellt sich auch im dritten Restaurant des Meisters Yoshizumi Nagaya in Düsseldorf ein. Feine japanische Speisen und deutsche Weine. Das passt.

Schwerinstraße 34	Essen: **45** I 50
+49 211 15812444	Service: **18** I 20
restaurant-roku.de	Getränke: **18** I 20
japanisch • Sushi • modern	Ambiente: **9** I 10
	Gesamt: 90 I 100

Rubens 40479 Düsseldorf

Cornelia Stolzer und Ruben Baumgart haben ein österreichisches Kleinod in Düsseldorf erschaffen. Hier stimmt alles, vom Wiener Schnitzel bis zum perfekt passenden Smaragd-Wein aus der Wachau.

Kaiserstraße 5	Essen: **45** I 50
+49 211 15859800	Service: **19** I 20
rubens-restaurant.de	Getränke: **18** I 20
österreichisch • Backhendl • Wiener Küche • modern	Ambiente: **8** I 10
	Gesamt: 90 I 100

Saittavini 40545 Düsseldorf

Seit mehr als 20 Jahren ist das elegante Ristorante von Michelangelo Saitta eine Düsseldorfer Institution für feine italienische Gaumenfreuden und beste, erlesene Weine. Stimmiges Ambiente.

Luegallee 79	Essen: **43** I 50
+49 211 57797918	Service: **16** I 20
saittavini.de	Getränke: **18** I 20
Vinothek • italienisch • elegant	Ambiente: **8** I 10
	Gesamt: 85 I 100

Sansibar by Breuninger 40212 Düsseldorf

Nordische Kulinarik und eine Prise Seeluft auf der Kö. Im Nobelkaufhaus Breuninger können sich die Kunden bei Austern und Champagner, aber auch bei Steaks und Currywurst vom Shopping erholen.

Königsallee 2
+49 211 566414650
sansibarbybreuninger.de
Casual Dining • nordische Küche • Steak

Essen:	43	50
Service:	17	20
Getränke:	17	20
Ambiente:	7	10
Gesamt:	84	100

Setzkasten 40212 Düsseldorf

Ein Gourmetrestaurant in einem Supermarkt? Haute Cuisine zwischen Tiefkühlpizza und »Erbsen mit Möhrchen extrafein«? Egon Hopp und Anton Pahl zelebrieren im Setzkasten die Gegensätze bei Lunch und Dinner.

Berliner Allee 52
+49 211 2005716
setzkasten-duesseldorf.de
Fine Dining • unkonventionell • modern

Essen:	45	50
Service:	19	20
Getränke:	19	20
Ambiente:	8	10
Gesamt:	91	100

Staudi's 40476 Düsseldorf

Sebastian »Staudi« Staudinger hat sich in einer alten Metzgerei seinen Traum erfüllt: ein Restaurant voller Charme und hochwertiger Gerichte. Hingucker sind die Bar und der historische Fliesenboden.

Münsterstraße 115
+49 211 15875065
staudisrestaurant.de
deutsche Küche • regionale Produkte • Terrasse

Essen:	42	50
Service:	17	20
Getränke:	17	20
Ambiente:	9	10
Gesamt:	85	100

The Duchy 40212 Düsseldorf

Küchenchef Philipp Ferber ist im luxuriösen Breidenbacher Hof verantwortlich für eine feine Küche im Brasseriestil, natürlich mit rheinischem Bezug. Nachhaltigkeit ist durch eigene Hühner und Kühe garantiert.

Königsallee 11
+49 211 16090500
theduchy-restaurant.com
Hotelrestaurant • eigene Landwirtschaft • elegant

Essen:	43	50
Service:	18	20
Getränke:	18	20
Ambiente:	8	10
Gesamt:	87	100

The Grill Upper Kö
40212 Düsseldorf

Saftige Steaks auf dem Prachtboulevard Königsallee. Im Grill Upper Kö stehen alle gängigen Cuts aus den USA, Argentinien, Australien und Irland auf der Speisekarte. Das Ambiente ist edel-stylish.

Königsallee 30	Essen: **42** I 50
+49 211 3275400	Service: **18** I 20
the-grill-duesseldorf.de	Getränke: **15** I 20
Casual Dining • Steak • modern	Ambiente: **8** I 10
	Gesamt: 83 I 100

The Paradise Now
40219 Düsseldorf

Die Mischung aus Bar, Restaurant, Club und Bistro bereichert seit Kurzem das Szeneviertel am Düsseldorfer Medienhafen. Das Design mit den hellgrün schimmernden Samtsitzflächen vermittelt Urlaubsflair.

Hammer Straße 27	Essen: **43** I 50
+49 176 7637964	Service: **17** I 20
the-paradise-now.de	Getränke: **17** I 20
Bistro • Bar • modern	Ambiente: **9** I 10
	Gesamt: 86 I 100

Weinhaus Tante Anna
40213 Düsseldorf

Die Schankwirtschaft aus dem frühen 19. Jahrhundert hält seit Jahrzehnten die kulinarische Fahne in der Altstadt hoch – heute in siebter Generation geführt. Das Buch der Weine sucht seinesgleichen.

Andreasstraße 2	Essen: **42** I 50
+49 211 131163	Service: **16** I 20
tanteanna.de	Getränke: **19** I 20
Familienbetrieb • gemütlich • urig	Ambiente: **8** I 10
	Gesamt: 85 I 100

Yoshi
40210 Düsseldorf

Einer von drei japanischen Gourmettempeln von Meister Yoshizumi Nagaya in Düsseldorf. Hier stehen Handwerk und Produktqualität über allem. Das Omakase-Menü sticht heraus. Auch mittags einen Besuch wert.

Kreuzstraße 17	Essen: **46** I 50
+49 211 86043060	Service: **18** I 20
nagaya.de	Getränke: **18** I 20
Fine Dining • japanisch • Sushi • modern	Ambiente: **9** I 10
	Gesamt: 91 I 100

Zweierlei
40477 Düsseldorf

Im Zweierlei gibt's Dreierlei vom Kalb – sehr zu empfehlen! Auch gut sind die Außer-Haus-Gerichte, die am heimischen Herd einfach finalisiert werden. Ben Arnswald und Hagen Wagner sind längst etabliert.

Schwerinstraße 40	Essen: **43** I 50
+49 211 9894587	Service: **17** I 20
zweierlei-restaurant.de	Getränke: **17** I 20
Casual Dining • deutsche Küche • modern	Ambiente: **8** I 10
	Gesamt: 85 I 100

Lindenblüte
46446 Emmerich

Familie Siemes serviert am Niederrhein gehobene internationale Küche, regional und saisonal inspiriert – und das zu fairen Preisen. Beliebt sind auch die über das Jahr verteilten Events.

Reeser Straße 545	Essen: **42** | 50
+49 2822 8800	Service: **17** | 20
zu-den-3-linden.de	Getränke: **16** | 20
Familienbetrieb • französisch • mediterran • Terrasse	Ambiente: **8** | 10
	Gesamt: 83 | 100

Lindenhof
48282 Emsdetten

Udo Hankh hat bei den Großen seiner Zunft gelernt: Joachim Wissler und Heinz Winkler. Davon profitieren heute seine Gäste. Und von der Kunst seiner Oma: Deren Rouladen stehen auch auf der Speisekarte.

Alte Emsstraße 7	Essen: **43** | 50
+49 2572 9260	Service: **16** | 20
lindenhof-emsdetten.de	Getränke: **15** | 20
Hotelrestaurant • Familienbetrieb • traditionell	Ambiente: **8** | 10
P	Gesamt: 82 | 100

Eimermacher
51766 Engelskirchen

Das kulinarische Angebot, das Matthias Eimermacher seinen Gästen im heimeligen Restaurant präsentiert, kann sich sehen und schmecken lassen. Immer gut sind das Cordon bleu und die Medaillons vom Lamm.

Ehreshoven 15	Essen: **43** | 50
+49 2263 9694096	Service: **16** | 20
restaurant-eimermacher.de	Getränke: **16** | 20
deutsche Küche • im Grünen • Terrasse	Ambiente: **8** | 10
P	Gesamt: 83 | 100

Haus Bosen
50374 Erftstadt

Das gemütliche Fachwerkhaus hält auch auf den Tellern, was das Ambiente verspricht: Heimische Produkte werden hier zu schmackhafter regionaler Küche verarbeitet und in großzügigen Portionen serviert.

Herriger Straße 2	Essen: **43** | 50
+49 2235 691618	Service: **16** | 20
hausbosen.de	Getränke: **16** | 20
Casual Dining • regionale Produkte • gemütlich	Ambiente: **8** | 10
	Gesamt: 83 | 100

Hopmanns Olive
40699 Erkrath

Regional und mediterran, Maibock aus der Eifel oder Bärlauch-Ravioli: So sieht die Küche der Hopmanns aus. Serviert wird in einladendem Ambiente oder im herrlichen Sommergarten. Ideal auch für Feste.

Ziegeleiweg 1–3	Essen: **43** | 50
+49 2104 803632	Service: **16** | 20
hopmannsolive.de	Getränke: **16** | 20
Gasthaus • regionale Küche • mediterran • Gastgarten	Ambiente: **8** | 10
P	Gesamt: 83 | 100

Anneliese

45259 Essen

Die ungezwungene und lockere Atmosphäre im kleinen Restaurant ist ansteckend. Wohlfühlambiente! Seit Kurzem wird hier nur noch ein Menü angeboten, saisonal durchdacht und attraktiv zusammengestellt.

Petzelsberg 10
+49 201 61795081
restaurant-anneliese.de
Casual Dining • Allrounder • entspannt

Essen:	44	50
Service:	18	20
Getränke:	17	20
Ambiente:	8	10
Gesamt:	87	100

Fischerei

45131 Essen

Hier dreht sich alles um Fisch. Julia Mair bietet in locker-legerer Atmosphäre eine breite Palette an Fischgerichten an. Mal klassisch zubereitet, mal ein bisschen modern angelegt, aber immer frisch.

Rüttenscheider Straße 268
+49 201 45879140
fischerei.restaurant
Bistro • Fisch • unkonventionell

Essen:	43	50
Service:	18	20
Getränke:	15	20
Ambiente:	7	10
Gesamt:	83	100

Gärtnerei

45130 Essen

Frische Pasta und jede Menge Gemüse, ideenreich zubereitet und kombiniert. Das einfach, aber nicht ohne Charme eingerichtete Restaurant hat sich ganz der vegetarischen und veganen Küche verschrieben.

Klarastraße 70
+49 201 51198744
gaertnerei.restaurant
Casual Dining • vegan • vegetarisch • unkonventionell

Essen:	43	50
Service:	18	20
Getränke:	16	20
Ambiente:	7	10
Gesamt:	84	100

Hannappel

45279 Essen

Früher Bergmannskneipe, heute Gourmetrestaurant. Knut Hannappel lebt seinen Traum und Küchenchef Tobias Weyers kreiert aus Topprodukten technisch anspruchsvolle, jedoch nie zu komplizierte Gerichte.

Dahlhauser Straße 173
+49 201 534506
restaurant-hannappel.de
Fine Dining • modern • elegant

Essen:	45	50
Service:	19	20
Getränke:	18	20
Ambiente:	8	10
Gesamt:	90	100

La Grappa 🍴🍴

45128 Essen

Seit 1978 ist Rino Frasetti der Patron des La Grappa am Essener Hauptbahnhof, seitdem verwöhnt er seine Gäste mit hochklassiger italienischer Küche. Fast schon legendär sind die Gnocchi in Trüffelcreme.

Rellinghauser Straße 4	Essen:	43 | 50
+49 201 231766	Service:	17 | 20
la-grappa.de	Getränke:	17 | 20
italienisch • unkonventionell • entspannt	Ambiente:	8 | 10
	Gesamt:	85 | 100

Lucente 🍴

45131 Essen

Das Ristorante Lucente zwischen Rüttenscheid und Bredeney steht für authentische italienische Küche. Inhaber Franco Giannetti hat in Essen mittlerweile ein ganzes Restaurant-Imperium entstehen lassen.

Rüttenscheider Straße 212	Essen:	43 | 50
+49 201 424660	Service:	16 | 20
ristorante-lucente.de	Getränke:	16 | 20
Casual Dining • italienisch • modern	Ambiente:	7 | 10
	Gesamt:	82 | 100

Parkhaus Hügel 🍴

45133 Essen

Unterhalb der Villa Hügel liegt das Parkhaus mit Blick auf den Baldeneysee. Schon seit 1955 verwöhnt die Familie Imhoff hier ihre Gäste. Ein beliebter Ort für Veranstaltungen aller Art.

Freiherr-vom-Stein-Straße 209	Essen:	42 | 50
+49 201 471091	Service:	16 | 20
parkhaus-huegel.de	Getränke:	16 | 20
Hotelrestaurant • regionale Produkte • Terrasse	Ambiente:	8 | 10
	Gesamt:	82 | 100

Paul's Brasserie 🍴

45128 Essen

Nahe des Ensembles mit Philharmonie und Aalto-Theater liegt die authentische französische Brasserie Paul's. Name und Logo erinnern an den verstorbenen Labrador des Inhabers Franco Giannetti.

Huyssenallee 7	Essen:	42 | 50
+49 201 26675976	Service:	16 | 20
pauls-brasserie.de	Getränke:	15 | 20
französisch • traditionell • klassisch	Ambiente:	8 | 10
	Gesamt:	81 | 100

Pierburg Erika Bergheim 🍴🍴

45219 Essen

Wer Erika Bergheim kennt, weiß, welche Genüsse die talentierte Köchin Produkten entlocken kann. Eine aromastarke und geschmackskonzentrierte Küche, die auch Klassiker mit Können und Ideen bereichert.

Schmachtenbergstraße 184	Essen:	44 | 50
+49 2054 5907	Service:	18 | 20
pierburg-essen.com	Getränke:	18 | 20
Fine Dining • Allrounder • vegetarisch • entspannt	Ambiente:	9 | 10
	Gesamt:	89 | 100

CUERTEN.pro / Alina Cürten

Restaurant 1831

45219 Essen

Kulinarische Traditionen bewahren und gleichzeitig mit Neuem überraschen: Fine Dining zwischen Klassik und Moderne, ein geschmackvoller Spaziergang mit aromatischen Ideen und Arrangements.

August-Thyssen-Straße 51
+49 2054 12040
hugenpoet.de
Fine Dining • klassisch • elegant

Essen:	43 | 50
Service:	17 | 20
Getränke:	18 | 20
Ambiente:	8 | 10
Gesamt:	86 | 100

Rotisserie du Sommelier

45131 Essen

Der Anlaufpunkt für gute französische Küche im beliebten Rüttenscheid. Bistro-Atmosphäre mit Ruhrgebietseinschlag, auch bei den Gerichten. Die Liebe zum Wein zeigt sich im Angebot von 300 Flaschen.

Wegenerstraße 3
+49 201 9596930
rotisserie-ruettenscheid.de
Bistro • französisch • Terrasse • entspannt

Essen:	43 | 50
Service:	17 | 20
Getränke:	18 | 20
Ambiente:	7 | 10
Gesamt:	85 | 100

Schote

45130 Essen

TV-Koch Nelson Müller hat mit seinem Restaurant am Rüttenscheider Stern einen kulinarischen Leuchtturm des Ruhrgebiets geschaffen. Das Gourmetrestaurant überzeugt durch eine raffinierte, ausdrucksstarke Küche.

Rüttenscheider Straße 62
+49 201 780107
restaurant-schote.de
Fine Dining • nachhaltig • modern

Essen:	45 | 50
Service:	19 | 20
Getränke:	18 | 20
Ambiente:	8 | 10
Gesamt:	90 | 100

Bembergs Häuschen

53881 Euskirchen

Kochkunst auf höchstem Niveau, exzellenter Service und ein Ambiente, das Raum und Zeit vergessen lässt. Im Gutshof der Burg Flamersheim strahlt eine finessenreiche und handwerklich perfekte Küche.

Burg Flamersheim
+49 2255 945752
burgflamersheim.de
Fine Dining • regionale Produkte • elegant

Essen:	45 | 50
Service:	19 | 20
Getränke:	18 | 20
Ambiente:	8 | 10
Gesamt:	90 | 100

Eiflers Zeiten in der Burg Flamersheim

53881 Euskirchen

Lust auf unkomplizierte Landküche? Dann ist das hübsche, urige Gasthaus eine gute Adresse. Bodenständige Gerichte werden sorgsamst zubereitet und in handfesten Portionen serviert. Richtig gut gemacht!

Burg Flamersheim +49 2255 945752 landlustburgflamersheim.de **Gasthaus • deutsche Küche • traditionell**	Essen: **44** | 50 Service: **18** | 20 Getränke: **17** | 20 Ambiente: **8** | 10 Gesamt: 87 | 100

Mühlenhelle Bistro

51645 Gummersbach

Neben dem Gourmetrestaurant werden im Bistro Klassiker der österreichischen und europäischen Küche serviert – und das zu angenehmen Preisen. Den Kaiserschmarren gibt's mit allem »Drum und Dran«.

Hohler Straße 1 +49 2261 290000 muehlenhelle.de **Hotelrestaurant • Bistro • österreichisch • Terrasse**	Essen: **43** | 50 Service: **16** | 20 Getränke: **19** | 20 Ambiente: **8** | 10 Gesamt: 86 | 100

Mühlenhelle Restaurant

51645 Gummersbach

Michael Quendler ist Österreicher, und in seinen raffinierten, teils bodenständigen Gerichten sind immer wieder feine heimatliche Akzente zu schmecken. Eine sehr spannende Küche mit Erinnerungswert!

Hohler Straße 1 +49 2261 290000 muehlenhelle.de **Fine Dining • regionale Produkte • österreichisch**	Essen: **46** | 50 Service: **18** | 20 Getränke: **19** | 20 Ambiente: **8** | 10 Gesamt: 91 | 100

EssensArt

42781 Haan

Inhaberin Nikoleta Spyrou und Küchenchef Jens Lommel orientieren sich an saisonalen Produkten. Damit haben sie sich im Düsseldorfer Umland einen Namen gemacht – auch mit ihrem vegetarischen Menü.

Bachstraße 141 +49 2129 377921 essensart-haan.de **regionale Produkte • Terrasse • modern**	Essen: **43** | 50 Service: **17** | 20 Getränke: **16** | 20 Ambiente: **8** | 10 Gesamt: 84 | 100

Ratsstuben

45721 Haltern am See

Daniel Georgiev kreiert mit seinem Team feine Gerichte mit saisonalen Einflüssen. Entweder man entscheidet sich für das Menü oder Steaks und Classics. Dazu gibt es die Wahl aus mehr als 300 Weinen.

Mühlenstraße 3 +49 2364 3465 hotel-haltern.de **Hotelrestaurant • Fine Dining • elegant**	Essen: **45** | 50 Service: **18** | 20 Getränke: **18** | 20 Ambiente: **9** | 10 Gesamt: 90 | 100

WielandStuben
59077 Hamm

Hamm ohne die WielandStuben? Nicht vorstellbar! Seit 1965 ist das Lokal in Westfalen beheimatet. Heute kocht Lukas Erfurth mit seinem Team klassische französische Küche auf hohem Niveau.

Wielandstraße 84
+49 2381 401217
wielandstuben.de
französisch • Terrasse • unkonventionell

Essen:	**43** | 50
Service:	**17** | 20
Getränke:	**17** | 20
Ambiente:	**8** | 10
Gesamt:	85 | 100

Poppenborg
33428 Harsewinkel

Heinz Poppenborg kocht Gourmetgerichte auf Basis der französischen Küche. Ehefrau Anne serviert mit ihrem Team die passenden Weine. Im Sommer lässt es sich hervorragend im prächtigen Garten genießen.

Brockhäger Straße 7–9
+49 5247 2241
hotel-poppenborg.de
Hotelrestaurant • Bistro • Familienbetrieb • Gastgarten

Essen:	**43** | 50
Service:	**17** | 20
Getränke:	**17** | 20
Ambiente:	**8** | 10
Gesamt:	85 | 100

Poppenborg's Stübchen
33428 Harsewinkel

Neben dem Gourmetrestaurant betreibt das Ehepaar Poppenborg ein Bistro im Hotel in Harsewinkel mit einer schönen Terrasse. Vom Flammkuchen bis zum Rindertafelspitz steht Schmackhaftes auf der Karte.

Brockhäger Straße 7–9
+49 5247 2241
hotel-poppenborg.de
Bistro • Hotelrestaurant • Terrasse

Essen:	**42** | 50
Service:	**16** | 20
Getränke:	**17** | 20
Ambiente:	**8** | 10
Gesamt:	83 | 100

Diergardts Kühler Grund
45527 Hattingen

Philipp Diergardt hat eine starke Weinkarte, die viel zur Küche Passendes bietet. Diese Reise durch internationale Klassiker – vom Angus-»Bürgermeisterstück« bis zum Schnitzel – wird gekonnt interpretiert.

Am Büchsenschütz 15
+49 2324 96030
diergardt-hattingen.de
Casual Dining • Allrounder • modern • unkonventionell

Essen:	**45** | 50
Service:	**18** | 20
Getränke:	**18** | 20
Ambiente:	**8** | 10
Gesamt:	89 | 100

Altes Brauhaus
52525 Heinsberg

Im traditionsreichen Haus von 1779 kocht Ute Weishaupt leidenschaftlich Klassiker sowie saisonale und mediterrane Gerichte. Im Gastgarten können die Gäste bei deutschem Wein leicht die Zeit vergessen.

Wurmstraße 4
+49 2452 61035
altesbrauhaus-heinsberg.de
Gasthaus • traditionell • gemütlich

Essen:	**42** | 50
Service:	**15** | 20
Getränke:	**15** | 20
Ambiente:	**8** | 10
Gesamt:	80 | 100

Sängerheim

53773 Hennef

In einem Wohnviertel des Hennefer Ortsteils Heisterschoß lädt die Familie Richter zur saisonalen Genussreise mit fairem Preis-Leistungs-Verhältnis ein. Bei gutem Wetter auf der schönen Terrasse.

Teichstraße 9	Essen: **43** / 50
+49 2242 3480	Service: **18** / 20
das-saengerheim.de	Getränke: **16** / 20
Familienbetrieb • regionale Produkte • Terrasse	Ambiente: **7** / 10
	Gesamt: 84 / 100

intensiū

40721 Hilden

Kreativ, nachhaltig, kompromisslos, das sind die Punkte, auf die Kristjan Bratec und Küchenchef Lukas Jakobi bei ihrer modern-deutschen Fine-Dining-Küche setzen. Spannende Vier- bis Sechsgang-Menüs.

Poststraße 42	Essen: **42** / 50
+49 2103 54745	Service: **17** / 20
monopol-intensiu.de	Getränke: **18** / 20
modern • Fine Dining • nachhaltig	Ambiente: **8** / 10
P	Gesamt: 85 / 100

Pungshaus

40723 Hilden

Im alten Fachwerkhaus steckt nicht nur ein gemütliches Ambiente, sondern auch eine modern ausgerichtete Küche, die sich gekonnt um deutsche Klassik (wie Rinderbäckchen oder Blumenkohlsuppe) bewegt.

Grünstraße 22	Essen: **43** / 50
+49 2103 61372	Service: **18** / 20
pungshaus.de	Getränke: **16** / 20
Casual Dining • deutsche Küche • Gastgarten • gemütlich	Ambiente: **8** / 10
	Gesamt: 85 / 100

Die Windmühle Fissenknick

32805 Horn-Bad Meinberg

Viel Historie steckt in der alten Mühle, die längst ein kulinarischer Hotspot geworden ist. Besonders beliebt sind nicht nur die Fischspezialitäten. Das legendäre Windmühlen-Schnitzel ist Kult.

Windmühlenweg 10	Essen: **43** / 50
+49 5234 919602	Service: **18** / 20
diewindmuehle.de	Getränke: **17** / 20
Gasthaus • Allrounder • Terrasse	Ambiente: **7** / 10
P	Gesamt: 85 / 100

Brink

33161 Hövelhof

Küchenchef Florian Brink hat eine Affinität zu Fisch und Meeresfrüchten, die er klassisch-französisch auslebt. Ebenfalls zu empfehlen sind die hausgemachten Terrinen und Pasteten.

Allee 38	Essen: **43** / 50
+49 5257 3223	Service: **16** / 20
	Getränke: **16** / 20
Gasthaus • französisch • regionale Produkte	Ambiente: **8** / 10
P	Gesamt: 83 / 100

Spieker

33161 Hövelhof

Die Geschwister Spieker arbeiteten gemeinsam in Chicago, ehe die Heimat Hövelhof rief. Küchenchef Franz kombiniert westfälische und mediterrane Küche, seine Schwester Beate kümmert sich um das Hotel.

Detmolder Straße 86	Essen: **43** I 50
+49 5257 2222	Service: **17** I 20
gasthaus-spieker.de	Getränke: **15** I 20
Hotelrestaurant • Familienbetrieb • gemütlich	Ambiente: **8** I 10
P	Gesamt: 83 I 100

Steineck

37671 Höxter-Ottbergen

Großartig, im Gasthaus gibt es noch eine Kegelbahn, dazu locken spezielle Angebote der Küche. Wem das zu sportlich ist, der findet im Restaurant herzhafte Fleischgerichte mit hausgemachten Bratkartoffeln.

Brakeler Straße 61	Essen: **43** I 50
+49 5275 985050	Service: **18** I 20
gasthof-steineck.de	Getränke: **16** I 20
Gasthaus • Hausmannskost • urig	Ambiente: **7** I 10
P	Gesamt: 84 I 100

Schloss Loersfeld

50171 Kerpen

Im Herrenhaus des Schlosses aus dem 15. Jahrhundert liegt das Spitzenrestaurant, das mit klassischer Küche und Topprodukten überzeugt. Ein Erlebnis auf den Tellern und hinter den dicken Mauern.

Schloss Loersfeld 1	Essen: **45** I 50
+49 2273 57755	Service: **18** I 20
schlossloersfeld.de	Getränke: **18** I 20
Fine Dining • französisch • im Schloss • elegant	Ambiente: **9** I 10
P	Gesamt: 90 I 100

Acht

50672 Köln

Schon Alfred Biolek ging im Acht ein und aus. Der Entertainer wusste die rustikale Einrichtung, die feine Küche mit den französischen Einflüssen und auch die hervorragende Weinkarte zu schätzen.

Spichernstraße 10	Essen: **42** I 50
+49 221 16818408	Service: **17** I 20
restaurant-acht.de	Getränke: **18** I 20
Casual Dining • französisch • Terrasse • modern	Ambiente: **7** I 10
	Gesamt: 84 I 100

Alfredo

50667 Köln

In Köln ist er bekannt wie der sprichwörtliche bunte Hund: Alfredo, ambitionierter Koch und talentierter Sänger. Auf seinen liebevoll arrangierten Tellern liegt Italien in allen geschmacklichen Varianten. Feinstens!

Tunisstraße 3	Essen:	45 | 50
+49 221 2577380	Service:	18 | 20
ristorante-alfredo.com	Getränke:	18 | 20
Fine Dining • italienisch • Fisch	Ambiente:	8 | 10
	Gesamt:	89 | 100

Appare

50676 Köln

Hiroyuki Watanabe ist Bewahrer der traditionellen japanischen Küche, die er in erstklassigen, klassisch zubereiteten Gerichten umsetzt, nicht ohne dabei seinen eigenen Stil dezent mit einzubringen.

Balduinstraße 10	Essen:	43 | 50
+49 2212 7069058	Service:	18 | 20
appare.de	Getränke:	16 | 20
Casual Dining • japanisch • Sushi • elegant	Ambiente:	8 | 10
	Gesamt:	85 | 100

Astrein

50670 Köln

Der Name steht für sich und ist Programm. Dahinter stecken Eric Werner und seine ambitionierte Koch-Crew, die Gourmetklassiker mit neuen Ideen aufpeppen, ohne deren Fundament infrage zu stellen.

Krefelder Straße 37	Essen:	46 | 50
+49 221 95623990	Service:	18 | 20
astrein-restaurant.de	Getränke:	18 | 20
Fine Dining • Allrounder • unkonventionell	Ambiente:	8 | 10
	Gesamt:	90 | 100

Bai Lu

50672 Köln

Hier gibt's Nudeln in allen Varianten, vegan und glutenfrei, dazu Maultaschen. Alles selbstverständlich hausgemacht und mit Fisch, Fleisch und Saucen zu authentischen chinesischen Gerichten kombiniert.

Palmstraße 41	Essen:	43 | 50
+49 221 78948128	Service:	17 | 20
bai-lu-noodles.business.site	Getränke:	16 | 20
Casual Dining • chinesisch • klassisch	Ambiente:	7 | 10
	Gesamt:	83 | 100

Brauhaus Johann Schäfer

50677 Köln

Natürlich spielt Bier die erste Geige im gemütlichen Brauhaus, dazu gehört auch die Bierbratwurst, serviert mit scharfem Rieslingsenf. Und sonst? Herzhafte Fleischgerichte, Vesperplatten und Salate.

Elsaßstraße 6	Essen:	44 | 50
+49 221 16860975	Service:	18 | 20
johann-schaefer.de	Getränke:	16 | 20
Gasthaus • Biervielfalt • Steak	Ambiente:	8 | 10
	Gesamt:	86 | 100

Capricorn [i] Aries

50678 Köln

Ein bisschen Paris-Flair mitten in Köln. Die Brasserie ist folglich auch ein beliebter Treffpunkt für Jung und Alt, die Favoriten schwanken zwischen Schnecken, Entenleberterrine, Poulet und Baba au rhum.

Alteburger Straße 31
+49 221 3975710
capricorniaries.com
Bistro • französisch • Terrasse • traditionell

Essen:	**44**	50
Service:	**18**	20
Getränke:	**17**	20
Ambiente:	**8**	10
Gesamt:	87	100

Carls

50823 Köln

Ist das schon Frankreich oder noch Köln? Ein bisschen von beidem, denn das schöne Lokal bringt authentische französische Landküche vom Feinsten auf die Teller. Wie Gott in Köln, und das mittendrin!

Eichendorffstraße 25
+49 221 58986656
carlsrestaurant.de
Casual Dining • französisch • Meeresfrüchte • traditionell

Essen:	**44**	50
Service:	**18**	20
Getränke:	**17**	20
Ambiente:	**8**	10
Gesamt:	87	100

Caruso Pastabar

50677 Köln

Klein, fein, italienisch: Was vor rund zehn Jahren als Traum begann, ist heute eine Topadresse für frische Pastagerichte, zubereitet nach traditionellen Familienrezepten. Top: saisonale Schmankerln!

Salierring 46
+49 221 9386311
pastabar.de
Casual Dining • italienisch • entspannt

Essen:	**44**	50
Service:	**18**	20
Getränke:	**17**	20
Ambiente:	**8**	10
Gesamt:	87	100

Christoph Paul's im Hopper

50674 Köln

Christoph Paul und seine Ehefrau Juliane setzen auf regionale Produkte wie Spargel aus Rommerskirchen, Lamm aus eigener Zucht und Gemüse aus Stommeln. Daraus zaubern sie schmackhafte bodenständige Gerichte.

Brüsseler Straße 26
+49 221 92440500
christoph-paul.koeln
Hotelrestaurant • regionale Produkte • modern

Essen:	**43**	50
Service:	**17**	20
Getränke:	**14**	20
Ambiente:	**8**	10
Gesamt:	82	100

Der Vierte König

50939 Köln

Frankreich trifft Indien – und das mitten in Köln-Klettenberg. Jaspreet Dhaliwal-Wilmes begann einst als Spülhilfe, heute überrascht er mit seinen Kreationen. Sehr zu empfehlen ist das sogenannte Thali-Menü.

Gottesweg 165
+49 221 48481288
derviertekoenig.com
französisch • Gastgarten • elegant

Essen:	**43**	50
Service:	**17**	20
Getränke:	**16**	20
Ambiente:	**8**	10
Gesamt:	84	100

Essers Gasthaus

50823 Köln

Im Essers gibt es gutbürgerliche Küche – und das im besten Sinn: Backhendl, Wiener Schnitzel und Forellen. Alles kommt von ausgewählten Lieferanten und – wie auch die Weine – nur aus Österreich und Deutschland.

Ottostraße 72
+49 221 425954
essers-gasthaus.de
Gasthaus • österreichisch • Gastgarten

Essen:	**43** | 50
Service:	**17** | 20
Getränke:	**17** | 20
Ambiente:	**9** | 10
Gesamt:	86 | 100

Früh am Dom

50667 Köln

Ob Schänke, Glockenstube oder Wappensaal: Reichlich Platz ist vorhanden im Früh am Dom für Touristen und Einheimische. Zum Kölsch gibt es Tapas vom Rhein; längst mehr als »Rievkooche« oder »Halve Hahn«.

Am Hof 12–18
+49 221 2613215
frueh-gastronomie.de
Brauerei • Allrounder • urig

Essen:	**40** | 50
Service:	**15** | 20
Getränke:	**14** | 20
Ambiente:	**10** | 10
Gesamt:	79 | 100

Gruber's Restaurant

50668 Köln

Ein Österreicher am Rhein, das passt. Franz Gruber ist längst eine Institution in Köln. Mit Küchenchef Denis Steindorfer bringt er Wiener Köstlichkeiten in die Domstadt, inklusive Spitzenweinen.

Clever Straße 32
+49 221 7202670
grubersrestaurant.de
Gasthaus • österreichisch • Terrasse

Essen:	**43** | 50
Service:	**16** | 20
Getränke:	**18** | 20
Ambiente:	**7** | 10
Gesamt:	84 | 100

Haus Scholzen

50823 Köln

Das Traditionshaus ist ein Hort der gutbürgerlichen Küche. Seit vier Generationen wird in dem Familienbetrieb zünftig gekocht, doch auch fein gemachte Klassiker und Spezialitäten kommen auf die Teller.

Venloer Straße 236
+49 221 515919
haus-scholzen.de
Gasthaus • Familienbetrieb • deutsche Küche • traditionell

Essen:	**44** | 50
Service:	**17** | 20
Getränke:	**16** | 20
Ambiente:	**7** | 10
Gesamt:	84 | 100

Haus Töller
50676 Köln

Kölner Wirtshaus mit Lokalkolorit. Zum klassischen Kölsch vom Fass werden kalte und warme rheinische Spezialitäten serviert: Der »halve Hahn«, Metthappen und Soleier dürfen natürlich nicht fehlen.

Weyerstraße 96	Essen: **43** | 50
+49 221 2589316	Service: **17** | 20
haus-toeller.de	Getränke: **15** | 20
Biervielfalt • Hausmannskost • urig • traditionell	Ambiente: **8** | 10
	Gesamt: 83 | 100

heinzhermann
50668 Köln

Neben Gourmetrestaurant und Straßenküche betreibt Maximilian Lorenz das heinzhermann. Das Lokal zwischen Dom und Rhein führt 1200 internationale Weine. Auch die Speisekarte kann sich sehen lassen.

Johannisstraße 64	Essen: **43** | 50
+49 221 37999192	Service: **17** | 20
weinlokal-heinzhermann.de	Getränke: **19** | 20
Vinothek • modern • elegant •	Ambiente: **7** | 10
	Gesamt: 86 | 100

HENNE.Weinbar
50672 Köln

Die gigantische Weinkarte lässt kaum Wünsche offen. Wer zum Fläschle etwas essen möchte, bekommt warme oder kalte Kleinigkeiten serviert, richtig gut und einfallsreich zubereitet aus Topprodukten.

Pfeilstraße 31	Essen: **44** | 50
+49 221 34662647	Service: **18** | 20
henne-weinbar.de	Getränke: **19** | 20
Vinothek • Casual Dining • französisch	Ambiente: **8** | 10
	Gesamt: 89 | 100

Ito
50672 Köln

Kengo Nishimi ist ein Meister der authentischen japanischen Küche. In seinem Restaurant erleben die Gäste Tradition und Innovation, gespickt mit europäischen Einflüssen. Ein geniales Geschmackswerk!

Antwerpener Straße 15	Essen: **45** | 50
+49 221 3557327	Service: **18** | 20
ito-restaurant.de	Getränke: **18** | 20
Fine Dining • japanisch • Sushi	Ambiente: **8** | 10
	Gesamt: 89 | 100

Karl Hermann's
50825 Köln

Hier gibt es Burger, und zwar richtig gute Burger aus hochwertigen Zutaten. Aber das Karl Hermann's ist kein Imbiss, sondern ein Restaurant, spezialisiert auf Fleisch mit Steaks aus dem Dry-Aged-Schrank.

Venloer Straße 538	Essen: **40** | 50
+49 221 59557960	Service: **17** | 20
karlhermanns.de	Getränke: **14** | 20
Burger • Steak • modern • entspannt	Ambiente: **8** | 10
	Gesamt: 79 | 100

La Cuisine Rademacher 51069 Köln

Marlon Rademacher ist ein Jungstar seiner Zunft. Im La Cuisine hat er sich seinen Traum verwirklicht und serviert auf Basis der französischen Küche und regionaler Produkte ein kulinarisches Erlebnis.

Dellbrücker Hauptstraße 176
+49 221 96898898
la-cuisine-koeln.de
Fine Dining • französisch • modern

Essen:	**46** / 50
Service:	**18** / 20
Getränke:	**18** / 20
Ambiente:	**8** / 10
Gesamt:	90 / 100

La Fonda 50670 Köln

Entspannt, klassisch und gleichzeitig modern: Das gelingt ganz trefflich im angenehm gestylten Restaurant mit einer Küche, die traumsicher zwischen regionalen Klassikern und weltoffenen Speisen wandelt.

Gereonskloster 8
+49 221 16817515
lafonda.koeln
Casual Dining • Allrounder • Terrasse

Essen:	**43** / 50
Service:	**18** / 20
Getränke:	**16** / 20
Ambiente:	**8** / 10
Gesamt:	85 / 100

La Société 50674 Köln

Gepflegte Restaurantkultur und eine kreative Küche kommen hier zusammen. Das Resultat sind durchdachte Gourmetgerichte, inspiriert von der Haute Cuisine und handwerklich stets perfekt zubereitet.

Kyffhäuserstraße 53
+49 221 232464
lasociete.info
Fine Dining • französisch • elegant

Essen:	**45** / 50
Service:	**18** / 20
Getränke:	**18** / 20
Ambiente:	**9** / 10
Gesamt:	90 / 100

Le Moissonnier 50670 Köln

Wer hier eintritt, fühlt sich nach Frankreich versetzt, so authentisch ist das Brasserieambiente. Gegessen wird hier natürlich auch französisch, und das vom Allerfeinsten. Ein Erlebnis für die Sinne.

Krefelder Straße 25
+49 221 729479
lemoissonnier.de
Fine Dining • französisch • Meeresfrüchte • entspannt

Essen:	**48** / 50
Service:	**19** / 20
Getränke:	**18** / 20
Ambiente:	**10** / 10
Gesamt:	95 / 100

Lokschuppen

51063 Köln

Viel Flair und gute Küche in liebevoll restaurierter Industriearchitektur. Serviert wird in der ehemaligen Werkhalle herzhaft-bodenständige Küche, die gekonnt mit modernen Akzenten verfeinert ist.

Hafenstraße 7
+49 221 9670039
wp.lindgens-gastronomie.de
Casual Dining • Allrounder • unkonventionell

P

Essen:	**43** I 50
Service:	**17** I 20
Getränke:	**16** I 20
Ambiente:	**8** I 10
Gesamt:	84 I 100

Luis Dias

50996 Köln

Eine eigene Gewürzserie rundet die modernen, saisonalen Gerichte des gebürtigen Portugiesen Luis Dias ab. So entsteht eine Aromenvielfalt, die Klassiker wie Kalbsfilet mit dicken Bohnen aufwertet.

Wilhelmstraße 35a
+49 221 9352323
luis-dias.com
regionale Produkte • Delikatessenverkauf • modern

P

Essen:	**43** I 50
Service:	**16** I 20
Getränke:	**17** I 20
Ambiente:	**8** I 10
Gesamt:	84 I 100

maiBeck

50667 Köln

Gourmetküche mit Blick auf den Rhein zu fair kalkulierten Preisen. Jan Cornelius Maier und Tobias Becker – kurz: maiBeck – liefern unprätentiöse Gerichte von hoher Qualität mit regionalem Einschlag.

Am Frankenturm 5
+49 221 96267300
maibeck.de
Fine Dining • Delikatessenverkauf • Essen mit Aussicht

Essen:	**45** I 50
Service:	**18** I 20
Getränke:	**18** I 20
Ambiente:	**9** I 10
Gesamt:	90 I 100

Maître

50933 Köln

Das schicke Restaurant, ein Hort der klassisch französischen Küche, stellt in der Domstadt längst eine Institution dar. Neben dem traditionellen Gourmetmenü gibt es auch eine vegetarische Variante.

Olympiaweg 2
+49 221 485360
landhaus-kuckuck.de
Fine Dining • französisch • elegant • klassisch

P

Essen:	**46** I 50
Service:	**18** I 20
Getränke:	**18** I 20
Ambiente:	**8** I 10
Gesamt:	90 I 100

Maximilian Lorenz ¶¶¶ — 50668 Köln

Der Dom, der Rhein, der FC: Sehenswürdigkeiten gibt es in Köln genug, und Maximilian Lorenz mit seiner Interpretation der deutschen Küche gehört dazu. Mit angeschlossenem Weinlokal.

Johannisstraße 64	Essen: **45** | 50
+49 221 37999192	Service: **18** | 20
maximilianlorenz.de	Getränke: **19** | 20
Fine Dining • deutsche Küche • modern	Ambiente: **8** | 10
	Gesamt: 90 | 100

Neobiota ¶¶¶ — 50672 Köln

Feinste Küche, keine Allüren. Sonja Baumann und Erik Scheffler haben in der Kölner Innenstadt einen Gourmettempel etabliert. Empfehlenswert sind das Veggie-Menü und die Frühstücksauswahl.

Ehrenstraße 43c	Essen: **46** | 50
+49 221 27088908	Service: **19** | 20
restaurant-neobiota.de	Getränke: **17** | 20
Fine Dining • Brunch • modern	Ambiente: **8** | 10
	Gesamt: 90 | 100

Ox & Klee ¶¶¶ — 50678 Köln

Daniel Gottschlich und seine Küchencrew bieten ein exklusives Gaumenerlebnis in einem ebenso exklusiven Rahmen. Großartige Aromenarrangements bei perfektem Handwerk, auch in vegetarischen Varianten.

Mittleres Kranhaus, Im Zollhafen 18	Essen: **47** | 50
+49 221 16956603	Service: **19** | 20
oxundklee.de	Getränke: **19** | 20
Fine Dining • Allrounder • vegetarisch • entspannt	Ambiente: **9** | 10
	Gesamt: 94 | 100

Phaedra ¶¶ — 50677 Köln

Eine kleine Karte, die es in sich hat. Denn in der gemütlichen Taverne triumphiert die kulinarische Abwechslung der Mittelmeerregion. Dabei zieht die Küche in Sachen mediterraner Genuss alle Register.

Elsassstraße 30	Essen: **44** | 50
+49 221 16826625	Service: **18** | 20
phaedra-restaurant.de	Getränke: **17** | 20
Casual Dining • mediterran • vegetarisch • traditionell	Ambiente: **8** | 10
	Gesamt: 87 | 100

Poisson ¶¶ — 50667 Köln

Das Restaurant unter der Leitung von Ralf Marhencke gilt als eine der besten Fischadressen in Köln. Zudem gilt das Motto: »Ein exzellenter Fisch ist nichts ohne den passenden Wein.«

Wolfsstraße 6–14	Essen: **43** | 50
+49 221 27736883	Service: **17** | 20
poisson-restaurant.de	Getränke: **18** | 20
Casual Dining • Fisch • entspannt	Ambiente: **7** | 10
	Gesamt: 85 | 100

Pottkind

50678 Köln

Nur der Name »Pottkind« erinnert an die Heimat von Enrico Sablotny und Lukas Winkelmann, ihren kulinarischen Traum haben sie sich in Köln erfüllt. Hier gibt es ein Carte-blanche-Menü von großer Klasse.

Darmstädter Straße 9	Essen:	45 | 50
+49 221 42318030	Service:	18 | 20
restaurant-pottkind.de	Getränke:	18 | 20
Casual Dining • modern • entspannt	Ambiente:	8 | 10
	Gesamt:	89 | 100

Prunier Cologne

50667 Köln

Pariser Art-déco-Flair mitten in Köln. Neben dem wechselnden Mittagsmenü und erstklassigen Tagesempfehlungen hält die Speisekarte der elegant-schicken Location klassische Brasseriegerichte bereit.

Am Hof 48	Essen:	42 | 50
+49 221 71595520	Service:	18 | 20
prunier-cologne.de	Getränke:	17 | 20
Casual Dining • französisch • Delikatessenverkauf • elegant	Ambiente:	9 | 10
	Gesamt:	86 | 100

Pure White

50672 Köln

Lockeres Ambiente, unprätentiös und entspannt. Hier dreht sich alles um den 800 Grad heißen Josper-Grill, auf dem erstklassige Fleischqualitäten, Fische und Meeresfrüchte perfekt zubereitet werden.

Antwerpener Straße 5	Essen:	43 | 50
+49 178 6697667	Service:	18 | 20
pure-white-food.de	Getränke:	17 | 20
Casual Dining • Allrounder • Meeresfrüchte • Steak	Ambiente:	7 | 10
	Gesamt:	85 | 100

Pure White Foodclub

50672 Köln

Weltenbummler Cristiano Rienzner bringt im Belgischen Viertel zusammen, was nur auf den ersten Blick nicht zusammengehört. Die kulinarischen Gegensätze ziehen den gebürtigen Italiener an. Mit Erfolg.

Brabanter Straße 48	Essen:	43 | 50
+49 221 96026556	Service:	17 | 20
pure-white-food.de	Getränke:	18 | 20
Casual Dining • Steak • Fisch • modern	Ambiente:	8 | 10
	Gesamt:	86 | 100

Rays

50939 Köln

Großstadtflair, unterlegt mit Leidenschaft und einer Küche, die traumsicher Produkte und Zutaten in aromatische und spannende Beziehungen zueinander stellt. Urbane Gourmetküche, auch Topcocktails.

Gottesweg 135	Essen:	45 | 50
+49 221 446975	Service:	18 | 20
raysrestaurant.de	Getränke:	17 | 20
Fine Dining • vegetarisch • modern	Ambiente:	8 | 10
	Gesamt:	88 | 100

Sahila

50676 Köln

Spitzenköchin Julia Komp hat sich Anfang 2022 ihren Traum erfüllt und ihr erstes eigenes Restaurant eröffnet. Die orientalisch-mediterrane Mezze-Bar Yu*lia ergänzt das gelungene Weltreise-Konzept.

Kämmergasse 18	Essen: **45** I 50
+49 221 247238	Service: **19** I 20
sahila-restaurant.de	Getränke: **18** I 20
Fine Dining • Bar • elegant	Ambiente: **8** I 10
	Gesamt: **90** I 100

Scherz

50937 Köln

Ob Schmankerlmenü oder à la carte: Im Scherz gibt es feine Klassiker der österreichischen Küche wie Tafelspitz, Schulterscherzel und Bürgermeisterstück vom Kalb. Zu empfehlen ist das angeräucherte Rindsherz.

Luxemburger Straße 256	Essen: **42** I 50
+49 221 16929440	Service: **17** I 20
gasthausscherz.de	Getränke: **17** I 20
Gasthaus • österreichisch • Gastgarten • entspannt	Ambiente: **8** I 10
	Gesamt: **84** I 100

Taku

50667 Köln

Mirko Gaul hat im traditionsreichen Excelsior Hotel Ernst am Dom einen modernen Tempel der Kulinarik installiert. Die Küche ist asiatisch präzise, international geprägt und somit fein ausbalanciert.

Domplatz/Trankgasse 1–5	Essen: **45** I 50
+49 221 2701	Service: **19** I 20
taku.de	Getränke: **18** I 20
Fine Dining • Hotelrestaurant • japanisch • modern	Ambiente: **9** I 10
	Gesamt: **91** I 100

Zen

50935 Köln

Längst gibt es zwei Zen-Restaurants in der Domstadt, beide verwöhnen die Gäste mit präziser japanischer Handwerkskunst. Hier gibt es Sushi und Sashimi in Spitzenqualität und noch viel mehr.

Bachemer Straße 236	Essen: **43** I 50
+49 221 28285755	Service: **18** I 20
restaurant-zen.de	Getränke: **17** I 20
japanisch • modern • elegant	Ambiente: **8** I 10
	Gesamt: **86** I 100

Zur Tant-Piccolo

51143 Köln

Der Ableger des nebenan gelegenen Gourmetrestaurants überzeugt mit gehobener gutbürgerlicher Küche sowie einem herrlichen Blick auf den Rhein. Der Weinhandel bietet Gutes aus Österreich.

Rheinbergstraße 49	Essen: **45** I 50
+49 2203 81883	Service: **17** I 20
	Getränke: **18** I 20
Bistro • österreichisch • deutsche Küche • Essen mit Aussicht	Ambiente: **8** I 10
P	Gesamt: **88** I 100

Weinmühle

53639 Königswinter

Ob im gemütlichen rustikalen Ambiente mit Bruchsteinwänden oder im mediterranen Garten: Spitzengewächse begleiten in der Weinmühle in Königswinter die saisonalen, frischen und herzhaften Speisen.

Lindenstraße 7	Essen:	42 | 50
+49 2223 21813	Service:	18 | 20
weinmühle.net	Getränke:	18 | 20
Gasthaus • Gastgarten • gemütlich	Ambiente:	8 | 10
	Gesamt:	86 | 100

Stappen

41352 Korschenbroich

Ein Hotel, eine Vinothek, Catering und Events: Das Stappen ist mehr als nur ein Restaurant mit anspruchsvoller regionaler und internationaler Küche. Ein Blick in die Weinkarte lohnt.

Steinhausen 39	Essen:	43 | 50
+49 2166 88226	Service:	16 | 20
gasthaus-stappen.de	Getränke:	18 | 20
Hotelrestaurant • Vinothek • Terrasse	Ambiente:	8 | 10
	Gesamt:	85 | 100

Villa Medici

47800 Krefeld

In der prachtvollen Jugendstilvilla empfängt der gebürtige Neapolitaner Giuseppe Buonanno die Gäste, auf die im Restaurant klassische italienische Küche vom Feinsten wartet. Aufmerksamer Service.

Schönwasserstraße 73	Essen:	43 | 50
+49 2151 50660	Service:	19 | 20
villa-medici-krefeld.de	Getränke:	17 | 20
Hotelrestaurant • italienisch • Terrasse	Ambiente:	8 | 10
	Gesamt:	87 | 100

Zur Mühle

51515 Kürten

Frische Produkte, die mit Liebe, Sorgfalt und Kreativität zubereitet werden: Nach diesem Motto verbinden Hermann und Kerstin Berger, die den Familienbetrieb seit 2004 führen, Tradition und Moderne.

Wipperfürther Straße 391	Essen:	43 | 50
+49 2268 6629	Service:	17 | 20
restaurant-zur-muehle.com	Getränke:	17 | 20
Gasthaus • Familienbetrieb • Terrasse	Ambiente:	8 | 10
	Gesamt:	85 | 100

Wettsteins

52379 Langerwehe

Am Rande der Eifel lädt das Wettsteins seit zwei Jahrzehnten zur ländlich-kreativen Küche ein. Die Einflüsse kommen aus Frankreich und Asien, der Wein auch vom Familiengut an der Mosel.

Schlossstraße 66	Essen:	43 | 50
+49 2423 2298	Service:	17 | 20
wettsteins-restaurant.de	Getränke:	17 | 20
Familienbetrieb • Terrasse • im Grünen	Ambiente:	8 | 10
	Gesamt:	85 | 100

Hinterding

49525 Lengerich

Klaus Weingartz kocht mit seiner ganzen Erfahrung gekonnt klassische Küche und legt bei seinen Produkten großen Wert auf Transparenz. Im Sommer lassen sich die Gerichte am besten im Gastgarten genießen.

Bahnhofstraße 72
+49 5481 94240
hinterding-lengerich.de
Hotelrestaurant • Gastgarten • elegant

Essen:	**44** | 50
Service:	**16** | 20
Getränke:	**17** | 20
Ambiente:	**8** | 10
Gesamt:	85 | 100

Scheiderhöhe

53797 Lohmar

Daniel und Stephanie Lengsfeld sind herzliche Gastgeber und bieten ihren Gästen eine ehrliche und bodenständige Küche, die fein und geschmackvoll aus regionalen Produkten arrangiert ist. Echt klasse!

Scheiderhöher Straße 49
+49 2246 18892
gasthaus-scheiderhoehe.de
Gasthaus • regionale Produkte • vegetarisch

Essen:	**45** | 50
Service:	**18** | 20
Getränke:	**18** | 20
Ambiente:	**8** | 10
Gesamt:	89 | 100

Anthony's Kitchen

40667 Meerbusch

Anthony Sarpong ist ein fröhlicher Mensch, entsprechend unkompliziert und animierend-überzeugend sind seine Kreationen, die er alle paar Wochen austauscht. Sympathisch-moderne Gourmetküche für alle!

Moerser Straße 81
+49 2132 9851425
anthonys-kitchen.de
Fine Dining • Allrounder • regionale Produkte • entspannt

Essen:	**45** | 50
Service:	**18** | 20
Getränke:	**18** | 20
Ambiente:	**9** | 10
Gesamt:	90 | 100

Mönchenwerth

40667 Meerbusch-Büderich

Der Elsässer Guy de Vries kocht seit mehr als 20 Jahren klassische französische Gerichte auf hohem Niveau, begleitet von Elementen der Molekularküche. Und das in idyllischer Atmosphäre direkt am Rhein.

Niederlöricker Straße 56
+49 2132 757650
moenchenwerth.de
Gasthaus • französisch • Gastgarten

P

Essen:	**43** | 50
Service:	**17** | 20
Getränke:	**16** | 20
Ambiente:	**8** | 10
Gesamt:	84 | 100

Donner

59872 Meschede

Die Küche im Landhotel Donner orientiert sich an frischen und saisonalen Produkten. Zu Beginn des Jahres gibt es Wild, im Frühjahr Spargel, im Sommer Matjes und im Dezember eine knusprige Gans.

Zur Alten Schmiede 4
+49 291 952700
landhotel-donner.de
Hotelrestaurant • Terrasse • elegant

P

Essen:	**43** | 50
Service:	**16** | 20
Getränke:	**16** | 20
Ambiente:	**8** | 10
Gesamt:	83 | 100

von Korff's

59872 Meschede

Ob westfälische Heimatküche oder mediterrane Gerichte, bei Korff's schmeckt es. Über die Grenzen des Sauerlands bekannt ist zudem der Weinhandel wie auch der Vorratsschrank mit Speisen für daheim.

Le-Puy-Straße 19	Essen: **43** I 50
+49 291 99140	Service: **17** I 20
hotelvonkorff.de	Getränke: **18** I 20
Hotelrestaurant • Vinothek • Delikatessenverkauf	Ambiente: **7** I 10
	Gesamt: 85 I 100

Kurlbaum

47441 Moers

Das Kurlbaum am Niederrhein überzeugt mit zeitlosem Ambiente und einer Küche, die Wert auf Frische legt. Zu empfehlen ist der Gurken-Erdbeer-Salat mit Quinoa oder das Meeresfisch-Gemüse-Curry.

Burgstraße 7	Essen: **43** I 50
+49 2841 27200	Service: **18** I 20
restaurant-kurlbaum.de	Getränke: **18** I 20
Fine Dining • modern • elegant	Ambiente: **8** I 10
	Gesamt: 87 I 100

Kasteel

41169 Mönchengladbach

Die Holzbalken unter der Decke des Restaurants stammen aus dem alten historischen Haus aus dem Jahr 1682. Die Küche ist deutlich moderner aufgestellt und bietet im Frühjahr ein »Grünes Menü vom Spargel«.

Vorster Straße 535	Essen: **43** I 50
+49 2161 559340	Service: **17** I 20
lindenhof-mg.de	Getränke: **15** I 20
Hotelrestaurant • Familienbetrieb • traditionell	Ambiente: **8** I 10
	Gesamt: 83 I 100

Am Kamin

45473 Mülheim an der Ruhr

Hans Robert Lange Rodriguez hat seit Herbst 2021 in der Küche des Mülheimer Traditionsrestaurants das Sagen. Inhaberin Heike Nöthel-Stöckmann serviert die passenden Weine, darunter auch Raritäten.

Striepens Weg 62	Essen: **42** I 50
+49 208 760036	Service: **17** I 20
restaurant-amkamin.de	Getränke: **17** I 20
Fine Dining • Terrasse • urig	Ambiente: **8** I 10
P	Gesamt: 84 I 100

Liebling im Mühlenbach

45475 Mülheim an der Ruhr

Gut gemachte Schnitzel mit erstklassiger Pfeffersauce gibt es im gemütlichen Restaurant, dazu hat die Küche noch andere herzhafte und rustikale Gerichte aus der Pfanne. Natürlich mit Liebe gemacht!

Hexberg 58	Essen: **43** I 50
+49 208 88388988	Service: **18** I 20
liebling-mh.de	Getränke: **16** I 20
Gasthaus • Hausmannskost • Gastgarten • urig	Ambiente: **7** I 10
P	Gesamt: 84 I 100

Mausefalle

45468 Mülheim an der Ruhr

Gutbürgerliches im Fachwerkhaus nahe der Ruhr. Die »Pott«-Küche der Mausefalle in Mülheim ist einen Besuch wert, hier kommt nur Hausgemachtes auf den Tisch, angelehnt an die Produkte der Saison.

Bogenstraße 8
+49 208 3059860
mausefallemuelheim.de
Gasthaus • regionale Produkte • traditionell

Essen:	**43** | 50
Service:	**17** | 20
Getränke:	**16** | 20
Ambiente:	**8** | 10
Gesamt:	84 | 100

Mölleckens Altes Zollhaus

45478 Mülheim an der Ruhr

À la carte, Business-Lunch oder Veggie-Dinner: In Mölleckens Altem Zollhaus in Mülheim an der Ruhr gibt es Gerichte je nach Anlass, aber immer gehoben-gutbürgerlich. Ehrlich, kreativ, lecker.

Duisburger Straße 239
+49 208 50349
moelleckensalteszollhaus.de
Hotelrestaurant • deutsche Küche • Terrasse

P

Essen:	**42** | 50
Service:	**17** | 20
Getränke:	**17** | 20
Ambiente:	**8** | 10
Gesamt:	84 | 100

Brust oder Keule

48149 Münster

Abwechslung auf der Speisekarte und in den Gerichten ist für Laurin Kux ein Muss der modernen Küche. Ihm und seiner Crew gelingt es trefflich, aromatisch-innovative Spannung auf die Teller zu bringen.

Melchersstraße 32
+49 251 9179656
brustoderkeule.de
Fine Dining • Allrounder • entspannt

Essen:	**44** | 50
Service:	**18** | 20
Getränke:	**18** | 20
Ambiente:	**8** | 10
Gesamt:	88 | 100

Cœur D'Artichaut

48143 Münster

Kulinarische Herzensangelegenheit in coolem Ambiente mit Showküche. Was da entsteht, kann sich schmecken lassen! Chef Frédéric Morel wandelt traumsicher durch die Küche seiner französischen Heimat.

Alter Fischmarkt 11a
+49 251 39582823
coeur-dartichaut.de
Casual Dining • französisch • unkonventionell • Fisch

Essen:	**45** | 50
Service:	**18** | 20
Getränke:	**18** | 20
Ambiente:	**9** | 10
Gesamt:	90 | 100

Giverny

48143 Münster

Bienvenue à Münster! Jörg Winkler und Nadja Winkler-Zaragoza tischen im Kiepenkerlviertel klassische französische Gerichte auf. Von A wie Austern bis S wie Sorbets. Mittwochs ist Bouillabaisse-Tag.

Spiekerhof 25
+49 251 511435
restaurant-giverny.de
Bistro • französisch • klassisch

Essen:	**43** | 50
Service:	**17** | 20
Getränke:	**17** | 20
Ambiente:	**7** | 10
Gesamt:	84 | 100

Großer Kiepenkerl

48143 Münster

Münster Institution und ein Gasthaus wie aus dem Bilderbuch. Westfälische Spezialitäten sind hier gesetzt, ebenso der Rheinische Sauerbraten, die Matjes-Karte und längst auch die Gasthaus-Veggies.

Spiekerhof 45
+49 251 40335
grosser-kiepenkerl.de
Gasthaus • deutsche Küche • Fisch • gemütlich

Essen:	**44** | 50
Service:	**18** | 20
Getränke:	**17** | 20
Ambiente:	**8** | 10
Gesamt:	87 | 100

Landhaus Eggert

48157 Münster

Im Münsterland befindet sich der mittelalterliche Gutshof mit dem Landhaus Eggert, das Wellness für die Sinne bietet: ob beim Heimatmenü oder mit Klassikern wie Schollenfilets »Finkenwerder Art«.

Zur Haskenau 81
+49 251 328040
landhaus-eggert.de
Hotelrestaurant • Terrasse • im Grünen

Essen:	**43** | 50
Service:	**16** | 20
Getränke:	**16** | 20
Ambiente:	**8** | 10
Gesamt:	83 | 100

Linnenboom

48157 Münster

Wenn das Feuer im Kamin knistert, ist die romantische Atmosphäre perfekt. Die Küche, mittags wie abends, serviert gutbürgerliche Klassiker, Wild aus eigener Jagd und natürlich ihr Romantikmenü.

Handorfer Werseufer 1
+49 251 32750
hof-zur-linde.de
Casual Dining • Hotelrestaurant • deutsche Küche

Essen:	**43** | 50
Service:	**18** | 20
Getränke:	**16** | 20
Ambiente:	**8** | 10
Gesamt:	85 | 100

Spitzner

48143 Münster

Die französische Küche hat es Karl Nikolas Spitzner angetan, sie ist seine Basis im Restaurant im Herzen von Münster. Dabei setzt er auf regionale Produkte und preiswerte Lunchgerichte.

Königsstraße 42
+49 251 41441550
spitzner-restaurant.de
französisch • regionale Produkte • Terrasse

Essen:	**44**	50
Service:	**17**	20
Getränke:	**16**	20
Ambiente:	**8**	10
Gesamt:	85	100

Villa Medici

48155 Münster

Die Villa Medici gibt es seit Ende der 1980er-Jahre in Münster, damals machte sie sich schnell einen Namen mit hausgemachter Pasta. Heute sorgt hier Küchenchef Pascal Erdhütter für mediterrane Genüsse.

Prozessionsweg 402
+49 251 34218
villa-medici-muenster.de
italienisch • mediterran • Terrasse • elegant

Essen:	**43**	50
Service:	**18**	20
Getränke:	**17**	20
Ambiente:	**8**	10
Gesamt:	86	100

Von Rhemen

48159 Münster

Das für das Münsterland typische Wasserschloss mit dem Restaurant Von Rhemen ist eine Reise wert. In der Küche wird auf regionale Produkte gesetzt. Die Terrasse bietet einen Blick in den Schlosspark.

Steinfurter Straße 374
+49 251 144270
schloss-wilkinghege.de
Hotelrestaurant • regionale Produkte • im Schloss • Terrasse

Essen:	**43**	50
Service:	**17**	20
Getränke:	**17**	20
Ambiente:	**9**	10
Gesamt:	86	100

Troyka

41812 Neu-Immerath

Die Troyka, das sind Alexander Wulf, Marcel Kokot und Ronny Schreiber. Drei Freunde mit Mut und Innovationsgeist in der Küche und darüber hinaus. Die Kulinarik ist inspiriert von Wulfs Heimat Russland.

Ruhrstraße 19
+49 2431 9455355
troyka.de
Fine Dining • russisch • eigener Gemüsegarten

Essen:	**45**	50
Service:	**19**	20
Getränke:	**18**	20
Ambiente:	**8**	10
Gesamt:	90	100

Little Johns

47506 Neukirchen-Vluyn

Der skandinavische Einrichtungsstil soll nicht darüber hinwegtäuschen, dass sich die Küche für ihr Angebot in aller Welt umschaut. Und natürlich auch vor Ort: Rheinische Spezialitäten sind gesetzt!

Niederrheinallee 310	Essen:	**43** | 50
+49 2845 7908210	Service:	**18** | 20
little-johns.de	Getränke:	**16** | 20
Casual Dining • Allrounder • entspannt	Ambiente:	**8** | 10
	Gesamt:	85 | 100

Herzog von Burgund

41460 Neuss

Der Österreicher Erich Tiefenbacher schwingt seit 1989 den Kochlöffel im Herzog von Burgund und ist längst über die Grenzen von Neuss bekannt. So wie das Haus an der Erftstraße mit einladender Terrasse.

Erftstraße 88	Essen:	**43** | 50
+49 2131 23552	Service:	**17** | 20
herzogvonburgund.de	Getränke:	**17** | 20
österreichisch • deutsche Küche • Terrasse • klassisch	Ambiente:	**8** | 10
	Gesamt:	85 | 100

Spitzweg

41460 Neuss

Die wechselnde Speisekarte mit ihren Gerichten aus hochwertigen regionalen und saisonalen Produkten folgt mitunter Themenschwerpunkten wie den Sylter Wochen. Erschwingliche Überraschungsmenüs.

Glockhammer 43a	Essen:	**43** | 50
+49 2131 6639660	Service:	**16** | 20
restaurant-spitzweg.de	Getränke:	**16** | 20
regionale Produkte • Terrasse • modern	Ambiente:	**8** | 10
	Gesamt:	83 | 100

Brockel Schlimbach

52385 Nideggen

Alt ist das Gemäuer, das Burgrestaurant aber modern und die Küche zeitgemäß und weltläufig. Das Angebot ist in ein Gourmetmenü eingebunden, das feinstes Handwerk mit aromatischer Tiefe verbindet.

Kirchgasse 10a	Essen:	**46** | 50
+49 2427 9091066	Service:	**18** | 20
burgrestaurant-nideggen.de	Getränke:	**18** | 20
Fine Dining • internationale Küche • modern	Ambiente:	**8** | 10
P	Gesamt:	90 | 100

Le Gourmet Clostermanns Hof

53859 Niederkassel

Küchenchef Thomas Gilles setzte auf klare Aromen und spannende Kombinationen mit wechselnden Gerichten. Er lässt dabei keine Wünsche offen: Vom Frühstück bis zum Gourmetmenü ist alles im Angebot.

Heerstraße 2a	Essen:	**45** | 50
+49 2208 9480260	Service:	**18** | 20
clostermannshof.de	Getränke:	**18** | 20
Hotelrestaurant • Fine Dining • Gastgarten	Ambiente:	**9** | 10
P	Gesamt:	90 | 100

Römers 41372 Niederkrüchten

Maria und Hans-Peter Römer laden am linken Niederrhein zum Genießen ein. Die Küche ist mediterran ausgerichtet und setzt auf regionale Produkte. Das Ambiente passt dazu: elegant innen, entspannt draußen.

Wiesenstraße 29 +49 2163 80428 roemers-restaurant.de **mediterran • Gastgarten • regionale Produkte • elegant**	Essen: **43** / 50 Service: **16** / 20 Getränke: **16** / 20 Ambiente: **8** / 10 Gesamt: 83 / 100

Venus 59394 Nordkirchen

Im »westfälischen Versailles« lässt sich beim 12-Stationen-Spaziergang mit regionalen Tapas die Zeit vergessen. Im Bistro nebenan geht es leger zu. Bürgerlich-faire Preise sind im Schloss garantiert.

Schloss 1 +49 2596 972472 lauter-nordkirchen.de **Fine Dining • im Schloss • Terrasse**	Essen: **43** / 50 Service: **18** / 20 Getränke: **17** / 20 Ambiente: **9** / 10 Gesamt: 87 / 100

Hackbarth's 46047 Oberhausen

Crossover-Tapas oder lieber die geeiste Gazpacho mit Maishuhn-Loempia? Und danach die Nordsee-Maischolle oder doch das Cordon bleu vom Eifel-Maibock? Im Hackbarth's gibt es Gutes in schickem Ambiente.

Im Lipperfeld 44 +49 208 22188 hackbarths.de **Allrounder • Terrasse • modern • entspannt**	Essen: **44** / 50 Service: **18** / 20 Getränke: **16** / 20 Ambiente: **8** / 10 Gesamt: 86 / 100

Postschänke 51519 Odenthal

Hinter der denkmalgeschützten Schieferfassade werkeln die Brüder Alejandro und Christopher Wilbrand. Mal regional, mal klassisch, mal modern und stets zu bemerkenswert fairen Preisen.

Altenberger-Dom-Straße 23 +49 2202 977780 zurpost.eu **Hotelrestaurant • Fine Dining • Familienbetrieb**	Essen: **42** / 50 Service: **18** / 20 Getränke: **18** / 20 Ambiente: **8** / 10 Gesamt: 86 / 100

Zur Post 51519 Odenthal

Die Brüder Wilbrand kochen im historischen Gasthaus kreative Gerichte, mal mit heimischem Bezug wie beim bergischen Reh, mal fernöstlich wie beim geflämmten Hamachi – und immer von höchster Qualität.

Altenberger-Dom-Straße 23 +49 2202 977780 zurpost.eu **Hotelrestaurant • Fine Dining • elegant**	Essen: **45** / 50 Service: **19** / 20 Getränke: **18** / 20 Ambiente: **8** / 10 Gesamt: 90 / 100

Schinkenwirt

59939 Olsberg

Der Unterfranke Michael Pfannes ist längst im Sauerland heimisch geworden. Sein Ziel ist es, klimafreundliche Gerichte anzubieten. Im Vordergrund stehen saisonale, regionale und vegetarische Speisen.

Eisenberg 2
+49 2962 979050
schinkenwirt.com
Hotelrestaurant • nachhaltig • regionale Produkte

Essen:	43	50
Service:	18	20
Getränke:	18	20
Ambiente:	8	10
Gesamt:	87	100

Balthasar

33098 Paderborn

Elmar Simon kreiert im Balthasar klassisch-moderne Küche. Seine Frau Laura, eine ausgewiesene Weinkennerin, organisiert den erstklassigen Service. Ein kulinarischer Leuchtturm in Ostwestfalen.

Warburger Straße 28
+49 5251 24448
restaurant-balthasar.de
Fine Dining • Terrasse • elegant

Essen:	46	50
Service:	17	20
Getränke:	18	20
Ambiente:	9	10
Gesamt:	90	100

Gut Lärchenhof

50259 Pulheim

Mit typischer Golfgastronomie hat das Gut Lärchenhof so gar nichts zu tun. Das puristisch-gemütliche Restaurant bietet kulinarische Internationalität vom Feinsten auf dem Teller und erstklassige Weine im Glas.

Hahnenstraße
+49 2238 92310
restaurant-gutlaerchenhof.de
Fine Dining • Terrasse • traditionell • modern

Essen:	46	50
Service:	18	20
Getränke:	18	20
Ambiente:	8	10
Gesamt:	90	100

Drei Raben

46459 Rees

Viele seiner Gerichte verfeinert Andreas Koep mit frischen Kräutern, und die kommen aus dem eigenen Garten. Ein deutliches Plus seiner bodenständigen Gerichte, die mit viel Sorgfalt zubereitet sind.

Reeserward 5
+49 2851 1852
landhaus-drei-raben.de
Gasthaus • Allrounder • Terrasse

Essen:	43	50
Service:	18	20
Getränke:	17	20
Ambiente:	7	10
Gesamt:	85	100

Ballebäuschen

51580 Reichshof

Etwas »Home sweet home«-Ambiente im Grünen, dazu eine unprätentiöse Küche, die herzhafte Brotzeiten genauso anbietet wie klassische Fisch- und Fleischgerichte, vor allem aber Wild aus eigener Jagd.

Hasseler Straße 10
+49 2265 9394
ballebaeuschen.de
Gasthaus • Allrounder • Wild • gemütlich

Essen:	44	50
Service:	18	20
Getränke:	17	20
Ambiente:	8	10
Gesamt:	87	100

Heldmann & Herzhaft 42853 Remscheid

Seit mehr als einem Vierteljahrhundert stehen Petra und Ulrich Heldmann für gehobene Küche in der Villa Concordia. Längst ist das Spitzenrestaurant mit dem Bistro zum Heldmann & Herzhaft verschmolzen.

Brüderstraße 56	Essen:	44 | 50
+49 2191 291941	Service:	17 | 20
heldmann-herzhaft.de	Getränke:	16 | 20
regionale Küche • mediterran • Terrasse	Ambiente:	9 | 10
P	Gesamt:	86 | 100

Emshaus 33378 Rheda-Wiedenbrück

Eine beruhigende Gediegenheit schwebt über dem Gastraum, hier fühlt man sich wohl – und wird gut umsorgt von einer Küche, die Bodenständiges mit kleinen mediterranen oder asiatischen Akzenten aufpeppt.

Gütersloher Straße 22	Essen:	44 | 50
+49 5242 4060400	Service:	18 | 20
emshausrheda.de	Getränke:	17 | 20
Gasthaus • Allrounder • Gastgarten	Ambiente:	8 | 10
	Gesamt:	87 | 100

Ferdinand Reuter 33378 Rheda-Wiedenbrück

Chefköchin Iris Bettinger zaubert ein »interregio-mediterran-eurasisches Menü« mit saisonalen Produkten aus der Region wie dem erstklassigen Spargel. Bei gutem Wetter ist auf der Sonnenterrasse ausreichend Platz.

Bleichstraße 3	Essen:	43 | 50
+49 5242 94520	Service:	18 | 20
hotelreuter.de	Getränke:	17 | 20
Hotelrestaurant • Casual Dining • Terrasse	Ambiente:	8 | 10
	Gesamt:	86 | 100

Reuter 33378 Rheda-Wiedenbrück

Iris Bettinger hat ein Händchen für die gelungene Liaison zwischen klassischer französischer Hochküche und heimatlichen Akzenten. Das Resultat sind großartige Gerichte voller aromatischer Spannung.

Bleichstraße 3	Essen:	45 | 50
+49 5242 94520	Service:	18 | 20
hotelreuter.de	Getränke:	18 | 20
Fine Dining • Familienbetrieb • französisch	Ambiente:	8 | 10
P	Gesamt:	89 | 100

Beesten 48431 Rheine

Christoph und Elisabeth Beesten verwöhnen die Gäste mit Köstlichkeiten aus der deutschen und französischen Küche. Gerne auch vegetarisch und bei schönem Wetter unter den alten Kastanien im Biergarten.

Eichenstraße 3	Essen:	42 | 50
+49 5971 3253	Service:	17 | 20
restaurant-beesten.de	Getränke:	16 | 20
Gasthaus • deutsche Küche • französisch • Gastgarten	Ambiente:	8 | 10
P	Gesamt:	83 | 100

Domschenke
33397 Rietberg

Die Eichen im prächtigen Gastgarten sind mehr als 100 Jahre alt, und auch die regional-internationale Küche der Domschenke ist einen Besuch in Rietberg wert. Faire Preise für tolle Produkte.

Lippstädter Straße 1
+49 2944 318
domschenke-mastholte.de
Allrounder • regionale Produkte • Gastgarten

Essen:	**42**	50
Service:	**17**	20
Getränke:	**15**	20
Ambiente:	**8**	10
Gesamt:	82	100

Knippschild
59602 Rüthen

Klaus Knippschild ist selbst Jäger und schätzt frisches Wild. Seine sauerländische und saisonale Küche hat aber noch mehr zu bieten – und das in gemütlichem Ambiente. Perfekt zur Erholung vom Alltag.

Theodor-Ernst-Straße 3
+49 2902 80330
hotel-knippschild.de
Hotelrestaurant • regionale Produkte • Wild • Terrasse

Essen:	**43**	50
Service:	**17**	20
Getränke:	**16**	20
Ambiente:	**8**	10
Gesamt:	84	100

Landhaus Nikolay
46514 Schermbeck

Biogemüse und Salate kommen aus dem eigenen Garten, das Wild stammt von privaten Jägern und die Pilze werden selbst gesammelt. Peter Nikolay ist ein leidenschaftlicher Koch und ambitionierter Hobbybauer.

Kirchhellener Straße 1
+49 2362 41132
landhaus-nikolay.de
Gasthaus • bio • nachhaltig

Essen:	**43**	50
Service:	**16**	20
Getränke:	**16**	20
Ambiente:	**8**	10
Gesamt:	83	100

Voshövel
46514 Schermbeck

Büffelmozzarella aus Bocholt, Kräuter aus Wesel und Susländer Schweine aus dem Sauerland: Die Küche des Vier-Sterne-Superior-Hotels setzt auf regionale Produkte und trägt so zum Erfolg des Hauses bei.

Am Voshövel 1
+49 2856 91400
landhotel.de
Hotelrestaurant • regionale Produkte • im Grünen

Essen:	**43**	50
Service:	**19**	20
Getränke:	**18**	20
Ambiente:	**8**	10
Gesamt:	88	100

Hofstube

57392 Schmallenberg

Den Status des Talents hat Felix Weber mit Anfang 30 hinter sich gelassen, der Küchenchef des Fünf-Sterne-Hotels ist selbst ein Star. Weber kocht vor den Augen der Gäste. Eine Perle im Sauerland.

Alte Handelsstraße 5
+49 2975 810
deimann.de
Hotelrestaurant • Fine Dining • modern • gemütlich

Essen:	**45** | 50
Service:	**19** | 20
Getränke:	**18** | 20
Ambiente:	**8** | 10
Gesamt:	90 | 100

Schneiderstube

57392 Schmallenberg

Im Wellnesshotel Waldhaus Ohlenbach ist die Schneiderstube beheimatet. Am Südhang des Kahlen Asten speisen die Gäste edel mit einem herrlichen Blick über die hügeligen Wälder des Hochsauerlands.

Ohlenbach
+49 2975 840
waldhaus-ohlenbach.de
Hotelrestaurant • regionale Produkte • Essen mit Aussicht

P

Essen:	**43** | 50
Service:	**18** | 20
Getränke:	**17** | 20
Ambiente:	**8** | 10
Gesamt:	86 | 100

Schütte

57392 Schmallenberg

Ob die Genussreise in vier Gängen oder Schüttes Klassiker wie gebratene Blutwurst und hausgemachte Bratensülze: Das Hotel im Hochsauerland ist auch wegen seiner Küche einen Stopp wert.

Eggeweg 2
+49 2975 820
hotel-schuette.de
Hotelrestaurant • Gasthaus • regionale Küche

P

Essen:	**44** | 50
Service:	**17** | 20
Getränke:	**16** | 20
Ambiente:	**8** | 10
Gesamt:	85 | 100

Glaskasten

58239 Schwerte

Gastronomie im Industriedenkmal: Das kulinarische Programm ist vielfältig und attraktiv, die Küche schaut weit über den westfälischen Tellerrand hinaus und lässt dennoch auch die Heimat schmeckbar werden.

Ruhrstraße 20
+49 2304 2013001
rohrmeisterei-schwerte.de
Casual Dining • Allrounder • unkonventionell

P

Essen:	**44** | 50
Service:	**18** | 20
Getränke:	**17** | 20
Ambiente:	**8** | 10
Gesamt:	87 | 100

80–84 85–89 90–94 95–100 Punkte

Hasenklee

48308 Senden

Moderne Küche in einem historischen Gutshof im Münsterland. Ein Großteil der Bioprodukte kommt aus dem nahen Umland und aus eigenem Anbau. Daniel Wobbe macht daraus wunderbar geschmackvolle Gerichte.

Hof Grothues-Potthoff 4
+49 2597 696418
hof-grothues-potthoff.de
Gasthaus • eigene Landwirtschaft • regionale Produkte

Essen:	**44**	50
Service:	**18**	20
Getränke:	**16**	20
Ambiente:	**8**	10
Gesamt:	86	100

Restaurant Bar

57072 Siegen

Crossover lautet die Devise von Markus Boßlet und der Küchencrew, die unter diesem Motto ihre Gerichte zubereitet, auch vegetarisch und vegan, Pasta und Pizza. Geschmackvoll, urban und geradlinig.

Löhrstraße 51
+49 271 3136720
restaurant-bar.de
Casual Dining • Allrounder • Pizza • entspannt

Essen:	**43**	50
Service:	**18**	20
Getränke:	**16**	20
Ambiente:	**8**	10
Gesamt:	85	100

Genießer Wirtshaus

52152 Simmerath

Döppekooche, Carpaccio vom Eifler Hirsch und Steckrübensuppe: Im Genießer Wirtshaus gibt es regionale Küche aus der Eifel, aber auch französische Bistroklassiker wie ein leckeres Rumpsteak.

Hövel 15
+49 2473 3212
geniesserwirtshaus.de
Hotelrestaurant • deutsche Küche • französisch • gemütlich

Essen:	**43**	50
Service:	**16**	20
Getränke:	**16**	20
Ambiente:	**8**	10
Gesamt:	83	100

Pfaffenberg

42659 Solingen

Im eigenen Garten baut das Pfaffenberg bis zu 40 Sorten Obst und Gemüse an. Mit weiteren regionalen Produkten entsteht so eine Speisekarte, die zu jeder Jahreszeit hohen Ansprüchen genügt. Genuss pur.

Pfaffenberger Weg 284
+49 212 42363
pfaffenberg.com
Gasthaus • Essen mit Aussicht • Terrasse

P

Essen:	**43**	50
Service:	**17**	20
Getränke:	**17**	20
Ambiente:	**8**	10
Gesamt:	85	100

Eggers

45549 Sprockhövel

Jeden Mittag werden in der guten Stube beste Schnitzel aufgetischt, freitags steht Hummer auf dem Programm. Eine bunte Mischung von Lieblingsgerichten, deutsch und international, bodenständig und fein!

Hauptstraße 78
+49 2324 71780
eggers-sprockhoevel.de
Gasthaus • Allrounder • deutsche Küche • unkonventionell

P

Essen:	**43**	50
Service:	**18**	20
Getränke:	**17**	20
Ambiente:	**8**	10
Gesamt:	86	100

Habbel's

45549 Sprockhövel

Je nach Marktangebot variieren die Fischgerichte, frisch und mit Können zubereitet sind sie allemal. Das gilt auch für die bodenständigen Fleischgerichte, vor allem die saftigen Steaks sind hier top!

Gevelsberger Straße 127
+49 2339 914312
habbel-restaurant.de
Casual Dining • Fisch • Steak • Gastgarten

Essen:	**44** / 50
Service:	**18** / 20
Getränke:	**17** / 20
Ambiente:	**8** / 10
Gesamt:	87 / 100

Zur Scheune

53844 Troisdorf-Eschmar

Im Fachwerkhaus in Troisdorf-Eschmar servieren Gabi und Guido Radermacher mit ihrem Team eine vielfältige Küche, die auf regionale Produkte setzt. Zu beachten sind auch die verschiedenen Events.

Rheinstraße 66
+49 2241 400555
zur-scheune.de
Gasthaus • regionale Produkte • Terrasse • traditionell

Essen:	**42** / 50
Service:	**18** / 20
Getränke:	**16** / 20
Ambiente:	**8** / 10
Gesamt:	84 / 100

Haus Stemberg

42553 Velbert-Neviges

Sascha Stemberg führt das Traditionshaus in fünfter Generation, immer mit dem Auge für eine moderne und innovative Küche. Mehr als einen Blick wert ist das Weinbuch mit einigen interessanten Raritäten.

Kuhlendahler Straße 295
+49 2053 5649
stemberg.tv
Fine Dining • regionale Produkte • gemütlich

Essen:	**45** / 50
Service:	**18** / 20
Getränke:	**18** / 20
Ambiente:	**8** / 10
Gesamt:	89 / 100

Büschker's Stuben

48691 Vreden

Münsterländische Köstlichkeiten wie Zwiebelfleisch, Hochzeitssuppe oder Feldsalat mit gebratener Blutwurst werden in Büschker's Stuben serviert. Regionale Küche in gemütlicher Atmosphäre.

Kring 6–8
+49 2564 93080
amkring.de
Hotelrestaurant • regionale Küche • gemütlich

Essen:	**43** / 50
Service:	**17** / 20
Getränke:	**15** / 20
Ambiente:	**8** / 10
Gesamt:	83 / 100

Kräutergarten

53343 Wachtberg

Gastgeberin Astrid Jungbluth leitet mit viel Charme den Service, Gatte Herbert ist für die Küche verantwortlich. Seine Stärke liegt in der klassischen Zubereitung. Bewährte und geschmackvolle Gerichte!

Töpferstraße 30
+49 2225 7578
gasthaus-kraeutergarten.de
Gasthaus • Allrounder • Gastgarten • entspannt

Essen:	**43** / 50
Service:	**18** / 20
Getränke:	**17** / 20
Ambiente:	**7** / 10
Gesamt:	85 / 100

Stromberg
45731 Waltrop

Küchenchef Sascha Laskowski will sich nicht auf einen Stil festlegen lassen. So trifft Hausmannskost auf kreative Gerichte. Viele Produkte kommen von heimischen Erzeugern wie dem Hof Sondermann.

Dortmunder Straße 5	Essen:	43 | 50
+49 2309 4228	Service:	18 | 20
gasthaus-stromberg.de	Getränke:	18 | 20
Gasthaus • regionale Produkte • Hausmannskost • elegant	Ambiente:	9 | 10
P	Gesamt:	88 | 100

Im Engel
48231 Warendorf

Seit 325 Jahren beherbergt und verköstigt die Familie Leve ihre Gäste im Engel. Die Weinboutique mit über 900 Flaschen und der Weinclub sind Magneten für Liebhaber weit über Warendorf hinaus.

Brünebrede 33–37	Essen:	42 | 50
+49 2581 93020	Service:	16 | 20
hotel-im-engel.de	Getränke:	18 | 20
Hotelrestaurant • Frühstück • Delikatessenverkauf	Ambiente:	8 | 10
	Gesamt:	84 | 100

Thuns Dorfkrug
58791 Werdohl

Das Spitzenrestaurant im Märkischen Kreis mit leckeren regionalen und internationalen Gerichten. Dazu kredenzt Martin Thun, Mitglied der deutschen Sommelier-Union, die passenden Weine.

Brauck 7	Essen:	43 | 50
+49 2392 97980	Service:	17 | 20
thuns.de	Getränke:	18 | 20
Hotelrestaurant • Fine Dining • elegant	Ambiente:	8 | 10
P	Gesamt:	86 | 100

Gerbens
58739 Wickede

Im 19. Jahrhundert war das Haus Gerbens eine Poststation, heute lässt sich die internationale Küche in der rustikalen Gaststube, der eleganten Lounge und dem modernen Restaurant prima genießen.

Hauptstraße 211	Essen:	43 | 50
+49 2377 1013	Service:	17 | 20
haus-gerbens.de	Getränke:	17 | 20
Hotelrestaurant • Steak • Terrasse	Ambiente:	8 | 10
	Gesamt:	85 | 100

79°
42103 Wuppertal

Ein schlicht eingerichtetes Bistro mit blanken Holztischen. Genauso puristisch ist auch Philipp Grimms Küche: konzentriert aufs Wesentliche in einer überschaubaren Auswahl klassischer Bistrogerichte.

Luisenstraße 61	Essen:	43 | 50
+49 202 27097070	Service:	18 | 20
79grad.com	Getränke:	16 | 20
Bistro • regionale Produkte • vegetarisch	Ambiente:	7 | 10
	Gesamt:	84 | 100

Scarpati

42327 Wuppertal

Vor 40 Jahren hat Aniello Scarpati das Restaurant in der Jugendstilvilla gegründet. Auch nach dem Tod des Patrons 2020 wird es in seinem Sinne mit hochklassiger italienischer Küche weitergeführt.

Scheffelstraße 41
+49 202 784074
scarpati.de
Hotelrestaurant • Fine Dining • italienisch • Gastgarten

P

Essen:	**43**	50
Service:	**17**	20
Getränke:	**17**	20
Ambiente:	**8**	10
Gesamt:	85	100

Shiraz

42279 Wuppertal

Alexander Hoppe steht am Herd und ist Garant für feinste Desserts. Denn die Patisserie ist eine seiner Leidenschaften, ohnehin ist seine Genussreise einen Besuch in Wuppertal wert.

Wittener Straße 288
+49 202 26533779
restaurant-shiraz.com
Fine Dining • Terrasse • elegant

P

Essen:	**45**	50
Service:	**19**	20
Getränke:	**18**	20
Ambiente:	**9**	10
Gesamt:	91	100

Trattoria Scarpatix

42327 Wuppertal

Die Trattoria in der Wuppertaler Jugendstilvilla Vogel ist die kleine bodenständige Schwester des Gourmetrestaurants nebenan. Sie bietet Klassiker der italienischen Küche aus besten Zutaten.

Scheffelstraße 41
+49 202 784074
scarpati.de
Hotelrestaurant • italienisch • gemütlich

Essen:	**42**	50
Service:	**16**	20
Getränke:	**17**	20
Ambiente:	**8**	10
Gesamt:	83	100

Alte Feuerwache

52146 Würselen

Ausgezeichnet und ambitioniert: Kurt Podobnik lädt in Würselen am Abend zu einer Menüreise ein. Zum Lunch gibt es Spezialitäten à la carte in legerem Ambiente. Auf den Service wird viel Wert gelegt.

Oppener Straße 115
+49 2405 4290112
alte-feuerwache-wuerselen.de
Gasthaus • regionale Produkte • modern

Essen:	**42**	50
Service:	**18**	20
Getränke:	**18**	20
Ambiente:	**8**	10
Gesamt:	86	100

Landhaus Köpp

46509 Xanten

Seit mehr als 30 Jahren verwöhnt Jürgen Köpp seine Gäste am Niederrhein mit Köstlichkeiten ohne viel Schnickschnack. Die Produkte und das herausragende Handwerk stehen im Mittelpunkt.

Husenweg 147
+49 2804 1626
landhauskoepp.de
Fine Dining • französisch • traditionell

Essen:	**46**	50
Service:	**18**	20
Getränke:	**18**	20
Ambiente:	**8**	10
Gesamt:	90	100

RHEINLAND-PFALZ

Assenmacher — 53505 Altenahr

Küchenchef Christian Storch nimmt nach der durch die Flutkatastrophe bedingten Wiedereröffnung seit Ende Mai 2022 Fahrt auf, um seine Gäste an der Ahr auf gewohnt hohem Niveau zu verwöhnen.

Brückenstraße 12
+49 2643 1848
gasthaus-assenmacher.de
Gasthaus • mediterran • französisch • gemütlich

Essen:	**43** | 50
Service:	**17** | 20
Getränke:	**16** | 20
Ambiente:	**8** | 10
Gesamt:	84 | 100

Ai Pero — 56626 Andernach

Italienische Küche im Ai Pero, jeweils auf hohem Niveau. In der Trattoria geht es bodenständiger zu, der Gourmetbereich widmet sich höheren kulinarischen Sphären. Ein durch und durch gelungener Mix.

Schafbachstraße 20–24
+49 2632 989406
aipero.de
Fine Dining • italienisch • modern • elegant

Essen:	**42** | 50
Service:	**17** | 20
Getränke:	**17** | 20
Ambiente:	**9** | 10
Gesamt:	85 | 100

PURS — 56626 Andernach

Yannik Noack ist der neue Küchenchef im schicken Gourmettempel. Für seine präzise arrangierten Gerichte führt er gekonnt verschiedene Komponenten zusammen und stellt sie in aromatische Spannung zueinander.

Steinweg 30–32
+49 2632 9586750
purs.com
Fine Dining • französisch • elegant • modern

Essen:	**48** | 50
Service:	**19** | 20
Getränke:	**19** | 20
Ambiente:	**9** | 10
Gesamt:	95 | 100

Eppard — 55437 Appenheim

Eva Eppard ist die Chefin in der historischen Mühle vor den Toren von Mainz. Die Küche bringt eine Mischung aus rustikal bis fein auf den Teller. Sonntags ist nur für geschlossene Gesellschaften geöffnet.

Mühle 2
+49 6725 9990210
100guldenmuehle.de
Casual Dining • regionale Produkte • gemütlich

Essen:	**43** | 50
Service:	**17** | 20
Getränke:	**16** | 20
Ambiente:	**8** | 10
Gesamt:	84 | 100

Linden

54441 Ayl

Großzügig belegte Flammkuchen, Wiener Schnitzel und herzhafte Wildgerichte mit Spätzle oder Knödel. Das Gasthaus an der Saar trumpft gekonnt herzhaft auf. Plus: Weine, die vor der Haustüre wachsen.

Neustraße 2	Essen:	43 | 50
+49 6581 4105	Service:	17 | 20
pension-linden.de	Getränke:	17 | 20
Gasthaus • deutsche Küche • Wild	Ambiente:	7 | 10
	Gesamt:	84 | 100

Weinrestaurant Ayler Kupp

54441 Ayl

Saar-Rieslinge sind im angenehm puristisch gestalteten Restaurant gesetzt. Das ist gut so, denn sie sind genauso charaktervoll und aromatisch-animierend wie die modern inspirierte Küche. Perfekt!

Trierer Straße 49	Essen:	44 | 50
+49 6581 988380	Service:	18 | 20
saarwein-hotel.de	Getränke:	18 | 20
Hotelrestaurant • eigener Weinbau • modern	Ambiente:	8 | 10
	Gesamt:	88 | 100

Stübers

55422 Bacharach

Dort, wo das Rheintal besonders romantisch ist, hat Andreas Stüber sein Restaurant mit Blick auf den Fluss. Hier kocht er einfallsreich und mit einem kulinarischen Augenzwinkern regionale Spezialitäten. Vom Feinsten!

Langstraße 50	Essen:	45 | 50
+49 6743 1243	Service:	17 | 20
rhein-hotel-bacharach.de	Getränke:	17 | 20
Gasthaus • regionale Produkte • bio • Essen mit Aussicht	Ambiente:	7 | 10
	Gesamt:	86 | 100

Weinstube Bach-Mayer

67098 Bad Dürkheim

Ein fürstliches Jagdhaus ist das Refugium von Carsten di Lorenzi, der es versteht, regionale Spezialitäten modern aufzupeppen. Weine aus der Umgebung ergänzen die Gerichte. Freundlich-kompetenter Service.

Gerberstraße 13	Essen:	43 | 50
+49 6322 92120	Service:	18 | 20
bach-mayer.de	Getränke:	16 | 20
österreichisch • traditionell • gemütlich	Ambiente:	8 | 10
	Gesamt:	85 | 100

Im Gütchen

55545 Bad Kreuznach

Seit vielen Jahren die beste kulinarische Adresse in Bad Kreuznach. Jan Treutles Küche ist verlässlich gut, abwechslungsreich und hat auch für Vegetarier durchdachte Gerichte auf der Speisekarte.

Hüffelsheimer Straße 1
+49 671 42626
im-guetchen.com
Casual Dining • modern • Terrasse

Essen:	**44** I 50
Service:	**18** I 20
Getränke:	**18** I 20
Ambiente:	**8** I 10
Gesamt:	88 I 100

Im Kittchen

55545 Bad Kreuznach

Die Tagesempfehlungen aus der Küche stehen auf der großen Wandtafel der gemütlichen Weinstube. Immer eine gute Wahl ist das Überraschungsmenü im Tapasformat, ideal mit der kompetenten Weinbegleitung.

Alte Poststraße 2
+49 671 9200811
imkittchen.de
Gasthaus • vegetarisch • gemütlich • klassisch

Essen:	**44** I 50
Service:	**18** I 20
Getränke:	**18** I 20
Ambiente:	**8** I 10
Gesamt:	88 I 100

Prümer Gang

53474 Bad Neuenahr-Ahrweiler

Mit neuem Schwung und frisch restaurierten Räumen geht das Restaurant nach der verheerenden Flutkatastrophe wieder an den Start und steht wie zuvor für eine feine Küche zwischen Tradition und Moderne.

Niederhutstraße 58
+49 2641 4757
pruemergang.de
Hotelrestaurant • regionale Küche • klassisch

Essen:	**43** I 50
Service:	**18** I 20
Getränke:	**17** I 20
Ambiente:	**8** I 10
Gesamt:	86 I 100

Restaurant Sanct Peter

53474 Bad Neuenahr-Ahrweiler

Großes Geschmackskino wird hier mit Stil und Klasse zelebriert, die Küche glänzt mit durchdachten Menüs, die sich auch bei regionalen Produkten bedienen. Die Weinauswahl lässt kaum Wünsche offen.

Walporzheimer Straße 134
+49 2641 97750
sanct-peter.de
Fine Dining • französisch • traditionell

Essen:	**46** I 50
Service:	**18** I 20
Getränke:	**18** I 20
Ambiente:	**9** I 10
Gesamt:	91 I 100

Steinheuers Poststuben 🍴🍴 53474 Bad Neuenahr-Ahrweiler

Ansatzlos beherrscht Hans Stefan Steinheuers Crew den Spagat zwischen Regionalküche (Kalbsleber mit gestowten Äpfeln) und Gerichten mit besonderen Geschmacksakzenten (Thunfisch mit Wasabi und Soja).

Landskroner Straße 110	Essen: **44** | 50
+49 2641 94860	Service: **18** | 20
steinheuers.de	Getränke: **18** | 20
Gasthaus • Familienbetrieb • bodenständig • traditionell	Ambiente: **8** | 10
	Gesamt: 88 | 100

Steinheuers Zur Alten Post 🍴🍴🍴 53474 Bad Neuenahr-Ahrweiler

Aromatische Abwechslung ist in Hans Stefan Steinheuers Menüs wie »Blüten« oder »Wurzeln« immer garantiert. Für seine Gourmetküche schöpft der Altmeister aus der reichen Erfahrung und aus besten Produkten.

Landskroner Straße 110	Essen: **47** | 50
+49 2641 94860	Service: **19** | 20
steinheuers.de	Getränke: **19** | 20
Fine Dining • Familienbetrieb • französisch • elegant	Ambiente: **9** | 10
	Gesamt: 94 | 100

Hermannshof 🍴🍴 55566 Bad Sobernheim

Spa-Wellness wird hier großgeschrieben, auch die Gaumenfreuden gehören zum Verwöhnprogramm. Im urigen Gewölbe werden deswegen fein gemachte, herzhafte, bodenständige Gerichte aufgetischt. Einfach gut!

Felkestraße 100	Essen: **44** | 50
+49 6751 93390	Service: **18** | 20
bollants.de	Getränke: **18** | 20
Hotelrestaurant • Familienbetrieb • Gewölbe	Ambiente: **8** | 10
	Gesamt: 88 | 100

Jungborn 🍴🍴🍴 55566 Bad Sobernheim

In Sachen Gourmetküche haben Philipp Helzle und sein Team richtig was drauf: Ihre Gerichte sind perfekt ausgewogen und abwechslungsreich. Klassisch fundierte und modern interpretierte Gourmetküche!

Felkestraße 100	Essen: **46** | 50
+49 6751 93390	Service: **18** | 20
bollants.de	Getränke: **18** | 20
Hotelrestaurant • Familienbetrieb • französisch • modern	Ambiente: **9** | 10
	Gesamt: 91 | 100

Kupferkanne 🍴 55566 Bad Sobernheim

Altbewährte Gerichte und bodenständige Klassiker sind im urigen Restaurant von Familie Wahl die Favoriten der Gäste. Frisch zubereitet, werden die herzhaften Speisen in handfesten Portionen serviert.

Berliner Straße 2	Essen: **43** | 50
+49 6751 2858	Service: **17** | 20
restaurant-kupferkanne.de	Getränke: **16** | 20
Familienbetrieb • deutsche Küche • urig	Ambiente: **7** | 10
	Gesamt: 83 | 100

Am Kachelofen

65558 Balduinstein

Das Team um Küchenchef Joachim Buggle serviert harmonisch abgestimmte À-la-carte-Gerichte und Überraschungsmenüs auf hohem Niveau. Dazu gibt es ein begleitendes Portfolio an guten und besten Weinen.

Bahnhofstraße 24	Essen: **43** | 50
+49 4964 32800780	Service: **18** | 20
landhotel-zum-baeren.de	Getränke: **17** | 20
französisch • mediterran • regionale Produkte • traditionell	Ambiente: **8** | 10
	Gesamt: 86 | 100

Restaurant zum Bären

65558 Balduinstein

Ein Hort der gepflegten Gastlichkeit seit acht Generationen. Die urige Gaststube hat Charme, aus der Küche kommt Klassik wie Sauerbraten und Kalbsleber, die traditionell und gekonnt zubereitet sind.

Bahnhofstraße 24	Essen: **44** | 50
+49 6432 800780	Service: **18** | 20
landhotel-zum-baeren.de	Getränke: **17** | 20
Hotelrestaurant • Familienbetrieb • traditionell	Ambiente: **8** | 10
	Gesamt: 87 | 100

Das Bootshaus

55411 Bingen am Rhein

Nils Henkel legt im modern-legeren Hotelrestaurant den Schwerpunkt auf Fisch und Gemüse und vereint gekonnt regionale und internationale Küche. Mittags à la carte, täglich wechselnde Dinnermenüs am Abend.

Hafenstaße 47	Essen: **44** | 50
+49 6721 3501	Service: **17** | 20
paparheinhotel.de	Getränke: **17** | 20
Hotelrestaurant • regionale Produkte • Essen mit Aussicht	Ambiente: **8** | 10
	Gesamt: 86 | 100

Knipsers Halbstück

67281 Bissersheim

Dass die Weine der Familie Knipser zu den besten der Pfalz gehören, macht ihr Wirtshaus zusätzlich attraktiv. Hier werden die Gewächse offen ausgeschenkt, dazu gibt es herzhaft-bodenständige Gerichte.

Hollergasse 2	Essen: **43** | 50
+49 6359 9459211	Service: **18** | 20
halbstueck.de	Getränke: **18** | 20
Gasthaus • eigener Weinbau • deutsche Küche • gemütlich	Ambiente: **8** | 10
	Gesamt: 87 | 100

Eiserner Ritter

56154 Boppard

Kalb und Schwein aus nächster Umgebung, Wild aus nahen Wäldern, Obst und Gemüse von heimischen Erzeugern: Küchenchef René Klütsch entwickelt daraus klassische Gerichte mit modernem, kreativem Twist.

Zur Peterskirche 10	Essen: **43** | 50
+49 6742 93000	Service: **17** | 20
eiserner-ritter.de	Getränke: **16** | 20
Gasthaus • regionale Produkte • Wild	Ambiente: **8** | 10
	Gesamt: 84 | 100

Le Chopin

56154 Boppard

Französischer Jugendstil mit Blick auf den Rhein: Im gediegen eingerichteten Restaurant werden die dazu passenden Küchenklassiker formvollendet serviert, nicht ohne Blick zur regionalen Bodenständigkeit.

Rheinallee 41	Essen:	44 | 50
+49 6742 1020	Service:	18 | 20
bellevue-boppard.de	Getränke:	17 | 20
Hotelrestaurant • Essen mit Aussicht • klassisch	Ambiente:	9 | 10
	Gesamt:	88 | 100

Kucher's Gourmet Restaurant

54552 Darscheid

Für die kleine Landpartie ein lohnendes Ziel. Denn im elegant-modernen Restaurant wird eine Küche zelebriert, die sich bester Produkte der ganzen Welt und internationaler Zubereitungsmethoden bedient.

Karl-Kaufmann-Straße 2	Essen:	45 | 50
+49 6592 629	Service:	18 | 20
kucherslandhotel.de	Getränke:	18 | 20
Hotelrestaurant • Familienbetrieb • Fine Dining • modern	Ambiente:	8 | 10
P	Gesamt:	89 | 100

Kucher's Weinwirtschaft

54552 Darscheid

Schwäbische Spätzle, Sashimi, saure Nieren und New Yorker Burger. Der Spagat zwischen regional und international gelingt der ambitionierten Küche in der schön ausstaffierten Weinstube mit Bravour.

Karl-Kaufmann-Straße 2	Essen:	44 | 50
+49 6592 629	Service:	18 | 20
kucherslandhotel.de	Getränke:	18 | 20
Hotelrestaurant • regionale Küche • modern • Burger	Ambiente:	8 | 10
P	Gesamt:	88 | 100

1718

67146 Deidesheim

Französisch-international inspirierte Küche, Fischspezialitäten und Überraschungsmenüs in historischem, wunderschön restauriertem und durch moderne Elemente aufgepepptem Ambiente. Gute Weinauswahl.

Ketschauerhofstraße 1	Essen:	42 | 50
+49 6326 70000	Service:	17 | 20
ketschauer-hof.com	Getränke:	16 | 20
französisch • international • modern • Terrasse	Ambiente:	8 | 10
P	Gesamt:	83 | 100

Fumi

67146 Deidesheim

Japan an der Pfälzer Weinstraße. Die Önologin Fumiko Tokuoka setzt in ihrem Weingut, das den Namen des Vorbesitzers behalten hat, auf authentische Gerichte ihrer Heimat und minimalistisches Design.

Im Katharinenbild 1	Essen:	43 | 50
+49 6326 70012	Service:	17 | 20
josef-biffar.de	Getränke:	16 | 20
japanisch • modern • eigener Weinbau	Ambiente:	8 | 10
P	Gesamt:	84 | 100

L.A. Jordan

67146 Deidesheim

In acht Gängen präsentiert Chefkoch Daniel Schimkowitsch seine raffinierten und extravaganten Ideen von moderner urbaner Gourmetkulinarik. Rein vegetarische oder vegane Menüs sind nicht im Programm.

Ketschauerhofstraße 1
+49 6326 70000
ketschauer-hof.com
Fine Dining • eigener Weinbau • modern

Essen:	**46** | 50
Service:	**18** | 20
Getränke:	**19** | 20
Ambiente:	**8** | 10
Gesamt:	91 | 100

Leopold

67146 Deidesheim

Besondere Empfehlungen der Küche gibt es immer wieder, doch das Hauptaugenmerk liegt auf den klassischen Pfälzer Spezialitäten und der eigenen Steak-Selektion, die mit Spätburgunder-Jus serviert wird.

Weinstraße 10
+49 6326 9668888
von-winning.de
eigener Weinbau • Steak • Terrasse

Essen:	**43** | 50
Service:	**18** | 20
Getränke:	**18** | 20
Ambiente:	**8** | 10
Gesamt:	87 | 100

Restaurant St. Urban

67146 Deidesheim

Zwar wurde der »Saumagen« in den gemütlichen Stuben nicht erfunden, aber dank der tollen Qualität zum Restaurantklassiker erhoben. Im Übrigen sind alle Gerichte bodenständig und außergewöhnlich gut.

Marktplatz 1
+49 6326 96870
deidesheimerhof.de
Hotelrestaurant • Familienbetrieb • gemütlich

Essen:	**43** | 50
Service:	**18** | 20
Getränke:	**18** | 20
Ambiente:	**8** | 10
Gesamt:	87 | 100

Riva

67146 Deidesheim

Pizza aus dem Steinbackofen, hausgemachte Pasta und eine gute Auswahl an Steaks, die auf dem »Big Green Egg« gegrillt werden. Serviert wird im modern gestylten Interieur, bei gutem Wetter im Garten.

Weinstraße 12
+49 6326 700077
kaisergarten-deidesheim.com
Casual Dining • Hotelrestaurant • Pizza • Steak

Essen:	**43** | 50
Service:	**17** | 20
Getränke:	**17** | 20
Ambiente:	**8** | 10
Gesamt:	85 | 100

Schwarzer Hahn

67146 Deidesheim

Geschmackvoll renoviert, erstrahlt das Restaurant in neuem Glanz. Die bewährte Küche von Stefan Neugebauer ist innovativ und abwechslungsreich. Ein bisschen Haute Cuisine mit regionalen Akzenten.

Am Marktplatz 1
+49 6326 96870
restaurant-schwarzer-hahn.de
Fine Dining • Familienbetrieb • französisch

Essen:	**45** | 50
Service:	**18** | 20
Getränke:	**19** | 20
Ambiente:	**9** | 10
Gesamt:	91 | 100

Siben's Gutsküche

67146 Deidesheim

Aus einem ehemaligen Pferdestall wurde ein schönes Gutsrestaurant. Natürlich hat hier die herzhafte Pfälzer Küche Heimvorteil, auch leckere Wildgerichte und vegetarische Speisen stehen auf der Karte.

Weinstraße 21	Essen:	43 I 50
+49 6326 989363	Service:	18 I 20
weingut-siben.de	Getränke:	17 I 20
Familienbetrieb • eigener Weinbau • Wild • Gewölbe	Ambiente:	8 I 10
	Gesamt:	86 I 100

Sushi B.

67146 Deidesheim

Küchenchef Piotr Suszek serviert im modernen, mit glamourösen asiatischen Details gestylten Ambiente seine mit Leidenschaft und Können frisch produzierten japanischen Klassiker in vielen Varianten.

Weinstraße 18	Essen:	43 I 50
+49 6326 700077	Service:	17 I 20
sushi-b.de	Getränke:	17 I 20
Casual Dining • japanisch • Sushi • modern	Ambiente:	9 I 10
	Gesamt:	86 I 100

Hofgarten

53507 Dernau

Dass in der Gutsschenke nur die eigenen Weine ins Glas kommen, ist kein Nachteil. Denn die Gewächse von Meyer-Näkel gehören zu den besten der Ahr. Die Küche serviert dazu herzhafte Vesper-Klassiker.

Bachstraße 26	Essen:	43 I 50
+49 2643 1540	Service:	18 I 20
hofgarten-dernau.de	Getränke:	18 I 20
Familienbetrieb • eigener Weinbau • deutsche Küche	Ambiente:	7 I 10
	Gesamt:	86 I 100

Schneider

76857 Dernbach

Echter Pfälzer Gasthausklassiker mit gemütlicher Stube, in der gutbürgerliche Küche den gelungenen Auftritt hat. Alles frisch gekocht und hausgemacht, natürlich auch die beliebte Gänseleberterrine.

Hauptstraße 100	Essen:	44 I 50
+49 6345 8348	Service:	18 I 20
schneider-dernbachtal.de	Getränke:	17 I 20
Gasthaus • Familienbetrieb • deutsche Küche • traditionell	Ambiente:	8 I 10
	Gesamt:	87 I 100

Halferschenke

56332 Dieblich

Im schmucken Mosel-Landhaus setzen Christoph und Carina Schmah auf Herzlichkeit, elegante Tafelkultur und schnörkellose Topküche (Kaninchenkeule mit Cassoulet), vorwiegend aus regionalen Produkten.

Hauptstraße 63	Essen:	45 I 50
+49 2607 7499154	Service:	18 I 20
halferschenke-dieblich.de	Getränke:	18 I 20
Gasthaus • regionale Produkte • entspannt	Ambiente:	8 I 10
	Gesamt:	89 I 100

Fetz

56348 Dörscheid

Dem Küchenteam um Marcus Fetz und Jan Maus gelingt es, aus regionalen Produkten Gerichte zu zaubern, die Bodenständigkeit und Moderne miteinander vereinen. To-go-Karte. Eigenes Weingut.

Oberstraße 19	Essen: **42** | 50
+49 6774 267	Service: **17** | 20
fetz-hotel.de	Getränke: **16** | 20
Allrounder • regionale Produkte • eigener Weinbau	Ambiente: **8** | 10
	Gesamt: 83 | 100

Sonnora

54518 Dreis

Für Freunde der klassischen französischen Haute Cuisine ist das Gourmetrestaurant eine Pilgerstätte. Highlights in jedem Gang, von Clemens Rambichler zubereitet in handwerklicher Perfektion. Großartig!

Aufm Eichelfeld 1	Essen: **50** | 50
+49 6578 406	Service: **20** | 20
hotel-sonnora.de	Getränke: **20** | 20
Fine Dining • französisch • klassisch • elegant	Ambiente: **9** | 10
	Gesamt: 99 | 100

Torschänke

54647 Dudeldorf

Familiär speisen im Wohnzimmerambiente. Die Gäste fühlen sich hier richtig wohl, was natürlich auch an der weltläufig-attraktiven Speisekarte liegt, die kaum einen bodenständigen Klassiker auslässt.

Philippsheimer Straße 1	Essen: **44** | 50
+49 6565 2024	Service: **18** | 20
torschaenke-dudeldorf.de	Getränke: **17** | 20
Gasthaus • regionale Produkte • Wild • gemütlich	Ambiente: **8** | 10
	Gesamt: 87 | 100

Kölbl

67677 Enkenbach-Alsenborn

Hinter dem Fachwerk des Traditionshauses wird zünftig aufgetischt, vor allem für die saftigen Fleischgerichte ist die Küche bekannt. Das Menü in vier Gängen gibt es auch in einer vegetarischen Variante.

Hauptstraße 3	Essen: **43** | 50
+49 6303 3071	Service: **17** | 20
hotel-restaurant-koelbl.de	Getränke: **17** | 20
Familienbetrieb • Steak • klassisch	Ambiente: **8** | 10
	Gesamt: 85 | 100

mayers art

55237 Flonheim

Neue Location, neuer Name. Geblieben ist die verlässliche Küche von Klaus Mayer, der sich gerne in klassischen Zubereitungen bewegt und seine bodenständigen Gerichte gekonnt und geschickt verfeinert.

Schulgasse 2	Essen: **44** | 50
+49 6734 2692024	Service: **18** | 20
mayersart.de	Getränke: **17** | 20
Gasthaus • Casual Dining • deutsche Küche	Ambiente: **8** | 10
	Gesamt: 87 | 100

Weinwirtschaft Espenhof

55237 Flonheim

In rheinhessischer Provinz gelegen, ist die Küche der Gastwirtschaft auf der Höhe der Zeit. Kleine Karte mit Gerichten aus besten Produkten und Zutaten, gutbürgerlich zubereitet und moderat kalkuliert.

Poststraße 1
+49 6734 94040
espenhof.de
Gasthaus • eigener Weinbau • regionale Produkte

Essen:	**42** | 50
Service:	**18** | 20
Getränke:	**17** | 20
Ambiente:	**8** | 10
Gesamt:	85 | 100

Weinstube Brand

76833 Frankweiler

Pfälzer Gastlichkeit in der unprätentiösen Weinstube. Favorit der vielen Stammgäste sind der Blut-Leberwurst-Strudel und das Rumpsteak, je nach Saison bietet Christian Knefler auch Wildgerichte an.

Weinstraße 19
+49 6345 959490

Gasthaus • deutsche Küche • Wild • urig

Essen:	**43** | 50
Service:	**18** | 20
Getränke:	**17** | 20
Ambiente:	**7** | 10
Gesamt:	85 | 100

Atable im Amtshaus

67251 Freinsheim

Sybille und Swen Bultmann sind liebenswerte Gastgeber, ihr Restaurant ein gemütlicher Ort zum Genießen. Der Küchenstil ist klassisch französisch und wird hervorragend ergänzt von den dazu gereichten Weinen.

Hauptstraße 29
+49 6353 5019355
amtshaus-freinsheim.de
Fine Dining • französisch • modern

P

Essen:	**43** | 50
Service:	**17** | 20
Getränke:	**17** | 20
Ambiente:	**8** | 10
Gesamt:	85 | 100

Freinsheimer Hof

67251 Freinsheim

Ein restaurierter Winzerhof ist der schöne Rahmen des Gasthauses, in dem regionale Hausmannskost und mediterran inspirierte Speisen serviert werden. Eine schöne Veranstaltungslocation mit guten Weinen.

Breite Straße 7
+49 6353 5080410
freinsheimerhof.com
Gasthaus • deutsche Küche • mediterran • klassisch

Essen:	**42** | 50
Service:	**17** | 20
Getränke:	**16** | 20
Ambiente:	**8** | 10
Gesamt:	83 | 100

Weinreich

67251 Freinsheim

Bei Henning Weinheimer geht es vor allem um Weine, die er in bester Qualität und durchdachter Auswahl in seiner Weinstube anbietet. Die Küche bietet dazu mit herzhaften Gerichten die passende Begleitung.

Hauptstraße 25
+49 6353 9598640
weinstube-weinreich.de
Vinothek • Steak • gemütlich

Essen:	**43** | 50
Service:	**18** | 20
Getränke:	**18** | 20
Ambiente:	**7** | 10
Gesamt:	86 | 100

PAN
76726 Germersheim

Leger-entspannt geht es im Bistro zu, das gleichzeitig Vinothek und Restaurant ist. Mittags wird ein attraktives Business-Menü serviert, abends internationale Klassiker, dazu ein vegetarisches Menü.

Klosterstraße 2	Essen: **45** I 50
+49 7274 9192095	Service: **18** I 20
pandievinothek.de	Getränke: **17** I 20
Vinothek • Allrounder • elegant • modern	Ambiente: **8** I 10
	Gesamt: 88 I 100

Karlbacher
67229 Großkarlbach

Christian Rubert ist gebürtiger Elsässer – und natürlich merkt man das seiner Küche an. Klassisch französisch sind die meisten Speisen zubereitet. Traditioneller Brasserie-Style mit modernen Akzenten.

Hauptstraße 57	Essen: **44** I 50
+49 6238 3737	Service: **18** I 20
karlbacher.info	Getränke: **18** I 20
Gasthaus • französisch • klassisch • entspannt	Ambiente: **8** I 10
P	Gesamt: 88 I 100

Restaurant Corona
56579 Hardert

Ein eingespieltes Team im Westerwald. Kerstin und Sergio Corona verwöhnen mit kompetentem Service und internationaler Landhausküche auf hohem Niveau. Die fair kalkulierten Menüpreise lohnen die Anfahrt.

Mittelstraße 13	Essen: **44** I 50
+49 2634 2727	Service: **17** I 20
restaurantcorona.de	Getränke: **16** I 20
international • regional • gemütlich	Ambiente: **8** I 10
	Gesamt: 85 I 100

Alex Weinlounge
67273 Herxheim am Berg

Bestellt wird an der Theke, danach werden die wohlschmeckenden, herzhaften Weinbegleiter und saisonalen Tellergerichte serviert. In die Gläser kommen ausschließlich Weine von der hiesigen Winzergenossenschaft.

Weinstraße 1	Essen: **40** I 50
+49 6353 9325630	Service: **16** I 20
alexweinlounge.de	Getränke: **15** I 20
gemütlich • Terrasse • Essen mit Ausblick	Ambiente: **7** I 10
P	Gesamt: 78 I 100

Pfälzer Stuben
76863 Herxheim-Hayna

Ein Kleinod des Pfälzer Geschmacks, gemütlich und traditionell. Küche und Keller sind eine Hommage an die Region und die Tradition des Hauses. Lokale Spezialitäten kommen zu neuen Ehren. Gute Kuchen!

Hauptstraße 62–64	Essen: **43** I 50
+49 7276 5080	Service: **18** I 20
hotelkrone.de	Getränke: **18** I 20
Gasthaus • Familienbetrieb • traditionell	Ambiente: **9** I 10
P	Gesamt: 88 I 100

Hubertushof

76831 Ilbesheim

Ein Pfälzer Wirtshaus mit Kultstatus. Denn hier tauchen die Gäste in ein urgemütliches Ambiente ein, können zwischen regionalen und internationalen Gerichten wählen und bekommen dazu passende Weine.

Arzheimer Straße 5	Essen: **44** | 50
+49 6341 930239	Service: **18** | 20
restaurant-hubertushof-ilbesheim.de	Getränke: **18** | 20
Gasthaus • Casual Dining • regionale Küche	Ambiente: **8** | 10
	Gesamt: 88 | 100

Weedenhof

55270 Jugenheim

Michael Knöll führt nicht nur das kleine Landhotel, er steht auch am Herd und kocht für seine Gäste Menüs mit hausgemachten Beilagen. Top sind etwa die Pfifferlinge, aber auch feine Veggie-Optionen.

Mainzer Straße 6	Essen: **43** | 50
+49 6130 941337	Service: **18** | 20
weedenhof.de	Getränke: **17** | 20
Hotelrestaurant • urig • gemütlich	Ambiente: **8** | 10
	Gesamt: 86 | 100

Vinothek am Nil

67169 Kallstadt

Nicht nur das Interieur ist geschmackvoll arrangiert, auch die Küche wandelt stilsicher zwischen heimatlichen Genüssen und mediterranen, italienischen und urbanen Klassikern. City-like in der Provinz.

Neugasse 21	Essen: **42** | 50
+49 6322 9563160	Service: **18** | 20
weingutamnil.de	Getränke: **17** | 20
Gasthaus • eigener Weinbau • unkonventionell	Ambiente: **8** | 10
P	Gesamt: 85 | 100

Zum Riesen

76870 Kandel

Riesig ist die Speisekarte des Restaurants zwar nicht, aber sie bietet neben dem vegetarischen Menü eine gute, unprätentiöse Mischung aus deutschen Gerichten und beliebten internationalen Klassikern.

Rheinstraße 54	Essen: **43** | 50
+49 7275 3437	Service: **18** | 20
hotelzumriesen.de	Getränke: **17** | 20
Hotelrestaurant • deutsche Küche • Gastgarten	Ambiente: **7** | 10
P	Gesamt: 85 | 100

Kapeller Hopfestubb

76889 Kapellen-Drusweiler

Von seinen Wanderjahren durch die gehobene Schweizer Gastronomie hat Marc Wendel viele gute Ideen mitgebracht, die er in seine traditionell-herzhafte Frischeküche einfließen lässt. Eine Bereicherung!

Obere Hauptstraße 8	Essen: **43** | 50
+49 6343 8245	Service: **17** | 20
hopfestubb.com	Getränke: **17** | 20
Familienbetrieb • deutsche Küche • eigener Weinbau	Ambiente: **8** | 10
P	Gesamt: 85 | 100

Weinhaus Neuerburg

54317 Kasel/Ruwer

In der alten Kelterhalle wird nicht mehr gepresst, sondern gegessen und getrunken. Einfach und herzhaft ist die Küche: Flammkuchen in vielen Varianten, Rieslingsülze und Schweinshaxe sind die Hits.

Bahnhofstraße 2
+49 651 9950088
weinhaus-neuerburg.com
Gasthaus • Vinothek • regionale Küche

Essen:	**43** I 50
Service:	**17** I 20
Getränke:	**17** I 20
Ambiente:	**8** I 10
Gesamt:	85 I 100

Deutsches Haus

56349 Kaub

Hausgemachte Gasthausklassiker wie Schnitzel oder Rheinischer Sauerbraten mit Klößen stehen im Mittelpunkt der traditionellen Küche von Willi Kirdorf. Herzlicher Service, tolle Weinauswahl.

Schulstraße 1
+49 6774 266
hotel-deutsches-haus-kaub.de
regionale Produkte • traditionell • gemütlich

Essen:	**43** I 50
Service:	**18** I 20
Getränke:	**17** I 20
Ambiente:	**8** I 10
Gesamt:	86 I 100

Schwarz

67281 Kirchheim an der Weinstraße

Manfred Schwarz hat sich ein neues, schickes Refugium für seine Kreationen geschaffen. Im edlen Ambiente verwöhnt der Altmeister seine Gäste mit Gourmetküche, die auf bewährte Klassiker zurückgreift.

Weinstraße Süd 1
+49 6359 9241702
schwarz-restaurant.de
Fine Dining • französisch • modern • elegant

Essen:	**45** I 50
Service:	**17** I 20
Getränke:	**17** I 20
Ambiente:	**8** I 10
Gesamt:	87 I 100

Alte Mühle Thomas Höreth

56330 Kobern-Gondorf

Rustikale Gemütlichkeit empfängt die Gäste in der Mühle aus dem 11. Jahrhundert. Bekannt für Wildspezialitäten und deftige Weinbegleiter sowie täglich wechselnde Tellergerichte. Nur hauseigener Wein.

Mühlental 17
+49 2607 6474
thomashoereth.de
eigener Weinbau • Wild • urig • im Museum

Essen:	**43** I 50
Service:	**17** I 20
Getränke:	**14** I 20
Ambiente:	**8** I 10
Gesamt:	82 I 100

Gerhards Genussgesellschaft

56068 Koblenz

Unter einem alten Bogengewölbe serviert Georg Gerhard wöchentlich wechselnde Gerichte mit saisonalem Bezug, klassisch und international angehaucht. Man speist stilvoll und fein unweit des Deutschen Ecks.

Danziger Freiheit 3
+49 261 91499133
gerhards-genussgesellschaft.de
Allrounder • Gewölbe • Gastgarten • entspannt

Essen:	**43** I 50
Service:	**17** I 20
Getränke:	**17** I 20
Ambiente:	**8** I 10
Gesamt:	85 I 100

Gotthardt's im Fährhaus

56072 Koblenz

Frank Seyfried besticht mit seiner klassisch-kreativen Küche und saisonalen Erzeugnissen. Die Gäste genießen in entspannt-lockerer Atmosphäre den Blick auf die Mosel. Nur im Winter geöffnet.

An der Fähre 3
+49 261 201710
faehr.haus
Fine Dining • Essen mit Aussicht • entspannt

Essen:	45	50
Service:	18	20
Getränke:	18	20
Ambiente:	8	10
Gesamt:	89	100

Im Süden

56068 Koblenz

Natürlich dreht sich hier alles um das Mediterrane, die Devise lautet: ab in den Süden. Bunte Salate, hausgemachte Pasta, Pizza wie in Napoli und attraktive Tagesteller mit Fisch, Fleisch und Gemüse.

Markenbildchenweg 30
+49 261 29670990
imsüden-feinkost-kochbar.de
Bistro • mediterran • Pizza • unkonventionell

Essen:	42	50
Service:	18	20
Getränke:	17	20
Ambiente:	7	10
Gesamt:	84	100

Landgang

56072 Koblenz

Großartiger Blick auf die Mosel bei erstklassiger Traditionsküche von Frank Seyfried, die in jedem Gericht einen Schlenker durch die Gourmetabteilung macht, ohne dabei an Bodenhaftung zu verlieren.

An der Fähre 3
+49 261 20171920
faehr.haus
Hotelrestaurant • französisch • Essen mit Aussicht

P

Essen:	43	50
Service:	18	20
Getränke:	18	20
Ambiente:	9	10
Gesamt:	88	100

Schiller's

56070 Koblenz

Neben attraktiven kulinarischen Themenabenden bietet das Restaurant ein ausgetüfteltes vegetarisches Menü vom Allerfeinsten. Natürlich gibt es auch erstklassig zubereitete Fleisch- und Fischalternativen.

Mayener Straße 126
+49 261 963530
hotel-stein.de
Fine Dining • Familienbetrieb • vegetarisch

P

Essen:	45	50
Service:	18	20
Getränke:	18	20
Ambiente:	8	10
Gesamt:	89	100

Schlicht

56073 Koblenz

Schlicht ist nur der Name, nicht der Anspruch! Die Küche präsentiert einmal im Monat raffinierte Speisen – eine geschmackliche Reise durch den Zyklus der Jahreszeiten und deren saisonale Produkte.

Moselweißer Straße 6
+49 176 23901976
schlicht-esslokal.com
Fine Dining • regionale Produkte • unkonventionell

Essen:	43	50
Service:	18	20
Getränke:	17	20
Ambiente:	8	10
Gesamt:	86	100

Verbene — 56068 Koblenz

Nur wenige Plätze hat das versteckt liegende Restaurant, auch die Auswahl an Gerichten ist klein. Aber die haben es in sich: aromatische Kunstwerke, gekonnt arrangiert und geschmacklich inszeniert.

Brunnenhof/Königspfalz 1
+49 261 10046221
restaurant-verbene.de
Casual Dining • regionale Produkte • Terrasse • romantisch

Essen:	**45**	50
Service:	**18**	20
Getränke:	**18**	20
Ambiente:	**8**	10
Gesamt:	89	100

Zum Weißen Lamm — 67229 Laumersheim

Ein veritables Bilderbuchgasthaus mit spürbarer Tradition. Die Küche schaut weit über den Tellerrand hinaus. Das Trüffelmenü und raffinierte Fischgerichte sind ebenso beliebt wie Rouladen und Schnitzel.

Hauptstraße 38
+49 6238 929143
lamm-laumersheim.de
Gasthaus • internationale Küche • traditionell

Essen:	**43**	50
Service:	**18**	20
Getränke:	**18**	20
Ambiente:	**7**	10
Gesamt:	86	100

vierzehn85 — 54340 Leiwen

Im schönen Fachwerkhotel wird mit viel Ambition gekocht. Serviert wird eine kreative und regional basierte Saisonküche, die mit viel Gefühl auf die Weine der örtlichen Moselwinzer abgestimmt ist.

Euchariusstraße 10–12
+49 6507 9393901
vierzehn85.de
Gasthaus • gemütlich • deutsche Küche

Essen:	**43**	50
Service:	**18**	20
Getränke:	**18**	20
Ambiente:	**9**	10
Gesamt:	88	100

Dorf-Chronik — 67487 Maikammer

Gemütlichkeit wird großgeschrieben im Sandsteingebäude mit idyllischem Innenhof. Die Gerichte mit vielen Pfälzer Produkten haben mediterrane Anklänge. Serviert werden Weine aus dem eigenen Betrieb.

Marktstraße 7
+49 6321 58240
restaurant-dorfchronik.de
mediterran • regionale Produkte • eigener Weinbau

Essen:	**42**	50
Service:	**17**	20
Getränke:	**15**	20
Ambiente:	**8**	10
Gesamt:	82	100

Zum Winzer 67487 Maikammer

Dirk und Christina Albers servieren in ihrem Gasthaus mit südländischem Flair wechselnde saisonale und mediterrane Gerichte auf Basis regionaler Produkte. Ausgeschenkt werden gutseigene Weine.

Weinstraße Süd 8
+49 6321 5410
gasthaus-zum-winzer.de
mediterran • regionale Produkte • eigener Weinbau

Essen:	**42** | 50
Service:	**17** | 20
Getränke:	**16** | 20
Ambiente:	**8** | 10
Gesamt:	83 | 100

Bellpepper 55116 Mainz

Ob im modern gestylten Restaurant oder – bei gutem Wetter – auf der Terrasse direkt am Rheinufer: Saftige Steaks, gut belegte Burger und klassische Flammkuchen sind die Favoriten auf der Speisekarte.

Templerstraße 6
+49 6131 731234
bellpepper.de
Hotelrestaurant • Steak • modern

Essen:	**43** | 50
Service:	**18** | 20
Getränke:	**17** | 20
Ambiente:	**8** | 10
Gesamt:	86 | 100

Bluhm 55116 Mainz

In der urigen Weinstube rücken die Gäste immer eng zusammen. Das ist guter alter Brauch, genauso wie Meenzer Fleischwurst, Handkäs, Hackbraten und französische Fischsuppe, die hier serviert werden.

Badergasse 1
+49 6131 4906343
Gasthaus • regionale Küche • urig

Essen:	**43** | 50
Service:	**18** | 20
Getränke:	**17** | 20
Ambiente:	**7** | 10
Gesamt:	85 | 100

Bootshaus 55116 Mainz

Für Flussliebhaber der Place to be! Hier sitzt man entspannt, im Sommer auch mal gerne im Liegestuhl vor dem Eingang, schaut auf den Rhein und genießt Küchenklassiker und vorwiegend rheinhessische Weine.

Victor-Hugo-Ufer 1
+49 6131 1438700
bootshausmainz.de
regional • gemütlich • entspannt

Essen:	**42** | 50
Service:	**17** | 20
Getränke:	**17** | 20
Ambiente:	**8** | 10
Gesamt:	84 | 100

Favorite

55131 Mainz

Im elegant eingerichteten Hotelrestaurant serviert der talentierte Tobias Schmitt raffinierte Menüs, die er klassisch oder modern interpretiert. Spezielle Kreationen für Vegetarier, mittags Lunch-Menüs.

Karl-Weiser-Straße 1
+49 6131 80150
favorite-mainz.de
Fine Dining • international • elegant

Essen:	**45**	50
Service:	**17**	20
Getränke:	**18**	20
Ambiente:	**8**	10
Gesamt:	88	100

Geberts Weinstuben

55118 Mainz

Frank Gebert und seine Crew kochen geradlinig-fein und verwöhnen ihre Gäste mit regionaler Frischeküche und zeitgemäß interpretierten Klassikern. Gute Weinauswahl mit Schwerpunkt Rheinland-Pfalz.

Frauenlobstraße 94
+49 6131 611619
geberts-weinstuben.de
Gasthaus • regional • elegant

Essen:	**43**	50
Service:	**17**	20
Getränke:	**16**	20
Ambiente:	**8**	10
Gesamt:	84	100

Thomas Pirot www.thomaspirot.de

Genusswerkstatt

55126 Mainz

Das charmante Serviceteam um Chef Carl Grünewald serviert ein einheitliches Zehn-Gänge-Menü, nach vorheriger Absprache auch vegetarisch. Sehr puristisch, im Fokus steht das Produkt. Gutes Weinangebot.

Flugplatzstraße 44
+49 6131 4910
atrium-mainz.de
Fine Dining • regionale Produkte • entspannt

Essen:	**43**	50
Service:	**17**	20
Getränke:	**17**	20
Ambiente:	**8**	10
Gesamt:	85	100

Goldener Hirsch

55118 Mainz

Nora Valeska Benks kocht leidenschaftlich gerne, vor allem Lieblingsgerichte nach altem Familienrezept (»Hunsrücker Gefillde«). Dazu ein moderner aromatischer Touch und fertig ist ihr »Comfort Food«!

Nackstraße 16
+49 6131 2108020
goldener-hirsch-mainz.de
regionale Produkte • Biervielfalt • deutsche Küche

Essen:	**43**	50
Service:	**17**	20
Getränke:	**15**	20
Ambiente:	**7**	10
Gesamt:	82	100

Goldisch

55116 Mainz

Modernes Interieur, lockeres Ambiente, freundlicher Service. Dazu eine richtig gute Küche, die Brasserie-Klassiker gekonnt modifiziert und mit neuen Ideen bereichert, ohne ins Triviale abzugleiten.

Fischtorstraße 1
+49 6131 6031368
goldisch.com
Casual Dining • modern • elegant • Fisch

Essen:	45	50
Service:	18	20
Getränke:	18	20
Ambiente:	8	10
Gesamt:	89	100

Hofgut Laubenheimer Höhe

55130 Mainz

Ausflugsziel, Feierlocation oder einfach nur ein Ort, um bei herzhaften, bodenständigen Gerichten, regionalen Klassikern, rustikalen Kleinigkeiten und einem Glas Wein die Seele baumeln zu lassen.

Auf der Laubenheimer Höhe 1–3
+49 6131 622260
hofgut-laubenheimer-hoehe.de
Gasthaus • regionale Küche • Essen mit Aussicht

Essen:	43	50
Service:	17	20
Getränke:	18	20
Ambiente:	8	10
Gesamt:	86	100

La Gallerie

55116 Mainz

Küchenchef Christoph Rubel bietet in seinem modern eingerichteten Restaurant – neben den saftigen Steaks und frischen Fischgerichten – ein bodenständiges Mittagsmenü mit Mini-Dessert. Eine Bereicherung!

Gaustraße 29
+43 6131 69695414
lagallerie-mainz.de
Casual Dining • Allrounder • Steak • modern

Essen:	44	50
Service:	17	20
Getränke:	16	20
Ambiente:	7	10
Gesamt:	84	100

Laurenz

55118 Mainz

Den Wein wählt man in der angeschlossenen Vinothek aus. Zu essen gibt es in der gemütlichen Location mitten in einem Wohnviertel herzhafte Kleinigkeiten sowie Fleisch und Fisch mit klassischen Beilagen.

Gartenfeldstraße 9
+49 6131 2168660
laurenz-mainz.de
Vinothek • Allrounder • unkonventionell

Essen:	43	50
Service:	17	20
Getränke:	18	20
Ambiente:	8	10
Gesamt:	86	100

Steins Traube

55126 Mainz

Mit viel Geschmack wurde das Interieur aufgepeppt und die Gastwirtschaft zum schicken Gourmetrestaurant umgestaltet. Raffinierte, modern interpretierte Klassiker sind Philipp Steins Stärke. Chapeau!

Poststraße 4
+49 6131 40249
steins-traube.de
Fine Dining • Familienbetrieb • elegant • entspannt

Essen:	46	50
Service:	18	20
Getränke:	18	20
Ambiente:	9	10
Gesamt:	91	100

Wilhelmi

55116 Mainz

In der Weinstube von Christina Schickert treffen sich Gott, die Welt und Einheimische. Denn im urigen Ambiente gibt es Meenzer Fleischwurst, Handkäs, Spundekäs, hausgemachten Hackbraten und Rumpsteak.

Rheinstraße 53
+49 6131 224949
weinhaus-wilhelmi.de
Gasthaus • deutsche Küche • gemütlich

Essen:	43	50
Service:	18	20
Getränke:	17	20
Ambiente:	8	10
Gesamt:	86	100

Willems

55116 Mainz

Super, was dieses junge Team da auf die Teller bringt! Das sind jede Menge modern interpretierte und raffiniert arrangierte Klassiker, einfallsreich aufgepeppt und meist in Bioqualität. Bereichernd!

Kapuzinerstraße 29
+49 6131 2109170
gasthaus-willems.de
Gasthaus • bio • entspannt • regionale Produkte

Essen:	43	50
Service:	18	20
Getränke:	17	20
Ambiente:	8	10
Gesamt:	86	100

Poststuben

54531 Meerfeld

In die gemütlich-ländliche Atmosphäre passt die regional geprägte Küche von Sven Molitor bestens. Sorgfältig zubereitet, finden sich auf der Karte herzhafte Gerichte für den großen und kleinen Hunger.

Meerbachstraße 24–26
+49 6572 931900
die-post-meerfeld.de
Gasthaus • Hotelrestaurant • regionale Küche • gemütlich

P

Essen:	43	50
Service:	17	20
Getränke:	17	20
Ambiente:	7	10
Gesamt:	84	100

Meisenheimer Hof

55590 Meisenheim

Im historischen Gemäuer präsentiert Markus Pape eine zeitgenössische, weltoffene Küche, deren Wurzeln in der französischen Kochkunst liegen. Auch regionale Klassiker sind auf der Speisekarte zu finden.

Obergasse 33
+49 6753 1237780
meisenheimer-hof.de
Gasthaus • Allrounder • Casual Dining

P

Essen:	44	50
Service:	18	20
Getränke:	18	20
Ambiente:	8	10
Gesamt:	88	100

Kruger-Rumpf

55424 Münster-Sarmsheim

Die gediegene Weinstube bietet neben den klassisch-herzhaften Vespergerichten auch eine Vielzahl an gekonnt fein gemachten Fleisch- und Fischspezialitäten, dazu Gerichte mit Wild aus heimischen Wäldern.

Rheinstraße 47
+49 6721 43859
kruger-rumpf.com
Gasthaus • eigener Weinbau • regionale Küche

P

Essen:	43	50
Service:	17	20
Getränke:	17	20
Ambiente:	8	10
Gesamt:	85	100

Rüssels Hasenpfeffer

54426 Naurath

Feine Landhausküche ist für den Chefkoch und passionierten Jäger Harald Rüssel eine Frage von Leidenschaft, die er in erstklassige Gerichte umsetzt. Wild gibt's nach Saison und stets aus eigenem Revier.

Büdlicherbrück 1	Essen: 43 | 50
+49 6509 91400	Service: 18 | 20
ruessels-landhaus.de	Getränke: 17 | 20
Gasthaus • Familienbetrieb • Wild	Ambiente: 8 | 10
	Gesamt: 86 | 100

Rüssels Landhaus

54426 Naurath

Was sich hinter der »Neuen deutschen Küche« verbirgt, zeigt Harald Rüssel im gemütlich-schicken Restaurant. Eine Gourmetliaison aus heimischen und internationalen Produkten, geradlinig zubereitet.

Büdlicherbrück 1	Essen: 45 | 50
+49 6509 91400	Service: 18 | 20
ruessels-landhaus.de	Getränke: 18 | 20
Fine Dining • Familienbetrieb • regionale Produkte	Ambiente: 9 | 10
	Gesamt: 90 | 100

Le Temple

54422 Neuhütten

Im stilvollen Ambiente findet die Küche ihre ideale Kulisse. Denn was auf den Tellern arrangiert ist, steckt voller Raffinesse und hat geschmacklichen Tiefgang bei aromatischer Leichtigkeit. Sehr fein!

Saarstraße 2	Essen: 46 | 50
+49 6503 7669	Service: 18 | 20
le-temple.de	Getränke: 18 | 20
Fine Dining • französisch • elegant	Ambiente: 9 | 10
	Gesamt: 91 | 100

Alte Pfarrey

67271 Neuleiningen

Im wunderschön restaurierten ehemaligen Pfarrhaus kocht Silvio Lange mediterran inspirierte Gerichte auf gleichbleibend hohem Niveau. Serviert wird ein stattliches Menü in beliebiger Gängezahl.

Untergasse 54	Essen: 45 | 50
+49 6359 86066	Service: 18 | 20
altepfarrey.com	Getränke: 18 | 20
Fine Dining • mediterran • französisch	Ambiente: 8 | 10
	Gesamt: 89 | 100

H'manns

67271 Neuleiningen

Hausgemacht wird bei den Hermanns großgeschrieben. Donnerstags werden exklusiv Tapas serviert, den Rest der Woche glänzt die Küche mit variantenreichen Gerichten aus dem internationalen Repertoire.

Am Goldberg 2	Essen: 44 | 50
+49 6359 5341	Service: 18 | 20
hmanns.de	Getränke: 18 | 20
Gasthaus • Familienbetrieb • regionale Produkte • entspannt	Ambiente: 9 | 10
	Gesamt: 89 | 100

Gehrlein's Hardtwald
76777 Neupotz

Regionale Erzeugnisse stehen im Mittelpunkt von Martin Gehrleins produktbezogener Küche. Von den Gästen immer wieder erwähnt und gelobt werden seine Fischgerichte, allen voran der leckere Zander.

Sandhohl 14
+49 7272 2440
gehrlein-hardtwald.de
Gasthaus • mediterran • gemütlich

Essen:	**42**	50
Service:	**17**	20
Getränke:	**16**	20
Ambiente:	**8**	10
Gesamt:	83	100

Zum Lamm
76777 Neupotz

Das Interieur gemütlich-rustikal, die Küche saisonal orientiert, französisch inspiriert und gekonnt umgesetzt. Lammrücken mit Kräuter-Senf-Kruste und provenzalischem Gemüse ist Favorit vieler Gäste.

Hauptstraße 7
+49 7272 2809
gasthof-lamm-neupotz.de
Gasthaus • französisch • Meeresfrüchte

P

Essen:	**43**	50
Service:	**18**	20
Getränke:	**17**	20
Ambiente:	**7**	10
Gesamt:	85	100

Zur Krone
76777 Neupotz

Die Krone trägt ihren Namen zu Recht, denn Faycal Bettioui hat das schlichte Wirtshaus zum kulinarischen Adelssitz gemacht: französische Ideen, arabische Würze, perfekte Zubereitung. Großes Kino!

Hauptstraße 25
+49 7272 9337845
zurkroneneupotz.de
Gasthaus • Fine Dining • französisch • arabisch

P

Essen:	**46**	50
Service:	**19**	20
Getränke:	**18**	20
Ambiente:	**8**	10
Gesamt:	91	100

Das Esszimmer
67433 Neustadt an der Weinstraße

Bei Thomas Manthey gibt es abwechslungsreiche und variable Menüs mit mediterranem Einschlag, aber keine Einzelgerichte. Donnerstags werden festgelegte Fünf-Gänge-Menüs kredenzt. Nur abends geöffnet.

Hintergasse 38
+49 6321 354996
esszimmer-neustadt.de
italienisch • mediterran • regionale Produkte

Essen:	**43**	50
Service:	**17**	20
Getränke:	**16**	20
Ambiente:	**8**	10
Gesamt:	84	100

Eselsburg
67435 Neustadt an der Weinstraße

Pfälzer Gastlichkeit und regionale Spezialitäten werden hier ganz groß geschrieben. Niemand sitzt in den witzig dekorierten Gasträumen lange allein am Tisch. Zum herzhaften Essen gibt es große Pfälzer Weine.

Kurpfalzstraße 62
+49 6321 66984
eselsburg.de
regionale Küche • urig • Gastgarten

Essen:	**41**	50
Service:	**16**	20
Getränke:	**17**	20
Ambiente:	**8**	10
Gesamt:	82	100

Spinne

67433 Neustadt an der Weinstraße

Die Speisekarte ist überschaubar, denn Küchenchef Jörg Friedrich setzt auf absolute Frische und Zubereitung à la minute. Der Fisch des Tages ist immer eine gute Wahl, ebenso die saisonalen Wildgerichte.

Eichkehle 58	Essen:	43 | 50
+49 6321 9597799	Service:	17 | 20
restaurant-spinne.com	Getränke:	17 | 20
Gasthaus • Casual Dining • Wild	Ambiente:	8 | 10
	Gesamt:	85 | 100

Urgestein

67466 Neustadt an der Weinstraße

Unterm Kreuzgewölbe des historischen Gemäuers arrangiert Köchin Hedi Rink mit feinen Gourmetgerichten ein schmackhaftes kulinarisches Treffen von Pfälzer Produkten mit Zutaten aus der ganzen Welt.

Rathausstraße 6	Essen:	45 | 50
+49 6321 489060	Service:	18 | 20
restaurant-urgestein.de	Getränke:	18 | 20
Fine Dining • regionale Produkte • Gewölbe	Ambiente:	8 | 10
	Gesamt:	89 | 100

Brasserie Nodhausen

56567 Neuwied

Wintergartenambiente pur. Mit Blick in den herrschaftlichen Park des ehemaligen Lustschlosses lässt es sich herrlich entspannt und gutbürgerlich genießen. Außerdem: Business-Lunch und Abendmenüs.

Nodhausen 1	Essen:	45 | 50
+49 2631 813423	Service:	17 | 20
parkrestaurant-nodhausen.de	Getränke:	16 | 20
Allrounder • regionale Produkte • entspannt	Ambiente:	8 | 10
	Gesamt:	86 | 100

Hermannshöhle

55585 Niederhausen

Mit einem klassisch zusammengestellten Menü von Küchenchef Wigbert Weck fährt man immer gut. Die sorgfältig zubereiteten und hübsch arrangierten Gerichte haben einen gekonnten Touch von Gourmetküche.

Hermannshöhle 1	Essen:	44 | 50
+49 6758 6486	Service:	18 | 20
hermannshoehle-weck.de	Getränke:	17 | 20
Gasthaus • modern • Terrasse	Ambiente:	8 | 10
	Gesamt:	87 | 100

Fritz Walter

76889 Niederhorbach

Küchenchef Björn Reuter hat die Welt und die Pfalz bereist. Kein Wunder, dass er crossover kocht und Produkte und Zutaten aus der Ferne und der Heimat zu ideenreichen Gerichten zusammenführt. Richtig gut!

Landauer Straße 82	Essen:	44 | 50
+49 6343 936550	Service:	18 | 20
fritz-walter.de	Getränke:	18 | 20
Allrounder • eigener Weinbau • unkonventionell	Ambiente:	8 | 10
	Gesamt:	88 | 100

Schloss Niederweis

54668 Niederweis

Gastlichkeit wird im gemütlichen Ambiente großgeschrieben. Einfach zurücklehnen und genießen – dafür sorgt die Küche mit attraktiven internationalen Klassikern. Auch Wagyu-Beef ist hier zu bekommen.

Hauptstraße 9
+49 6568 9696450
schloss-niederweis.de
Casual Dining • Allrounder • Steak • im Schloss

Essen:	44	50
Service:	18	20
Getränke:	17	20
Ambiente:	8	10
Gesamt:	87	100

Culinarium

54453 Nittel

Kreative Küche, inspiriert von internationalen und österreichischen Einflüssen, und bodenständige Klassiker, modern interpretiert, findet man auf der Speisekarte von Walter Curman an der Obermosel.

Weinstraße 5
+49 6584 91450
culinarium-nittel.de
Allrounder • regionale Produkte • modern • eigener Weinbau

Essen:	43	50
Service:	17	20
Getränke:	16	20
Ambiente:	8	10
Gesamt:	84	100

Historische Weinwirtschaft

55430 Oberwesel

In dem urgemütlichen Ambiente triumphiert die herzhafte Hausmannskost: schmackhaft zubereitete Klassiker aus der gutbürgerlichen deutschen Küche, natürlich in handfesten Portionen. Eine Bereicherung!

Liebfrauenstraße 17
+49 6744 8186
historische-weinwirtschaft.de
Gasthaus • urig • deutsche Küche

Essen:	43	50
Service:	18	20
Getränke:	16	20
Ambiente:	8	10
Gesamt:	85	100

Zum Kronprinzen

55430 Oberwesel

Vor der Tür die Rheinromantik, dahinter wird im gemütlich-stilvollen Restaurant eine gutbürgerliche Küche serviert. Umfangreich ist die Karte nicht, Rumpsteak und Fisch des Tages sind die Favoriten.

Rheinhöhenstraße 45
+49 6744 94319
hotel-kronprinzen.de
Hotelrestaurant • Allrounder • Fisch

Essen:	43	50
Service:	18	20
Getränke:	17	20
Ambiente:	8	10
Gesamt:	86	100

Landhaus Dubs

67574 Osthofen

Allein wegen der hausgemachten Gänsestopfleber kommen Gäste zu Wolfgang Dubs, der französische Haute Cuisine aus dem Effeff beherrscht. Ein Altmeister der authentischen Traditionsküche in Bestform.

Am Mühlpfad 10
+49 6242 9125205
dubs.de
Fine Dining • französisch • traditionell

Essen:	45	50
Service:	17	20
Getränke:	17	20
Ambiente:	8	10
Gesamt:	87	100

Vis à Vis

67574 Osthofen

Unterm Kreuzgewölbe herrschen rheinhessische Gemütlichkeit und familiäre Atmosphäre. Die Speisekarte ist überschaubar und bietet traditionelle Gerichte, handwerklich gut und geschmackvoll zubereitet.

Friedrich-Ebert-Straße 53	Essen: **43** I 50
+49 6242 5012973	Service: **18** I 20
spiess-osthofen.de	Getränke: **17** I 20
Gasthaus • regionale Küche • gemütlich	Ambiente: **8** I 10
	Gesamt: 86 I 100

Schanz

54498 Piesport

Zeitgemäß, ohne kurzlebig zu sein, klassisch französisch ohne Stillstand. Thomas Schanz' Küche ist geschmacklich dem Himmel nah, raffiniert und balanciert. Kurz: ein Gaumenerlebnis auf höchstem Niveau.

Bahnhofstraße 8a	Essen: **49** I 50
+49 6507 92520	Service: **20** I 20
schanz-restaurant.de	Getränke: **19** I 20
Fine Dining • französisch • Meeresfrüchte • elegant	Ambiente: **10** I 10
	Gesamt: 98 I 100

Die Brasserie

66953 Pirmasens

Die Küche im beliebten Ausflugsziel gilt als Genussrefugium. Sie punktet mit aromatischen, ausbalancierten, kreativen Köstlichkeiten, bei denen der Schwerpunkt auf dem Produkt liegt. Toller Service.

Landauer Straße 103–105	Essen: **45** I 50
+49 6331 7255544	Service: **18** I 20
diebrasserie-ps.de	Getränke: **17** I 20
Allrounder • regionale Produkte • traditionell	Ambiente: **8** I 10
	Gesamt: 88 I 100

Kunz

66954 Pirmasens

Mittags oder abends: Moritz Sommer hat viele gute kulinarische Ideen, die er auf seinen zwei Speisekarten anbietet. International geprägt, sind die bodenständigen Gerichte immer ein Geschmackserlebnis.

Bottenbacher Straße 74	Essen: **44** I 50
+49 6331 875	Service: **18** I 20
hotel-kunz.de	Getränke: **18** I 20
Hotelrestaurant • Familienbetrieb • klassisch	Ambiente: **8** I 10
	Gesamt: 88 I 100

Heim's Restaurant im Hotel Reiler Hof

56861 Reil

Alles dreht sich um frische saisonale Produkte und Zutaten. Aus denen kocht Christoph Heim seine unkomplizierten Gerichte, herzhaft-lecker, aber immer um raffinierte Akzente bereichert. Einfach gut!

Moselstraße 27	Essen: **44** I 50
+49 6542 2629	Service: **18** I 20
reiler-hof.de	Getränke: **18** I 20
Familienbetrieb • regionale Produkte • traditionell	Ambiente: **8** I 10
	Gesamt: 88 I 100

80–84 85–89 90–94 95–100 Punkte

Alte Rebe

53424 Remagen

Das kleine, feine Restaurant in einem denkmalgeschützten Haus am Marktplatz glänzt mit traditionellen deutschen und internationalen Gerichten. Selbst ortsfremde Genießer sind Wiederholungstäter.

Kirchstraße 4 +49 2642 9029269 alte-rebe-remagen.de **Allrounder • regionale Produkte • modern**	Essen: **44** I 50 Service: **17** I 20 Getränke: **16** I 20 Ambiente: **8** I 10 Gesamt: 85 I 100

Morgenstern

67354 Römerberg

Die Stammgäste wissen, was sie an Uwe Morgenstern haben. Der Küchenmeister kocht unprätentiös und schnörkellos. Gekonnt und einfallsreich verwandelt er herzhafte Hausmannskost zu feinen Gerichten.

Germersheimer Straße 2b +49 6232 6850 hotel-morgenstern.de **Gasthaus • deutsche Küche • Casual Dining**	Essen: **43** I 50 Service: **17** I 20 Getränke: **17** I 20 Ambiente: **8** I 10 Gesamt: 85 I 100

Hofgut Ruppertsberg

67152 Ruppertsberg

Für seine traditionelle, aber raffinierte Küche, die immer mal wieder in die Gourmetkiste greift, verwendet Jean-Philippe Aiguier ausschließlich Bioprodukte. Erstaunlich, was er aus Gemüse zaubert!

Obergasse 2 +49 6326 982097 dashofgut.com **bio • eigener Weinbau • im Grünen**	Essen: **44** I 50 Service: **18** I 20 Getränke: **18** I 20 Ambiente: **8** I 10 Gesamt: 88 I 100

Kirchstübel

67487 St. Martin

Urig, rustikal, gemütlich: Zum Ambiente passt die Speisekarte, die sich bevorzugt um herzhafte klassische Pfälzer Spezialitäten, Flammkuchen in vielen Varianten und Gerichte aus Omas Kochbuch dreht.

Kirchstraße 9 +49 6323 949131 kirchstuebel.de **Gasthaus • deutsche Küche • urig • regionale Produkte**	Essen: **43** I 50 Service: **18** I 20 Getränke: **18** I 20 Ambiente: **7** I 10 Gesamt: 86 I 100

Weinhäusel

67487 St. Martin

Pfälzer Gerichte, internationale Klassiker und Spezialitäten aus Übersee: Die Küchencrew im gemütlichen Weinrestaurant kocht alles mit Bravour. Ein abwechslungsreiches Programm mit Blick in die Welt!

Hornbrücke 2	Essen:	43 | 50
+49 6323 981387	Service:	18 | 20
weinhaeusel.com	Getränke:	17 | 20
Gasthaus • Allrounder • unkonventionell	Ambiente:	7 | 10
	Gesamt:	85 | 100

mundart

55291 Saulheim

Der herausgeputzte Gasthof ist das Refugium von Markus Hebestreit, der im gemütlichen Landhausambiente klassisch französische und mediterran inspirierte Küche auftischt – immer mit einer Portion Pep.

Weedengasse 8	Essen:	43 | 50
+49 6732 9322966	Service:	17 | 20
mundart-restaurant.de	Getränke:	17 | 20
Gasthaus • französisch • mediterran • entspannt	Ambiente:	8 | 10
	Gesamt:	85 | 100

Möllers

67105 Schifferstadt

Möllers Grillkurse und Barbecue-Abende sind beliebt, auch das Restaurant hat seine treue Fangemeinde. Im gemütlichen Ambiente kommt internationale Küche, darunter auch saftige Steaks, auf die Teller.

Burgstraße 12	Essen:	43 | 50
+49 6235 931	Service:	17 | 20
salischer-hof.de	Getränke:	17 | 20
Gasthaus • Allrounder • Steak • gemütlich	Ambiente:	8 | 10
P	Gesamt:	85 | 100

Kaupers Kapellenhof

55278 Selzen

Marktfrische Produkte sind das Küchencredo von Sebastian Kauper, je nach Angebot wird die Speisekarte geschrieben. Attraktiv ist sie immer, und alles »Gourmet-like« zubereitet bis ins kleinste Detail.

Kirschgartenstraße 13	Essen:	45 | 50
+49 6737 8325	Service:	18 | 20
kaupers-kapellenhof.de	Getränke:	18 | 20
Fine Dining • Dachterrasse • unkonventionell	Ambiente:	8 | 10
P	Gesamt:	89 | 100

Brasserie Voss

55469 Simmern/Hunsrück

Frische französische Küche mit regionalem Bezug: Das hatte sich Familie Voss bereits in der alten Brasserie auf die Fahnen geschrieben. Auch in Simmern möchte sie die Gäste in Urlaubsstimmung versetzen.

Koblenzer Straße 3	Essen:	43 | 50
+49 6761 9655585	Service:	17 | 20
brasserie-voss.de	Getränke:	14 | 20
französisch • traditionell • gemütlich	Ambiente:	7 | 10
P	Gesamt:	81 | 100

Clyne

67346 Speyer

»Clyne« Köstlichkeiten zaubert Inhaber Falk Lindhammer. Er kocht schnörkellos und auf das Wesentliche reduziert. Erwähnenswert sind die Mitnahmetüten »Clyne für daheim«, die es auch nach dem Lockdown gibt.

Große Greifengasse 5
+49 6262 1008285
restaurant-clyne.de
mediterran • deutsche Küche • regionale Produkte

Essen:	**43** I 50
Service:	**17** I 20
Getränke:	**15** I 20
Ambiente:	**8** I 10
Gesamt:	83 I 100

Le Delice

55442 Stromberg

Küchenchef Michael Stortz pflegt langjährige Partnerschaften zu Erzeugern heimischer Produkte, die sich in französischen Klassikern sowie mediterranen und regionalen Gerichten wiederfinden.

Am Buchenring 6
+49 6724 600443
golfhotel-stromberg.de
Fine Dining • regionale Produkte • elegant

Essen:	**43** I 50
Service:	**17** I 20
Getränke:	**17** I 20
Ambiente:	**8** I 10
Gesamt:	85 I 100

Bauer's Restaurant

56831 Traben-Trarbach

Auf die kulinarische Mischung kommt's an! Das Küchenteam verbindet traditionelle Gerichte mit modernem Twist. Gäste loben die gelungenen Arrangements auf den Tellern und den herausragenden Service.

Moselstraße 1
+49 6541 6551
moseltor.de
regional • gemütlich • traditionell

Essen:	**43** I 50
Service:	**18** I 20
Getränke:	**16** I 20
Ambiente:	**8** I 10
Gesamt:	85 I 100

Belle Epoque

56841 Traben-Trarbach

Einzigartiges Jugendstilambiente mit Moselblick. Dazu achtet Küchenchef Matthias Meurer darauf, dass neben den Menüs und Feinschmeckerklassikern auch Speisen für den kleinen Hunger angeboten werden.

An der Mosel 11
+49 6541 7030
bellevue-hotel.de
Hotelrestaurant • romantisch • Essen mit Aussicht

Essen:	**43** I 50
Service:	**17** I 20
Getränke:	**17** I 20
Ambiente:	**9** I 10
Gesamt:	86 I 100

Puricelli

55413 Trechtingshausen

Eine grandiose Kulisse, in deren historischem Gemäuer modern aufgetischt wird. Die Küche orientiert sich an internationalen Klassikern, inspiriert von der französischen und italienischen Kochkunst.

Burgweg 24
+49 6721 6117
burg-reichenstein.com
Fine Dining • französisch • italienisch • Essen mit Aussicht

Essen:	**43** I 50
Service:	**17** I 20
Getränke:	**17** I 20
Ambiente:	**8** I 10
Gesamt:	85 I 100

Wein- und Schloßstube

56253 Treis-Karden

Oliver Bell und seine Küchencrew haben alle Hände voll zu tun. Ihre Speisekarte ist umfangreich und attraktiv und bietet von der herzhaften Vesper bis zum Gourmetgericht eine beachtenswerte Auswahl.

Sankt-Castor-Straße 80
+49 2672 9340
schloss-hotel-petry.de
Hotelrestaurant • Allrounder • gemütlich • klassisch

Essen:	**44** | 50
Service:	**18** | 20
Getränke:	**18** | 20
Ambiente:	**8** | 10
Gesamt:	88 | 100

Becker's

54295 Trier

Sternekoch Wolfgang Becker hat sich in seinem Gourmetrestaurant der Haute Cuisine verschrieben, das Produkt und den Genuss stets im Fokus. Er begeistert mit ausgefallenen Aromen und originellen Kreationen.

Olewiger Straße 206
+49 651 93808
beckers-trier.de
Fine Dining • elegant • eigener Weinbau

P

Essen:	**46** | 50
Service:	**18** | 20
Getränke:	**17** | 20
Ambiente:	**8** | 10
Gesamt:	89 | 100

Becker's Weinhaus

54295 Trier

Im Haupthaus des Gebäudeensembles gibt es mehr, als der Gast zunächst erwartet: klassische, feine, saisonale Gerichte aus der Landhausküche. Gestaltet ist das Weinhaus wie ein großes, wohnliches Fass.

Olewiger Straße 206
+49 651 93808
beckers-trier.de
Allrounder • eigener Weinbau • gemütlich

Essen:	**44** | 50
Service:	**18** | 20
Getränke:	**17** | 20
Ambiente:	**8** | 10
Gesamt:	87 | 100

Bitburger Wirtshaus

54290 Trier

Wirtshausklassiker finden sich auf der Speisekarte ebenso wie gängige Flammkuchen. Ergänzt wird das Angebot durch unzählige Bieren und Cocktails für einen geselligen Aufenthalt in klassizistischem Ambiente.

Kornmarkt 1–3
+49 651 4361880
wirtshaus-trier.de
Wirtshausküche • deutsche Küche • traditionell

Essen:	**42** | 50
Service:	**17** | 20
Getränke:	**14** | 20
Ambiente:	**8** | 10
Gesamt:	81 | 100

Das Weinhaus

54290 Trier

Viel von Rang und Namen steht auf der umfassenden Weinkarte. Die Küche ist klassisch ausgerichtet und bietet vom Flammkuchen bis zum Rumpsteak alles, was sich zu einem Schoppen trinken lässt.

Brückenstraße 7
+49 651 1704924
weinhaus-trier.de
deutsche Küche • traditionell • klassisch • gemütlich

Essen:	**42** | 50
Service:	**17** | 20
Getränke:	**18** | 20
Ambiente:	**8** | 10
Gesamt:	85 | 100

Gastraum | Villa Hügel

54295 Trier

Eine wunderschöne Jugendstilvilla bildet den passenden Rahmen für das Restaurant im modernen Anbau. Die Küche ist leicht und zeitgemäß – vor allem saisonal – und kocht mit Produkten aus der Umgebung.

Bernhardstraße 14
+49 651 937100
hotel-villa-huegel.de
Fine Dining • Fisch • Essen mit Aussicht

Essen:	**43** | 50
Service:	**18** | 20
Getränke:	**17** | 20
Ambiente:	**8** | 10
Gesamt:	86 | 100

Schlemmereule

54290 Trier

Die guten kulinarischen Ideen gehen dem ambitionierten Team des Restaurants nie aus. Inspiriert von Luxemburg und Frankreich, sind exquisite Gerichte wie Jakobsmuscheln oder Barbarie-Ente zu bekommen.

Domfreihof 1b
+49 651 73616
schlemmereule.com
Casual Dining • internationale Küche • Terrasse

Essen:	**43** | 50
Service:	**18** | 20
Getränke:	**17** | 20
Ambiente:	**8** | 10
Gesamt:	86 | 100

Schloss Monaise

54294 Trier

Das noble Ambiente im klassizistischen Stil bildet die ideale Kulisse für Hochzeiten und Feiern. Da spielt auch die Küche mit und serviert präzise zubereitete Klassik mit französischem Gourmettouch.

Schloss Monaise 7
+49 651 828670
schloss-monaise.de
Fine Dining • französisch • im Schloss • elegant

Essen:	**45** | 50
Service:	**18** | 20
Getränke:	**18** | 20
Ambiente:	**9** | 10
Gesamt:	90 | 100

Wilder Kaiser

54294 Trier

Es wird einem warm ums Herz, taucht man in die behagliche Atmosphäre der Gaststube ein. Dazu sorgt die Küche mit feinen, perfekt zubereiteten internationalen Klassikern für kulinarische Erinnerungen.

Eurener Straße 171
+49 651 82400
eurener-hof.de
Hotelrestaurant • Allrounder • Steak • klassisch

Essen:	**44** | 50
Service:	**18** | 20
Getränke:	**18** | 20
Ambiente:	**9** | 10
Gesamt:	89 | 100

Wein- und Tafelhaus

54349 Trittenheim

Mit Blick auf die Rebberge punktet das ländlich gestaltete Restaurant. Die Küche geht einen Schritt weiter und verfeinert gekonnt ihre Landküche mit Gourmeteinflüssen und aromatischen Ausrufezeichen.

Moselpromenade 4	Essen: **46** | 50
+49 6507 702803	Service: **18** | 20
wein-tafelhaus.de	Getränke: **18** | 20
Hotelrestaurant • Essen mit Aussicht • Terrasse	Ambiente: **8** | 10
	Gesamt: 90 | 100

Haus Mannertal

54619 Üttfeld

Traditionelle Gerichte nach Großmutters Rezepten beherrscht Alexandra Weyres genauso gut wie die Klassiker aus der internationalen Küche. Alles schnörkellos auf den Punkt. Gutbürgerlich vom Feinsten!

Mannertalstraße 1	Essen: **43** | 50
+49 6559 660	Service: **18** | 20
haus-mannertal.de	Getränke: **16** | 20
Familienbetrieb • regionale Produkte • Burger • modern	Ambiente: **8** | 10
	Gesamt: 85 | 100

Die Traube

56179 Vallendar

Anita und Stefan Schleier sind Gastgeber aus Leidenschaft. Sie verwöhnen ihre Gäste mit einer im Rhythmus der Jahreszeiten gestalteten Speisekarte und punkten mit einem umfangreichen Weinangebot.

Rathausplatz 12	Essen: **43** | 50
+49 261 61162	Service: **17** | 20
dietraube-vallendar.de	Getränke: **17** | 20
Gasthaus • regionale Produkte • gemütlich	Ambiente: **8** | 10
	Gesamt: 85 | 100

Rittersturz

54472 Veldenz

»Ohne Schnickschnack«, sagt Volker Kruft, wenn er seinen Küchenstil beschreibt. Ein Touch italienisch und mediterran, dazu frische Kräuter – und schon werden aus Klassikern erfrischend moderne Gerichte.

Veldenzer Hammer 1a	Essen: **44** | 50
+49 6534 18292	Service: **18** | 20
rendezvousmitgenuss.de	Getränke: **17** | 20
Gasthaus • regionale Produkte • gemütlich • elegant	Ambiente: **8** | 10
	Gesamt: 87 | 100

Bauer's Stuben

67482 Venningen

Bodenständig und ehrlich sind die Gerichte aus der Küche der Bauers. Freundlich serviert wird eine leckere Gasthausküche ohne Schnickschnack. Dazu gibt es eigene Weine und Gewächse von befreundeten Winzern.

Altdorfer Straße 3	Essen: **42** | 50
+49 6323 2734	Service: **17** | 20
gutshof-bauer.de	Getränke: **16** | 20
deutsche Küche • urig • eigener Weinbau	Ambiente: **8** | 10
	Gesamt: 83 | 100

THE IZAKAYA 67157 Wachenheim an der Weinstraße

Benjamin Pfeifers spannende und einfallsreiche Küche lebt von der Begegnung von Pfälzer Produkten mit japanischen Einflüssen und Zubereitungsmethoden. Alles gekonnt im Menü verpackt und ein Erlebnis!

Weinstraße 36	Essen:	**46** I 50
+49 6322 9591150	Service:	**18** I 20
the-izakaya.com	Getränke:	**17** I 20
Fine Dining • japanisch • unkonventionell	Ambiente:	**8** I 10
	Gesamt:	89 I 100

Scheid's 54332 Wasserliesch

Kulinarische Experimente werden in dem gediegenen Restaurant nicht gemacht. Hier ist die bodenständige Landküche Platzhirsch: schnörkellos und klassisch zubereitet aus besten, teils regionalen Produkten.

Reinigerstraße 48	Essen:	**43** I 50
+49 6501 9209792	Service:	**18** I 20
scheids-wasserliesch.de	Getränke:	**18** I 20
Hotelrestaurant • deutsche Küche • regionale Produkte	Ambiente:	**8** I 10
	Gesamt:	87 I 100

Admiral 67273 Weisenheim am Berg

Längst kein Geheimtipp mehr, denn die kunstvoll angerichteten, kreativen und finessenreichen Gerichte von Holger Stehr haben ihre Fangemeinde. Dazu werden im wunderschönen Pfälzer Haus beste Weine serviert.

Leistadter Straße 6	Essen:	**45** I 50
+49 6353 4175	Service:	**18** I 20
admiral-weisenheim.de	Getränke:	**18** I 20
mediterran • kreativ • gemütlich • entspannt	Ambiente:	**8** I 10
	Gesamt:	89 I 100

Klein's Fronhof 56333 Winningen

Die klassische deutsche Küche hat im gemütlichen Restaurant von Michael Klein eine sichere Heimat. Die gutbürgerlichen Gerichte sind mit viel Herzblut, Leidenschaft, aber vor allem Können zubereitet.

Fronstraße 2	Essen:	**43** I 50
+49 260 6435	Service:	**17** I 20
fronhof-stuben.de	Getränke:	**17** I 20
Gasthaus • deutsche Küche • gemütlich	Ambiente:	**8** I 10
	Gesamt:	85 I 100

Ambiente

67547 Worms

In der ehemaligen Baptistenkirche wird auf zwei Etagen stilvoll und mit Blick auf Dom und Andreasstift serviert. Die italienische Speisekarte ist traditionell und wird ergänzt von saisonalen Gerichten.

Weckerlingplatz 6
+49 6241 3049888
ambiente-worms.com
italienisch • traditionell • gemütlich

Essen:	43	50
Service:	17	20
Getränke:	16	20
Ambiente:	8	10
Gesamt:	84	100

Zum Gläsernen Trinkhorn

55286 Wörrstadt

Handwerklich gut gemacht und schmackhaft ist, was Markus Lettau auf die Teller bringt. Der Küchenchef hat das richtige Händchen für gutbürgerliche Speisen ohne Schnörkel, natürlich alle hausgemacht.

Kegelbahnstraße 3
+49 6732 6005809
zum-trinkhorn.de
Casual Dining • deutsche Küche • Terrasse

Essen:	43	50
Service:	18	20
Getränke:	17	20
Ambiente:	8	10
Gesamt:	86	100

Saxler's Restaurant

54492 Zeltingen

Hermann Saxler greift in seiner Küche gerne in die Vollen, um Gerichten den richtigen Gourmet-Drive zu geben. Aber er kann auch bodenständig und hat dazu kreative vegetarische Speisen auf der Karte.

Uferallee 9
+49 6532 680
hotel-stephanus.de
Hotelrestaurant • Allrounder • bodenständig • traditionell

Essen:	44	50
Service:	18	20
Getränke:	17	20
Ambiente:	8	10
Gesamt:	87	100

Zeltinger Hof

54492 Zeltingen

Der Weinkeller im Traditionshaus ist gut gefüllt, die Küche bestens aufgestellt. »Gutbürgerlich, regional und bodenständig« lautet die Devise. Je nach Jagdsaison werden auch Wildgerichte angeboten.

Kurfürstenstraße 76
+49 6532 93820
zeltinger-hof.de
Hotelrestaurant • deutsche Küche • Wild

Essen:	**44** | 50
Service:	**18** | 20
Getränke:	**18** | 20
Ambiente:	**8** | 10
Gesamt:	88 | 100

Zornheimer Weinstuben

55270 Zornheim

Hier weht frischer kulinarischer Wind in altehrwürdigem Gemäuer. Rheinhessische Gastfreundschaft und bodenständige Küche in perfekter Liaison. Zu saftigem Rumpsteak gibt's Großmutters Bratkartoffeln.

Röhrbrunnenplatz 1
+49 6136 45616
zornheimer-weinstuben.de
Gasthaus • deutsche Küche • Steak • urig

Essen:	**43** | 50
Service:	**18** | 20
Getränke:	**18** | 20
Ambiente:	**8** | 10
Gesamt:	87 | 100

ESSlibris

66482 Zweibrücken

Ohne Effekthascherei geht es auf den Tellern von Jürgen Süs zu. Seine klassischen Gerichte bestechen durch ausgewogene Kombinationen von saisonalen Zutaten. Viele Produkte stammen aus der Region.

Fasanerie 1
+49 6332 973205
landschloss-fasanerie.de
mediterran • regionale Produkte • klassisch

Essen:	**43** | 50
Service:	**17** | 20
Getränke:	**17** | 20
Ambiente:	**8** | 10
Gesamt:	85 | 100

Hämmerle's Barrique ¦¦

66440 Blieskastel

Im französischen Grenzgebiet wird französisch und regional gekocht. Cliff Hämmerle kreiert seine Gerichte mit heimischen Zutaten aus nachhaltigem Handel und sieht diese Produkte als Grundlage seines Erfolgs.

Bliestalstraße 110a	Essen: **45** | 50
+49 6842 52142	Service: **17** | 20
haemmerles.de	Getränke: **17** | 20
französisch • elegant • entspannt	Ambiente: **8** | 10
	Gesamt: 87 | 100

Landgenuss ¦¦

66440 Blieskastel

Genuss im lichtdurchfluteten Ambiente. Im zweiten Restaurant der Familie Hämmerle wird ausschließlich mittags aufgetischt. Die Karte ist mediterran geprägt und mit vielen heimischen Produkten versehen.

Bliestalstraße 110a	Essen: **43** | 50
+49 6842 52142	Service: **17** | 20
hämmerles.de	Getränke: **17** | 20
Gasthaus • mediterran • regionale Produkte	Ambiente: **8** | 10
	Gesamt: 85 | 100

Ressmanns Residence ¦

66459 Kirkel

Seit fast 40 Jahren steht der Familienbetrieb der Ressmanns für beständige Qualität. Die Küche präsentiert mediterran beeinflusste Gerichte mit internationalem Twist. Schnörkellos, aromatisch, leicht.

Kaiserstraße 87	Essen: **42** | 50
+49 6849 90000	Service: **17** | 20
ressmanns-residence.de	Getränke: **16** | 20
Vinothek • mediterran • Gastgarten	Ambiente: **8** | 10
	Gesamt: 83 | 100

Locanda Grappolo d'oro

66822 Lebach

Domenico Stira, genannt »Mimmo«, ist Künstler, egal, ob in der Küche oder als Maler. Sein Brot für die gehobenen italienischen Gerichte bäckt er selbst, auch Eis ist bei ihm hausgemacht. Alles sehr familiär.

Mottener Straße 94	Essen:	42 | 50
+49 6881 3339	Service:	17 | 20
	Getränke:	16 | 20
Casual Dining • italienisch • gemütlich	Ambiente:	8 | 10
	Gesamt:	83 | 100

Gräfinthaler-Hof

66399 Mandelbachtal

In Grenznähe zu Frankreich befand sich einst ein Wilhelmitenkloster. Heute werden in dessen früherem Kelter- und Gesindehaus feine deutsche und internationale Gerichte serviert. Beliebt bei Ausflüglern.

Gräfinthal 6	Essen:	42 | 50
+49 6804 91100	Service:	17 | 20
graefinthaler-hof.de	Getränke:	16 | 20
regionale Produkte • klassisch • gemütlich	Ambiente:	8 | 10
	Gesamt:	83 | 100

Borst

66506 Maßweiler

Harry Borst ist ein Virtuose am Herd und kochte über 30 Jahre lang für seine Gäste. Nun ist Sohn Maximilian mit von der Partie. Die Adresse gilt als kulinarisches Kleinod und ist die Reise aufs Land wert.

Luitpoldstraße 4	Essen:	43 | 50
+49 6334 1431	Service:	17 | 20
restaurant-borst.de	Getränke:	17 | 20
mediterran • französisch • gemütlich • elegant	Ambiente:	8 | 10
	Gesamt:	85 | 100

EIKE DUBOIS

Buchnas Landküche

66693 Mettlach

Im schönen Kaminzimmer setzt man auf frische Lebensmittel aus fairem Handel. Gekocht wird ambitioniert und kreativ. Gäste freuen sich über den aufmerksamen Service. Freitags bis sonntags geöffnet.

Cloefstraße 44	Essen:	42 | 50
+49 6865 1790	Service:	17 | 20
hotel-saarschleife.de	Getränke:	17 | 20
französisch • regionale Produkte • nachhaltig	Ambiente:	8 | 10
	Gesamt:	84 | 100

Paulus

66620 Nonnweiler

Slow Food at its best. In der ländlichen Gourmetküche ist alles hausgemacht und das meiste regional. Das loben die Gäste und freuen sich über die umfangreiche Weinkarte mit Spitzengewächsen aus aller Welt.

Prälat-Faber-Straße 2–4
+49 6873 91011
landgasthof-paulus.de
saisonal • regional • nachhaltig • bio

Essen: 43 | 50
Service: 17 | 20
Getränke: 17 | 20
Ambiente: 8 | 10
Gesamt: 85 | 100

Zum Blauen Fuchs

66649 Oberthal

Die One-Man-Show von Olaf Bank am Herd lohnt die Anreise ins Hinterland. Zur Wahl stehen im gemütlich eingerichteten Gasthaus ein Landmenü und das beliebte Feinschmeckermenü mit vielen Klassikern.

Walhausener Straße 1
+49 6852 6740
zumblauenfuchs.de
Landgasthaus • mediterran • entspannt • stilvoll

Essen: 43 | 50
Service: 17 | 20
Getränke: 17 | 20
Ambiente: 8 | 10
Gesamt: 85 | 100

Victor's Fine Dining by Christian Bau

66706 Perl-Nennig

Christian Baus Handschrift ist unverwechselbar: Er vereint französische und japanische Küche und schafft damit einzigartige Kreationen, die alle Sinne ansprechen. Oberste Maxime: kompromisslose Qualität.

Schlossstraße 27–29
+49 6866 79118
victors-fine-dining.de
Fine Dining • französisch • japanisch • saisonal

Essen: 50 | 50
Service: 20 | 20
Getränke: 20 | 20
Ambiente: 9 | 10
Gesamt: 99 | 100

Niedmühle

66780 Rehlingen-Siersburg

Die Burbachs haben direkt am Fluss ein Wohlfühlambiente für die ganze Familie geschaffen. Gespeist wird im eleganten, aber entspannten Rahmen, die Küche kocht französisch inspiriert und stets auf hohem Niveau.

Niedtalstraße 13–14
+49 6835 67450
restaurant-niedmuehle.com
Gasthaus • französisch • Gastgarten • elegant

Essen: 43 | 50
Service: 18 | 20
Getränke: 17 | 20
Ambiente: 8 | 10
Gesamt: 86 | 100

Albrechts Casino am Staden

66121 Saarbrücken

In der Jugendstilvilla genießt man moderne Küche und regionale Gerichte, zuweilen auch kombiniert. Wechselnde Wochenmenüs. Für alle, die es mittags eilig haben, gibt es Business-Menüs als Take-away.

Bismarckstraße 47
+49 681 62364
albrechts-casino.de
französisch • regional • modern • entspannt

Essen: 43 | 50
Service: 18 | 20
Getränke: 16 | 20
Ambiente: 8 | 10
Gesamt: 85 | 100

80–84 85–89 90–94 95–100 Punkte

Esplanade

66111 Saarbrücken

Die Küche von Silio Del Fabro ist zeitgenössisch, französisch inspiriert und handwerklich besonders ausgefeilt. Im puristisch-schicken Ambiente werden die Gäste perfekt bedient und bestens verwöhnt.

Nauwieser Straße 5
+49 681 84499125
esplanade-sb.de
Fine Dining • französisch • regional • elegant

Essen:	**48**	50
Service:	**19**	20
Getränke:	**18**	20
Ambiente:	**9**	10
Gesamt:	94	100

Gästehaus Klaus Erfort

66121 Saarbrücken

Bei Klaus Erfort gibt es Menüs mit mindestens vier Gängen, allesamt raffiniert und gaumenkitzelnd. Seine Gäste lieben die ungezwungenen Stunden in schickem Ambiente, im Sommer auf der großzügigen Terrasse.

Mainzer Straße 95
+49 681 9582682
gaestehaus-erfort.de
Fine Dining • französisch • elegant • entspannt

Essen:	**47**	50
Service:	**18**	20
Getränke:	**19**	20
Ambiente:	**9**	10
Gesamt:	93	100

Jouliard

66123 Saarbrücken

Das Jouliard-Team serviert gehobene Bistroküche und greift bei vielen Produkten auf regionale Erzeuger zurück, die auch auf der Speisekarte gelistet werden. Schmackhafte und hübsch angerichtete Kreationen.

Scheidter Straße 66
+49 681 68615322
jouliard.de
Bistro • Allrounder • entspannt • gemütlich

Essen:	**42**	50
Service:	**17**	20
Getränke:	**16**	20
Ambiente:	**8**	10
Gesamt:	83	100

Le Comptoir

66111 Saarbrücken

Wer möchte, kann an der langen Theke speisen. Mittags wird von den Köchen, die auch den Service bespielen, leichte Bistroküche gereicht, abends ein vielseitig komponiertes Menü mit Brasserieklassikern.

Försterstraße 15
+49 681 83907886
lecomptoir-saarbruecken.de
Allrounder • französisch • entspannt

Essen:	**43**	50
Service:	**17**	20
Getränke:	**16**	20
Ambiente:	**9**	10
Gesamt:	85	100

Schlachthof 66121 Saarbrücken

Inmitten des alten Schlachthofviertels gibt es im lockeren, authentischen Brasserieambiente leckere Fleischvariationen. Dazu eine gute Auswahl an Meeresfrüchten und eine attraktive Mittagskarte.

Straße des 13. Januar 35	Essen: **43** I 50
+49 681 6853332	Service: **17** I 20
schlachthof-brasserie.de	Getränke: **16** I 20
Steak • gemütlich • entspannt	Ambiente: **8** I 10
	Gesamt: 84 I 100

Schlossgarten 66119 Saarbrücken

In den geschmackvollen Gerichten von Ernst Halbritter spiegelt sich die Leidenschaft wider, mit der er seit Jahrzehnten auf hohem Niveau kocht. Man fühlt sich stets willkommen. Toll: Kasematten-Dinner.

Spichererbergstraße 11	Essen: **43** I 50
+49 681 51985	Service: **17** I 20
restaurant-schlossgarten-saarbruecken.de	Getränke: **17** I 20
französisch • regionale Produkte • entspannt	Ambiente: **8** I 10
	Gesamt: 85 I 100

Louis 66740 Saarlouis

Très chic und gleichzeitig liebenswert-familiär: Das perfekt durchgestylte Restaurant hat Charme und Flair, die Küchenmannschaft rund um Martin Stopp zelebriert dazu ein Gourmetkonzept auf höchstem Niveau.

Prälat-Subtil-Ring 22	Essen: **48** I 50
+49 6831 89440440	Service: **19** I 20
lamaison-hotel.de	Getränke: **18** I 20
Fine Dining • elegant • entspannt	Ambiente: **10** I 10
	Gesamt: 95 I 100

Die alte Brauerei 66386 Stankt Ingbert

Seit vielen Jahren verwöhnt Familie Dauphin ihre Gäste in einer ehemaligen Brauerei am Rande der Innenstadt. Gelebt wird französische Gastlichkeit auf hohem Niveau, serviert werden hauseigene Kreationen.

Kaiserstraße 101	Essen: **43** I 50
+49 6894 92860	Service: **18** I 20
diealtebrauerei.com	Getränke: **16** I 20
französisch • mediterran • gemütlich	Ambiente: **8** I 10
	Gesamt: 85 I 100

Kunz Gourmet

66606 Sankt Wendel

Man sitzt im elegant gestalteten Wintergarten und lässt sich von den leichten Menüs von Alexander Kunz verwöhnen. Wann immer möglich, kombiniert und verfeinert er seine Gerichte mit regionalen Produkten.

Kirchstraße 22
+49 6854 8145
restaurant-kunz.de
Fine Dining • französisch • international

Essen:	**44** I 50
Service:	**17** I 20
Getränke:	**16** I 20
Ambiente:	**8** I 10
Gesamt:	85 I 100

Kunz Traditionelle

66606 Sankt Wendel

Fleisch vom katalanischen Holzkohlengrill ist die Spezialität im gemütlichen Ambiente des Kaminzimmers von Alexander Kunz. Darüber hinaus gibt es französische Landküche mit internationalem Einschlag.

Kirchstraße 22
+49 6854 8145
restaurant-kunz.de
Casual Dining • französisch • mediterran

Essen:	**42** I 50
Service:	**16** I 20
Getränke:	**16** I 20
Ambiente:	**8** I 10
Gesamt:	82 I 100

Landwerk

66798 Wallerfangen

Urban Style auf dem Land. Marc Pink kocht im chic restaurierten Ambiente finessenreich und anspruchsvoll und serviert seinen Gästen zwei Menüs mit bis zu sieben Gängen. Sorgt für Lobeshymnen!

Estherstraße 1
+49 6831 62622
land-werk.de
Fine Dining • Allrounder • entspannt

Essen:	**45** I 50
Service:	**18** I 20
Getränke:	**18** I 20
Ambiente:	**8** I 10
Gesamt:	89 I 100

SÜDEN

DIE BESTEN RESTAURANTS
UND GASTHÄUSER IN
BADEN-WÜRTTEMBERG
UND BAYERN.

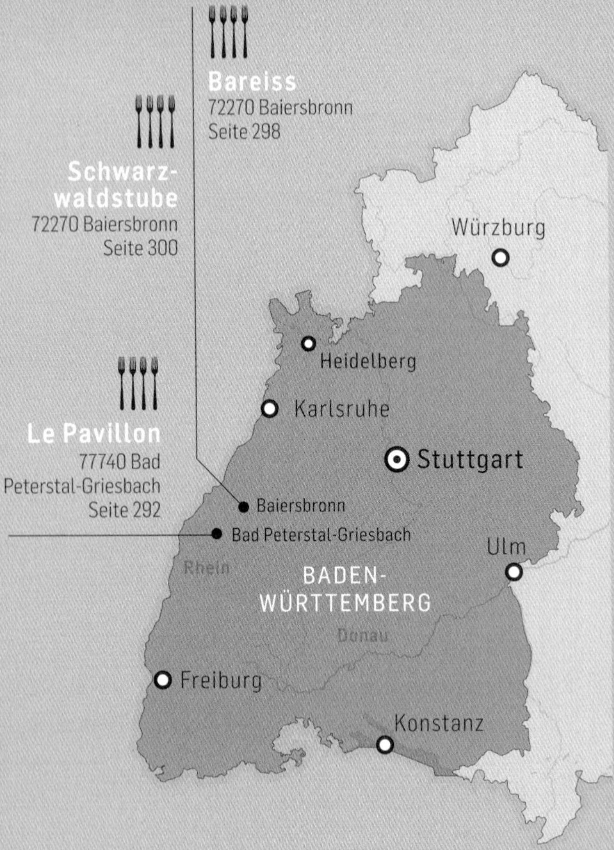

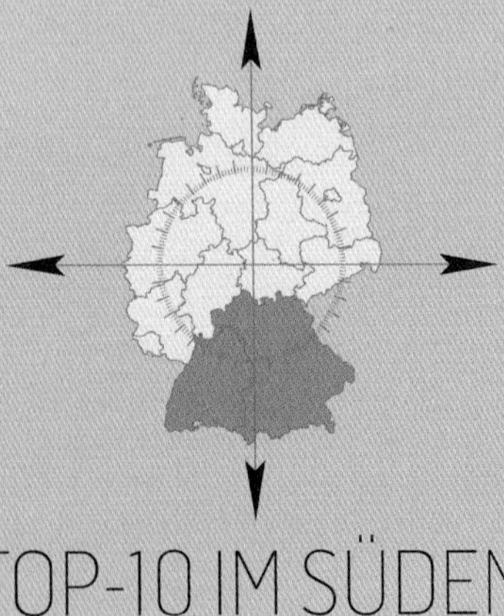

TOP-10 IM SÜDEN

BADEN-WÜRTTEMBERG, BAYERN

Überfahrt
83700 Rottach-Egern
Seite 447

Tantris
80805 München
Seite 426

EssZimmer
80809 München
Seite 414

Jan
80333 München
Seite 423

Luce d'Oro
82493 Elmau
Seite 389

Bayerischer Hof Atelier
80333 München
Seite 412

Tohru in der Schreiberei
80331 München
Seite 426

BADEN-WÜRTTEMBERG

Alte Linde

73432 Aalen

Ein Haus mit ländlichem Flair, stimmungsvoller Terrasse und netten Gastgebern. Gutbürgerliche Gerichte wie Zwiebelrostbraten, Flammkuchen und Wiener Schnitzel finden sich neben maritimer Fischsuppe.

Albstraße 121
+49 7367 2001
hotel-altelinde.de
Gasthaus • deutsche Küche • Gastgarten

Essen:	**42**	50
Service:	**16**	20
Getränke:	**15**	20
Ambiente:	**7**	10
Gesamt:	80	100

BuonGiorno

73430 Aalen

Der Chefkoch bereitet italienische Küche am offenen Herd zu. Panini, Carpaccio vom Rind oder Pasta mit gebratenen Garnelen sind die Klassiker. Auch die Weinkarte ist ganz auf Italien eingestellt.

Radgasse 15
+49 7361 9339986
buongiorno-aalen.de
italienisch • Meeresfrüchte • gemütlich

Essen:	**42**	50
Service:	**17**	20
Getränke:	**17**	20
Ambiente:	**7**	10
Gesamt:	83	100

Läuterhäusle

73432 Aalen

Dass hier alle Speisen hausgemacht sind, gehört zur Tradition des freundlichen Hauses mitten im Grünen. Schwäbische Spezialitäten sind im gemütlichen Restaurant der kulinarische Dreh- und Angelpunkt.

Waldhäuser Straße 109
+49 7361 98890
laeuterhaeusle.de
regionale Küche • im Grünen • Gastgarten

Essen:	**44**	50
Service:	**17**	20
Getränke:	**16**	20
Ambiente:	**7**	10
Gesamt:	84	100

Wilder Mann

73433 Aalen

Hotel mit wunderschönem Sommergarten. Aus der Küche kommen Klassiker wie Wiener Schnitzel, Maultaschen, Gansl und Tafelspitz. Mediterrane Anklänge gibt es bei Garnelen auf hausgemachter Pasta.

Karlstraße 2–4
+49 7361 71366
wildermann-aalen.de
Hotelrestaurant • deutsche Küche • Gastgarten

Essen:	**42** | 50
Service:	**18** | 20
Getränke:	**18** | 20
Ambiente:	**8** | 10
Gesamt:	86 | 100

#heimat im Malerhaus

77855 Achern

Die Brasserie mit blühendem Garten spannt einen pfiffigen Bogen von badischen zu französischen Spezialitäten. Herrlich ist das Frikassee vom Huhn oder Kaninchen. Gut gebucht sind die Fondue-Abende.

Hauptstraße 104
+49 7841 6668870
heimat-malerhaus.de
Bistro • französisch • gemütlich

Essen:	**43** | 50
Service:	**18** | 20
Getränke:	**17** | 20
Ambiente:	**8** | 10
Gesamt:	86 | 100

Chez Georges

77855 Achern

Die badisch-elsässische Küche punktet mit heimischen Produkten bester Qualität. Fisch und Meeresfrüchte sind die besondere Stärke. Die Weinkarte listet über 300 Etiketten aus dem Chambrair.

Kirchstraße 38
+49 7841 69680
hotel-sha.de
Hotelrestaurant • deutsche Küche • französisch • Fisch

Essen:	**42** | 50
Service:	**18** | 20
Getränke:	**18** | 20
Ambiente:	**8** | 10
Gesamt:	86 | 100

Rössle

72275 Alpirsbach

Im wunderschönen Fachwerkhaus ist ein neu gestaltetes Lokal untergebracht. Geboten werden traditionell-ambitionierte Gerichte wie hausgemachte Sepiapasta mit Rotbarbenfilet und Zitronenschaum.

Aischbachstraße 5
+49 7444 956040
roessle-alpirsbach.de
Familienbetrieb • deutsche Küche • mediterran • klassisch

Essen:	**42** | 50
Service:	**17** | 20
Getränke:	**17** | 20
Ambiente:	**8** | 10
Gesamt:	84 | 100

Portofino

71566 Althütte

Auch unter den neuen Pächtern wird die Pizza so gemacht, wie es sich gehört: mit schön dünnem, krossem Teig. Bruschetta gibt es in elf verschiedenen Varianten, die Salate sind knackig-frisch.

Schulstraße 4
+49 7183 307009
ristoranteportofino-althuette.de
italienisch • Pizza • gemütlich

Essen:	**42** | 50
Service:	**17** | 20
Getränke:	**16** | 20
Ambiente:	**7** | 10
Gesamt:	82 | 100

80–84 85–89 90–94 95–100 Punkte

Stubersheimer Hof

73340 Amstetten

Landhausstil zum Wohlfühlen, Martina Laib führt die Küche mit Herzblut. Ihre Favoriten sind Kraftbrühe mit Maultaschen, Lammkarree in Senfkruste mit Speckbohnen und Zitronen-Frischkäse-Tarte mit Himbeersorbet.

Bräunisheimer Straße 1
+49 7331 4429970
stubersheimer-hof.de
Gasthaus • deutsche Küche • gemütlich

Essen:	**42** | 50
Service:	**17** | 20
Getränke:	**17** | 20
Ambiente:	**8** | 10
Gesamt:	84 | 100

Schattbuch

88279 Amtzell

Im eleganten Ambiente bekommt man vom jungen, unkonventionellen Team sehr ansprechende Kreationen serviert, wie etwa Omas »neuen« Suppentopf mit Ochsenschwanzpraline und Brätstrudel.

Schattbucher Straße 10
+49 7520 953788
schattbuch.de
Fine Dining • Terrasse • romantisch

Essen:	**45** | 50
Service:	**18** | 20
Getränke:	**18** | 20
Ambiente:	**8** | 10
Gesamt:	89 | 100

Hofwirtschaft Ellgass

88260 Argenbühl

Rindfleisch aus eigener Landwirtschaft sorgt dafür, dass in der gemütlichen Gastwirtschaft dem Genuss von Pinzgauer Weiderind gefrönt wird. Doch auch Vegetarier finden auf der kleinen Karte ihre Favoriten.

Dorfplatz 10
+49 7566 1578
hofwirtschaft-ellgass.de
Gasthaus • eigene Landwirtschaft • Steak • gemütlich

Essen:	**42** | 50
Service:	**17** | 20
Getränke:	**16** | 20
Ambiente:	**7** | 10
Gesamt:	82 | 100

Aguila

71679 Asperg

In legerer Atmosphäre werden schwäbische und mediterrane Köstlichkeiten serviert. Für den kleinen Hunger passt die feine Tapas-Auswahl perfekt. Gutes Angebot an Weinen, Cocktails und Whisk(e)ys.

Stuttgarter Straße 2
+49 7141 26600
adler-asperg.de
Allrounder • spanisch • deutsche Küche • Terrasse

Essen:	**42** | 50
Service:	**17** | 20
Getränke:	**17** | 20
Ambiente:	**8** | 10
Gesamt:	84 | 100

Schwabenstube

71679 Asperg

Bodenständige Gourmetküche bedeutet, dass im holzvertäfelten Ambiente auch Klassiker wie Zwiebelrostbraten serviert werden, ebenso aber feine Menüs und Weine aus dem 170 Jahre alten Gewölbekeller.

Stuttgarter Straße 2
+49 7141 26600
adler-asperg.de
Hotelrestaurant • Fine Dining • elegant • traditionell

Essen:	**45** | 50
Service:	**17** | 20
Getränke:	**18** | 20
Ambiente:	**8** | 10
Gesamt:	88 | 100

Berghofstüble

79415 Bad Bellingen

Traditionelles, gehobenes Küchenhandwerk, gepaart mit dem mediterranen Erbe der italienischen Vorfahren, ist das Markenzeichen. Beim herrlichen Blick über den Rhein lässt es sich entspannt genießen.

Berghofstüble 2A	Essen:	42 | 50
+49 7635 1293	Service:	18 | 20
berghofstueble-bad-bellingen.de	Getränke:	17 | 20
Familienbetrieb • deutsche Küche • italienisch • Terrasse	Ambiente:	8 | 10
	Gesamt:	85 | 100

Schwanen

79415 Bad Bellingen

Alexander Fräulin ist ein Meister der badischen Küche, die Gäste lieben seine regionalen Spezialitäten. Auch in der Gourmetküche ist der Chefkoch bewandert und verfeinert seine Gerichte raffiniert.

Rheinstraße 50	Essen:	43 | 50
+49 7635 811811	Service:	17 | 20
schwanen-bad-bellingen.de	Getränke:	17 | 20
Gasthaus • Familienbetrieb • klassisch	Ambiente:	8 | 10
	Gesamt:	85 | 100

Das Walz

78073 Bad Dürrheim

Die Küche sorgt für einen bunten Mix aus badischen Spezialitäten: Steak, Zwiebelrostbraten oder gebratener Zander auf Rieslingschaum. Aus der eigenen Konditorei kommen feinste Torten und Pralinen.

Friedrichstraße 9	Essen:	42 | 50
+49 7726 261	Service:	17 | 20
das-walz.de	Getränke:	17 | 20
Familienbetrieb • deutsche Küche • gemütlich	Ambiente:	8 | 10
P	Gesamt:	84 | 100

Lamm

76332 Bad Herrenalb

Fast rund um die Uhr kann man in der gemütlichen vertäfelten Stube essen. Serviert werden neben herzhaften Schwarzwaldklassikern und Vesper auch Wildgerichte aus heimischer Jagd. Alles hausgemacht!

Mönchstraße 31	Essen:	44 | 50
+49 7083 92440	Service:	17 | 20
lamm-rotensol.de	Getränke:	17 | 20
Hotelrestaurant • Wild • gemütlich	Ambiente:	7 | 10
P	Gesamt:	85 | 100

Storchen 79189 Bad Krozingen – Schmidhofen

In ländlich-charmanter Atmosphäre kocht Chef Jochen Helfesrieder auf hohem Niveau. Bekannt ist seine Fisch- und Gemüseküche. Ein Traum sind die mediterranen Gemüsetörtchen mit geräucherter Burratacreme.

Felix-und-Nabor-Straße 2
+49 7633 5329
storchen-schmidhofen.de
Familienbetrieb • eigener Gemüsegarten • Fisch • nachhaltig

Essen:	**45** I 50
Service:	**18** I 20
Getränke:	**18** I 20
Ambiente:	**8** I 10
Gesamt:	89 I 100

Hirsch Genusshandwerk 75378 Bad Liebenzell

Genusshandwerk von Meisterhand zwischen der Heimat und dem hohen Norden. Die spannende Küche von Andreas Sondej vereint geschmacklich beides in geschickt arrangierten Gerichten aus besten Produkten.

Monbachstraße 47
+49 7052 2367
hirsch-genusshandwerk.de
Familienbetrieb • regionale Produkte • Casual Dining • modern

Essen:	**45** I 50
Service:	**18** I 20
Getränke:	**16** I 20
Ambiente:	**8** I 10
Gesamt:	87 I 100

Bundschu 97980 Bad Mergentheim

Im Landhotel in den Weinbergen wird angenehm leicht gekocht. Es gibt viel Fisch und Gemüse, ein Höhepunkt ist die Bouillabaisse. Aber auch Klassiker wie Kalbskopfpralinen oder Festtagssuppe sind beliebt.

Milchlingstraße 24
+49 7931 9330
hotel-bundschu.de
Hotelrestaurant • regionale Küche • Fisch • entspannt

Essen:	**43** I 50
Service:	**17** I 20
Getränke:	**16** I 20
Ambiente:	**8** I 10
Gesamt:	84 I 100

Kamin- und Bauernstube 77740 Bad Peterstal-Griesbach

Badische Küche mit einem Touch Extravaganz im stilvollen, holzgetäfelten Restaurant. Beste Schneckensuppe weit und breit! Dazu bietet Martin Herrmann täglich seine abwechslungsreiche Speisenauswahl.

Dollenberg 3
+49 7806 780
dollenberg.de
Familienbetrieb • Hotelrestaurant • elegant

Essen:	**43** I 50
Service:	**19** I 20
Getränke:	**18** I 20
Ambiente:	**8** I 10
Gesamt:	88 I 100

Le Pavillon 77740 Bad Peterstal-Griesbach

Klassische französische Hochküche im noblen, gläsernen Pavillon mit Spiegeldecke. Martin Herrmanns Präzisionsarbeit mit ihren verdichteten Aromen wird vom Sommelier Christophe Meyer kongenial begleitet.

Dollenberg 3
+49 7806 780
dollenberg.de
Hotelrestaurant • französisch • am Berg • elegant

Essen:	**47** I 50
Service:	**20** I 20
Getränke:	**19** I 20
Ambiente:	**9** I 10
Gesamt:	95 I 100

Klösterle Hof

77776 Bad Rippoldsau-Schapbach

Gutbürgerliche Küche in gemütlichen Gasträumen. Wild aus heimischen Revieren und frische Forellen vom nahen Züchter sind hier gesetzt – klassisch zubereitet und mit hausgemachten Beilagen serviert.

Klösterleweg 2	Essen: **42** | 50
+49 7440 215	Service: **17** | 20
kloesterlehof.de	Getränke: **16** | 20
Gasthaus • regionale Küche • Wild	Ambiente: **7** | 10
	Gesamt: **82** | 100

Genuss-Apotheke

79713 Bad Säckingen

Raimar Pilz und sein Team bieten ihren Gäste ein ausgefeiltes Menü, das Bodenständigkeit und Ursprünglichkeit in bemerkenswert aromastarke Gerichte packt. Kulinarische Reise mit vielen Wow-Effekten.

Schönaugasse 11	Essen: **45** | 50
+49 7761 9333767	Service: **18** | 20
genuss-apotheke.de	Getränke: **18** | 20
Fine Dining • regionale Produkte • modern	Ambiente: **8** | 10
	Gesamt: **89** | 100

Klebers

88348 Bad Saulgau

Im sehr weitläufigen Restaurant bietet das Team von Walter Varga und Christian Brändle eine weltoffene Küche und neben À-la-carte-Klassikern gleich drei kleine Menüs an, eines davon vegetarisch.

Poststraße 1	Essen: **42** | 50
+49 7581 5010	Service: **17** | 20
kleberpost.de	Getränke: **17** | 20
Hotelrestaurant • Terrasse • elegant • entspannt	Ambiente: **8** | 10
	Gesamt: **84** | 100

Berlins Krone

75385 Bad Teinach-Zavelstein

Die Küche ist viel moderner, als sich im gediegenen Ambiente des Hotelrestaurants ahnen lässt. Franz Berlin kombiniert heimische und internationale Spitzenprodukte aromenstark und kontrastreich.

Marktplatz 1–3	Essen: **45** | 50
+49 7053 92940	Service: **18** | 20
berlins-hotel.de	Getränke: **18** | 20
Hotelrestaurant • klassisch • regionale Produkte	Ambiente: **8** | 10
	Gesamt: **89** | 100

Kesselhaus

72574 Bad Urach

Anja und Michael Bischoff haben einen schmucken Hotelbetrieb auf- und ausgebaut. Im ehemaligen Kesselhaus einer Brauerei werden präzise zubereitete Gerichte vom Burger bis zum Vier-Gänge-Menü serviert.

Pfählerstraße 7	Essen: **42** | 50
+49 7125 947330	Service: **18** | 20
bischoffs-badurach.de	Getränke: **18** | 20
Gasthaus • Familienbetrieb • Burger • modern	Ambiente: **8** | 10
	Gesamt: **86** | 100

Kreuz

88339 Bad Waldsee

Schwäbische Gemütlichkeit im historischen Gasthaus. Da passt die bodenständige Küche, die regionale Klassiker abdeckt und dazu eine gute, abwechslungsreiche Auswahl an mediterranen Gerichten anbietet!

Gut-Betha-Platz 1	Essen: **43** | 50
+49 7524 3927	Service: **17** | 20
kreuz-gasthof.de	Getränke: **17** | 20
Gasthaus • mediterran • Wild	Ambiente: **8** | 10
	Gesamt: 85 | 100

Scala

88339 Bad Waldsee

Vom modernen Restaurant mit Terrasse blickt man auf den Stadtsee. Die Karte vereint Klassiker wie Steak in der Kräuterkruste und Zwiebelrostbraten mit internationalen Einflüssen. Hausgemachtes Eis.

Wurzacher Straße 55	Essen: **42** | 50
+49 7524 9787773	Service: **17** | 20
scala-bad-waldsee.de	Getränke: **17** | 20
Allrounder • deutsche Küche • Steak • Seeterrasse	Ambiente: **8** | 10
	Gesamt: 84 | 100

Friedrich

74206 Bad Wimpfen

Sympathisches Restaurant mit Café und Weinbar. Die Küche mischt traditionell mit modern. Fein sind die mit Pilzrisotto gefüllten Zucchiniblüten, gebratene Jakobsmuscheln passen zum Wildkräutersalat.

Hauptstraße 74	Essen: **42** | 50
+49 7063 245	Service: **17** | 20
friedrich-feyerabend.de	Getränke: **17** | 20
deutsche Küche • italienisch • Terrasse • traditionell	Ambiente: **8** | 10
	Gesamt: 84 | 100

Die Klosterschänke

76530 Baden-Baden

Dagmar Mattes-Racciatti verbindet im Traditionshaus regionale Klassiker mit einem Hauch Italien. Flusskrebstörtchen, lauwarmer Pulposalat oder rosa Lammrücken mit Gnocchi gelingen hervorragend.

Klosterschänke 1	Essen: **42** | 50
+49 7221 25854	Service: **18** | 20
restaurant-klosterschaenke.de	Getränke: **17** | 20
Gasthaus • deutsche Küche • italienisch • entspannt	Ambiente: **8** | 10
	Gesamt: 85 | 100

Filios

76530 Baden-Baden

Im eleganten Raum mit harmonischen Brauntönen vermittelt die Küche modernes, authentisches Griechenlandflair, optisch schön präsentiert. Basis sind Zutaten aus dem gesamten östlichen Mittelmeerraum.

Augustaplatz 8	Essen: **42** | 50
+49 151 15944410	Service: **17** | 20
filios-badenbaden.de	Getränke: **18** | 20
Casual Dining • griechisch • modern	Ambiente: **8** | 10
	Gesamt: 85 | 100

Fritz & Felix

76530 Baden-Baden

Französisch inspirierte Brasserie im Brenners Park-Hotel. Der junge Service agiert kompetent und serviert gut gemachte Grillspezialitäten genauso wie klassische französische Landküchengerichte.

Schillerstraße 4/6	Essen: **43** | 50
+49 7221 900999	Service: **18** | 20
fritzxfelix.com	Getränke: **18** | 20
Casual Dining • Allrounder • elegant	Ambiente: **8** | 10
	Gesamt: 87 | 100

Heiligenstein

76534 Baden-Baden

Küchenchef Joachim Peter macht's geschickt und gekonnt, wenn er seine Gerichte aus dem regionalen Fundus um internationale Klassiker ergänzt. Zu moderaten Preisen wird hier bodenständig aufgetischt.

Heiligensteinstraße 19a	Essen: **43** | 50
+49 7223 96140	Service: **17** | 20
hotel-heiligenstein.de	Getränke: **18** | 20
Familienbetrieb • Hotelrestaurant • Allrounder • klassisch	Ambiente: **8** | 10
	Gesamt: 86 | 100

Heine's Wine and Dine

76530 Baden-Baden

Klein, aber fein: Die moderne Einrichtung ist der perfekte Rahmen für Verkostungsmenüs auf Basis ausgesuchter regionaler Produkte. Zwei Sommeliers sorgen für die harmonische Weinbegleitung.

Merkurstraße 3	Essen: **43** | 50
+49 7221 3979466	Service: **18** | 20
heine-wine-dine.com	Getränke: **18** | 20
Casual Dining • regionale Produkte • modern	Ambiente: **8** | 10
	Gesamt: 87 | 100

Le Jardin de France

76530 Baden-Baden

Umgezogen in das alte Stahlbad mit Wintergarten, ist sich die Küche trotz des Standortwechsels treu geblieben. Klassisch französisch, ohne Chichi, raffiniert ausgefeilt und immer auf der Gourmetseite.

Augustaplatz 2	Essen: **45** | 50
+49 7221 3007860	Service: **18** | 20
lejardindefrance.de	Getränke: **18** | 20
Fine Dining • französisch • Essen mit Aussicht	Ambiente: **8** | 10
	Gesamt: 89 | 100

Maltes Hidden Kitchen

76530 Baden-Baden

»Casual Dining« heißt das Restaurantprogramm, das Ambiente ist perfekt darauf abgestimmt. Die talentierte Küche setzt ausdrucksstarke aromatische Akzente. Place-to-be für Feinschmecker jeden Alters!

Gernsbacher Straße 24
+49 7221 7025020
exquisite-concepts.com
Casual Dining • entspannt • modern

Essen:	45 | 50
Service:	18 | 20
Getränke:	18 | 20
Ambiente:	8 | 10
Gesamt:	89 | 100

Monte Christo

76530 Baden-Baden

Stimmungsvolle Bar mit mediterranen Fliesen und schönem Innenhof. In dieses Ambiente passt die spanische Küche. Fleischbällchen, Rotweinrisotto und Crema catalana schmecken richtig authentisch.

Eichstraße 5
+49 7221 393434
monte-christo-baden-baden.de
Bar • spanisch • gemütlich

Essen:	42 | 50
Service:	17 | 20
Getränke:	17 | 20
Ambiente:	8 | 10
Gesamt:	84 | 100

Moriki

76530 Baden-Baden

Das elegante Lokal bietet moderne Fusionsküche im Sinne einer bewussten, gesunden Ernährung. Die Sushikreationen sind hervorragend. Ab vier Personen wird in der Tischmitte ein Best-of serviert.

Lange Straße 100
+49 7221 901930
moriki-badenbaden.de
Fine Dining • japanisch • Sushi • elegant

Essen:	44 | 50
Service:	17 | 20
Getränke:	17 | 20
Ambiente:	8 | 10
Gesamt:	86 | 100

Restaurant Nigrum

76530 Baden-Baden

Sehr cool gestaltet, mit Schwarz, Gold und Eyecatchern in knallbunten Farben. Die Gerichte gibt es als Menü in drei bis acht Gängen. Favorit sind Kobe mit Thunfisch, Ponzu-Sauce, Avocado und Wasabi.

Schlossstraße 20
+49 7221 3979008
restaurant-nigrum.de
Allrounder • elegant • Gewölbe

Essen:	43 | 50
Service:	17 | 20
Getränke:	17 | 20
Ambiente:	8 | 10
Gesamt:	85 | 100

RIZZI The Restaurant | 76530 Baden-Baden

Grüne Terrasse, Bilder von Marilyn Monroe verbreiten Flair. Geboten wird eine Palette, die von Burger, Flammkuchen und Schnitzel bis hin zu Sushi und Steaks reicht. Viel Spaß macht die Fischsuppe.

Augustaplatz 1
+49 7221 25838
rizzi-baden-baden.de
mediterran • regionale Produkte • Terrasse • modern

Essen:	**42** | 50
Service:	**17** | 20
Getränke:	**17** | 20
Ambiente:	**8** | 10
Gesamt:	84 | 100

The Grill || 76530 Baden-Baden

Sehr elegante Atmosphäre mit loungiger Terrasse. Geboten werden Sushi und Beef-Spezialitäten in diversen Cuts mit besten Beilagen. Täglich gibt es auch frische Austern mit Ingwer-Kurkuma-Vinaigrette.

Kaiserallee 1
+49 7221 3024691
the-grill-baden-baden.de
Fine Dining • japanisch • Steak • Terrasse

P

Essen:	**42** | 50
Service:	**18** | 20
Getränke:	**18** | 20
Ambiente:	**9** | 10
Gesamt:	87 | 100

Weinstube im Baldreit || 76530 Baden-Baden

Historisches Ambiente mit lauschigem Innenhof. Gehobene regionale Gerichte stehen auf der Karte, das reicht von Schweinebäckchen und Zander bis zum Flammkuchen. Die gebackenen Apfelräder sind ein Muss.

Küferstraße 3
+49 7221 23136
Gasthaus • deutsche Küche • Gastgarten • gemütlich

Essen:	**42** | 50
Service:	**18** | 20
Getränke:	**18** | 20
Ambiente:	**8** | 10
Gesamt:	86 | 100

Wintergarten || 76530 Baden-Baden

Malerisch ist die Parkterrasse, sonnendurchflutet der Wintergarten. Küchenchef Alexander Mayer verknüpft gekonnt badische Küche mit französischen und asiatischen Elementen. Themenwochen gibt es auch.

Schillerstraße 4/6
+49 7221 900890
brenners.com
Hotelrestaurant • deutsche Küche • französisch • Terrasse

P

Essen:	**44** | 50
Service:	**18** | 20
Getränke:	**18** | 20
Ambiente:	**8** | 10
Gesamt:	88 | 100

Wirtshaus zur Geroldsauer Mühle 76534 Baden-Baden

Lässig-gemütliche Einrichtung mit viel hellem Holz und ein geräumiger Gastgarten. Geboten werden Klassiker wie Zwiebelrostbraten mit Spätzle, Riesenburger, geschmorte Ochsenbackerl und Currywurst.

Geroldsauer Straße 54
+49 7221 99646830
geroldsauermuehle.de
Gasthaus • deutsche Küche • Gastgarten • romantisch

Essen:	42 / 50
Service:	17 / 20
Getränke:	16 / 20
Ambiente:	8 / 10
Gesamt:	83 / 100

Schwarzmatt 79410 Badenweiler

Gediegenes Haus in Grünruhelage. Die Küche verbindet regionale Gerichte und mediterrane Ausflüge, Büffelmozzarella, Pasta und Meeresfrüchte treffen auf beliebte Fleischgerichte. Himmlische Patisserie.

Schwarzmattstraße 6A
+49 7632 82010
schwarzmatt.de
Hotelrestaurant • deutsche Küche • mediterran • klassisch

Essen:	43 / 50
Service:	18 / 20
Getränke:	17 / 20
Ambiente:	8 / 10
Gesamt:	86 / 100

1789 72270 Baiersbronn

Das wiederaufgebaute Restaurant verknüpft Tradition und Moderne – auch auf dem Teller: Sternekoch Florian Stolte fusioniert in seiner weltoffenen Küche badische, japanische und vietnamesische Elemente.

Tonbachstraße 237
+49 7442 4920
traube-tonbach.de
Hotelrestaurant • Fine Dining • elegant

Essen:	46 / 50
Service:	19 / 20
Getränke:	19 / 20
Ambiente:	9 / 10
Gesamt:	93 / 100

Bareiss 72270 Baiersbronn

Baiersbronn ist ein Zentrum für kulinarische Hochkultur, das Bareiss setzt dabei Akzente. Denn Küchenchef Claus-Peter Lumpp ist Garant für internationale Spitzenküche auf konstant höchstem Niveau.

Hermine-Bareiss-Weg 1
+49 7442 470
bareiss.com
Fine Dining • elegant • klassisch

Essen:	49 / 50
Service:	20 / 20
Getränke:	20 / 20
Ambiente:	9 / 10
Gesamt:	98 / 100

Dorfstuben im Hotel Bareiss 72270 Baiersbronn

In den Bauernstuben aus dem 19. Jahrhundert geht es unter der Regie von Ingrid Jedlitschka schwäbisch-badisch-rustikaler zu, aber allein schon die Forellen aus eigener Zucht sind einen Besuch wert.

Hermine-Bareiss-Weg 1	Essen:	43 | 50
+49 7442 470	Service:	18 | 20
bareiss.com	Getränke:	18 | 20
Hotelrestaurant • regionale Produkte • urig	Ambiente:	8 | 10
	Gesamt:	87 | 100

Engelwirt's Stube 72270 Baiersbronn

Elegantes, gemütliches Hotelrestaurant, das hohen Ansprüchen genügt. Egal, ob Schwarzwälder Forellenfilets oder Bäckle vom Milchkalb, die Küche versteht es trefflich, Regionales genüsslich zu verfeinern.

Rechtmurgstraße 28	Essen:	43 | 50
+49 7449 850	Service:	18 | 20
engel-obertal.de	Getränke:	17 | 20
Hotelrestaurant • Allrounder • klassisch	Ambiente:	8 | 10
	Gesamt:	86 | 100

Forellenhof Buhlbach 72270 Baiersbronn

Familie Bareiss betreibt das stattliche Schwarzwaldhaus mit viel Herzblut. Aus eigener Zucht stammen die Forellen und Saiblinge, die geräuchert, gebraten, gebacken oder in der Suppe serviert werden.

Schliffkopfstraße 64	Essen:	43 | 50
+49 7442 470	Service:	18 | 20
bareiss.com	Getränke:	17 | 20
Gasthaus • Fisch • nachhaltig • Essen mit Aussicht	Ambiente:	8 | 10
	Gesamt:	86 | 100

Kaminstube 72270 Baiersbronn

Im klassischen Landhausstil eingerichtet, werden in der Stube Klassiker aus der deutschen und internationalen Küche angeboten: Man denke an »Schweinebauch mit Miso-Marshmallow«, aufwendig arrangiert.

Hermine-Bareiss-Weg 1	Essen:	45 | 50
+49 7442 470	Service:	18 | 20
bareiss.com	Getränke:	18 | 20
Familienbetrieb • Hotelrestaurant • Fine Dining • klassisch	Ambiente:	9 | 10
	Gesamt:	90 | 100

Meierei im Waldknechtshof 72270 Baiersbronn

Im Traditionshaus taucht man ein in profunde Schwarzwald-Gemütlichkeit. Die Küche wagt mit ihrem Menüangebot aber immer wieder genussvolle, internationale Ausflüge, zum Beispiel bei der Hamachi-Variation.

Baiersbronner Straße 4	Essen:	44 | 50
+49 7442 84840	Service:	18 | 20
waldknechtshof.de	Getränke:	17 | 20
Gasthaus • Familienbetrieb • Allrounder • Terrasse	Ambiente:	8 | 10
	Gesamt:	87 | 100

Murgstube

72270 Baiersbronn

Ganz in Holz getaucht, ist die gemütliche Stube ein Ort des Wohlfühlens. Hier trifft die traditionelle Schwarzwälder Küche auf geschickt gesetzte moderne, aromatische Akzente. Eine gelungene Melange mit Klasse.

Murgtalstraße 602
+49 7447 2890
hotel-sackmann.de
regionale Produkte • traditionell • Gasthaus

Essen:	**44** | 50
Service:	**18** | 20
Getränke:	**17** | 20
Ambiente:	**8** | 10
Gesamt:	87 | 100

Schatzhauser

72270 Baiersbronn

Im neuen Familienrestaurant im ebenfalls neuen Stammhaus der Finkbeiners treffen unter der Regie von Florian Stolte schwäbisch-badische Klassiker auf internationale Spezialitäten – auch vom Grill.

Tonbachstraße 237
+49 7442 4920
traube-tonbach.de
Hotelrestaurant • Familienbetrieb • gemütlich • entspannt

Essen:	**44** | 50
Service:	**19** | 20
Getränke:	**19** | 20
Ambiente:	**9** | 10
Gesamt:	91 | 100

Schlossberg

72270 Baiersbronn

Die kulinarische Welt des Familienbetriebs strahlt im neuen Look. Auch das Gourmetrestaurant Schlossberg bietet nun ein stylishes Umfeld für die moderne Küche von Vater und Sohn – Jörg und Nico Sackmann.

Murgtalstraße 602
+49 7447 2890
hotel-sackmann.de
Familienbetrieb • Fine Dining • modern • elegant

Essen:	**45** | 50
Service:	**19** | 20
Getränke:	**18** | 20
Ambiente:	**9** | 10
Gesamt:	91 | 100

Schwarzwaldstube

72270 Baiersbronn

Die neue »Stube« mit verglasten Wänden und Blick ins Tal bietet den perfekten Rahmen für Torsten Michels französische Hochküche der Superlative samt erstklassigem Service und exzellenten Weinen.

Tonbachstraße 237
+49 7442 4920
traube-tonbach.de
Hotelrestaurant • Familienbetrieb • französisch • elegant

Essen:	**50** | 50
Service:	**20** | 20
Getränke:	**20** | 20
Ambiente:	**10** | 10
Gesamt:	100 | 100

Cosita

72336 Balingen

Spanische Lebenslust in Balingen. Die Karte ist spanisch inspiriert, Temperament strahlen Pulpo auf Ingwer-Gurken-Sauce oder Rotbarbe auf Spargel-Granatapfel-Risotto aus. Dazu passen reife Weine.

Gratweg 2 +49 7433 902170 cosita-balingen.de **Hotelrestaurant • spanisch • Essen mit Aussicht**	Essen: **42** | 50 Service: **18** | 20 Getränke: **18** | 20 Ambiente: **8** | 10
	Gesamt: 86 | 100

Krone

72658 Bempflingen

Im Familienbetrieb mit seinen eleganten, gediegenen Innenräumen und der schönen Terrasse wird seit 1973 mit Spezialitäten wie Bouillabaisse oder Angus weit über den regionalen Tellerrand hinausgeguckt.

Brunnenweg 40 +49 7123 31083 kronebempflingen.de **Familienbetrieb • Terrasse • klassisch • gemütlich**	Essen: **43** | 50 Service: **17** | 20 Getränke: **17** | 20 Ambiente: **8** | 10
	Gesamt: 85 | 100

Hirsch

77791 Berghaupten

Vieles dreht sich im urgemütlichen Restaurant um Fleisch, von Tafelspitz bis Lammrücken ist die Auswahl groß. Aber auch mit den frischen Fischgerichten (Matjes, dann Seezunge?) kann die Küche punkten.

Dorfstraße 9 +49 7803 93970 hirsch-berghaupten.de **Familienbetrieb • Steak • Fisch**	Essen: **42** | 50 Service: **17** | 20 Getränke: **16** | 20 Ambiente: **7** | 10
	Gesamt: 82 | 100

Bergblick

79872 Bernau

Über 100 Jahre in Familienbesitz, ist der Gasthof ein Refugium des guten Geschmacks, in dem viel Wert auf regionale und biologische Produkte gelegt wird. Hier triumphiert authentische Landhausküche!

Hasenbuckweg 1 +49 7675 273 bergblick-bernau.de **Gasthaus • bio • regionale Produkte**	Essen: **43** | 50 Service: **17** | 20 Getränke: **17** | 20 Ambiente: **8** | 10
	Gesamt: 85 | 100

Marktwirtschaft

74354 Besigheim

Frank Land und sein Team haben die Marktwirtschaft zu einem geselligen Treffpunkt für Genuss gemacht. Trendbewusst, aber ohne modischen Schnickschnack präsentiert sich diese Küche mit Bodenhaftung.

Marktplatz 2 +49 7143 9099091 marktwirtschaft-besigheim.de **Casual Dining • modern • entspannt**	Essen: **44** | 50 Service: **18** | 20 Getränke: **17** | 20 Ambiente: **8** | 10
	Gesamt: 87 | 100

Zum Kreuz 77781 Biberach

Wände aus grobem Stein harmonieren mit bequemen, bunten Sesseln. Aus den eigenen Gewässern kommen Forellen, daneben gibt es Wachteln, Wild und ein getrüffeltes Wiener Schnitzel. Guter Weinkeller.

Untertal 7
+49 7835 426420
kreuz-prinzbach.de
Familienbetrieb • deutsche Küche • Fisch • im Grünen

Essen:	**43** | 50
Service:	**18** | 20
Getränke:	**18** | 20
Ambiente:	**8** | 10
Gesamt:	87 | 100

Maerz 74321 Bietigheim-Bissingen

Immer wieder spannend, wie Benjamin Maerz in seinen tiefgründigen Gerichten die Heimat mit der weiten Welt verknüpft. Sein Bruder Christian serviert nicht nur feine Weine, sondern auch Craftbeer dazu.

Kronenbergstraße 14
+49 7142 42004
maerzundmaerz.de
Hotelrestaurant • Familienbetrieb • unkonventionell

Essen:	**45** | 50
Service:	**18** | 20
Getränke:	**18** | 20
Ambiente:	**8** | 10
Gesamt:	89 | 100

Traube 79588 Blansingen

Das Landhaus aus dem Jahr 1811 ist von Weinreben umgeben. Die Elemente bestimmen die Komposition der Speisen: Wurzeln für die Erde, Wild für das Feuer. Vieles wird selbst gesammelt und eingelegt.

Alemannenstraße 19
+49 7628 9423780
traube-blansingen.de
Fine Dining • deutsche Küche • regionale Produkte

Essen:	**45** | 50
Service:	**18** | 20
Getränke:	**18** | 20
Ambiente:	**8** | 10
Gesamt:	89 | 100

Zum Reussenstein 71032 Böblingen

Fernsehkoch Timo Böckle setzt in seiner Heimatküche ausschließlich auf regionale Zutaten. Das kulinarische Angebot ist groß und reicht vom Feinschmeckermenü bis zum weltweit ersten Spätzle-Drive-in.

Kalkofenstraße 20
+49 7031 66000
reussenstein.com
Familienbetrieb • regionale Produkte • modern

Essen:	**42** | 50
Service:	**17** | 20
Getränke:	**17** | 20
Ambiente:	**8** | 10
Gesamt:	84 | 100

s'Äpfle 78351 Bodman-Ludwigshafen

Turbulente Zeiten am Bodensee: Der für den Stern verantwortliche Küchenchef Kevin Leitner verabschiedete sich im Frühsommer, auch sein Nachfolger ist schon wieder weg. Wir pausieren die Bewertung.

Kaiserpfalzstraße 50
+49 7773 959930
seehotelvillalinde.de
Hotelrestaurant • eigener Weinbau • elegant • Seeterrasse

Essen:	**n.b.** | 50
Service:	**n.b.** | 20
Getränke:	**n.b.** | 20
Ambiente:	**n.b.** | 10
Gesamt:	n.b. | 100

Sommerau 79848 Bonndorf

Im gemütlich-modernen Hotel verwendet man die besten Produkte der Umgebung für eine hochwertige Regionalküche: Wild aus eigener Jagd, Fische aus dem nahen Forellenteich, Kräuter aus dem Hausgarten.

Sommerau 1
+49 7703 670
sommerau.de
eigener Kräutergarten • regionale Produkte • modern

Essen:	**43** | 50
Service:	**18** | 20
Getränke:	**17** | 20
Ambiente:	**8** | 10
Gesamt:	86 | 100

Adler 74336 Brackenheim

Die traditionelle Stube wurde mit dunklen Holzpaneelen gestaltet. Die Küche bietet einen gelungenen deutsch-mediterranen Mix mit Shrimpscremesuppe, Zwiebelrostbraten und Affogato al caffè.

Hindenburgstraße 4
+49 7135 98110
adlerbotenheim.de
Gasthaus • deutsche Küche • mediterran • gemütlich

Essen:	**42** | 50
Service:	**17** | 20
Getränke:	**17** | 20
Ambiente:	**8** | 10
Gesamt:	84 | 100

Adler 79206 Breisach am Rhein

Ländlich, familiär, gemütlich: Hotel und Restaurant sind Orte zum Entspannen und Genießen. Für Genuss sorgt die Küche mit feinen badischen Spezialitäten und herzhaften Fleisch- und Fischgerichten.

Hochstetter Straße 11
+49 7667 93930
adler-breisach.de
Familienbetrieb • Hotelrestaurant • deutsche Küche

Essen:	**43** | 50
Service:	**17** | 20
Getränke:	**17** | 20
Ambiente:	**8** | 10
Gesamt:	85 | 100

Maxime 75015 Bretten

Stilvolle Wandtapeten und besonders die Deckengestaltung fallen ins Auge. Fine Dining gelingt mit Elsässisch-Badener Klassikern: Jakobsmuschel auf Blutwurst oder geschmorte Lammhaxe mit Ratatouille.

Melanchthonstraße 35
+49 7252 7138
guy-graessel.de
eigener Kräutergarten • französisch • elegant

Essen:	**43** | 50
Service:	**18** | 20
Getränke:	**18** | 20
Ambiente:	**8** | 10
Gesamt:	87 | 100

Rössle 74626 Bretzfeld-Brettach

Das idyllische Landhaus ist die ideale Kulisse für die ausgefeilte, französisch inspirierte Küche von Bernd Pils. Vieles, was er zu geschmackvollen Arrangements verarbeitet, kommt auch aus der Region.

Mainhardter Straße 26
+49 7945 91110
roessle-brettach.de
Gasthaus • Fine Dining • französisch

Essen:	**44** | 50
Service:	**18** | 20
Getränke:	**18** | 20
Ambiente:	**8** | 10
Gesamt:	88 | 100

#heimat im Badischen Hof

77815 Bühl

Im hellen und eleganten Restaurant ist Vielfalt Programm: traditionell und modern, badisch und international, von Heimat-Bar-Schmankerln bis zum Überraschungsmenü in fünf Gängen. Schöne Terrasse!

Hauptstraße 36
+49 7223 808780
heimat-badischerhof.de
Hotelrestaurant • Terrasse • elegant • entspannt

Essen:	**42** | 50
Service:	**17** | 20
Getränke:	**18** | 20
Ambiente:	**8** | 10
Gesamt:	85 | 100

Gude Stub Casa Antica

77815 Bühl

Längst Kultstatus hat das kleine Ristorante, in dem echte italienische Landküche zu Ehren kommt und alle Gerichte hausgemacht und entsprechend authentisch sind. Pasta wie bei Mamma, bella Italia pur!

Dreherstraße 9
+49 7223 30606
gudestub-casa-antica.de
Familienbetrieb • italienisch • traditionell • Fisch

Essen:	**44** | 50
Service:	**18** | 20
Getränke:	**17** | 20
Ambiente:	**8** | 10
Gesamt:	87 | 100

Bergfriedel

77830 Bühlertal

Die Küche im gemütlichen Landhotel legt Wert auf Nachhaltigkeit. Badische Gerichte und Vegetarisches stehen neben Produkten wie Hummer und Steinbutt auf dem Programm. Beeindruckender Weinkeller.

Haabergstraße 23
+49 7223 72270
bergfriedel.de
Familienbetrieb • mediterran • entspannt

P

Essen:	**43** | 50
Service:	**18** | 20
Getränke:	**18** | 20
Ambiente:	**8** | 10
Gesamt:	87 | 100

Rebstock

77830 Bühlertal

Angenehm ländliches Flair, die Gartenterrasse ist ein Traum. Die Küche bringt badische Klassiker wie zart geschmorten Rindersauerbraten. Asiatische Anklänge gelingen mit hausgemachten Strudelröllchen.

Hauptstraße 110
+49 7223 99740
rebstock-buehlertal.de
Gasthaus • Hausmannskost • traditionell

P

Essen:	**43** | 50
Service:	**18** | 20
Getränke:	**16** | 20
Ambiente:	**7** | 10
Gesamt:	84 | 100

Bullinger Eck

74564 Crailsheim

Restaurant, Bar und Biergarten unter einem Dach. Die Küche versteht sich auf herzhafte Klassiker wie Kalbsragout mit Spätzle oder gebratene Ente mit Rotkraut. Ein Signature Dish sind die Maultaschen.

Lange Straße 66
+49 7951 4731304
bullingereck.de
Gasthaus • deutsche Küche • Gastgarten • urig

P

Essen:	**42** | 50
Service:	**17** | 20
Getränke:	**16** | 20
Ambiente:	**8** | 10
Gesamt:	83 | 100

Mohren 88693 Deggenhausertal

Charmantes Landhotel mit holzgetäfelter Stube. Die Küche verwendet vorwiegend Bioprodukte, viele kommen vom eigenen Gutshof. Daraus entstehen regionale Gerichte wie Fischsuppe oder Rote-Bete-Carpaccio.

Kirchgasse 1
+49 7555 9300
mohren.bio
Hotelrestaurant • eigener Gemüsegarten • bio • gemütlich

Essen:	43	50
Service:	18	20
Getränke:	17	20
Ambiente:	8	10
Gesamt:	86	100

Rebstock-Stube 79211 Denzlingen

Herzlicher Familienbetrieb, der Wert auf regionale Kreativität legt. Bemerkenswert sind das Sauté von Gambas mit Couscous-Salat und Wassermelone und der Seeteufel mit Steinpilzen und Artischocken-Bohnen-Ragout.

Hauptstraße 74
+49 7666 900990
rebstock-stube.de
Casual Dining • deutsche Küche • französisch • elegant

Essen:	43	50
Service:	18	20
Getränke:	18	20
Ambiente:	8	10
Gesamt:	87	100

Hofgut Albführen 79802 Dettighofen

Ein kleiner Geheimtipp ist das im Landhausstil eingerichtete Restaurant des Hofguts. Die Küche ist ambitioniert und gibt ihren gutbürgerlichen Gerichten immer eine kleine Portion Gourmetpfiff mit.

Albführen
+49 7742 92960
albfuehren.de
Hotelrestaurant • Wild • Delikatessenverkauf

Essen:	44	50
Service:	18	20
Getränke:	17	20
Ambiente:	8	10
Gesamt:	87	100

Rößle 72581 Dettingen an der Erms

Traditionsbetrieb seit über 150 Jahren mit eigener Metzgerei. Gemütlich in der Stube, elegant im Wintergarten, werden neben schwäbischen Klassikern auch internationale Spezialitäten serviert.

Uracher Straße 30
+49 7123 978010
hotel-metzgerei-roessle.de
Familienbetrieb • Hotelrestaurant • Terrasse • entspannt

Essen:	42	50
Service:	18	20
Getränke:	17	20
Ambiente:	8	10
Gesamt:	85	100

Baaders Schützen 78166 Donaueschingen

Emma und Clemens Baader stehen für unkomplizierte, mediterran angehauchte Küche. Es gibt Vitello tonnato und Branzino in der Salzkruste, der klassische Zwiebelrostbraten macht genauso viel Spaß.

Josefstraße 2
+49 771 89795820
schuetzen-donaueschingen.de
Gasthaus • mediterran • gemütlich

Essen:	42	50
Service:	17	20
Getränke:	17	20
Ambiente:	8	10
Gesamt:	84	100

Die Burg

78166 Donaueschingen

Die Brüder Jason und Niklas Grom haben beste Referenzen und verstehen es, in dem geräumigen Hotelrestaurant aufwendige Gourmetmenüs und Wirthausklassiker gleichberechtigt zur Geltung zu bringen.

Burgring 6
+49 771 1751005
burg-aasen.de
Gasthaus • Casual Dining • unkonventionell

Essen:	**43** | 50
Service:	**19** | 20
Getränke:	**18** | 20
Ambiente:	**8** | 10
Gesamt:	88 | 100

Ösch Noir

78166 Donaueschingen

Manuel Ulrichs Team versteht sich auf Gerichte mit viel Power und Eleganz zugleich, auch im vegetarischen Menü. Weinkarte mit über 1000 Positionen und absoluten Raritäten, gelegentlich sogar glasweise.

Golfplatz 1
+49 771 84610
oeschberghof.com
Hotelrestaurant • Fine Dining • vegetarisch • elegant

Essen:	**47** | 50
Service:	**19** | 20
Getränke:	**19** | 20
Ambiente:	**8** | 10
Gesamt:	93 | 100

[maki:'dan] im Ritter

77770 Durbach

Eine eigene Form der Esskultur, bei der es keine klassische Speisenfolge gibt. Es geht um das Grundprodukt in neuen Kombinationen, so werden etwa Spargel und Rhabarber vereint. 700 Weine aus aller Welt.

Tal 1
+49 781 93230
ritter-durbach.de
Hotelrestaurant • Casual Dining • unkonventionell

Essen:	**43** | 50
Service:	**18** | 20
Getränke:	**18** | 20
Ambiente:	**8** | 10
Gesamt:	87 | 100

Rebstock

77770 Durbach

Eine blühende Oase, umgeben von Weinbergen, die gehobene badische Küche lebt von den Produkten der Region und ist gleichzeitig sehr inspiriert. Ein gutes Wiener Schnitzel gehört genauso zum Repertoire.

Halbgütle 30
+49 781 4820
rebstock-durbach.de
Hotelrestaurant • im Grünen • Gastgarten • traditionell

Essen:	**42** | 50
Service:	**18** | 20
Getränke:	**17** | 20
Ambiente:	**8** | 10
Gesamt:	85 | 100

Garbo

76344 Eggenstein-Leopoldshafen

Elegantes Setting im Landhausstil, passend dazu liefert die Küche badische Klassiker wie Zwiebelrostbraten. Ambitioniert ist der Wolfsbarsch im Muschelsud mit Chorizo. Die Weinkarte ist umfassend.

Hauptstraße 51
+49 721 780070
garbo-loewen.de
Hotelrestaurant • deutsche Küche • mediterran • elegant

Essen:	**43** | 50
Service:	**18** | 20
Getränke:	**18** | 20
Ambiente:	**8** | 10
Gesamt:	87 | 100

Zum Goldenen Anker

76344 Eggenstein-Leopoldshafen

Idyllisch ist der überwachsene Gastgarten. Die Küche tüftelt an interessanten Kombinationen wie Burrata mit Gurkensorbet oder Schweinebauch mit Garnelen, zum Kalbsrücken passen Speck-Salbei-Krapfen.

Hauptstraße 16–20	Essen:	43 | 50
+49 721 706029	Service:	17 | 20
hotel-anker-eggenstein.de	Getränke:	17 | 20
Gasthaus • deutsche Küche • mediterran • modern	Ambiente:	8 | 10
	Gesamt:	85 | 100

Gasthof Knupfer

89584 Ehingen

Bernhard Knupfer achtet darauf, dass möglichst viele Zutaten und Produkte für seine traditionell ausgerichtete Küche saisonal aus dem eigenen Anbau kommen. Einfach und gut – ein authentischer Genuss!

Rottenacker Straße 15	Essen:	43 | 50
+49 7391 2488	Service:	17 | 20
gasthof-knupfer.de	Getränke:	16 | 20
Gasthaus • eigene Landwirtschaft • traditionell	Ambiente:	8 | 10
	Gesamt:	84 | 100

Feckl

71139 Ehningen

Franz Feckl steht für Gourmetküche ohne Chichi. Im edlen Landhausstil dürfen handgeschabte Spätzle zu Fleischgerichten ebenso wenig fehlen wie klassische Topprodukte wie Hummer und Steinbutt.

Keltenweg 1	Essen:	45 | 50
+49 7034 2377	Service:	18 | 20
landhausfeckl.de	Getränke:	18 | 20
Gasthaus • klassisch • elegant • gemütlich	Ambiente:	8 | 10
	Gesamt:	89 | 100

Hirsch

73479 Ellwangen (Jagst)

Hotel und Landhausküche in idealer Symbiose: Gekocht wird im Gasthof richtig fein und ausgefeilt, die ambitionierte Küche bringt Saisonales und Regionales in exzellenten Arrangements auf die Teller.

Maierstraße 2	Essen:	43 | 50
+49 7961 91980	Service:	17 | 20
hirsch-ellwangen.de	Getränke:	16 | 20
Gasthaus • Familienbetrieb • regionale Produkte	Ambiente:	8 | 10
	Gesamt:	84 | 100

80–84 85–89 90–94 95–100 Punkte

Rössle

79215 Elzach

Der Familienbetrieb punktet mit Herzlichkeit und schöner Natur. Liebe zum Detail steckt auch in ambitionierten Gerichten wie Schaumsüppchen mit Garnele oder gekochter Rinderzunge nach Omas Rezept.

Hauptstraße 19
+49 7682 212
roessleelzach.de
deutsche Küche • regionale Produkte • Terrasse

Essen:	43	50
Service:	17	20
Getränke:	17	20
Ambiente:	8	10
Gesamt:	85	100

Schäcks Adler

79215 Elzach

Traditionsgasthaus mit Jägerstube, das sich stets auf seine badischen Wurzeln besinnt. Fangfrische Forellen kommen aus dem Bach vor dem Haus, Wild bezieht man aus heimischen Wäldern. Gute Desserts.

Waldkircher Straße 2
+49 7682 1291
schaecks-adler.de
Gasthaus • deutsche Küche • Wild • gemütlich

Essen:	43	50
Service:	17	20
Getränke:	17	20
Ambiente:	8	10
Gesamt:	85	100

Dutters Stube

79346 Endingen

Klassisch-gutes badisches Wirtshaus mit feiner und bodenständiger Küche, genau so, wie man sich das am Kaiserstuhl vorstellt. Unbedingt probieren: die Kalbsnierle in würziger Senfsauce mit Brägele.

Winterstraße 28
+49 7642 1786
dutters-stube.de
Gasthaus • regionale Produkte • entspannt

Essen:	42	50
Service:	17	20
Getränke:	17	20
Ambiente:	8	10
Gesamt:	84	100

Merkles Restaurant

79346 Endingen

Dass es seinen Gäste gut geht, ist das Credo von Thomas Merkle. Dafür wandelt die ambitionierte Küche sicher auf den Pfaden der Haute Cuisine, ohne aber regionale kulinarische Bezüge zu verlieren.

Hauptstraße 2
+49 7642 7900
merkles-restaurant.de
Familienbetrieb • Fine Dining • regionale Produkte

Essen:	45	50
Service:	18	20
Getränke:	18	20
Ambiente:	8	10
Gesamt:	89	100

Pfarrwirtschaft

79346 Endingen

Die Vielfalt der badischen Küche wird hier auf Basis bester regionaler Produkte abgebildet. Von Wiener Schnitzel über Burger und gebratene Forelle bis zum Wildschwein ist alles dabei, was schmeckt.

Hauptstraße 2
+49 7642 7900
merkles-restaurant.de
deutsche Küche • regionale Produkte • gemütlich

Essen:	42	50
Service:	16	20
Getränke:	16	20
Ambiente:	7	10
Gesamt:	81	100

Posthörnle

73728 Esslingen am Neckar

Das nette Lokal hat das Flair eines Bistros. Die Küche gibt sich deutsch, aber auch oft mediterran wie bei schwarzer Pasta mit gebratenen Garnelen. Auch das vegetarische und das vegane Menü schmecken.

Pliensaustraße 56
+49 711 50629131
posthoernle.de
Bistro • deutsche Küche • mediterran • vegetarisch

Essen:	**42** | 50
Service:	**17** | 20
Getränke:	**16** | 20
Ambiente:	**7** | 10
Gesamt:	82 | 100

Erbprinz

76275 Ettlingen

Innovation auf höchstem Genussniveau, hier wird die französische Hochküche modern interpretiert. Da gibt es zur Dorade schon mal mit Blutwurst gefüllte Tintenfische und zur Gänseleber Kaffeearomen.

Rheinstraße 1
+49 7243 3220
erbprinz.de
Hotelrestaurant • Fine Dining • französisch • elegant

Essen:	**45** | 50
Service:	**18** | 20
Getränke:	**18** | 20
Ambiente:	**8** | 10
Gesamt:	89 | 100

Hartmaier's Villa

76275 Ettlingen

Das Amuse-Bouche-Menü mit seinen vielen Köstlichkeiten ist ein guter Einstieg in die Küche des gemütlichen Restaurants in Familienbetrieb. Für herzhafte Fleischgerichte hat man hier ein gutes Händchen.

Pforzheimer Straße 67
+49 7243 761720
hartmaiers.de
Familienbetrieb • deutsche Küche • gemütlich • Terrasse

Essen:	**43** | 50
Service:	**17** | 20
Getränke:	**17** | 20
Ambiente:	**8** | 10
Gesamt:	85 | 100

Weinstube Sibylla

76275 Ettlingen

Edler Rahmen, idyllisch ist der Gastgarten mit viel Grün. Serviert werden badische Klassiker wie Zwiebelrostbraten oder Zander. Kreativ wird es bei Thunfisch mit asiatisch gebeizter Melone und Pilzen.

Rheinstraße 1
+49 7243 3220
erbprinz.de
Hotelrestaurant • deutsche Küche • Terrasse • gemütlich

Essen:	**42** | 50
Service:	**18** | 20
Getränke:	**18** | 20
Ambiente:	**8** | 10
Gesamt:	86 | 100

Aldinger's

70734 Fellbach

Familienbetrieb seit 1929. Die Küche punktet mit deutsch-mediterranen Klassikern wie Carpaccio vom Rind, Ravioli oder Zwiebelrostbraten. Beliebt sind Themenwochen mit Innereien oder Maultaschen.

Schmerstraße 6
+49 711 582037
aldingers-restaurant.de
Gasthaus • deutsche Küche • mediterran • Steak

Essen:	**42** | 50
Service:	**17** | 20
Getränke:	**17** | 20
Ambiente:	**8** | 10
Gesamt:	84 | 100

Oettingers

70736 Fellbach

Im gediegenen Ambiente des Traditionshauses ist Michael Oettinger ganz auf Höhe der Zeit mit gleich drei modernen Menüs, eines davon vegetarisch. Topweine aus dem Remstal und weit darüber hinaus.

Fellbacher Straße 2–6	Essen: **46** | 50
+49 711 95130	Service: **18** | 20
hirsch-fellbach.de	Getränke: **19** | 20
Gasthaus • Familienbetrieb • vegetarisch • gemütlich	Ambiente: **8** | 10
	Gesamt: 91 | 100

Zur Krone

79348 Freiamt

Seit über 300 Jahren ist das Hofgut ein Gasthaus. Geboten werden Themenwochen wie etwa das mediterrane Menü, je nach Saison gibt es gefüllte Wachteln oder Gänsebraten und Schlachtplatte.

Mußbach 6	Essen: **42** | 50
+49 7645 227	Service: **17** | 20
krone-freiamt.de	Getränke: **16** | 20
Gasthaus • deutsche Küche • Essen mit Aussicht	Ambiente: **8** | 10
P	Gesamt: 83 | 100

Schwabenstuben

71691 Freiberg am Neckar

Schwäbische Gastfreundschaft mit typisch regionalen Gerichten. Die Produzenten kennt Alexander Neuberth fast alle persönlich. Herzhaft gelingen Käsespätzle, Siedfleisch vom Rind oder Steak.

Marktplatz 5	Essen: **42** | 50
+49 7141 75037	Service: **17** | 20
restaurant-schwabenstuben.de	Getränke: **17** | 20
Gasthaus • deutsche Küche • gemütlich	Ambiente: **8** | 10
	Gesamt: 84 | 100

Basho-An

79098 Freiburg

Am modernen Restaurant kommen Liebhaber hochwertiger japanischer Küche nicht vorbei. Neben Sushi und Wagyu-Beef bietet sich das Menü an, das mit einer Vielfalt an Texturen und Aromen fasziniert.

Merianstraße 10	Essen: **44** | 50
+49 761 2853405	Service: **18** | 20
bashoan.com	Getränke: **17** | 20
Casual Dining • japanisch • Sushi • unkonventionell	Ambiente: **8** | 10
	Gesamt: 87 | 100

Chez Eric

79104 Freiburg

Ein Traum ist die Panoramaterrasse über den Dächern der Stadt. Signature-Gerichte sind Austern, Hummer und Jakobsmuscheln, die täglich frisch aus Paris kommen. Sehr gut ist auch die Weinauswahl.

Wintererstraße 89	Essen: **42** | 50
+49 761 51030	Service: **18** | 20
chez-eric.de	Getränke: **18** | 20
französisch • Meeresfrüchte • Essen mit Aussicht	Ambiente: **8** | 10
P	Gesamt: 86 | 100

Colombi

79098 Freiburg

Küchenchef Harald Derfuß belebt das gepflegte Ambiente der getäfelten Stuben durch gehobene Kreationen. Gut kommt die Idee »Fine Dining für junge Gourmets« an. Sehr gut bestückter Weinkeller.

Rotteckring 16
+49 761 21060
colombi.de
Hotelrestaurant • Fine Dining • deutsche Küche • elegant

Essen:	**43** | 50
Service:	**18** | 20
Getränke:	**18** | 20
Ambiente:	**8** | 10
Gesamt:	87 | 100

Drexlers Wein und Essen

79098 Freiburg

Für Freunde des gehobenen Geschmacks mittlerweile eine Freiburger Institution. Gekocht wird mit vielen regionalen Produkten und streng saisonal. Überragende Weinkarte, die allein einen Besuch wert ist.

Rosastraße 9
+49 761 5957203
drexlers-restaurant.de
Fine Dining • entspannt • regionale Produkte

Essen:	**44** | 50
Service:	**17** | 20
Getränke:	**19** | 20
Ambiente:	**8** | 10
Gesamt:	88 | 100

Eichhalde

79104 Freiburg

Der Freiburger Traditionsbetrieb, der einst Vorbild für viele Gastronomen war, läuft dank Federico Campolattano wieder zur alten Form auf. Hier gibt es italienische Hochküche in entspannter Atmosphäre.

Stadtstraße 91
+49 761 58992920
eichhalde-freiburg.de
Fine Dining • italienisch • elegant

P

Essen:	**44** | 50
Service:	**18** | 20
Getränke:	**18** | 20
Ambiente:	**8** | 10
Gesamt:	88 | 100

Enoteca

79098 Freiburg

Die Enoteca hat einst dazu beigetragen, feine italienische Küche jenseits von Pasta und Pizza in Freiburg bekannt zu machen. Am hohen Qualitätsanspruch hat sich nichts geändert. Immer einen Besuch wert!

Gerberau 21
+49 761 3899130
enoteca-freiburg.de
Fine Dining • italienisch • elegant

Essen:	**44** | 50
Service:	**17** | 20
Getränke:	**18** | 20
Ambiente:	**8** | 10
Gesamt:	87 | 100

Hirschen

79110 Freiburg

Ein traditionelles Gasthaus mit einer Küche, die neben badischen Klassikern auch erfrischend innovative Gerichte aus der urbanen Genusswelt auf der Karte hat. Idealer Treffpunkt für alle Genießer.

Breisgauer Straße 47
+49 761 8977690
hirschen-freiburg.de
Hotelrestaurant • Casual Dining • modern

P

Essen:	**43** | 50
Service:	**17** | 20
Getränke:	**17** | 20
Ambiente:	**8** | 10
Gesamt:	85 | 100

Kreuzblume

79098 Freiburg

Warme Brauntöne schaffen ein gemütliches Ambiente in dem kleinen Restaurant. Die Speisekarte ist überschaubar, die Küche bringt internationale Gerichte – mit einem Touch von Gourmet – auf die Teller.

Konviktstraße 31
+49 172 6952279
hotel-kreuzblume.de
Casual Dining • modern • gemütlich

Essen:	**43**	50
Service:	**17**	20
Getränke:	**17**	20
Ambiente:	**8**	10
Gesamt:	85	100

Kuro Mori

79098 Freiburg

Stylish-cooles Restaurant mit offener Showküche. Was dort produziert wird, sind ebenso coole Gerichte, die zwischen regional und asiatisch wandeln. Bunter Mix mit Überraschungseffekten. Richtig gut!

Grünwälder Straße 2
+49 761 38848226
kuro-mori.de
japanisch • modern • Sushi

Essen:	**45**	50
Service:	**18**	20
Getränke:	**17**	20
Ambiente:	**8**	10
Gesamt:	88	100

Löwengrube

79098 Freiburg

Mittags oder abends: Die unterschiedlichen Speisekarten des sympathischen Restaurants sind überschaubar, aber attraktiv. Ein Küchenangebot ohne Schnörkel, produktbezogen und authentisch. Einfach gut!

Konviktstraße 12
+49 761 76991188
restaurant-loewengrube.de
Casual Dining • unkonventionell • entspannt

Essen:	**43**	50
Service:	**17**	20
Getränke:	**17**	20
Ambiente:	**8**	10
Gesamt:	85	100

Regional

79112 Freiburg

Regional ist im Restaurant mit Wirtshauscharakter nicht nur Name, sondern gelebtes Programm. Heimische Produkte werden in badische Klassiker verwandelt, Vegetarisches ist auch dabei. Sonntagsbrunch.

St.-Erentrudis-Straße 12
+49 7664 407450
schlossreinach.de
Hotelrestaurant • regionale Küche • traditionell

Essen:	**42**	50
Service:	**17**	20
Getränke:	**17**	20
Ambiente:	**8**	10
Gesamt:	84	100

Stadt Freiburg

79110 Freiburg

Gemütliche Ecken und eine schöne Terrasse, dazu eine vielfältige Küche, die Klassiker und Internationales im Angebot hat. Die geschmorte Lammhaxe mit Bohnenpüree und Tomatengnocchi überzeugt.

Breisacher Straße 84B
+49 761 89680
hotel-stadt-freiburg.de
Hotelrestaurant • deutsche Küche • Terrasse

Essen:	**42**	50
Service:	**17**	20
Getränke:	**17**	20
Ambiente:	**8**	10
Gesamt:	84	100

Tizio

79098 Freiburg

Ungezwungene Atmosphäre, dazu passen die luftig-leichten italienischen Klassiker, egal, ob hausgemachte Pasta mit Zucchini und Venusmuscheln oder Fisch. Das Highlight: Täglich gibt es frische Trüffel.

Rotteckring 14
+49 761 2925711
tizio-freiburg.de
Bistro • italienisch • entspannt

Essen:	42	50
Service:	17	20
Getränke:	17	20
Ambiente:	7	10
Gesamt:	83	100

Wolfshöhle

79098 Freiburg

In seinem eleganten Restaurant versteht es Martin Fauster, erstklassigen Qualitätsprodukten ihren puren Geschmack zu lassen und sie einfach nur zu veredeln. Dazu passen große Weine mit Charakter.

Konviktstraße 8
+49 761 30303
wolfshoehle-freiburg.de
Fine Dining • deutsche Küche • elegant

Essen:	45	50
Service:	18	20
Getränke:	18	20
Ambiente:	8	10
Gesamt:	89	100

Zirbelstube

79098 Freiburg

Edler Rahmen mit schönen holzgetäfelten Wänden. Die Küche ist klassisch ausgerichtet, aber auch an Frankreich angelehnt. Sehr aromenintensiv sind die Desserts, die Weinauswahl bestens.

Rotteckring 16
+49 761 21060
colombi.de
Hotelrestaurant • Fine Dining • deutsche Küche • elegant

P

Essen:	46	50
Service:	18	20
Getränke:	19	20
Ambiente:	8	10
Gesamt:	91	100

Zum Löwen

79110 Freiburg

Seit drei Generation führt Familie Disch dieses traditionsreiche Gasthaus. Badisch ausgerichtet ist die Küche, Klassiker und Spezialitäten sind in den behaglichen Gasträumen in bester Gesellschaft.

Breisgauer Straße 62
+49 761 82216
zum-loewen-freiburg-lehen.de
Familienbetrieb • regionale Küche • gemütlich

Essen:	42	50
Service:	17	20
Getränke:	17	20
Ambiente:	8	10
Gesamt:	84	100

Zum Roten Bären

79098 Freiburg

Vermutlich das älteste Gasthaus Deutschlands. Die gute badische Küche unterstreicht die Tradition, kommt aber erfreulich leicht daher. Die Basis sind beste Produkte aus Jagd und Landwirtschaft.

Oberlinden 12
+49 761 387870
roter-baeren.de
Gasthaus • regionale Küche • Wild • gemütlich

Essen:	42	50
Service:	17	20
Getränke:	17	20
Ambiente:	7	10
Gesamt:	83	100

Zur Linde

79111 Freiburg

Renee Rischmeyer bringt viel Erfahrung aus der Gourmetküche mit, mit der er seinen regional inspirierten Gerichten immer einen besonderen Pfiff verleiht. Ein Plus: einfallsreiche vegetarische Kreationen.

Basler Landstraße 79
+49 761 45345235
zur-linde-freiburg.de
Gasthaus • vegetarisch • regionale Küche

Essen:	**43** | 50
Service:	**17** | 20
Getränke:	**17** | 20
Ambiente:	**7** | 10
Gesamt:	84 | 100

Stüble im Lauterbad

72250 Freudenstadt-Lauterbad

Urig und gemütlich ist die Schwarzwaldstube. Die ambitionierte Küche liefert dazu badische Klassiker wie Zwiebelrostbraten, aber auch moderne Gerichte mit Pfiff stehen auf dem Programm.

Amselweg 5
+49 7441 860170
lauterbad.de
Gasthaus • deutsche Küche • Terrasse • gemütlich

Essen:	**42** | 50
Service:	**17** | 20
Getränke:	**17** | 20
Ambiente:	**8** | 10
Gesamt:	84 | 100

Löwen

88699 Frickingen

Ein Traditionshaus, das seine Wurzeln pflegt und seit vielen Jahren für eine authentische Heimatküche steht. Im lauschigen Garten oder der gemütlichen Gaststube wird entsprechend herzhaft aufgetischt.

Hauptstraße 41
+49 7554 8631
loewen-altheim.de
Gasthaus • Familienbetrieb • regionale Produkte

Essen:	**44** | 50
Service:	**17** | 20
Getränke:	**16** | 20
Ambiente:	**7** | 10
Gesamt:	84 | 100

Mühlenhof

77948 Friesenheim

Ein Familienbetrieb mit Tradition. Die gute regionale Küche profitiert von der Natur, Bärlauch und Pilze sammeln die Köche selbst. Sirupe und Eis sind hausgemacht, Kräuter wachsen im Hausgarten.

Oberweierer Hauptstraße 33
+49 7821 6320
landhotel-muehlenhof.de
Gasthaus • eigener Kräutergarten • gemütlich

Essen:	**43** | 50
Service:	**17** | 20
Getränke:	**17** | 20
Ambiente:	**7** | 10
Gesamt:	84 | 100

Vinophil

76571 Gaggenau

Die eigene Vinothek mit besten Tropfen spielt im Restaurant natürlich eine wichtige Rolle. Mediterran angehauchte Gerichte stehen genauso auf der Karte wie regionale Klassiker oder Vegetarisches.

Max-Roth-Straße 16
+49 7225 9884880
vinophil-murgtal.de
Vinothek • deutsche Küche • mediterran • gemütlich

Essen:	**42** | 50
Service:	**17** | 20
Getränke:	**18** | 20
Ambiente:	**8** | 10
Gesamt:	85 | 100

Zum Hecht

78187 Geisingen

Traditionelles Restaurant mit modernem Touch. Die Küche bringt angenehme mediterrane Anklänge mit gegrilltem Lachs und hausgemachten Teigtaschen mit Spinat, zum Dessert gibt es Mille-feuille mit Beeren.

Hauptstraße 41
+49 7704 281
zumhecht.de
Gasthaus • Casual Dining • mediterran

Essen:	42 | 50
Service:	17 | 20
Getränke:	17 | 20
Ambiente:	8 | 10
Gesamt:	84 | 100

Ponyhof Stammhaus

77723 Gengenbach

Die schöne Landschaft bildet das Umfeld für badisch-kreative Wirtshausküche. Zwei Generationen stehen am Herd und zaubern geflämmten Lachs mit Miso und Spargel oder Lamm mit Mandelbällchen.

Mattenhofweg 6
+49 7803 1469
ponyhof.co
Gasthaus • deutsche Küche • im Grünen • gemütlich

Essen:	43 | 50
Service:	17 | 20
Getränke:	16 | 20
Ambiente:	8 | 10
Gesamt:	84 | 100

Reichsstadt

77723 Gengenbach

Die blumengeschmückte Terrasse ist rasch ausgebucht. Badischer Genussstil gelingt mit Gänseleberterrine, Duett vom Kalb auf Schupfnudeln und Rhabarbertarte mit Eis. Der Weinkeller ist gut bestückt.

Engelgasse 33
+49 7803 96630
die-reichsstadt.de
Familienbetrieb • deutsche Küche • Terrasse • entspannt

Essen:	43 | 50
Service:	18 | 20
Getränke:	19 | 20
Ambiente:	8 | 10
Gesamt:	88 | 100

Werners Restaurant

76593 Gernsbach

Das schöne Schloss ist der ideale Rahmen für Bernd Werners kreative badische Gourmetküche mit intensiven Aromen. Französische Einflüsse spürt man bei confiertem Lachs mit Spitzmorchel und Erbse.

Schloss Eberstein 1
+49 7224 995950
hotel-schloss-eberstein.de
Fine Dining • deutsche Küche • französisch • romantisch

Essen:	45 | 50
Service:	18 | 20
Getränke:	18 | 20
Ambiente:	8 | 10
Gesamt:	89 | 100

Adler

79286 Glottertal

Küchenchef Nicolas Cordier brachte frischen Wind in den Familienbetrieb. In der traditionellen Schwarzwaldstube werden deutsch-französische Gerichte mit internationalen Einflüssen serviert.

Talstraße 11
+49 7684 90870
adler-glottertal.de
Hotelrestaurant • deutsche Küche • französisch

Essen:	**42** I 50
Service:	**17** I 20
Getränke:	**17** I 20
Ambiente:	**8** I 10
Gesamt:	84 I 100

Hirschen

79286 Glottertal

Wildgerichte aus Glottertaler Jagd sind ein Klassiker auf der Karte des gediegenen Restaurants, dessen bodenständiges Küchenangebot sich gekonnt zwischen Internationalität und Regionalität bewegt.

Rathausweg 2
+49 7684 810
hirschen-glottertal.de
Hotelrestaurant • Familienbetrieb • regionale Produkte

P

Essen:	**43** I 50
Service:	**17** I 20
Getränke:	**17** I 20
Ambiente:	**7** I 10
Gesamt:	84 I 100

Zum Goldenen Engel

79286 Glottertal

Im prächtigen Landhotel im Schwarzwaldstil wird regional gekocht, Glottertaler Schwein, Rind und Wein spielen die Hauptrollen. Auch Kalbskopf und Bries werden serviert. Schönes vegetarisches Menü.

Friedhofweg 2
+49 7684 250
goldener-engel-glottertal.de
Hotelrestaurant • deutsche Küche • im Grünen

P

Essen:	**42** I 50
Service:	**17** I 20
Getränke:	**16** I 20
Ambiente:	**7** I 10
Gesamt:	82 I 100

Zur Sonne

79286 Glottertal

Die bodenständige Küche passt perfekt zur malerischen Landschaft. Highlights sind neben Fisch und Wild auch hausgemachte Spätzle und Schmorgerichte aus dem Ofen. Gewürzt wird mit eigenen Kräutern.

Talstraße 103
+49 7684 242
sonne-glottertal.de
Familienbetrieb • eigener Kräutergarten • vegetarisch

Essen:	**44** I 50
Service:	**18** I 20
Getränke:	**18** I 20
Ambiente:	**8** I 10
Gesamt:	88 I 100

Zur Krone

79288 Gottenheim

Badische Gemütlichkeit verströmt der Familienbetrieb in fünfter Generation, der Chef kocht selbst. Kreatives und Klassiker schmecken, etwa Cappuccino vom Bärlauch mit Zanderpraline oder Kalbstafelspitz.

Hauptstraße 57
+49 7665 6712
krone-gottenheim.de
Familienbetrieb • deutsche Küche • entspannt

P

Essen:	**42** I 50
Service:	**17** I 20
Getränke:	**17** I 20
Ambiente:	**8** I 10
Gesamt:	84 I 100

Eckert

79639 Grenzach-Wyhlen

Elegantes, cooles Restaurant, das die Handschrift von Gastgeber Rainer Wiedmer trägt. Es gibt Sauerteig-Pancake mit grünem Gemüse, Zanderfilet, Spitzkohl, Avocado und Grüntee und ein veganes Tasting-Menü.

Basler Straße 20
+49 7624 91720
eckert-grenzach.de
Fine Dining • Allrounder • elegant

Essen:	45 | 50
Service:	18 | 20
Getränke:	18 | 20
Ambiente:	8 | 10
Gesamt:	89 | 100

Rührberger Hof

79639 Grenzach-Wyhlen

Zum modernen Landhausstil passt der gute Mix aus klassisch-gutbürgerlich und raffiniert. Die Saucen zum Fleisch sind ein Traum, sie entwickeln nach tagelangem Köcheln erst ihren intensiven Geschmack.

Inzlinger Straße 1
+49 7624 9161
ruehrbergerhof.com
Gasthaus • deutsche Küche • regionale Produkte

Essen:	42 | 50
Service:	17 | 20
Getränke:	17 | 20
Ambiente:	8 | 10
Gesamt:	84 | 100

Herrengass

74417 Gschwend

Schwäbisch-mediterrane Küche im ehemaligen Kolonialwarenladen. Hinter der ungewöhnlichen Konstellation verbirgt sich eine neu interpretierte regionale Küche, die mit Pfiff Klassiker auf Trab bringt.

Welzheimer Straße 11
+49 7972 912520
herrengass-gschwend.de
Allrounder • Casual Dining • modern

Essen:	43 | 50
Service:	17 | 20
Getränke:	17 | 20
Ambiente:	7 | 10
Gesamt:	84 | 100

Bahnhöfle

79194 Gundelfingen

Zum gemütlichen Traditionshaus passt Bodenständiges wie das langsam geschmorte Rind mit Spätzle. Französisch-mediterrane Anklänge gibt es bei Austern, Gänseleberterrine oder gebratenem Oktopus.

Bahnhofstraße 16
+49 761 5899949
bahnhoefle-gundelfingen.eatbu.com
Gasthaus • mediterran • französisch • Terrasse

Essen:	43 | 50
Service:	18 | 20
Getränke:	17 | 20
Ambiente:	8 | 10
Gesamt:	86 | 100

In Vino Veritas

77716 Haslach im Kinzigtal

Marktfrische Produkte sind die Basis der modern ausgerichteten Küche, die sich vorwiegend an internationalen Küchenstilen orientiert. Gute Auswahl an Fisch, dazu attraktive Veggie-Gerichte.

Steinacher Straße 9
+49 7832 9944695
in-vino-haslach.de
Casual Dining • modern • vegetarisch

Essen:	43 | 50
Service:	17 | 20
Getränke:	17 | 20
Ambiente:	7 | 10
Gesamt:	84 | 100

Hofgut Hohenkarpfen

78595 Hausen ob Verena

Im denkmalgeschützten Hofgut mit seiner traumhaften Lage wird auch auf den Tellern viel fürs Auge geboten. Ob à la carte oder mit ambitionierten Menüs: Auch Vegetarier werden hier glücklich.

Hohenkarpfenweg 1
+49 7424 9450
hohenkarpfen.de
Gasthaus • am Berg • Essen mit Aussicht • romantisch

Essen:	42	50
Service:	18	20
Getränke:	17	20
Ambiente:	8	10
Gesamt:	85	100

Adler

79837 Häusern

Mit Beginn der Pandemie hat man auf den seit 1966 erhaltenen Stern verzichtet, jetzt setzt man aber mit Küchenchef Daniel Liebl wieder auf Gourmetgastronomie – und das mit einem rein vegetarischen Menü.

St.-Fridolin-Straße 15
+49 7672 4170
adler-schwarzwald.de
Hotelrestaurant • vegetarisch • unkonventionell

Essen:	43	50
Service:	18	20
Getränke:	18	20
Ambiente:	8	10
Gesamt:	87	100

Kamino

79837 Häusern

Schwarzwälder Gastfreundschaft wird großgeschrieben, auch die Küche aus marktfrischen Produkten ist badisch ausgerichtet und verfeinert regionale Spezialitäten gekonnt mit einem mediterranen Touch.

St.-Fridolin-Straße 1
+49 7672 4819970
restaurant-kamino.de
regionale Küche • unkonventionell • Terrasse

Essen:	42	50
Service:	17	20
Getränke:	16	20
Ambiente:	7	10
Gesamt:	82	100

1950

72534 Hayingen

Mit regionalen Zutaten zeigt Spitzenkoch Simon Tress in seinem Bio-Fine-Dining, wie viel CO^2-Ausstoß im Menü gespart werden kann. Und das sehr schmackhaft und ansehnlich in einer offenen Küche.

Aichelauer Straße 6
+49 7383 94980
tress-gastronomie.de
Fine Dining • vegetarisch • nachhaltig • regionale Produkte

Essen:	42	50
Service:	18	20
Getränke:	17	20
Ambiente:	8	10
Gesamt:	85	100

Bio-Hotel und Restaurant Rose 72534 Hayingen

Biopioniere seit 1950: Im gemütlichen Restaurant der Familie Tress ist das Gemüse der kulinarische Star, Fleisch wird eher als Beilage serviert. Entsprechend sind die Hauptgänge vegetarisch oder vegan.

Aichelauer Straße 6
+49 7383 94980
tress-gastronomie.de
Gasthaus • bio • nachhaltig • traditionell

Essen:	**42** I 50
Service:	**17** I 20
Getränke:	**17** I 20
Ambiente:	**8** I 10
Gesamt:	84 I 100

Chambao 69117 Heidelberg

Kreative spanische Tapas und mediterran angehauchte Crossover-Gerichte passen bestens zur lässigen Atmosphäre. Gut gebucht sind Thementage wie Austern und Champagner, das Sharing-Konzept gefällt.

Dreikönigstraße 1
+49 6221 7258271
chambao-heidelberg.de
Casual Dining • spanisch • modern

Essen:	**42** I 50
Service:	**18** I 20
Getränke:	**17** I 20
Ambiente:	**8** I 10
Gesamt:	85 I 100

Grenzhof 69123 Heidelberg

Die gemütlich ausstaffierte Gaststube hat Charme, dazu bietet die überschaubare Speisekarte ein Menü und attraktive Klassiker aus dem regionalen und bodenständigen Küchenprogramm. Feine Rohmilchkäse!

Grenzhof 9
+49 6202 9430
grenzhof.de
regionale Küche • Gasthaus • Terrasse

Essen:	**43** I 50
Service:	**17** I 20
Getränke:	**17** I 20
Ambiente:	**8** I 10
Gesamt:	85 I 100

Herrenmühle 69117 Heidelberg

Was in dem gediegenen Restaurantambiente auf die Teller kommt, sind bewährte Klassiker aus der französischen Küche, hier und da mit mediterranen, asiatischen oder orientalischen Akzenten aufgepeppt.

Hauptstraße 239
+49 6221 602909
herrenmuehle.net
Gasthaus • Gastgarten • französisch

Essen:	**44** I 50
Service:	**17** I 20
Getränke:	**17** I 20
Ambiente:	**7** I 10
Gesamt:	85 I 100

Kurfürstenstube 69117 Heidelberg

Im klassischen Restaurant-Chic mit holzvertäfelten Wänden wird stilvoll aufgetragen. Französische Hochküche steht Pate für die aufwendigen Teller-Arrangements und Menüs dieser ambitionierten Küche.

Friedrich-Ebert-Anlage 1
+49 6221 5150
europaeischerhof.com
Hotelrestaurant • Fine Dining • klassisch

P

Essen:	**43** I 50
Service:	**18** I 20
Getränke:	**18** I 20
Ambiente:	**8** I 10
Gesamt:	87 I 100

Le Gourmet Die Hirschgasse

69120 Heidelberg

Charme und romantisches Flair umgeben das historische Haus, das ein ebenso romantisches Restaurant beherbergt. Seit Jahren überzeugt Mario Sauer hier mit französisch geprägter Küche auf konstant hohem Niveau.

Hirschgasse 3	Essen: **45** | 50
+49 6221 4540	Service: **18** | 20
hirschgasse.de	Getränke: **18** | 20
Fine Dining • romantisch • französisch	Ambiente: **8** | 10
	Gesamt: 89 | 100

Mensurstube

69120 Heidelberg

Urige Studentenromantik in der gemütlichen historischen Gaststube. Serviert werden hier stilechte regionale hausgemachte Spezialitäten. In Sachen Weinauswahl kann man getrost dem Service vertrauen.

Hirschgasse 3	Essen: **42** | 50
+49 6221 4540	Service: **18** | 20
hirschgasse.de	Getränke: **18** | 20
Hotelrestaurant • urig • traditionell	Ambiente: **8** | 10
	Gesamt: 86 | 100

Oben

69117 Heidelberg

Robert Rädels fokussierte Naturküche mit Produkten aus der Region – hier gibt es keine Meeresfische – wird im zauberhaften Hofgut einzigartig inszeniert. In 13 Gängen wird der Gast auch in die Küche mitgenommen.

Kohlhof 5	Essen: **45** | 50
+49 172 9171744	Service: **18** | 20
restaurant-oben.de	Getränke: **18** | 20
eigener Gemüsegarten • im Grünen • unkonventionell	Ambiente: **9** | 10
	Gesamt: 90 | 100

Restaurant 959

69117 Heidelberg

Cooles Design, das dennoch Gemütlichkeit ausstrahlt. Kunstwerke landen auch auf dem Teller, etwa Gänseleber mit Steinpilzen und Feigen oder Black Cod mit Fregola Sarda, schwarzem Knoblauch und rotem Paprika.

Friedrich-Ebert-Anlage 2	Essen: **44** | 50
+49 6221 6742959	Service: **18** | 20
959heidelberg.com	Getränke: **20** | 20
Fine Dining • modern • elegant	Ambiente: **8** | 10
	Gesamt: 90 | 100

Scharffs Schlossweinstube

69117 Heidelberg

Helle Schlossatmosphäre mit hohen Fensterfronten. Martin Scharff berührt die Sinne mit seiner leichten Küche, es gibt Fisch und Meeresfrüchte, aber auch viel Vegetarisches, verfeinert mit Kräutern.

Schlosshof 1	Essen: **44** | 50
+49 6221 8727010	Service: **18** | 20
heidelberger-schloss-gastronomie.de	Getränke: **18** | 20
Fine Dining • Fisch • vegetarisch • elegant	Ambiente: **8** | 10
	Gesamt: 88 | 100

Traube

69126 Heidelberg

Alte Gemäuer, die modern hergerichtet wurden. Die Küche hält mit und arrangiert gekonnt Wildschwein mit Forelle und Heidelbeeren, Garnele mit Stachelbeeren und Gurke. Menüs in drei und fünf Gängen.

Rathausstraße 75	Essen:	43 | 50
+49 6221 6737222	Service:	18 | 20
traube-heidelberg.de	Getränke:	18 | 20
Casual Dining • regionale Produkte • gemütlich	Ambiente:	8 | 10
	Gesamt:	87 | 100

Weisser Bock

69117 Heidelberg

Traditionsreiches Setting mit Holzpaneelen und alten Fotos. Die Küche gibt sich regional und international. Serviert werden Kürbisgnocchi auf Kräuterschaum, Atlantik-Austern oder amerikanisches Beef.

Große Mantelgasse 24	Essen:	42 | 50
+49 6221 90000	Service:	18 | 20
weisserbock.de	Getränke:	17 | 20
Fine Dining • deutsche Küche • mediterran • Terrasse	Ambiente:	8 | 10
P	Gesamt:	85 | 100

Zum Nepomuk

69117 Heidelberg

Ein gemütliches Gasthaus, in dem regional, bodenständig und zünftig aufgetischt wird. Spezialitäten sind die fangfrischen Forellen aus dem Odenwald und die klassische Rinderroulade mit Stampfkartoffeln wie bei Muttern.

Obere Neckarstraße 2	Essen:	43 | 50
+49 6221 739130	Service:	17 | 20
hotel-zur-alten-bruecke.de	Getränke:	17 | 20
Gasthaus • regionale Küche • deutsche Küche	Ambiente:	8 | 10
	Gesamt:	85 | 100

Bachmaier

74072 Heilbronn

Familiär geführtes Restaurant mit fünf Tischen. Aus der Küche kommen Fisch und Meeresfrüchte oder Steak in der Kräuterkruste, der Kaiserschmarren ist ein Muss. Sehr ausgewogene Weinbegleitung.

Untere Neckarstraße 40	Essen:	42 | 50
+49 7131 6420560	Service:	17 | 20
restaurant-bachmaier.de	Getränke:	17 | 20
Casual Dining • mediterran • deutsche Küche • entspannt	Ambiente:	8 | 10
	Gesamt:	84 | 100

Beichtstuhl

74072 Heilbronn

Die Atmosphäre ist gemütlich und leger, die Küche bekannt für ihre innovativen Kreationen auf hohem Niveau. Mittags gibt es Gutbürgerliches, besonders beliebt ist auch das Sharing-Erlebnis. Gute Weine.

Fischergasse 9
+49 7131 2758985
beichtstuhl-hn.de
Casual Dining • deutsche Küche • modern

Essen:	**42** | 50
Service:	**18** | 20
Getränke:	**18** | 20
Ambiente:	**8** | 10
Gesamt:	86 | 100

Magnifico

74076 Heilbronn

Dolce Vita im schicken Ambiente: Hier wird italienische Lebensart zelebriert. Ganz im Stil der Hochküche sind die Gerichte aufwendig aus besten Produkten zubereitet. Perfektion auch im Service!

Im Zukunftspark 10
+49 7131 74564140
wtz-magnifico.de
Fine Dining • italienisch • elegant

Essen:	**44** | 50
Service:	**18** | 20
Getränke:	**18** | 20
Ambiente:	**8** | 10
Gesamt:	88 | 100

Ratskeller

74072 Heilbronn

Schönes Haus mit viel Tradition, Bogengewölbe und zufriedenen Stammgästen. Geboten werden Wiener Schnitzel, saftige Braten mit Knödel und Kraut oder Spinatstrudel. Das Wild stammt aus eigener Jagd.

Am Marktplatz 7
+49 7131 84628
ratskeller-heilbronn.eu
Gasthaus • Hausmannskost • Wild

Essen:	**42** | 50
Service:	**17** | 20
Getränke:	**16** | 20
Ambiente:	**7** | 10
Gesamt:	82 | 100

Rebstock la petite provence

74080 Heilbronn

Der aus der Provence stammende Dominique Champroux zelebriert in dem urigen Lokal mit viel Aufwand südfranzösische Küche. Zu den kräftigen Aromen serviert seine deutsche Frau ausgesuchte Weine.

Eppinger Straße 43
+49 7131 4054351
rebstock-provence.de
Gasthaus • französisch • Terrasse

Essen:	**43** | 50
Service:	**18** | 20
Getränke:	**17** | 20
Ambiente:	**8** | 10
Gesamt:	86 | 100

Bayerischer Hof

88633 Heiligenberg

In die holzgetäfelte Stube passt die herzhafte gutbürgerliche Küche mit Klassikern wie Käsespätzle, Rehbraten oder Steak mit Kroketten, elaborierter wird es bei geschmortem Oktopus.

Röhrenbacher Straße 1
+49 7554 217
bayerischerhof-heiligenberg.de
Gasthaus • deutsche Küche • gemütlich

Essen:	**42** | 50
Service:	**18** | 20
Getränke:	**17** | 20
Ambiente:	**8** | 10
Gesamt:	85 | 100

Jagstmühle

74673 Heimhausen

Das Beste vom Rind bietet der Landgasthof in verschiedenen Varianten, dazu werden traditionelle Gerichte auf moderne Art interpretiert und mit einem Gourmet-Pfiff zubereitet. Gutes vegetarisches Menü!

Jagstmühlenweg 10
+49 7938 90300
jagstmuehle.de
Gasthaus • vegetarisch • modern • traditionell

Essen:	**43** / 50
Service:	**17** / 20
Getränke:	**17** / 20
Ambiente:	**8** / 10
Gesamt:	**85** / 100

Krone

79423 Heitersheim

Die regionale Markgräfler Küche spielt zwar die erste Geige auf der Speisekarte, daneben sind aber auch französisch, mediterran und asiatisch inspirierte Gerichte zu haben. Unkompliziert bodenständig!

Hauptstraße 12
+49 7634 51070
landhotel-krone.de
Familienbetrieb • Hotelrestaurant • bio

Essen:	**43** / 50
Service:	**18** / 20
Getränke:	**17** / 20
Ambiente:	**8** / 10
Gesamt:	**86** / 100

Adler Stuben

79856 Hinterzarten

Traditionell-elegantes Ambiente mit Kachelofen und Holzvertäfelung. Geboten werden badische Spezialitäten und innovative Gerichte mit asiatischem Einschlag. Große Auswahl an besonderen Käsesorten.

Adlerplatz 3
+49 7652 1270
parkhoteladler.de
Hotelrestaurant • Fine Dining • französisch • vegetarisch

P

Essen:	**43** / 50
Service:	**18** / 20
Getränke:	**18** / 20
Ambiente:	**8** / 10
Gesamt:	**87** / 100

Alemannenhof

79856 Hinterzarten

Das Schwarzwaldhaus am Ufer des Titisees ist stolz auf sorgsam ausgewählte regionale Produkte und lässige Kombinationen wie Gurken-Chili-Süppchen mit Wasabicreme. Gut bestückter Felsenweinkeller.

Bruderhalde 21
+49 7652 91180
hotel-alemannenhof.de
Hotelrestaurant • regionale Produkte • Seeterrasse

Essen:	**42** / 50
Service:	**18** / 20
Getränke:	**18** / 20
Ambiente:	**8** / 10
Gesamt:	**86** / 100

Quartier 77

72160 Horb am Neckar

Breites kulinarisches Angebot im Industrie-Design eines ehemaligen Kasernengebäudes. Zwischen einfachen Gerichten gibt es auch anspruchsvollere Kreationen sowie eine ordentliche Weinauswahl.

Am Garnisonsplatz 4	Essen:	41 | 50
+49 7451 6230977	Service:	17 | 20
quartier77.de	Getränke:	17 | 20
Allrounder • modern • unkonventionell	Ambiente:	8 | 10
	Gesamt:	83 | 100

Zum Raben

79289 Horben

Passend zum gehobenen Landhausstil versteht es Chef Steffen Disch meisterhaft, regionale und kosmopolitische Einflüsse zu verbinden. So harmonieren etwa Tomaten hervorragend mit Wasabi-Sorbet.

Dorfstraße 8	Essen:	45 | 50
+49 761 556520	Service:	18 | 20
raben-horben.de	Getränke:	18 | 20
Fine Dining • französisch • elegant	Ambiente:	8 | 10
P	Gesamt:	89 | 100

Linde Post

78658 Horgen

Bistro, Bar und gediegenes Restaurant – in der Linde Post ist alles an einem Platz, auch die Küche von Boris Kühn bietet von vielem etwas: regionale Hausmannskost sowie klassische internationale Gerichte.

Alte Hausener Straße 8	Essen:	43 | 50
+49 741 33333	Service:	17 | 20
lindepost.de	Getränke:	17 | 20
Gasthaus • Casual Dining • Familienbetrieb	Ambiente:	7 | 10
P	Gesamt:	84 | 100

Hirschen

78183 Hüfingen

Verena Martin hat immer wieder neue Ideen, um ihre Speisekarte noch attraktiver zu machen. Das Beste vom Land – also gutbürgerliche Küche, verfeinert mit mediterranen Akzenten – ist ihr Ding.

Wutachstraße 19	Essen:	43 | 50
+49 7707 99050	Service:	17 | 20
hirschen-mundelfingen.de	Getränke:	17 | 20
Gasthaus • Delikatessenverkauf • gemütlich	Ambiente:	8 | 10
	Gesamt:	85 | 100

Restaurant am Golfplatz Bad Mergentheim

97999 Igersheim

Umgeben von alten Bäumen, ist es im Restaurant durch die Verwendung natürlicher Materialien gemütlich. Beliebt ist der Mittagstisch, top sind auch die hausgemachten Kuchen und Torten.

Erlenbachtalstraße 36	Essen:	42 | 50
+49 7931 8066	Service:	16 | 20
andreas-bundschuh.com	Getränke:	16 | 20
nachhaltig • Terrasse • Essen mit Aussicht	Ambiente:	8 | 10
P	Gesamt:	82 | 100

Holzöfele | 79241 Ihringen

Bouillabaisse gibt es im gediegenen Gasthaus immer am letzten Freitag im Monat. Richtig regional-badisch ist dagegen das rustikale Speisenangebot, das die ganze Woche über einen Abstecher lohnt.

Bachenstraße 46	Essen: **43** I 50
+49 7668 207	Service: **17** I 20
holzoefele.de	Getränke: **17** I 20
Gasthaus • Casual Dining • gemütlich	Ambiente: **7** I 10
	Gesamt: 84 I 100

Zur Sonne || 79241 Ihringen

Herzhafte badische Küche im gemütlichen Ambiente. Der Familienbetrieb hat beliebte regionale Spezialitäten auf der Karte, dazu eine gute Auswahl an liebevoll zubereiteten bodenständigen Klassikern.

Hauptstraße 21	Essen: **44** I 50
+49 7668 229	Service: **18** I 20
sonne-wasenweiler.de	Getränke: **17** I 20
Gasthaus • deutsche Küche • traditionell	Ambiente: **8** I 10
	Gesamt: 87 I 100

Heinzler am See || 88090 Immenstaad am Bodensee

Dass die Produkte aus der Region kommen, ist für Thomas Heinzler selbstverständlich. Frisch und unkompliziert sind seine bodenständigen Gerichte: regionale Spezialitäten wie internationale Klassiker.

Strandbadstraße 3	Essen: **43** I 50
+49 7545 93190	Service: **17** I 20
heinzleramsee.de	Getränke: **17** I 20
Familienbetrieb • Casual Dining • Seeterrasse	Ambiente: **8** I 10
	Gesamt: 85 I 100

Seehof || 88090 Immenstaad am Bodensee

Einladendes Haus mit einer historischen Stube und einem modernen Essraum. So spannt auch das badische Weinstubenmenü einen kreativen Bogen von asiatisch über mediterran bis herzhaft. Gute Weine.

Bachstraße 15	Essen: **42** I 50
+49 7545 9360	Service: **18** I 20
seehof-hotel.de	Getränke: **18** I 20
Hotelrestaurant • Allrounder • Seeterrasse	Ambiente: **8** I 10
	Gesamt: 86 I 100

Inzlinger Wasserschloss || 79594 Inzlingen

Simone Betra ist in der Welt herumgekommen, entsprechend vielseitig ist ihre Küche. Regionale Spezialitäten dürfen nicht fehlen, dazu hat die Köchin bodenständige internationale Klassiker im Repertoire.

Riehenstraße 5	Essen: **43** I 50
+49 7621 47057	Service: **17** I 20
inzlinger-wasserschloss.de	Getränke: **17** I 20
Hotelrestaurant • Casual Dining • Allrounder	Ambiente: **8** I 10
	Gesamt: 85 I 100

Krone
79594 Inzlingen

Wie modern badische Küche sein kann, zeigt Küchenchef Marco Wagner in traditionellen Gerichten, die immer mit modernen aromatischen Akzenten gespickt sind. Sehr gut durchdachtes vegetarisches Menü.

Riehenstraße 92
+49 7621 2226
krone-inzlingen.de
Hotelrestaurant • modern • vegetarisch

Essen:	43	50
Service:	17	20
Getränke:	17	20
Ambiente:	8	10
Gesamt:	85	100

Allgäuer Stuben
88316 Isny im Allgäu

Gehobene Gastronomie liefert Karl-Heinz Rimmele mit großem Fokus auf Nachhaltigkeit. Herrlich sind seine Lammkronen in der Kräuterkruste. Beliebte Highlights: Kaminabende und Candle-Light-Dinner.

Lindauerstraße 75
+49 7562 97597
hotel-hohe-linde.de
Hotelrestaurant • deutsche Küche • nachhaltig

Essen:	43	50
Service:	18	20
Getränke:	17	20
Ambiente:	8	10
Gesamt:	86	100

Jägerhaus
79400 Kandern

Idyllisch am Waldrand gelegen, werden hier zu Weinen aus dem Markgräflerland biologisch korrekte Produkte geboten. Dies zum Teil mit australischem Twist, also etwa Surf and Turf vom Lavasteingrill.

Wollbacherstraße 28
+49 7626 8715
restaurant-jaegerhaus.de
Gasthaus • im Grünen • Gastgarten • gemütlich

Essen:	42	50
Service:	17	20
Getränke:	17	20
Ambiente:	9	10
Gesamt:	85	100

Rebstock Waldulm
77876 Kappelrodeck-Waldulm

Idyllisches Fachwerkhaus an der Weinstraße. Dazu passt eine kulinarische Liaison aus Baden und Elsass, die von Karl Hodapp kreativ interpretiert wird. Im beeindruckenden Keller lagern 500 Weine.

Kutzendorf 1
+49 7842 9480
rebstock-waldulm.de
Casual Dining • regionale Produkte • Terrasse • gemütlich

P

Essen:	43	50
Service:	18	20
Getränke:	20	20
Ambiente:	8	10
Gesamt:	89	100

Anders auf dem Turmberg
76227 Karlsruhe

Die Aussicht von den umlaufenden Terrassen ist herrlich, genauso wie die Tapas. Aber auch Sören Anders' Mix aus kreativ-bodenständigen badischen und französischen Elementen begeistert.

Reichardtstraße 22
+49 721 41459
anders-turmberg.de
Casual Dining • deutsche Küche • französisch • Tapas

Essen:	43	50
Service:	17	20
Getränke:	17	20
Ambiente:	8	10
Gesamt:	85	100

EigenArt

76133 Karlsruhe

Das Team legt großen Wert auf nachhaltig erzeugte Produkte und verarbeitet unter anderem Jakobsmuscheln, Wolfsbarsch und Rinderfilet gekonnt und französisch inspiriert. Abwechslungsreiche Mittagskarte.

Hebelstraße 17
+49 721 5703443
eigenart-karlsruhe.de
Gasthaus • Allrounder • Casual Dining • entspannt

Essen:	43 | 50
Service:	17 | 20
Getränke:	17 | 20
Ambiente:	8 | 10
Gesamt:	85 | 100

Erasmus

76199 Karlsruhe

Biologisch angebaute Produkte, exzellent auf italienische Art und Weise zubereitet. Das Fleisch kommt aus der Region, aber natürlich gibt es auch ein vegetarisches Menü. Topadresse für bewusste Genießer.

Nürnberger Straße 1
+49 721 40242391
erasmus-karlsruhe.de
Fine Dining • italienisch • Delikatessenverkauf • elegant

Essen:	44 | 50
Service:	18 | 20
Getränke:	17 | 20
Ambiente:	8 | 10
Gesamt:	87 | 100

Il Teatro²

76137 Karlsruhe

Hausgemachte Pasta und gut belegte Pizza gibt es bei Daniele di Sario natürlich auch, aber vor allem kommen die Gäste wegen der fein gemachten Tellergerichte aus der klassischen italienischen Küche.

Ettlinger Straße 2C
+49 721 356566
ilteatro.de
Pizza • klassisch • italienisch • traditionell

Essen:	43 | 50
Service:	18 | 20
Getränke:	17 | 20
Ambiente:	8 | 10
Gesamt:	86 | 100

Ivy

76133 Karlsruhe

Frühstück, Cocktails und ein abwechslungsreiches Speisenangebot, das quer durch die Weltküchen tingelt. Einfallsreiches Crossover! Allein die Steaks sind ein kulinarischer Anziehungspunkt der Location.

Karlstraße 34
+49 176 55007536
ivy.restaurant
Steak • Frühstück • Cocktails • unkonventionell

Essen:	43 | 50
Service:	17 | 20
Getränke:	17 | 20
Ambiente:	8 | 10
Gesamt:	85 | 100

Kesselhaus

76185 Karlsruhe

Der historische Fabrikbau dient als Kulisse für eine Küche, die sich auf klassische Brasseriegerichte und regionale Spezialitäten versteht. Alles herzhaft und mit hausgemachten Beilagen serviert!

Griesbachstraße 10C
+49 721 6699269
kesselhaus-ka.de
Wild • unkonventionell • französisch

Essen:	41	50
Service:	16	20
Getränke:	16	20
Ambiente:	7	10
Gesamt:	80	100

Maxau

76187 Karlsruhe

Wie raffiniert badische Küche sein kann, zeigt das Küchenteam der gemütlichen Location geschmackvoll auf den Tellern. Saftige Burger gibt es auch, das Fleisch stammt von eigenen Rindern. Ein Genuss!

Maxau am Rhein 24
+49 721 92126354
gasthaus-maxau.de
Gasthaus • regionale Produkte • Gastgarten

Essen:	43	50
Service:	17	20
Getränke:	17	20
Ambiente:	8	10
Gesamt:	85	100

Nagels Kranz

76149 Karlsruhe

Kleines Restaurant mit feiner Küche und schattigem Innenhof. Inhaber Kevin Wilde pflegt eine elaborierte französisch-badische Küche, die bodenständige Gerichte gekonnt verfeinert auf die Teller bringt.

Neureuter Hauptstraße 210
+49 721 705742
nagels-kranz.de
Casual Dining • deutsche Küche • französisch • Terrasse

Essen:	44	50
Service:	18	20
Getränke:	16	20
Ambiente:	7	10
Gesamt:	85	100

Oberländer Weinstube

76133 Karlsruhe

Das gemütliche Traditionshaus ist längst mehr als eine Weinstube. Küchenchef Jörg Hammer bietet einen guten Mix aus bodenständigen Klassikern und regionalen Gerichten mit einer Prise »Modern Cooking«.

Akademiestraße 7
+49 721 25066
oberlaender-weinstube.de
Casual Dining • Allrounder • gemütlich • traditionell

P

Essen:	43	50
Service:	17	20
Getränke:	17	20
Ambiente:	8	10
Gesamt:	85	100

Restaurant 1463

76229 Karlsruhe

Schönes altes Haus mit Terrasse und romantischem Innenhof. Ambitionierte, leichte Kreationen machen Spaß: kaltes Gurkensüppchen, Poulardenbrust mit Spinat und Pinienkernen, Earl-Grey-Crème-brûlée.

Friedrichstraße 10–14
+49 721 66050650
1463.de
Allrounder • regionale Produkte • im Grünen

Essen:	42	50
Service:	17	20
Getränke:	17	20
Ambiente:	8	10
Gesamt:	84	100

Sein
76135 Karlsruhe

Im eleganten Rahmen mit gedeckten Farben werden harmonische, kreative Kombinationen serviert: knuspriger Oktopus mit Schweinebauch und Mango und Ente mit Karotten, Koriander und Couscous.

Scheffelstraße 57
+49 721 40244776
restaurant-sein.de
Fine Dining • mediterran • Thai • elegant

Essen:	**45** | 50
Service:	**18** | 20
Getränke:	**18** | 20
Ambiente:	**9** | 10
Gesamt:	90 | 100

Tawa Yama Fine
76227 Karlsruhe

Puristisch-minimalistisch ist das Design, und dieses Programm setzt sich auf dem Teller fort. Zur Wahl steht ein Degustationsmenü in mehreren Gängen, dazu werden fein abgestimmte Weine oder Cocktails serviert.

Amalienbadstraße 41b
+49 721 9098950
tawayama.de
Fine Dining • französisch • japanisch • nachhaltig

Essen:	**46** | 50
Service:	**18** | 20
Getränke:	**18** | 20
Ambiente:	**9** | 10
Gesamt:	91 | 100

EssZimmer
77694 Kehl

Das klassische Brasserie-Interieur ist die passende Kulisse für die Speisen, die hier aufgetischt werden: Elsässer Sauerbraten, Tatar, Schnitzel, Lamm und Fisch in herzhaften und mediterranen Varianten.

Hauptstraße 183
+49 7851 91040
rebstock-kehl.de
Gasthaus • traditionell • mediterran • Terrasse

Essen:	**43** | 50
Service:	**17** | 20
Getränke:	**18** | 20
Ambiente:	**9** | 10
Gesamt:	87 | 100

Scheidels Restaurant zum Kranz

79341 Kenzingen

Das Haus blickt auf eine lange Familientradition zurück, traditionelle Werte vertritt auch die Küchenlinie. Fisch in Rieslingsauce auf Ratatouille, Lamm oder Kalbsteak gelingen fein. Große Weinkarte.

Offenburger Straße 18
+49 7644 6855
scheidels-kranz.de
Gasthaus • deutsche Küche • Gastgarten • klassisch

Essen:	43	50
Service:	17	20
Getränke:	17	20
Ambiente:	7	10
Gesamt:	84	100

Malathounis

71394 Kernen im Remstal

Joannis Malathounis wird gerne als Deutschlands bester Grieche tituliert. Dabei ist er ein Schwabe durch und durch, der als One-Man-Show in der Küche viele mediterrane Einflüsse aufnimmt. Toller Service!

Gartenstraße 5
+49 7151 45252
malathounis.de
Gasthaus • griechisch • mediterran • gemütlich

Essen:	45	50
Service:	18	20
Getränke:	18	20
Ambiente:	8	10
Gesamt:	89	100

Zum Ochsen

71394 Kernen im Remstal

Zum Landgasthof gehört eine Metzgerei. Im gemütlichen Ambiente werden nicht nur schwäbische, sondern auch internationale Spezialtäten serviert und dazu gute Weine aus dem Remstal getrunken.

Kirchstraße 15
+49 7151 94360
ochsen-kernen.de
Gasthaus • Allrounder • Terrasse • gemütlich

Essen:	42	50
Service:	17	20
Getränke:	17	20
Ambiente:	8	10
Gesamt:	84	100

Weisser Ochse

73230 Kirchheim unter Teck

Rustikal-elegantes Lokal mit groben Steinwänden. Geboten wird gehobene deutsche Küche mit deftigem Zwiebelrostbraten oder Flammkuchen, immer wieder gibt es auch französische Anklänge. Tolle Weine.

Alleenstraße 102	Essen:	42 | 50
+49 7021 8046616	Service:	18 | 20
weisser-ochse.de	Getränke:	17 | 20
Casual Dining • deutsche Küche • französisch • Gastgarten	Ambiente:	8 | 10
	Gesamt:	85 | 100

Schlegelhof

79199 Kirchzarten

Martin Schlegel ist Weinliebhaber, so passt die Auswahl zu den schnörkellosen und frechen Gerichten, die mit außergewöhnlichen Kräutern verfeinert werden. Rehkeule harmoniert mit Aprikose und Sesamgnocchi.

Höfener Straße 92	Essen:	42 | 50
+49 7661 5051	Service:	17 | 20
schlegelhof.de	Getränke:	17 | 20
Familienbetrieb • deutsche Küche • mediterran • im Grünen	Ambiente:	8 | 10
	Gesamt:	84 | 100

Sennhütte

79692 Kleines Wiesental

Zwei Generationen am Herd. Das Ergebnis ist ein gelungener Mix aus Tradition und weltoffenen Kreationen mit vorwiegend lokalen Produkten. Auch in Sachen Wein bleibt man dem Schwarzwald treu.

Schwand 14	Essen:	42 | 50
+49 7629 91020	Service:	17 | 20
sennhuette.com	Getränke:	17 | 20
Familienbetrieb • deutsche Küche • mediterran • traditionell	Ambiente:	8 | 10
P	Gesamt:	84 | 100

Mange

79771 Klettgau

Paul Maier ist ohne Frage ein Meister der badischen Küche, deren klassische Gerichte er hie und da mit mediterranen Nuancen verfeinert. Regionale Bodenständigkeit mit dem Flair des Südens, perfekt!

Kirchstraße 2	Essen:	43 | 50
+49 7742 5417	Service:	17 | 20
mange-griessen.de	Getränke:	17 | 20
mediterran • regionale Küche • Terrasse	Ambiente:	8 | 10
P	Gesamt:	85 | 100

Schwanen

73257 Köngen

Patrick Domon pflegt eine Karte, in der neben schwäbischen Klassikern auch mediterrane Spezialitäten angeboten werden. Besonders attraktiv: Man kann sich sein Drei-Gänge-Menü selbst zusammenstellen.

Schwanenstraße 1	Essen:	42 | 50
+49 7024 97250	Service:	17 | 20
schwanen-koengen.de	Getränke:	17 | 20
Hotelrestaurant • Familienbetrieb • gemütlich	Ambiente:	8 | 10
P	Gesamt:	84 | 100

80–84 85–89 90–94 95–100 Punkte

Tafelhaus 73257 Köngen

Modern-elegantes Lokal, in dem schwäbische Klassiker wie Zwiebelrostbraten genauso zu haben sind wie mediterrane Gerichte. Tolle Desserts wie Himbeer-Schoko-Crème-brûlée. Feine Weinraritäten.

Bahnhofstraße 19
+49 7024 97220
hotel-neckartal.com
Hotelrestaurant • deutsche Küche • mediterran

Essen:	**43** I 50
Service:	**17** I 20
Getränke:	**18** I 20
Ambiente:	**8** I 10
Gesamt:	86 I 100

Zum goldenen Lamm 75203 Königsbach-Stein

Das sympathische Haus hat sich der gutbürgerlichen Küche verschrieben. Meeresfrüchte, Austern, Trüffelgerichte und vegane Superfoods fehlen dennoch nicht. Eine gute Mischung für jeden Geschmack.

Marktplatz 2
+49 7232 1776
lammstein.de
Gasthaus • deutsche Küche • mediterran • gemütlich

Essen:	**42** I 50
Service:	**17** I 20
Getränke:	**18** I 20
Ambiente:	**8** I 10
Gesamt:	85 I 100

Ursprung 89551 Königsbronn

Wie das Ambiente, so auch die Küche. Andi Widmann versteht es, Heimatverbundenheit modern und weltoffen zu inszenieren. Viele Produkte haben Bezug zur Schwäbischen Alb. Kundig ausgesuchte Weine.

Struthstraße 17
+49 7328 96270
loewen-zang.de
Hotelrestaurant • regionale Produkte • modern

Essen:	**45** I 50
Service:	**18** I 20
Getränke:	**18** I 20
Ambiente:	**8** I 10
Gesamt:	89 I 100

Widmann's Löwen

89551 Königsbronn

Ein sympathischer Familienbetrieb mit langer Tradition und schönem Biergarten. Unbedingt probieren sollte man Maultaschen, Rostbraten oder Lammgerichte. Hier wird Nachhaltigkeit gelebt.

Struthstraße 17
+49 7328 96270
widmanns-albleben.de
Familienbetrieb • deutsche Küche • regionale Produkte

Essen: **42** | 50
Service: **18** | 20
Getränke: **17** | 20
Ambiente: **8** | 10
Gesamt: 85 | 100

Rapp

78126 Königsfeld im Schwarzwald

Das Restaurant im Fachwerkhaus mit Schwarzwaldflair bietet gehobene Klassiker. Alexander Rapp verjüngt die deutsche Küche, immer wieder tauchen auch mediterrane oder asiatische Aromen auf.

Dörfle 22
+49 7725 91510
cafe-rapp.de
Gasthaus • deutsche Küche • mediterran • entspannt

Essen: **43** | 50
Service: **17** | 20
Getränke: **17** | 20
Ambiente: **8** | 10
Gesamt: 85 | 100

Anglerstuben

78467 Konstanz

Im Sommer speist man direkt am Wasser, dazu passen am besten knackige Salate, aber auch Fisch aus dem Bodensee, gebraten oder als Fischsuppe. Sehr gute Auswahl an Weinen und Prickelndem.

Reichenaustraße 51
+49 7531 8180487
anglerstuben.com
Gasthaus • Seeterrasse • entspannt

Essen: **45** | 50
Service: **19** | 20
Getränke: **19** | 20
Ambiente: **7** | 10
Gesamt: 90 | 100

Brasserie Colette

78462 Konstanz

Die Dependance des Berliner Kochs bietet All-time-Klassiker wie Moules frites oder Bœuf bourguignon und hausgemachte Zitronen-Tarte. Kreativ sind die marokkanischen Garnelen mit Rose und Litschi.

Brotlaube 2
+49 7531 1285107
brasseriecolette.de
Bistro • Casual Dining • entspannt

Essen: **43** | 50
Service: **18** | 20
Getränke: **17** | 20
Ambiente: **8** | 10
Gesamt: 86 | 100

Essbar

78462 Konstanz

Sharing is caring: Nach diesem Motto bietet die Essbar kleine Gerichte an, etwa Ziegenkäse im Filoteig, Erbsenrisotto und Thai-Curry, die geteilt werden dürfen. Ein genussvolles und kommunikatives Konzept!

Bahnhofstraße 15
+49 7531 8043475
essbar-konstanz.de
Bistro • Allrounder • entspannt • unkonventionell

Essen: **43** | 50
Service: **17** | 20
Getränke: **17** | 20
Ambiente: **8** | 10
Gesamt: 85 | 100

Ophelia

78464 Konstanz

Neben Zutaten aus der ganzen Welt setzt Dirk Hoberg in der Jugendstilvilla auch Produkte aus dem Bodensee und der Region in Szene. Mit filigransten Techniken kreiert er herausragende Geschmackserlebnisse.

Seestraße 25	Essen:	47 | 50
+49 7531 363090	Service:	19 | 20
hotel-riva.de	Getränke:	19 | 20
Hotelrestaurant • Fine Dining • französisch • Seeterrasse	Ambiente:	9 | 10
	Gesamt:	94 | 100

Papageno

78462 Konstanz

Im kleinen, feinen Restaurant werden Klassiker modern interpretiert. Anklänge an Frankreich blitzen auf beim Dreierlei der Entenleber mit Rhabarber und Süßweingelee. Ausführliche, spannende Weinkarte.

Gottlieber Straße 64	Essen:	43 | 50
+49 7531 368660	Service:	19 | 20
restaurant-papageno.net	Getränke:	18 | 20
Fine Dining • deutsche Küche • französisch • elegant	Ambiente:	7 | 10
	Gesamt:	87 | 100

Riva

78464 Konstanz

Im Erdgeschoss der hübschen Jugendstilvilla verwöhnt Küchenchef Michael Kratt mit allem, was aus See oder Wald stammt. Austern, französische Artischocken oder Thai-Curry vervollständigen den Genuss.

Seestraße 25	Essen:	43 | 50
+49 7531 363090	Service:	18 | 20
hotel-riva.de	Getränke:	17 | 20
Hotelrestaurant • mediterran • Thai • Essen mit Aussicht	Ambiente:	8 | 10
	Gesamt:	86 | 100

San Martino Restaurant

78462 Konstanz

Kleines, feines Gourmetrestaurant mit historischem Charme und eleganter Leichtigkeit. Die Fünf-Gänge-Menüfolge von Jochen Fecht zeichnet eine klare Linie, intensiver Geschmack und viel Raffinesse aus.

Bruderturmgasse 3	Essen:	45 | 50
+49 7531 2845678	Service:	18 | 20
san-martino.net	Getränke:	19 | 20
Fine Dining • vegan • romantisch	Ambiente:	8 | 10
	Gesamt:	90 | 100

Villagio

78464 Konstanz

Hervorragende italienische Küche aus regionalen Zutaten, dazu mit fantastischem Bodenseeblick. Das zieht nicht nur die Konstanzer an, durchaus möglich, dass am Nebentisch auch Prominenz sitzen.

Seestraße 21	Essen:	42 | 50
+49 7531 8157723	Service:	17 | 20
villagio-konstanz.de	Getränke:	16 | 20
italienisch • Essen mit Aussicht • elegant	Ambiente:	8 | 10
	Gesamt:	83 | 100

Anne-Sophie

74653 Künzelsau

Mit Blick auf das Künzelsauer Schloss genießt man die typischen Fleischklassiker. Die Küche bietet aber auch Kreatives. Köstlich ist der Schweinebauch mit Wasabi-Rauke, Teriyakisauce und Nektarine.

Am Schlossplatz 9
+49 7940 93460
hotel-anne-sophie.de
Hotelrestaurant • Essen mit Aussicht • modern

Essen:	**42** | 50
Service:	**17** | 20
Getränke:	**17** | 20
Ambiente:	**8** | 10
Gesamt:	84 | 100

Handicap

74653 Künzelsau

Inklusionskonzept in einem Haus der Würth-Gruppe. Im nobel ausgestatteten Restaurant verarbeitet die Küchendoppelspitze tolle Produkte aus der Region Hohenlohe zu nachhaltigen Geschmackserlebnissen.

Hauptstraße 22–28
+49 7940 93462041
hotel-anne-sophie.de
Hotelrestaurant • regionale Produkte • elegant • entspannt

Essen:	**43** | 50
Service:	**18** | 20
Getränke:	**18** | 20
Ambiente:	**8** | 10
Gesamt:	87 | 100

Raubs Landgasthof

76456 Kuppenheim

Leidenschaftliche Küche in edlem Ambiente, hier setzt man auf höchste Qualität. Voller Geschmack sind Frühlingskräutersuppe, Lasagne vom Schafsmilchblauschimmel oder Ziegenquarktörtchen mit Mirabellen.

Hauptstraße 41
+49 7225 75623
raubs-landgasthof.de
Fine Dining • regionale Produkte • Gastgarten • gemütlich

Essen:	**45** | 50
Service:	**18** | 20
Getränke:	**18** | 20
Ambiente:	**8** | 10
Gesamt:	89 | 100

Backmulde

68526 Ladenburg

Im Fachwerkhaus werden mediterran inspirierte Gerichte liebevoll zubereitet. Basis dafür sind möglichst naturnahe Produkte. Rainer Döringer sucht dazu mit viel Fingerspitzengefühl die Weine aus.

Hauptstraße 61
+49 6203 404080
back-mul.de
mediterran • vegetarisch • nachhaltig • entspannt

Essen:	**43** | 50
Service:	**18** | 20
Getränke:	**17** | 20
Ambiente:	**8** | 10
Gesamt:	86 | 100

Adler Restaurant

77933 Lahr

Mit handwerklicher Perfektion zelebriert die Küche einen modernen, weltoffenen Stil mit klassisch französischen Wurzeln. Ein besonderer Abschluss sind die Rohmilchkäse von Maître-Affineur Waltmann.

Reichenbacher Hauptstraße 18
+49 7821 906390
adler-lahr.de
Fine Dining • französisch • modern

Essen:	**45** | 50
Service:	**18** | 20
Getränke:	**18** | 20
Ambiente:	**8** | 10
Gesamt:	89 | 100

Grüner Baum

77933 Lahr

Bei gutem Wetter ist der lauschige Biergarten im Innenhof begehrt. Genießen kann man die gutbürgerliche und vorwiegend regional ausgerichtete Küche aber auch in der heimeligen Gaststube. Herzhaft gut!

Burgheimer Straße 105
+49 7821 22282
fegersgrünerbaum-lahr.de
Gasthaus • Familienbetrieb • regionale Küche • Fisch

Essen:	**43** | 50
Service:	**17** | 20
Getränke:	**17** | 20
Ambiente:	**8** | 10
Gesamt:	85 | 100

Restaurant Malereck

88085 Langenargen

Elegantes Restaurant mit Terrasse am Hafen. Die gehobene Küchenlinie setzt auf Farben und Aromen und bietet Bodenseefisch mit Kartoffeln, Gambas-Ravioli mit Pak Choi und Pfirsich-Carpaccio mit Zitronencreme.

Argenweg 60/4
+49 7543 912491
restaurantmalereck.de
Casual Dining • mediterran • Terrasse • Essen mit Aussicht

Essen:	**43** | 50
Service:	**17** | 20
Getränke:	**17** | 20
Ambiente:	**8** | 10
Gesamt:	85 | 100

Schuppen 13

88085 Langenargen

Coole, elegante Einrichtung. Die Nähe zum Jachthafen spürt man, auf der Terrasse sitzt man gleich am Wasser. Serviert wird mediterrane Küche mit Pasta, Garnelen und natürlich mit Fisch aus See und Meer.

Argenweg 60
+49 7543 1577
schuppen13.de
mediterran • Fisch • Seeterrasse • elegant

Essen:	**42** | 50
Service:	**17** | 20
Getränke:	**18** | 20
Ambiente:	**8** | 10
Gesamt:	85 | 100

SEO

88085 Langenargen

Geboten wird ein Überraschungsmenü in acht Gängen, ein gelungenes Spiel von Farben, Aromen und Texturen. Köstlich sind die Schoko- und Himbeerdesserts. Im großen Weinkeller lagern zahlreiche Schätze.

Marktplatz 1
+49 7543 93380
seevital.de
Fine Dining • regionale Produkte • elegant

Essen:	**45** | 50
Service:	**18** | 20
Getränke:	**18** | 20
Ambiente:	**8** | 10
Gesamt:	89 | 100

Zum Bad

89129 Langenau

Hans Häge junior steht im Familienbetrieb für eine weltoffene moderne Küche mit Gourmetambition, die auch Klassikern und regionalen Gerichten ihren Platz lässt. Dem Fisch widmet Häge ein ganzes Menü.

Burghof 11
+49 7345 96000
gasthof-zum-bad.de
Fine Dining • Fisch • modern

Essen:	**45** | 50
Service:	**18** | 20
Getränke:	**18** | 20
Ambiente:	**8** | 10
Gesamt:	89 | 100

Roter Ochsen

73466 Lauchheim

Holzverkleidungen an den Wänden schaffen Gemütlichkeit, auch die Küche bleibt der Tradition und der Liebe zur Heimat treu. Herzhaft sind die Maultaschen mit Kalbsjus oder Rehbraten mit Spätzle und Pilzen.

Hauptstraße 24
+49 7363 5329
roter-ochsen-lauchheim.de
deutsche Küche • regionale Produkte • klassisch

Essen:	**42** I 50
Service:	**17** I 20
Getränke:	**17** I 20
Ambiente:	**7** I 10
Gesamt:	83 I 100

Rebgut

97922 Lauda-Königshofen

Historisches Flair mit Ziegelgewölbe und deutsch-internationale Küche passen gut zusammen. Spannend ist die Kürbissuppe mit Miso und Lorbeermilch. Am eigenen kleinen Weinberg wachsen Riesling und Hölder.

Rebgutstraße 80
+49 9343 6147000
rebgut.de
Allrounder • im Grünen • Gastgarten

P

Essen:	**42** I 50
Service:	**18** I 20
Getränke:	**17** I 20
Ambiente:	**8** I 10
Gesamt:	85 I 100

Elefanten

74348 Lauffen

Mike Glässings Küche ist geprägt von seinen schwäbischen Wurzeln, die er mit internationalen Einflüssen kombiniert. Das Spektrum reicht von Maultaschen bis zum Salzwiesenlamm mit glaciertem Knoblauch.

Bahnhofstraße 12
+49 7133 95080
hotel-elefanten.de
Gasthaus • regionale Produkte • entspannt

P

Essen:	**44** I 50
Service:	**18** I 20
Getränke:	**17** I 20
Ambiente:	**8** I 10
Gesamt:	87 I 100

Sonne

77794 Lautenbach

Familiäres Ambiente am Fuße des Schwarzwalds. Regionale Produkte stehen im Fokus, daraus zaubert Sven Kürschner Badisches mit Twist: Carpaccio vom Schäufele mit Brezen-Crumble und Senfvinaigrette.

Hauptstraße 51
+49 7802 704090
sonnenhof-lautenbach.de
Hotelrestaurant • deutsche Küche • bio

P

Essen:	**42** I 50
Service:	**17** I 20
Getränke:	**17** I 20
Ambiente:	**8** I 10
Gesamt:	84 I 100

Zum Adler

88662 Lippertsreute

Im über 300 Jahre alten Bilderbuchlandgasthof – fernab vom Rummel am See – werden Klassiker der badischen Küche gepflegt. Neben Fisch- und Wildgerichten gibt es eine Vesperkarte und eigenes Holzofenbrot.

Hauptstraße 44
+49 7553 82550
adler-lippertsreute.de
Gasthaus • klassisch • Terrasse • gemütlich

P

Essen:	**42** I 50
Service:	**17** I 20
Getränke:	**17** I 20
Ambiente:	**8** I 10
Gesamt:	84 I 100

80–84 85–89 90–94 95–100 Punkte

Mättle 79539 Lörrach

Altes Haus in neuem Kleid, das Design ist bewusst minimalistisch. Unter den Highlights finden sich gebratene Kalbsleber, Forelle und Zwiebelrostbraten. Auch Mediterranes ist immer wieder mit an Bord.

Freiburger Straße 314
+49 7621 5884300
wio-group.de
deutsche Küche • mediterran • modern

Essen:	42 | 50
Service:	17 | 20
Getränke:	17 | 20
Ambiente:	8 | 10
Gesamt:	84 | 100

Zum Kranz 79807 Lottstetten

Eine lange Tradition und moderne Ideen sind im Familienbetrieb bestens vereint. Die Küche schaut gekonnt über den regionalen Tellerrand und bietet internationale Restaurantklassiker und Spezialitäten.

Dorfstraße 23
+49 7745 7302
gasthof-zum-kranz.de
Gasthaus • Casual Dining • Allrounder

Essen:	43 | 50
Service:	17 | 20
Getränke:	17 | 20
Ambiente:	8 | 10
Gesamt:	85 | 100

Gutsschenke 71634 Ludwigsburg

Auch im Schlosshotel Monrepos hat man sich von den Rahmenbedingungen der Gourmetgastronomie verabschiedet, bietet aber neben Zwiebelrostbraten und Kalbsrahmschnitzel weiterhin ein Gourmetmenü.

Monrepos 22
+49 7141 302560
schlosshotel-monrepos.de
Hotelrestaurant • traditionell • Terrasse

Essen:	42 | 50
Service:	18 | 20
Getränke:	18 | 20
Ambiente:	8 | 10
Gesamt:	86 | 100

Basilikum 72074 Lustnau

Stylish-gemütliches Ambiente mit viel Italienflair. Gegrillte Garnelen, Vitello tonnato und hausgemachte Pasta mit Meeresfrüchten sind Fixpunkte, beliebt ist das Saltimbocca alla romana. Gute Weine.

Kreuzstraße 24
+49 7071 87549
ristorantebasilikum.de
Familienbetrieb • italienisch • Fisch • entspannt

Essen:	42 | 50
Service:	18 | 20
Getränke:	17 | 20
Ambiente:	8 | 10
Gesamt:	85 | 100

Dobler's 68165 Mannheim

Im von Gabriele und Norbert Dobler geführten Restaurant wird französische Hochküche zelebriert. Bretonischer Hummer, Steinbutt und Kalbsfilet – alles ist erstklassig zubereitet. Gut sortierte Weinkarte.

Seckenheimer Straße 20
+49 621 14397
doblers.de
Fine Dining • französisch • elegant

Essen:	45 | 50
Service:	19 | 20
Getränke:	18 | 20
Ambiente:	8 | 10
Gesamt:	90 | 100

Le Comptoir 17

68165 Mannheim

Authentische französische Brasserieküche comme il faut. Rindertatar, von Hand geschnitten, cremige Entenstopfleberterrine, Fischsuppe, Butter und Käse von Yves Bordier aus Saint-Malo. Vive la France!

Lameystraße 17
+49 621 73617000
comptoir17.com
französisch • klassisch • traditionell

Essen:	**43**	50
Service:	**18**	20
Getränke:	**17**	20
Ambiente:	**8**	10
Gesamt:	86	100

Le Corange

68161 Mannheim

Im modern – ohne maritimen Kitsch – gestylten Restaurant geht es um Fisch, und zwar ausschließlich. Hier frönt man feinst arrangierten Gerichten, zubereitet aus den besten Produkten aus Fluss und Meer.

O5 9–12
+49 621 1671199
corange-restaurant.de
Fine Dining • Fisch • modern

Essen:	**45**	50
Service:	**18**	20
Getränke:	**18**	20
Ambiente:	**8**	10
Gesamt:	89	100

Marly

68159 Mannheim

Design und malerische Kaiterrasse, bei den Gerichten ist die Küche frankophil unterwegs. Ein Hochgenuss ist der bretonische Seeteufel mit karamellisiertem Fenchel, Tomaten, Kapern und Oliven. Gute Weine.

Rheinvorlandstraße 7
+49 621 86242121
restaurant-marly.com
französisch • Essen mit Aussicht • Terrasse • elegant

Essen:	**45**	50
Service:	**18**	20
Getränke:	**18**	20
Ambiente:	**8**	10
Gesamt:	89	100

Opus V

68161 Mannheim

Die Location ist geprägt von urbanem Lebensstil, da passt die moderne, innovative Küche gut dazu. Intensive Aromen aus der Verbindung regionaler und internationaler Produkte prägen die erstklassigen Gerichte.

O5 9–12
+49 621 1671199
restaurant-opus-v.de
Fine Dining • Allrounder • regionale Produkte

Essen:	**47**	50
Service:	**18**	20
Getränke:	**18**	20
Ambiente:	**8**	10
Gesamt:	91	100

Hirsch

73650 Manolzweiler

Viel Ursprünglichkeit und Charme umgibt das Gasthaus, das mit einer gutbürgerlichen Küche zur Einkehr lockt. Alle Gerichte sind mit viel Sorgfalt und einem spürbaren Touch an Extravaganz zubereitet.

Kaiserstraße 8
+49 7181 41515
hirsch-manolzweiler.de
Gasthaus • deutsche Küche • gemütlich

Essen:	**44**	50
Service:	**18**	20
Getränke:	**17**	20
Ambiente:	**8**	10
Gesamt:	87	100

Lamm

88437 Maselheim

Klassisch-elegantes Restaurant, das auf Aromen und optisch tolle Kompositionen setzt. Man genießt Curry-Kokos-Suppe mit Garnelen und Wassermelone, zum Cheesecake passen Aprikose und Lavendel.

Baltringer Straße 14
+49 7356 937078
sulminger-lamm.de
Casual Dining • deutsche Küche • klassisch • elegant

Essen:	**43** I 50
Service:	**18** I 20
Getränke:	**17** I 20
Ambiente:	**8** I 10
Gesamt:	86 I 100

Casala

88709 Meersburg

Schöne Lage am Bodenseeufer mit Weinbergblick, das Haus ist mit Kunstobjekten geschmückt. Auch die Küche hat Sinn für Kunstvolles wie Thunfisch à la Mojito mit Limette, Rum, braunem Zucker und Minze.

Uferpromenade 11
+49 7532 80040
hotel-residenz-meersburg.com
Fine Dining • Essen mit Aussicht • romantisch

Essen:	**45** I 50
Service:	**18** I 20
Getränke:	**18** I 20
Ambiente:	**8** I 10
Gesamt:	89 I 100

Residenz

88709 Meersburg

Feine Lage zwischen Weinbergen und See. Die Küche schafft den Spagat zwischen einer neuzeitlichen klassischen Küche mit Produkten aus der Bodensee-Region wie etwa alte Obst- und Gemüsesorten.

Uferpromenade 11
+49 7532 80040
hotel-residenz-meersburg.com
Hotelrestaurant • regionale Produkte • Seeterrasse

Essen:	**42** I 50
Service:	**18** I 20
Getränke:	**17** I 20
Ambiente:	**8** I 10
Gesamt:	85 I 100

Schwanen

72555 Metzingen

Traditionshaus mit Stil und Klasse. Die Küche ist im Herzen schwäbisch, aber durchaus ebenso mediterran und international inspiriert. Akkurat zubereitet sind auch die Kleinigkeiten im Bistro Mezzo.

Bei der Martinskirche 10
+49 7123 9460
schwanen-metzingen.de
Familienbetrieb • Hotelrestaurant • Terrasse • entspannt

Essen:	**42** I 50
Service:	**18** I 20
Getränke:	**18** I 20
Ambiente:	**8** I 10
Gesamt:	86 I 100

Esszimmer

88441 Mittelbiberach

Traditionelle schwäbische Gerichte werden mit eigener Handschrift modern interpretiert. Auf dem Programm stehen Dry-Aged-Steaks, Zwiebelrostbraten, viel Vegetarisches und als Krönung Crème brûlée.

Ziegeleistraße 37
+49 7351 5749890
restaurantesszimmer.de
Gasthaus • deutsche Küche • bio • gemütlich

Essen:	**43** I 50
Service:	**18** I 20
Getränke:	**17** I 20
Ambiente:	**8** I 10
Gesamt:	86 I 100

Zum Lamm

76461 Muggensturm

Fachwerk trifft auf modernes Interieur. Dietmar Sawall komponiert badisch-internationale Menüs, auch das vegane Arrangement begeistert mit Gängen wie Ziegenkäse süß-salzig mit Rhabarber und Pistazien.

Hauptstraße 24	Essen: **42** | 50
+49 7222 52005	Service: **18** | 20
lamm-muggensturm.com	Getränke: **17** | 20
Allrounder • Casual Dining • vegan • entspannt	Ambiente: **8** | 10
P	Gesamt: 85 | 100

Alte Post – Hebelstube

79379 Müllheim

Gemütlich ist die Stube mit Holzvertäfelungen an Wänden und Decke. Junge, kreative Naturküche mit modernem Twist steht auf dem Programm. Die Produkte dafür sind saisonal, regional und meistens bio.

Posthalterweg/An der B 3	Essen: **42** | 50
+49 7631 17870	Service: **17** | 20
alte-post.net	Getränke: **17** | 20
Casual Dining • deutsche Küche • französisch • nachhaltig	Ambiente: **8** | 10
P	Gesamt: 84 | 100

Hirschen Britzingen

79379 Müllheim

Traditionelles Wirtshaus mit gemütlicher Gaststube. Das gutbürgerliche Speisenangebot von Martin Schumacher reicht von herzhafter Vesper über badische Spezialitäten bis zu seinem legendären Schnitzel.

Markgräfler Straße 22	Essen: **43** | 50
+49 7631 5457	Service: **17** | 20
hirschen-britzingen.de	Getränke: **17** | 20
Familienbetrieb • eigener Weinbau • gemütlich	Ambiente: **7** | 10
P	Gesamt: 84 | 100

Ochsen

79379 Müllheim

Der Landgasthof ist ein idyllischer Ort mit langer Tradition. Dafür stehen das Tafelspitzsülzchen mit Rösti und der Kalbskopf, mediterran zubereitet ist der Wolfsbarsch mit Weißweinsauce und Fettuccine.

Bürgelnstraße 32	Essen: **42** | 50
+49 7631 3503	Service: **17** | 20
ochsen-feldberg.de	Getränke: **17** | 20
Gasthaus • deutsche Küche • mediterran • gemütlich	Ambiente: **8** | 10
P	Gesamt: 84 | 100

Taberna

79379 Müllheim

In Südafrika und England liegen die Wurzeln der beiden Gastgeber. Doch ihre Küche wandelt auf Markgräfler und badischen Pfaden, gewürzt mit Tradition, teils modern interpretiert. Ein tolles Konzept!

Marktplatz 7	Essen: **44** | 50
+49 7631 174884	Service: **18** | 20
taberna-restaurant.de	Getränke: **18** | 20
Casual Dining • deutsche Küche • vegetarisch • Terrasse	Ambiente: **8** | 10
	Gesamt: 88 | 100

80–84 85–89 90–94 95–100 Punkte

Hotel Gasthof Herrmann

72525 Münsingen

Als Biosphärengastgeber der Schwäbischen Alb hat Familie Autenrieth den Traditionsbetrieb zu einer Wohlfühladresse ausgebaut. Die Küche punktet mit regionalen Spezialitäten wie zum Beispiel Lamm.

Ernst-Bezler-Straße 1	Essen: **42** | 50
+49 7381 18260	Service: **17** | 20
hotelherrmann.de	Getränke: **17** | 20
Familienbetrieb • Hotelrestaurant • regionale Produkte	Ambiente: **8** | 10
	Gesamt: 84 | 100

Spielweg

79244 Münstertal

Das familiengeführte Hotel bietet einen besonderen Mix aus badischer und asiatischer Küche. Herrlich das Wildschwein-Dim-Sum mit Knollengemüse und Zitronengras, als Dessert Erdnussschnitte mit Mango.

Spielweg 61	Essen: **48** | 50
+49 7636 7090	Service: **18** | 20
spielweg.com	Getränke: **18** | 20
deutsche Küche • Thai • Essen mit Aussicht	Ambiente: **8** | 10
	Gesamt: 92 | 100

Ostaria Da Gino

72202 Nagold

Italienische Klassiker wie Antipasti, hausgemachte Pasta, gegrillter Fisch und Bistecca alla fiorentina prägen die Karte. Saisonal gibt es Artischocken, Steinpilze oder Trüffel. Hervorragende Weine.

Querstraße 3	Essen: **42** | 50
+49 7452 66610	Service: **18** | 20
dagino-nagold.de	Getränke: **18** | 20
italienisch • Terrasse • entspannt	Ambiente: **8** | 10
	Gesamt: 86 | 100

Christian's Restaurant

69151 Neckargemünd

Wunderschön ist der Neckarblick von der Terrasse. Die Gerichte präsentieren sich optisch und geschmacklich bestens. Beispiele sind Hummercremesuppe mit Whiskyschaum oder Seeteufel-Saltimbocca.

Neckarstraße 40	Essen: **42** | 50
+49 6223 9737323	Service: **18** | 20
restaurant-christian.de	Getränke: **18** | 20
Allrounder • mediterran • Essen mit Aussicht • romantisch	Ambiente: **8** | 10
	Gesamt: 86 | 100

Zum Rössl

69151 Neckargemünd

Der Familienbetrieb ist umrahmt von Schlössern und Burgen. Die Palette der Klassiker reicht von gebratenem Fisch, gekochter Ochsenbrust und Wiener Schnitzel bis zur französischen Bouillabaisse.

Heidelberger Straße 15	Essen: **43** | 50
+49 6223 2665	Service: **17** | 20
roessl-waldhilsbach.de	Getränke: **17** | 20
Gasthaus • deutsche Küche • vegetarisch • gemütlich	Ambiente: **7** | 10
	Gesamt: 84 | 100

Zur Kanne

73450 Neresheim

Gemütliche Stuben, entweder im Landhausstil mit Kamin oder rustikal. Die gutbürgerliche Küche mit Gebackenem oder Gebratenem von Fisch und Fleisch passt dazu. Top ist der Wildschweinrücken.

Brühlstraße 2	Essen: **42** | 50
+49 7326 8080	Service: **17** | 20
landhotel-zurkanne.de	Getränke: **16** | 20
Familienbetrieb • deutsche Küche • gemütlich	Ambiente: **7** | 10
	Gesamt: 82 | 100

Alte Baiz

75242 Neuhausen

Feinste Tischkultur in edel-gemütlichem Ambiente. Claudio Urru kocht nach wie vor ambitioniert und kreiert originelle Aromenkombinationen aus besten Produkten. Gelungene Weinbegleitung.

Hauptstraße 2	Essen: **45** | 50
+49 7234 9473899	Service: **18** | 20
gruenerwald.de	Getränke: **18** | 20
Gasthaus • Fine Dining • elegant	Ambiente: **8** | 10
	Gesamt: 89 | 100

Zum Hirsch

88099 Neukirch-Goppertsweiler

Bodenständiges wird mit einem Schuss Asien und Mittelmeer bereichert, auch im vegetarischen Menü wird Kohlrabi mit Miso-Aromen kombiniert. Ulrike Frick-Renz ist eine liebevolle Gastgeberin.

Argenstraße 29	Essen: **43** | 50
+49 7528 1765	Service: **18** | 20
gasthof-zum-hirsch.com	Getränke: **17** | 20
Gasthaus • deutsche Küche • vegetarisch • im Grünen	Ambiente: **8** | 10
	Gesamt: 86 | 100

Belsers

72622 Nürtingen

Christer Belser bringt Erfahrung von internationalen Topadressen mit und kombiniert sie mit einem modernen Verständnis von Regionalität. Die Location ist so gefragt, dass es zu Wartezeiten kommen kann.

Brunnsteige 15	Essen: **42** | 50
+49 7022 7195860	Service: **17** | 20
belsers.com	Getränke: **17** | 20
Gasthaus • Casual Dining • modern	Ambiente: **9** | 10
	Gesamt: 85 | 100

Zur Linde

72644 Oberboihingen

Regionale Spezialitäten ohne Dogma. Somit tauchen auf Jörg Ebermanns Karte auch mal Rochenflügel und Hummer auf. Auch die von seiner Frau servierten Weine sind heimatverbunden und weltoffen.

Nürtinger Straße 24	Essen: **42** | 50
+49 7022 61168	Service: **17** | 20
linde-oberboihingen.de	Getränke: **17** | 20
Gasthaus • traditionell • gemütlich	Ambiente: **8** | 10
	Gesamt: 84 | 100

Löwen

88457 Oberopfingen

Schlemmerrestaurant, so nennt Alexander Ruhland seine sympathische Gastwirtschaft, und er wird nicht müde, gekonnt mit asiatischen und mediterranen Akzenten seine weltläufige Küche raffiniert zu bereichern.

Kirchdorfer Straße 8
+49 8395 667
loewen-oberopfingen.de
Gasthaus • Familienbetrieb • japanisch

Essen:	**43** I 50
Service:	**18** I 20
Getränke:	**18** I 20
Ambiente:	**8** I 10
Gesamt:	87 I 100

Die Halde

79254 Oberried

Das mit Holzschindeln gedeckte Haus auf einem Berg verströmt dennoch Bodenhaftung. Das Wild stammt aus der Umgebung, badische Klassiker werden modern interpretiert. Auch Veganes wird serviert.

Halde 2
+49 7602 94470
halde.com
Gasthaus • nachhaltig • Essen mit Aussicht

Essen:	**42** I 50
Service:	**18** I 20
Getränke:	**18** I 20
Ambiente:	**8** I 10
Gesamt:	86 I 100

Sternen Post

79254 Oberried

Feine regionale Küche aus biologisch hochwertigen Zutaten ist die Handschrift von Gastgeber Bernd Lutz. Heimischer Fisch oder Wild geben den Ton an, besonders raffiniert gelingen die Nachspeisen.

Hauptstraße 30
+49 7661 989849
gasthaus-sternen-post.de
Familienbetrieb • deutsche Küche • Terrasse • entspannt

Essen:	**43** I 50
Service:	**18** I 20
Getränke:	**18** I 20
Ambiente:	**8** I 10
Gesamt:	87 I 100

Falconera

78337 Öhningen

Johannes Wuhrer präsentiert saisonale Küche auf höchstem Niveau, gerne mit italienischem Einschlag. Karamellisierte Entenleber und Angus-Filet mit Sommertrüffel sind ein Genuss, das Ambiente ist einnehmend.

Zum Mühlental 1
+49 7735 2340
falconera.de
Fine Dining • elegant • Terrasse

Essen:	**45** I 50
Service:	**18** I 20
Getränke:	**18** I 20
Ambiente:	**8** I 10
Gesamt:	89 I 100

Kleinod 🍴🍴

74613 Öhringen

Orient trifft Okzident, so lautet die Devise im schicken Restaurant von Serkan Güzelcoban, in dem Menschen mit und ohne Behinderung arbeiten. Alle Gerichte stecken voll aromatischer Spannung und Finesse.

Uhlandstraße 27	Essen:	44 | 50
+49 7941 9894727	Service:	18 | 20
restaurant-kleinod.de	Getränke:	17 | 20
Casual Dining • unkonventionell • modern	Ambiente:	8 | 10
	Gesamt:	87 | 100

Zum Hirsch

88356 Ostrach

In der fünften Generation leitet Familie Ermler das Haus. Typisch sind die schwäbischen Spezialitäten, aber auch internationale Gerichte stehen auf der Karte. Ein Klassiker sind die Maultaschen im Eimantel.

Hauptstraße 27	Essen:	43 | 50
+49 7585 92490	Service:	18 | 20
landhotel-hirsch.de	Getränke:	17 | 20
Familienbetrieb • deutsche Küche • gemütlich	Ambiente:	7 | 10
	Gesamt:	85 | 100

Sternenschanz

75443 Ötisheim

Wunderschön ist der Garten im Sommer. Erfreulich traditionell kommen die Gerichte daher: cremige Suppen, gefüllte Maultaschen oder Kutteln, gebratene Ente mit Rotkraut. Herrlich fruchtige Desserts.

Gottlob-Linck-Straße 2	Essen:	42 | 50
+49 7041 6667	Service:	17 | 20
sternenschanz.de	Getränke:	17 | 20
Familienbetrieb • deutsche Küche • Innereien • gemütlich	Ambiente:	8 | 10
	Gesamt:	84 | 100

Villa Hammerschmiede

76327 Pfinztal-Söllingen

Ein Schmuckstück, die historische Villa mit Pavillon. Viel Fantasie versprühen die Kreationen wie etwa die Erbsenschaumsuppe mit in Schwarzwald-Miso gegarter Wildgarnele, Holzkohlenmalto und Avocado.

Hauptstraße 162	Essen:	44 | 50
+49 7240 6010	Service:	18 | 20
villa-hammerschmiede.de	Getränke:	18 | 20
Fine Dining • Allrounder • im Grünen • elegant	Ambiente:	8 | 10
	Gesamt:	88 | 100

Hoppe's

75173 Pforzheim

Die vielen Stammgäste schätzen nicht nur die erstklassigen Flammkuchen, für die ein Umweg lohnt, sondern auch badisch-elsässische Spezialitäten, die hier mit Leidenschaft und Können zubereitet werden.

Weiherstraße 15	Essen:	43 | 50
+49 7231 105776	Service:	18 | 20
restaurant-hoppe.de	Getränke:	17 | 20
Casual Dining • französisch • traditionell	Ambiente:	7 | 10
	Gesamt:	85 | 100

Schönbuch

72124 Pliezhausen

Mit tollem Ausblick auf die Schwäbische Alb werden neben Wirtshausklassikern wie Zwiebelrostbraten und Zürcher Geschnetzeltes auch Gourmetmenüs angeboten. Die Weinkarte hat einige Raritäten zu bieten.

Lichtensteinstraße 45
+49 7127 5607160
hotel-schoenbuch.de
Hotelrestaurant • gemütlich • Essen mit Aussicht

Essen:	43	50
Service:	18	20
Getränke:	18	20
Ambiente:	8	10
Gesamt:	87	100

Zur Linde

72124 Pliezhausen

Im charmanten Landgasthof servieren Andreas und Irene Goldbach ihre ausgetüftelten Gerichte, die aus hochwertigen Produkten präzise und mit modernem Touch zubereitet sind. Gute Weinauswahl.

Schönbuchstraße 8
+49 7127 890066
linde-doernach.de
Gasthaus • Terrasse • modern • entspannt

Essen:	44	50
Service:	18	20
Getränke:	18	20
Ambiente:	8	10
Gesamt:	88	100

Cervus

73207 Plochingen

Im urigen Fachwerkambiente macht Küchenmeister Johannes Füller zwischen Wirtshausklassikern wie Zwiebelrostbraten und Wiener Schnitzel auch mediterrane Ausflüge. Alles sehr präzise zubereitet.

Bergstraße 1
+49 7153 558869
gasthaus-cervus.de
Gasthaus • Allrounder • urig

Essen:	41	50
Service:	17	20
Getränke:	17	20
Ambiente:	8	10
Gesamt:	83	100

Stumpenhof

73207 Plochingen

Ein traditioneller Familienbetrieb, der bewährte Klassiker wie Königsberger Klopse mit Kapern-Weißwein-Sauce und Apfelküchle mit Vanilleeis ebenso anbietet wie kalte Melonensuppe.

Am Stumpenhof 1
+49 7153 22425
stumpenhof.de
Gasthaus • deutsche Küche • gemütlich

Essen:	42	50
Service:	17	20
Getränke:	17	20
Ambiente:	8	10
Gesamt:	84	100

La Oliva

78315 Radolfzell am Bodensee

Zur südländischen Atmosphäre passt die Küche, ein gelungener Mix aus spanischer und italienischer Kulinarik. Tapas, Pasta und mediterrane Fischgerichte gehören da genauso zum Repertoire wie Steaks.

Höristraße 2
+49 7732 8233646
la-oliva-radolfzell.de
Steak • Fisch • spanisch • italienisch

Essen:	44 | 50
Service:	17 | 20
Getränke:	16 | 20
Ambiente:	7 | 10
Gesamt:	84 | 100

Adler

89192 Rammingen

Traditionell und modern, das gilt fürs Ambiente wie für die Küche, die schwäbisch verwurzelt ist, aber Ausflüge ins Mediterrane macht. Inhaber Jan Bimboes ist Sommelier, das merkt man an der Weinkarte!

Riegestraße 15
+49 7345 96410
adlerlandgasthof.de
Gasthaus • Terrasse • gemütlich • entspannt

Essen:	43 | 50
Service:	17 | 20
Getränke:	18 | 20
Ambiente:	8 | 10
Gesamt:	86 | 100

Zum Adler

72365 Ratshausen

Kleiner Garten und geschmackvolle Stuben. Die Küche bringt schwäbische Klassiker wie Zwiebelrostbraten mit Spätzle oder Bratwurst, aber auch Mediterranes und Steaks vom Wagyu-Rind auf die Teller.

Hohner Straße 3
+49 7427 2260
adler-ratshausen.de
Gasthaus • deutsche Küche • mediterran • gemütlich

Essen:	42 | 50
Service:	17 | 20
Getränke:	17 | 20
Ambiente:	8 | 10
Gesamt:	84 | 100

Brasserie Cocotte

88212 Ravensburg

An den Wänden hängen Fotos von Kochlegenden wie Paul Bocuse, entsprechend stehen gehobene französische Gerichte auf dem Programm: marinierte Oliven mit Orange, Austern, Pâtés und Entenkeule.

Grüner-Turm-Straße 16
+49 751 88879001
brasserie-cocotte.de
Casual Dining • französisch • modern

Essen:	42 | 50
Service:	18 | 20
Getränke:	17 | 20
Ambiente:	8 | 10
Gesamt:	85 | 100

Lumperhof

88212 Ravensburg

Herzliche Gastlichkeit wird im Traditionshaus gelebt, dazu trägt die Küche von Jochen Fischer bei. Ob im Gartenlokal oder in der guten Stube, die bodenständigen Gerichte machen glücklich und zufrieden.

Lumper 1
+49 751 3525001
lumperhof.de
Gasthaus • Familienbetrieb • regionale Produkte

Essen:	**43** | 50
Service:	**17** | 20
Getränke:	**17** | 20
Ambiente:	**8** | 10
Gesamt:	85 | 100

Restaurant Mohren

78479 Reichenau

Ein Haus mit 200 Jahren Geschichte. Die Produkte sind regional verwurzelt, Bodenseefisch und Zwiebelrostbraten sind die Standards. Experimentierfreudig wird es bei in Kaffee gebeiztem Rinderfilet.

Pirminstraße 141
+49 7534 99440
mohren-bodensee.de
Hotelrestaurant • deutsche Küche • Gastgarten

Essen:	**42** | 50
Service:	**17** | 20
Getränke:	**17** | 20
Ambiente:	**8** | 10
Gesamt:	84 | 100

Zum Hirsch

75196 Remchingen

In verschiedenen Gasträumen verwöhnt Markus Nagy mit gekonnt arrangierten Gerichten, die zwischen herzhaft-gutbürgerlich und französischer Gourmetküche schwanken. Ein abwechslungsreiches Repertoire.

Hauptstraße 23
+49 7323 79636
hirsch-remchingen.de
Gasthaus • französisch • deutsche Küche

Essen:	**44** | 50
Service:	**18** | 20
Getränke:	**18** | 20
Ambiente:	**8** | 10
Gesamt:	88 | 100

Lamm Hebsack

73630 Remshalden

Schwäbisch verankert, aber auch offen für beste Produkte weit über die Region hinaus, vorzugsweise mediterran interpretiert. Das gilt im Familienbetrieb auch für die Weinkarte mit über 250 Positionen.

Winterbacher Straße 1–3
+49 7181 45061
lamm-hebsack.de
Familienbetrieb • mediterran • gemütlich • entspannt

Essen:	**43** | 50
Service:	**18** | 20
Getränke:	**18** | 20
Ambiente:	**9** | 10
Gesamt:	88 | 100

Heimatküche

88499 Riedlingen

Schwäbische Spezialitäten in Bioqualität: von der Vesper über Maultaschen bis hin zum klassischen Sonntagsbraten. Auch Vegetarier und Veganer finden in der guten Stube eine feine Auswahl an Gerichten.

Ehinger Straße 12
+49 7373 2882
tressbrueder.de
bio • vegan • vegetarisch

Essen:	**42** | 50
Service:	**17** | 20
Getränke:	**17** | 20
Ambiente:	**8** | 10
Gesamt:	84 | 100

Adler
73494 Rosenberg

Michael Vogel hat den legendären Landgasthof wiedereröffnet. Er hat dort schon mit Josef Bauer gearbeitet, war zuletzt bei Spitzenkoch Andreas Caminada und bietet nun Adler-Klassiker mit neuem Twist.

Ellwanger Straße 15
+49 7967 513
landgasthofadler.de
Gasthaus • regionale Produkte • entspannt

Essen:	**42** I 50
Service:	**17** I 20
Getränke:	**18** I 20
Ambiente:	**8** I 10
Gesamt:	85 I 100

Landhaus Hohenlohe
74585 Rot am See

Offener Kamin, Holzbänke im gemütlichen Stubenambiente und eine lauschige Terrasse – gut gegessen wird hier allemal. Die bodenständige Heimatküche aus regionalen Produkten umfasst auch hausgemachte Tapas.

Erlenweg 24
+49 7955 93100
landhaus-hohenlohe.de
Gasthaus • Tapas • Terrasse • gemütlich

Essen:	**43** I 50
Service:	**17** I 20
Getränke:	**17** I 20
Ambiente:	**8** I 10
Gesamt:	85 I 100

Ammolite
77977 Rust

Schickes, durchgestyltes Ambiente mit besonderen Leuchtelementen. Geradlinig sind die Fine-Dining-Kreationen von Peter Hagen-Wiest. »Weniger ist mehr«, so lautet das Motto. Der Charakter des Urprodukts steht im Zentrum.

Peter-Thumb-Straße 6
+49 7822 776699
ammolite-restaurant.de
Fine Dining • deutsche Küche • französisch • elegant

Essen:	**48** I 50
Service:	**19** I 20
Getränke:	**19** I 20
Ambiente:	**9** I 10
Gesamt:	95 I 100

fine dining RS
73084 Salach

Altmeister Rolf Straubinger und Markus Waibel servieren im neu gestalteten Restaurant mit Blick ins Filstal aromenstarke klassische Gerichte mit modernem Twist. Top: die Weinkarte mit 1000 Positionen.

Burg Staufeneck
+49 7162 9334473
burg-staufeneck.de
Hotelrestaurant • Fine Dining • Essen mit Aussicht

Essen:	**46** I 50
Service:	**17** I 20
Getränke:	**20** I 20
Ambiente:	**9** I 10
Gesamt:	92 I 100

Recks

88682 Salem

Romantisches Haus, im Sommer ist der Garten sensationell. In der Küche setzt Chefin Alexandra Reck auf saisonale Frische und besonders schonende Zubereitung. Highlights sind Rostbraten und Thai-Curry.

Bahnhofstraße 111
+49 7553 201
recks-hotel.de
Familienbetrieb • Casual Dining • deutsche Küche

Essen:	**43** | 50
Service:	**18** | 20
Getränke:	**18** | 20
Ambiente:	**8** | 10
Gesamt:	87 | 100

Failenschmid

72813 St. Johann

Im Landgasthof kommt das Fleisch aus der eigenen Metzgerei und ist von solcher Qualität, dass einer genussvollen schwäbischen Mahlzeit nichts im Wege steht. Ein Traditionsbetrieb wie aus dem Bilderbuch.

Parkstraße 2
+49 7122 82870
failenschmid.de
Gasthaus • eigene Fleischerei • regionale Produkte

Essen:	**43** | 50
Service:	**18** | 20
Getränke:	**17** | 20
Ambiente:	**8** | 10
Gesamt:	86 | 100

Zum Kreuz

79274 St. Märgen

Das schindelgedeckte Haus punktet mit Ruhelage im Grünen. Geboten wird herzhaft-badische Küche, die richtig gut schmeckt. Der Junior steht mit seinem kreativen Menü schon in den Startlöchern.

Hohlengraben 1
+49 7669 91010
gasthaus-zum-kreuz.de
Familienbetrieb • im Grünen • gemütlich

Essen:	**42** | 50
Service:	**18** | 20
Getränke:	**17** | 20
Ambiente:	**8** | 10
Gesamt:	85 | 100

Zur Sonne

79271 St. Peter

Aus einer klassischen Metzgerei ist dieses lichtdurchflutete Lokal entstanden. Nachhaltigkeit ist das Motto, neben dem Fisch- oder Fleischmenü stehen ein vegetarisches und ein asiatisches zur Wahl.

Zähringer Straße 2
+49 7660 94010
sonne-schwarzwald.de
Hotelrestaurant • deutsche Küche • asiatisch • modern

Essen:	**42** | 50
Service:	**17** | 20
Getränke:	**17** | 20
Ambiente:	**8** | 10
Gesamt:	84 | 100

Engel 🍴🍴

77887 Sasbachwalden

Im Schwarzwaldambiente mit viel Holz gibt es französisch inspirierte Klassiker mit badischem Einschlag. Zur Vorspeise wird gratinierte Jakobsmuschel serviert, danach Sauerbraten vom Schaufelstück.

Talstraße 14	Essen:	44 | 50
+49 7841 3000	Service:	17 | 20
engel-sasbachwalden.de	Getränke:	17 | 20
Gasthaus • Terrasse • gemütlich	Ambiente:	8 | 10
	Gesamt:	86 | 100

Mühle 🍴🍴🍴

79859 Schluchsee

Niclas Nussbaumer, einst Souschef von Christian Jürgens, konzentriert sich mit japanischem Purismus in seinen Gerichten auf das Wesentliche. Seine Partnerin leitet in der bezaubernden Mühle den Service.

Unterer Mühlenweg 13	Essen:	45 | 50
+49 7656 209	Service:	19 | 20
muehle-schluchsee.de	Getränke:	18 | 20
Gasthaus • französisch • modern • im Grünen	Ambiente:	8 | 10
	Gesamt:	90 | 100

Zum Ochsen 🍴🍴

78141 Schönwald im Schwarzwald

In den Schwarzwaldstuben genießt man badische Küche, regional verwurzelt und oft international inspiriert. Das schmeckt man bei Wildkraftbrühe mit Pistazienklößchen und Süßwasserfisch-Lasagne.

Ludwig-Uhland-Straße 18	Essen:	42 | 50
+49 7722 866480	Service:	18 | 20
ochsen.com	Getränke:	18 | 20
Hotelrestaurant • mediterran • im Grünen	Ambiente:	8 | 10
	Gesamt:	86 | 100

Mühle zu Gersbach 🍴

79650 Schopfheim

Im gemütlich-familiären Landhotel mit Kachelofen begeistert die Küche mit ambitionierten Regionalgerichten. Ein Klassiker sind die Pommes Williams, eine frittierte Kartoffelmasse in Birnenform.

Zum Bühl 4	Essen:	42 | 50
+49 7620 90400	Service:	18 | 20
	Getränke:	17 | 20
Gasthaus • Terrasse • gemütlich	Ambiente:	7 | 10
	Gesamt:	84 | 100

Gourmetrestaurant Nico Burkhardt 🍴🍴

73614 Schorndorf

In seinem Gourmetrestaurant mit nur acht Plätzen interpretiert Nico Burkhardt französisch geprägte Hochküche mit viel Aufwand und Ideen. Schon die originell inszenierten Apéros machen immer wieder Spaß.

Höllgasse 9	Essen:	45 | 50
+49 7181 6699010	Service:	18 | 20
pfauen-schorndorf.de	Getränke:	18 | 20
Hotelrestaurant • Fine Dining • unkonventionell	Ambiente:	8 | 10
	Gesamt:	89 | 100

Hirsch
78713 Schramberg

Mit Seltenheitswert: Frei von Moden pflegt Thomas Zimmermann in gediegenem Ambiente die gute alte Schule der französischen Hochküche mit schwäbisch-mediterranen Einflüssen. Kleine, aber feine Weinkarte.

Hauptstraße 11
+49 7422 280120
hotel-gasthof-hirsch.com
Hotelrestaurant • französisch • klassisch

Essen:	**43** | 50
Service:	**18** | 20
Getränke:	**17** | 20
Ambiente:	**8** | 10
Gesamt:	86 | 100

Krietsch
73525 Schwäbisch Gmünd

Neuausrichtung für die Fuggerei, die in Restaurant Krietsch umbenannt wurde. Benjamin Keller pflegt einen international-schwäbischen Stil, Sandra Krietsch forciert den Ausbau des Weinkellers.

Münstergasse 2
+49 7171 30003
restaurant-krietsch.de
Casual Dining • deutsche Küche • modern

Essen:	**42** | 50
Service:	**17** | 20
Getränke:	**17** | 20
Ambiente:	**8** | 10
Gesamt:	84 | 100

Eisenbahn
74523 Schwäbisch Hall

Französische Hochküche in gediegenem Ambiente, aber Josef Wolf und sein Sohn Thomas geben den klassischen Luxusprodukten mitunter auch einen modernen Twist. Weinkarte mit über 450 Positionen.

Karl-Kurz-Straße 2
+49 791 930660
landhauswolf.eu
Hotelrestaurant • französisch • klassisch

Essen:	**46** | 50
Service:	**18** | 20
Getränke:	**19** | 20
Ambiente:	**8** | 10
Gesamt:	91 | 100

Reber's Pflug
74523 Schwäbisch Hall

Immer noch ein Gasthaus, betont Familie Reber zu Recht. So gibt es ohne räumliche Trennung im edel-gemütlichen Restaurant neben den Menüs auch weiterhin Wiener Schnitzel und Rostbraten.

Weckriedener Straße 2
+49 791 931230
rebers-pflug.de
Hotelrestaurant • Familienbetrieb • elegant • gemütlich

Essen:	**45** | 50
Service:	**18** | 20
Getränke:	**19** | 20
Ambiente:	**9** | 10
Gesamt:	91 | 100

Zum Rössle
74523 Schwäbisch Hall

Seit dem 18. Jahrhundert ist das imposante Landgut in Familienbesitz. Ernst Kurz steht für traditionelle schwäbische Küche, die er gekonnt in die Neuzeit transportiert. Die Grillabende sind beliebt.

Zeilwiesen 5
+49 791 2593
roessle-veinau.de
Familienbetrieb • deutsche Küche • nachhaltig

Essen:	**42** | 50
Service:	**18** | 20
Getränke:	**17** | 20
Ambiente:	**8** | 10
Gesamt:	85 | 100

Esszimmer

88477 Schwendi

Nach Stationen an Topadressen ist Julius Reisch zurück im elterlichen Betrieb. In seinen teils vegetarischen Menüs kombiniert er französische Hochküche mit asiatischen Aromen. Originelle Weinbegleitung.

Hauptstraße 9–15	Essen: **43** | 50
+49 7353 98490	Service: **19** | 20
oberschwaebischer-hof.de	Getränke: **18** | 20
Hotelrestaurant • Familienbetrieb • vegetarisch	Ambiente: **8** | 10
	Gesamt: 88 | 100

Lazarus Stube

88477 Schwendi

Auch wenn ein Wiener Schnitzel mit hausgemachtem Kartoffelsalat auf der Speisekarte der Gaststube steht, dominieren doch klassische schwäbische Spezialitäten das Angebot der bodenständigen Küche.

Hauptstraße 9–15	Essen: **43** | 50
+49 7353 98490	Service: **17** | 20
oberschwaebischer-hof.de	Getränke: **17** | 20
Gasthaus • Hotelrestaurant • klassisch	Ambiente: **7** | 10
	Gesamt: 84 | 100

Möbius

68723 Schwetzingen

Der Feinkostladen von Tommy R. Möbius ist weit mehr als nur eine Verkaufsstelle für Delikatessen. Samstags gibt es hier das perfekte Backhendl, unter der Woche wechselnde Mittagsmenüs vom Feinsten!

Kurfürstenstraße 22	Essen: **43** | 50
+49 6202 6085020	Service: **18** | 20
dermoebius.com	Getränke: **16** | 20
Delikatessenverkauf • unkonventionell • Geschäftsessen	Ambiente: **8** | 10
	Gesamt: 85 | 100

Grüner Baum
79263 Simonswald

Die Schwarzwälder Vorspeisenvariation ist ein guter Einstieg in die bodenständige Küche des Traditionshauses. Die Karte ist fein bestückt mit herzhaften Fleischgerichten; Fisch je nach Tagesangebot.

Neuenweg 1
+49 7683 264
gruenerbaum-simonswald.de
Hotelrestaurant • Gasthaus • regionale Küche

Essen:	**43** | 50
Service:	**17** | 20
Getränke:	**17** | 20
Ambiente:	**7** | 10
Gesamt:	84 | 100

Hugenhof
79263 Simonswald

Ganz zu leugnen sind die badischen Einflüsse der französisch-mediterran geprägten Küche der gemütlich eingerichteten Gaststube nicht. Vier wechselnde Menüs bilden die Basis des kulinarischen Angebots.

Am Neuenberg 14
+49 7683 930066
hugenhof.de
Gasthaus • regionale Küche • französisch

Essen:	**44** | 50
Service:	**18** | 20
Getränke:	**17** | 20
Ambiente:	**7** | 10
Gesamt:	86 | 100

Dorfstube
72820 Sonnenbühl-Erpfingen

In der Dorfstube wird ebenso bodenständig wie vorzüglich gekocht. Es gibt Lammnierle vom Münsinger Alblamm, Hirschwirts Maultasche und schwäbischen Zwiebelrostbraten. So macht regionale Küche richtig Spaß.

Im Dorf 12
+49 7128 92910
romantikhotel-hirsch.de
Hotelrestaurant • deutsche Küche • urig

Essen:	**42** | 50
Service:	**18** | 20
Getränke:	**17** | 20
Ambiente:	**8** | 10
Gesamt:	85 | 100

Hirsch
72820 Sonnenbühl-Erpfingen

Gediegener Landhausstil, klassische Gourmetküche. Gerd Windhösel stellt in seinen Menüs Produkte von der Schwäbischen Alb in den Vordergrund. Seine Frau pflegt eine Weinkarte mit über 250 Positionen.

Im Dorf 12
+49 7128 92910
romantikhotel-hirsch.de
Gasthaus • regionale Produkte • Terrasse • klassisch

Essen:	**45** | 50
Service:	**18** | 20
Getränke:	**18** | 20
Ambiente:	**8** | 10
Gesamt:	89 | 100

Ambiente
79219 Staufen im Breisgau

Warme Farben geben den Ton an, da passen die mediterranen Kreationen von Mathias Luiz bestens. Der Bogen reicht von Pasta mit Trüffeln, Garnelen, geschmortem Kaninchen bis zu Steak in Kräuterkruste.

Ballrechter Straße 8
+49 7633 802442
restaurant-ambiente.com
Allrounder • mediterran • entspannt

Essen:	**43** | 50
Service:	**17** | 20
Getränke:	**17** | 20
Ambiente:	**8** | 10
Gesamt:	85 | 100

Die Krone

79219 Staufen im Breisgau

Idyllisch gelegen, verzaubert das Lokal auch mit gemütlichen Stuben. Chef Volker Lahn setzt auf regionale Produkte, daraus entstehen geflämmte Lachsforelle, Brotsalat oder badische Festtagssuppe.

Hauptstraße 30	Essen: **42** | 50
+49 7633 5840	Service: **17** | 20
die-krone-staufen.de	Getränke: **16** | 20
Gasthaus • deutsche Küche • gemütlich	Ambiente: **8** | 10
	Gesamt: 83 | 100

Landmann

79585 Steinen

Die Speisekarte sucht man in der schicken Location vergebens. Dafür wird täglich ein wechselndes Überraschungsmenü angeboten, aus dem man sich Gerichte – auch vegan und vegetarisch – auswählen kann.

Hausmatt 3	Essen: **43** | 50
+49 7629 388	Service: **18** | 20
hotel-landmann.de	Getränke: **17** | 20
Hotelrestaurant • vegetarisch • vegan • modern	Ambiente: **8** | 10
	Gesamt: 86 | 100

Krone

71144 Steinenbronn

Mit Wild aus eigener Jagd und schwäbischen Klassikern hat sich das schöne Restaurant einen guten Namen gemacht. Hausgemacht und sorgsam zubereitet, hat hier kulinarische Bodenständigkeit eine Heimat.

Stuttgarter Straße 45–47	Essen: **43** | 50
+49 7157 7330	Service: **17** | 20
krone-steinenbronn.de	Getränke: **17** | 20
Hotelrestaurant • Wild • deutsche Küche	Ambiente: **8** | 10
	Gesamt: 85 | 100

Gengs Linde

79780 Stühlingen

Ideal zum Einkehren. Herzhafte Brotzeiten und klassische Vesper werden im schönen, gemütlich eingerichteten Schwarzwälder Gasthof genauso angeboten wie traditionelle Gerichte aus der badischen Küche.

Sankt-Gallus-Straße 37	Essen: **43** | 50
+49 7744 1255	Service: **17** | 20
gengslinde.de	Getränke: **16** | 20
Gasthaus • Familienbetrieb • gemütlich	Ambiente: **8** | 10
	Gesamt: 84 | 100

Schwanen

79780 Stühlingen

Schwarzwaldidylle mit Gastgarten und sympathischer Chefin. Blattsalat mit Haselnüssen und Wildschweinschinken oder das Bœuf bourguignon haben Geschmack. Liköre und Brände aus eigener Produktion.

Talstraße 9	Essen: **42** | 50
+49 7744 5177	Service: **17** | 20
gasthaus-schwanen.de	Getränke: **17** | 20
deutsche Küche • Gastgarten • im Grünen • gemütlich	Ambiente: **8** | 10
	Gesamt: 84 | 100

5

70173 Stuttgart

Das Restaurant im Vintage-Look bietet einen Mix aus gehobener Brasserie und Topniveau. Küchenchef Alexander Dinter vereint internationale Einflüsse zu originellen, ausdrucksstarken Gerichten.

Bolzstraße 8	Essen:	**46** | 50
+49 711 65557011	Service:	**18** | 20
5.fo	Getränke:	**18** | 20
Fine Dining • Allrounder • unkonventionell	Ambiente:	**9** | 10
	Gesamt:	91 | 100

Alte Kanzlei

70173 Stuttgart

Traditionshaus im Herzen der Altstadt, das sich auf schwäbische Gerichte spezialisiert hat. So gibt es Maultaschen in vielen Variationen, kreative Anklänge finden sich bei Suppen und Salaten.

Schillerplatz 5A	Essen:	**42** | 50
+49 711 294457	Service:	**16** | 20
alte-kanzlei-stuttgart.de	Getränke:	**17** | 20
Gasthaus • Hausmannskost • gemütlich	Ambiente:	**8** | 10
	Gesamt:	83 | 100

Augustenstüble

70197 Stuttgart

Vor langer Zeit haben sich Sabine und Günther Oberkamm von der Gourmetgastronomie verabschiedet und im Stuttgarter Westen eine legere Brasserie etabliert. Legendär ist hier das Bœuf bourguignon.

Augustenstraße 104	Essen:	**42** | 50
+49 711 621248	Service:	**17** | 20
augustenstüble.de	Getränke:	**17** | 20
Bistro • französisch • Vinothek • entspannt	Ambiente:	**8** | 10
	Gesamt:	84 | 100

Christophorus

70435 Stuttgart

Schickes Restaurant in der obersten Etage des Porsche-Museums, in dem man sich auf gereiftes US-Prime-Beef spezialisiert hat. Es gibt aber auch ein Gourmetmenü und eine Weinkarte mit über 800 Positionen.

Porscheplatz 5	Essen:	**42** | 50
+49 711 91125980	Service:	**18** | 20
porsche.com	Getränke:	**19** | 20
Casual Dining • amerikanisch • Steak • im Museum	Ambiente:	**8** | 10
	Gesamt:	87 | 100

Cube

70173 Stuttgart

Von nirgendwo hat man so einen fantastischen Blick auf den Schlossplatz und die Stadt wie von oben aus dem gläsernen Würfel des Kunstmuseums. »Inspired Cooking« heißt hier: internationale Gerichte, präzise zubereitet.

Kleiner Schlossplatz 1	Essen:	**43** | 50
+49 711 2804441	Service:	**18** | 20
cube-restaurant.de	Getränke:	**17** | 20
Casual Dining • Essen mit Aussicht • Geschäftsessen	Ambiente:	**9** | 10
	Gesamt:	87 | 100

Délice

70178 Stuttgart

Beeindruckende One-Man-Show im Gewölbekeller. Andreas Hettinger kocht vor den Augen der Gäste ganz allein. Inhaber Evangelos Pattas bietet zu den internationalen Klassikern eine exzellente Weinbegleitung.

Hauptstätter Straße 61
+49 711 6403222
restaurant-delice.de
Allrounder • Fine Dining • Gewölbe

Essen:	45 | 50
Service:	18 | 20
Getränke:	18 | 20
Ambiente:	8 | 10
Gesamt:	89 | 100

Der Zauberlehrling

70182 Stuttgart

Fabian Heldmann, Juniorchef des Boutiquehotels, setzt als Zaubermeister zwar auch auf Showeffekte mit Stickstoff, überzeugt aber mit präzise inszenierten Premiumprodukten. Außergewöhnliche Desserts!

Rosenstraße 38
+49 711 2377770
zauberlehrling.de
Hotelrestaurant • Fine Dining • unkonventionell

P

Essen:	45 | 50
Service:	18 | 20
Getränke:	18 | 20
Ambiente:	8 | 10
Gesamt:	89 | 100

Fässle

70597 Stuttgart

Französische Genüsse in schwäbischem Fachwerk. Küchenchef Patrick Giboin und Maître Pascal Foechterlé bieten ein gutes Preis-Leistungs-Verhältnis in Stuttgart, sowohl beim Menü als auch à la carte.

Löwenstraße 51
+49 711 760100
restaurant-faessle.de
Gasthaus • französisch • gemütlich • Terrasse

Essen:	43 | 50
Service:	18 | 20
Getränke:	17 | 20
Ambiente:	8 | 10
Gesamt:	86 | 100

finch

70597 Stuttgart

Im denkmalgeschützten Ambiente sitzt man am liebsten in den Fensternischen oder draußen auf der Terrasse am Waldrand. Die kleine Karte ist ambitioniert und bietet Gerichte aus internationalen Topprodukten.

Guts-Muths-Weg 18
+49 711 185720
waldhotel-stuttgart.de
Hotelrestaurant • elegant • Terrasse

Essen:	42 | 50
Service:	17 | 20
Getränke:	17 | 20
Ambiente:	8 | 10
Gesamt:	84 | 100

Fröhlich

70182 Stuttgart

Eine holzgetäfelte Stube und ein üppig grüner Gastgarten. Geboten werden die Klassiker Beef Tatar, Zwiebelrostbraten mit Spätzle und Wiener Schnitzel. Gute Auswahl an offenen Weinen.

Leonhardstraße 5
+49 711 242471
weinstube-froehlich.de
Gasthaus • deutsche Küche • Gastgarten • entspannt

Essen:	42 | 50
Service:	17 | 20
Getränke:	17 | 20
Ambiente:	8 | 10
Gesamt:	84 | 100

Goldener Adler

70178 Stuttgart

Der Goldene Adler ist eine Art urbaner Landgasthof mit urigem Ambiente. Auf die blanken Holztische kommen schwäbische und internationale Klassiker. Erfreulich ist auch die Auswahl an offenen Weinen.

Böheimstraße 38
+49 711 6338802
goldener-adler-stuttgart.de
Gasthaus • traditionell • entspannt • Gastgarten

Essen:	**42** | 50
Service:	**17** | 20
Getränke:	**17** | 20
Ambiente:	**8** | 10
Gesamt:	84 | 100

Hegel Eins

70174 Stuttgart

Lässiges Ein-Raum-Restaurant, versteckt im Linden-Museum. Der kreative Küchenchef Daniel Mästling kreiert aromenstarke Überraschungsmenüs, die von Jan Tomasic beim Servieren erklärt werden.

Hegelplatz 1
+49 711 6744360
hegeleins.de
Casual Dining • im Museum • unkonventionell

Essen:	**46** | 50
Service:	**18** | 20
Getränke:	**16** | 20
Ambiente:	**8** | 10
Gesamt:	88 | 100

Hupperts Restaurant

70199 Stuttgart

Michael und Marianne Huppert haben sich ihren Traum von Gourmetgastronomie verwirklicht. Ihre Gäste schätzen die finessenreiche Küche aus besten Produkten, die sich auch mal bodenständig präsentiert.

Gebelsbergstraße 97
+49 711 6406467
hupperts-restaurant.de
Casual Dining • Terrasse • traditionell • entspannt

Essen:	**45** | 50
Service:	**18** | 20
Getränke:	**18** | 20
Ambiente:	**8** | 10
Gesamt:	89 | 100

La Fenice

70178 Stuttgart

Seit über 30 Jahren bietet Familie Gorgoglione Spitzenküche, die bis hin zum Degustationsmenü weit über italienische Standards hinausgeht. Die Weinkarte listet nicht nur italienische Gewächse.

Rotebühlplatz 29
+49 711 6151144
ristorante-la-fenice.de
Familienbetrieb • italienisch • elegant • entspannt

Essen:	**42** | 50
Service:	**18** | 20
Getränke:	**18** | 20
Ambiente:	**8** | 10
Gesamt:	86 | 100

Lamm Feuerbach

70469 Stuttgart

Brigitte Idler richtet ihren kleinen Betrieb ganz nach den Kriterien von Slow Food aus. Auf der täglich wechselnden Karte geht es sehr regional zu, donnerstags gibt es auch Maultaschen zum Abholen.

Mühlstraße 24
+49 711 8822622
lamm-feuerbach.de
Gasthaus • bio • regionale Produkte • gemütlich

Essen:	**41** | 50
Service:	**17** | 20
Getränke:	**17** | 20
Ambiente:	**8** | 10
Gesamt:	83 | 100

Meister Lampe

70499 Stuttgart

Auch ohne großes Team im Rücken bringt Küchenmeister Daniel Stübler sehr stimmige Geschmacksbilder auf die Teller, ob schwäbisch, mediterran oder asiatisch. Gut gepflegte Karte mit deutschen Weinen.

Solitudestraße 261	Essen:	43 | 50
+49 711 9898980	Service:	18 | 20
restaurant-meisterlampe.de	Getränke:	18 | 20
Gasthaus • Terrasse • gemütlich • entspannt	Ambiente:	8 | 10
	Gesamt:	87 | 100

Nagare

70469 Stuttgart

Shinishi Nakagawa hat sein Handwerk in besten Häusern perfektioniert und bietet nun in der ehemaligen Eckkneipe japanische Präzisionsarbeit. KIeine Weinkarte, aber von Bernd Kreis kuratiert.

Feuerbacher-Tal-Str 34	Essen:	43 | 50
+49 711 93541290	Service:	18 | 20
restaurant-nagare.de	Getränke:	18 | 20
japanisch • gemütlich • entspannt	Ambiente:	8 | 10
	Gesamt:	87 | 100

Nannina

70186 Stuttgart

In edlem Ambiente kommen aus Giovanna Di Tommasos Küche Spezialitäten, die mit Gänseleber und Sashimi weit über die italienischen Standards hinausgehen. Die Pasta ist selbstverständlich hausgemacht.

Gaishämmerstraße 14	Essen:	42 | 50
+49 711 7775172	Service:	17 | 20
nannina.de	Getränke:	17 | 20
Familienbetrieb • italienisch • elegant • Terrasse	Ambiente:	8 | 10
	Gesamt:	84 | 100

Ritzi

70174 Stuttgart

Wenn der kleine Gourmetbereich bespielt wird, zeigt Ben Benasr seinen kulinarischen Ideenreichtum. Aber auch die Brasseriekarte in dem Mixkonzept hat Feines zu bieten, die Weinkarte sowieso.

Friedrichstraße 6	Essen:	44 | 50
+49 711 21843822	Service:	18 | 20
ritzi-stuttgart.de	Getränke:	18 | 20
Casual Dining • Brasserie • elegant	Ambiente:	8 | 10
	Gesamt:	88 | 100

Sansibar by Breuninger

70173 Stuttgart

Schon wegen der City-Lage nicht zu vergleichen mit dem Original auf Sylt, aber dennoch mit Stil. Hier dürfen neben Klassikern wie Sansibars Fischsuppe und Luxuscurrywurst auch Maultaschen nicht fehlen.

Marktstraße 1–3	Essen:	43 | 50
+49 711 2112200	Service:	17 | 20
e-breuninger.de	Getränke:	18 | 20
Allrounder • Bistro • Terrasse	Ambiente:	8 | 10
	Gesamt:	86 | 100

Schweizers Restaurant
70180 Stuttgart

Nach Stationen im In- und Ausland hat sich Gero Schweizer in dem schönen Jugendstilhaus mit lauschigem Innenhof selbst verwirklicht. Von den zwei Menüs mit bis zu sieben Gängen ist eines vegetarisch.

Olgastraße 133b
+49 711 60197540
schweizers-restaurant.de
Allrounder • Casual Dining • vegetarisch • entspannt

Essen:	**43**	50
Service:	**18**	20
Getränke:	**18**	20
Ambiente:	**8**	10
Gesamt:	87	100

Speisemeisterei
70599 Stuttgart

Im Kavaliersbau von Schloss Hohenheim bilden barocke Elemente und modernes Design einen perfekten Rahmen für Stefan Gschwendtners leichte und hochfiligrane Küche mit Spitzenprodukten aus nah und fern.

Schloss Hohenheim
+49 711 34217979
speisemeisterei.de
Fine Dining • im Schloss • Terrasse • modern

Essen:	**47**	50
Service:	**19**	20
Getränke:	**19**	20
Ambiente:	**9**	10
Gesamt:	94	100

Vetter.
70180 Stuttgart

Die Karte der beliebten Weinstube mit ihren schwäbisch-mediterranen Spezialitäten wird täglich neu von Hand geschrieben. Im Gastraum ist es eng und gemütlich, draußen urban und trotzdem lauschig.

Bopserstraße 18
+49 711 241916
vetter-essen-trinken.de
deutsche Küche • mediterran • gemütlich

Essen:	**43**	50
Service:	**18**	20
Getränke:	**17**	20
Ambiente:	**8**	10
Gesamt:	86	100

Weinstube am Stadtgraben
70372 Stuttgart

In der beliebten Weinstube in Bad Cannstatt wird zwar auch, aber nicht nur schwäbisch gekocht. Dazu werden im urig-gemütlichen Ambiente gute Weine aus der weiteren Region kredenzt.

Am Stadtgraben 6
+49 711 567006
weinstube-stadtgraben.de
Weinstube • gemütlich • urig • entspannt

Essen:	**41**	50
Service:	**17**	20
Getränke:	**17**	20
Ambiente:	**8**	10
Gesamt:	83	100

Wielandshöhe 🍴🍴🍴

70597 Stuttgart

Schwäbisch und weltoffen zugleich. Trotz der tollen Aussicht legt der multitalentierte Patron Vincent Klink Wert darauf, dass Geschmack wichtiger als der Look und die Küche nachhaltig ist.

Alte Weinsteige 71 +49 711 6408848 wielandshoehe.de Allrounder • mediterran • Terrasse • elegant	Essen: **45** | 50 Service: **19** | 20 Getränke: **19** | 20 Ambiente: **8** | 10 Gesamt: 91 | 100

Zur Linde 🍴

70567 Stuttgart

Die Weindorfwirte und Brüder Ferdinand und Maximilian Trautwein pflegen im über 300 Jahre alten Landgasthaus die schwäbische Tradition, sind aber auch zu internationalen Höhenflügen in der Lage.

Sigmaringer Straße 49 +49 711 7199590 linde-stuttgart.de Gasthaus • regionale Produkte • Terrasse • elegant	Essen: **42** | 50 Service: **17** | 20 Getränke: **17** | 20 Ambiente: **8** | 10 Gesamt: 84 | 100

Zur Weinsteige 🍴🍴🍴

70184 Stuttgart

Jörg Scherle steht in der Küche, sein Bruder Andreas leitet den Service. Ein Restaurant mit schwäbischer Bodenhaftung, hier gibt es den besten Zwiebelrostbraten. Tolle Weinkarte mit 1500 Positionen.

Hohenheimer Straße 28–30 +49 711 2367000 zur-weinsteige.de Familienbetrieb • Allrounder • traditionell P	Essen: **44** | 50 Service: **18** | 20 Getränke: **20** | 20 Ambiente: **8** | 10 Gesamt: 90 | 100

3Lis 🍴🍴

79295 Sulzburg

Im charmant-historischen Restaurant kocht der junge Sükrü Türker modern und innovativ. Aus regionalen Zutaten entstehen deutsche Gerichte mit eurasischen Akzenten. Im Keller lagern Weine aus der Region.

Weinstraße 38 +49 7634 6954242 troislis.com Casual Dining • regionale Produkte • entspannt P	Essen: **43** | 50 Service: **18** | 20 Getränke: **18** | 20 Ambiente: **8** | 10 Gesamt: 87 | 100

Hirschen 🍴🍴🍴

79295 Sulzburg

Douce Steiners hochdekorierte Küche hat etwas mit geschmacklichen Glücksmomenten zu tun. Große französisch inspirierte Hochküche! Unbedingter Place-to-be für Gourmets und jene, die es werden wollen.

Hauptstraße 69 +49 7634 8208 douce-steiner.de Fine Dining • französisch • Hotelrestaurant	Essen: **48** | 50 Service: **18** | 20 Getränke: **18** | 20 Ambiente: **9** | 10 Gesamt: 93 | 100

la maison Eric

79295 Sulzburg

Bei Eric Grandgirard und Dagmar Hauck wird ausschließlich mittags aufgetischt, nur sonntags ist abends geöffnet. In drei oder vier Gängen wird das Menü serviert, komponiert aus hochwertigen Produkten.

Im Brühl 7	Essen: **44** I 50
+49 7634 6110	Service: **18** I 20
lebenformen.wixsite.com/eric	Getränke: **17** I 20
Gasthaus • Casual Dining • französisch • traditionell	Ambiente: **8** I 10
	Gesamt: 87 I 100

Rebstock

79295 Sulzburg

Wer in das gemütliche Wirtshaus einkehrt, schätzt die schnörkellose badische Hausmannskost und die bodenständigen regionalen Spezialitäten, die hier seit vielen Jahren ihre treue Fangemeinde haben.

Hauptstraße 77	Essen: **43** I 50
+49 7634 503140	Service: **17** I 20
rebstock-in-sulzburg.de	Getränke: **17** I 20
Gasthaus • Hausmannskost • gemütlich	Ambiente: **7** I 10
	Gesamt: 84 I 100

Bauernstuben Ochsen Post

75233 Tiefenbronn

Wunderschöne, urige Stube mit alten Holztramen. Geboten wird badisch-schwäbische Küche, da dürfen Zwiebelrostbraten und Ochsenmaulsalat nicht fehlen. Spannend ist die Variation vom Ziegenkäse.

Franz-Josef-Gall-Straße 13	Essen: **43** I 50
+49 7234 95450	Service: **18** I 20
ochsen-post.de	Getränke: **18** I 20
Hotelrestaurant • deutsche Küche • regionale Produkte	Ambiente: **8** I 10
	Gesamt: 87 I 100

derWaldfrieden

79674 Todtnau

Junior Volker Hupfer führt die Tradition im Naturparkhotel mit holzgetäfelten Wänden fort. Nachhaltigkeit wird großgeschrieben, der Urgeschmack der regionalen Produkte steht im Zentrum.

Dorfstraße 8	Essen: **42** I 50
+49 7674 920930	Service: **17** I 20
derwaldfrieden.de	Getränke: **16** I 20
Hotelrestaurant • regionale Küche • gemütlich	Ambiente: **8** I 10
	Gesamt: 83 I 100

Schranners Waldhorn

72074 Tübingen

Sympathischer Familienbetrieb mit idyllischem Gastgarten. Max Schranner ist Nachhaltigkeit extrem wichtig. Seine vegetarischen Menüs haben viel Geschmack, etwa der Kartoffelbaumkuchen mit Morcheln.

Schönbuchstraße 49	Essen: **43** I 50
+49 7071 61270	Service: **16** I 20
schranners-waldhorn.de	Getränke: **18** I 20
Familienbetrieb • deutsche Küche • vegetarisch	Ambiente: **8** I 10
	Gesamt: 85 I 100

Zur Tanne

79677 Tunau

Ein Bilderbuchgasthaus mit Holzbalkonen und Blumenschmuck, gekocht wird hier bodenständig-kreativ. Das reicht vom deftigen Schweinsbraten und allerlei Gegrilltem bis zu vegetarischen Gerichten.

Alter Weg 4	Essen:	42 | 50
+49 7673 310	Service:	17 | 20
tanne-tunau.de	Getränke:	17 | 20
Familienbetrieb • regionale Produkte • Essen mit Aussicht	Ambiente:	8 | 10
P	Gesamt:	84 | 100

Anima

78532 Tuttlingen

Ganz schön progressiv, was Heiko Lacher in dem Restaurant mit offener Showküche aufgezogen hat! Die Gerichte sind aufs Wesentliche reduziert, bieten aber dennoch viel Power und Spannung.

In Wöhrden 5	Essen:	45 | 50
+49 7461 7803020	Service:	18 | 20
restaurant-anima.de	Getränke:	17 | 20
Casual Dining • unkonventionell • Terrasse	Ambiente:	9 | 10
	Gesamt:	89 | 100

Meet & Eat

78532 Tuttlingen

Chic gestaltet, das Restaurant! Dazu die Küche von Sandro Gay, der sich vor allem auf Dry-Aged und Steaks vom megaheißen Grill versteht. Dazu hausgemachte Pasta als geschmackvoller Weg zum Glück.

Donaustraße 30	Essen:	43 | 50
+49 7461 930120	Service:	18 | 20
meet-eat-restaurant.de	Getränke:	17 | 20
Steak • italienisch • modern	Ambiente:	8 | 10
	Gesamt:	86 | 100

Bürgerbräu

88662 Überlingen

Als junger Wilder ist Simon Metzler viel rumgekommen. Den elterlichen Gasthof hat er behutsam modernisiert, ebenso wie die Wirtshausklassiker mit internationalem Touch. Topalternative zur Seepromenade!

Aufkircher Straße 20	Essen:	43 | 50
+49 7551 92740	Service:	17 | 20
bb-ueb.de	Getränke:	17 | 20
Gasthaus • modern • traditionell	Ambiente:	8 | 10
P	Gesamt:	85 | 100

Johanniter Kreuz

88662 Überlingen

Ob regionale oder internationale Klassiker, à la carte oder Gourmetmenü: Andreas Liebich überzeugt seit vielen Jahren mit guten Gerichten, die im urigen Ambiente oder auf der Terrasse serviert werden.

Johanniterweg 11	Essen:	43 | 50
+49 7551 937060	Service:	17 | 20
johanniter-kreuz.de	Getränke:	17 | 20
Hotelrestaurant • Terrasse • gemütlich	Ambiente:	8 | 10
	Gesamt:	85 | 100

Schloss Filseck

73066 Uhingen

Daniele Corona und sein Team wecken im alten Gemäuer Sehnsuchts-erinnerungen an bella Italia. Schon die Antipasti lassen einen schwelgen, und erst recht die Fisch- und Fleischgerichte mit besten Weinen dazu.

Filseck 1	Essen: **45** | 50
+49 7161 28380	Service: **17** | 20
restaurant-auf-schloss-filseck.de	Getränke: **18** | 20
Fine Dining • Lunch • italienisch • im Schloss	Ambiente: **8** | 10
	Gesamt: 88 | 100

Seehalde

88690 Uhldingen

Spitzenlage mit eigenem Seebadestrand. Mit Häppchen vom Bodensee-fisch und Bouillabaisse gelingt der Start, deftiger wird es bei Kalbskutteln in Rieslingrahm oder Zwiebelrostbraten. Gute Weinauswahl.

Birnau Maurach 1	Essen: **43** | 50
+49 7556 92210	Service: **18** | 20
seehalde.de	Getränke: **18** | 20
Hotelrestaurant • deutsche Küche • Fisch • Seeterrasse	Ambiente: **8** | 10
	Gesamt: 87 | 100

Bi:Braud

89073 Ulm

Das Kleinod liegt etwas versteckt in der Altstadt. Aus der Küche kommen inspirierte, moderne Kreationen, zur Wahl stehen zwei Menüs, eines davon vegetarisch. Dazu serviert man ausgesuchte Weine.

Büchsengasse 20	Essen: **44** | 50
+49 731 1537512	Service: **18** | 20
bebrout.com	Getränke: **18** | 20
Casual Dining • deutsche Küche • vegetarisch • entspannt	Ambiente: **9** | 10
	Gesamt: 89 | 100

Seestern

89073 Ulm

Klassisch, kreativ, kontrastreich: Klaus Buderaths Küche vereint das Beste aus nah und fern und bietet leichte, mediterran beeinflusste Kost auf Gourmetniveau. Im Sommer wird auf der Terrasse serviert.

Friedrichsau 50	Essen: **45** | 50
+49 731 2064000	Service: **18** | 20
hotel.lago-ulm.de	Getränke: **18** | 20
Hotelrestaurant • Fine Dining • vegetarisch • Seeterrasse	Ambiente: **9** | 10
	Gesamt: 90 | 100

Siedepunkt

89075 Ulm

Überraschend moderne Ein- und Ausrichtung im Gourmetrestaurant im Best-Western-Hotel mit Hendrik Friedrich als neuem Küchenchef. Er setzt auf regionale Zutaten und Wildkräuter, schöne Auswahl an deutschen Weinen.

Eberhard-Finckh-Straße 17	Essen: **45** | 50
+49 731 92710	Service: **18** | 20
siedepunkt-restaurant.de	Getränke: **18** | 20
Fine Dining • modern • elegant	Ambiente: **8** | 10
	Gesamt: 89 | 100

Treibgut

89073 Ulm

Gemütlich ist die Terrasse mit grandiosem Seeblick. Die meisten Produkte, aus denen die ambitionierten deutsch-mediterranen Gerichte zubereitet werden, kommen aus eigener Produktion.

Friedrichsau 50
+49 731 2064000
hotel.lago-ulm.de
deutsche Küche • mediterran • Seeterrasse • nachhaltig

Essen:	**42**	50
Service:	**17**	20
Getränke:	**17**	20
Ambiente:	**8**	10
Gesamt:	**84**	100

Lamm Rosswag

71665 Vaihingen

Bei aller extremen Kleinteiligkeit in Steffen Ruggabers topmodernen Gerichten verliert man nicht den roten Faden des Geschmacks. Seine Frau Sonja serviert dazu ausschließlich deutsche Spitzenweine.

Rathausstraße 4
+49 7042 21413
lamm-rosswag.de
Gasthaus • Familienbetrieb • entspannt

Essen:	**45**	50
Service:	**18**	20
Getränke:	**19**	20
Ambiente:	**8**	10
Gesamt:	**90**	100

Rindenmühle

78052 Villingen-Schwenningen

Sympathischer Familienbetrieb im Grünen, die Natur schreibt auch die Karte: Consommé vom Landgockel mit Grieß-Morchel-Klößchen, Wildkräutersalat oder Dorade mit mediterranem Gemüse.

Am Kneippbad 9
+49 7721 88680
rindenmuehle.de
Familienbetrieb • deutsche Küche • regionale Produkte

Essen:	**42**	50
Service:	**17**	20
Getränke:	**17**	20
Ambiente:	**8**	10
Gesamt:	**84**	100

Die Achkarrer Krone

79235 Vogtsburg

Auf der schönen Terrasse des geschichtsträchtigen Hauses schmecken badischer Wurstsalat, Tafelspitz oder Zwiebelrostbraten. Besonders beliebt sind auch Schnecken und Innereien wie Leber und Kutteln.

Schlossbergstraße 15–17
+49 7662 93130
hotel-krone-achkarren.de
Gasthaus • französisch • gemütlich

Essen:	**42**	50
Service:	**17**	20
Getränke:	**17**	20
Ambiente:	**8**	10
Gesamt:	**84**	100

Köpfers Steinbuck

79235 Vogtsburg

Stephan Köpfer holt sich die Inspiration für seine wechselnde Abendkarte auf den Märkten im nahen Elsass – entsprechend französisch ist die Küche. Dazu lohnen die saftigen Steaks einen kleinen Umweg.

Steinbuckstraße 20
+49 7662 9494650
koepfers-steinbuck.de
französisch • Terrasse • Essen mit Aussicht

Essen:	**45**	50
Service:	**18**	20
Getränke:	**18**	20
Ambiente:	**8**	10
Gesamt:	**89**	100

Rebstock

79235 Vogtsburg

Traditionshaus mit Holzpaneelen und schönem Innenhof. Klassiker der badischen Küche wie Rehragout mit Spätzle oder Maultaschen machen Spaß, das Risotto mit Garnelen trifft den Puls der Zeit genauso gut.

Badbergstraße 22	Essen: 42 | 50
+49 7662 933011	Service: 18 | 20
franz-keller.de	Getränke: 18 | 20
Gasthaus • deutsche Küche • gemütlich	Ambiente: 8 | 10
	Gesamt: 86 | 100

Schwarzer Adler

79235 Vogtsburg

Charmantes historisches Setting, die Küche ist klassisch französisch ausgerichtet. Die Gerichte sind kleine Kunstwerke und bestechen durch perfekte Zubereitung und intensive Aromen. Riesige Weinkarte.

Badbergstraße 23	Essen: 45 | 50
+49 7662 93300	Service: 19 | 20
franz-keller.de	Getränke: 20 | 20
Fine Dining • eigener Weinbau • französisch	Ambiente: 8 | 10
	Gesamt: 92 | 100

Steinbuck Stube

79235 Vogtsburg

Das renovierte historische Gemäuer ist ein Hort der guten Kaiserstühler Küche. Doch nicht nur badische Spezialitäten kommen auf die Teller, auch internationale Gerichte werden hier gekonnt zubereitet.

Talstraße 2	Essen: 43 | 50
+49 7662 911210	Service: 17 | 20
steinbuck-stube.de	Getränke: 17 | 20
Gasthaus • gemütlich • romantisch	Ambiente: 8 | 10
	Gesamt: 85 | 100

Sonne

79279 Vörstetten

Seit 250 Jahren ist das Fachwerkhaus in Familienbesitz. Tradition und Innovation verstehen sich, Obst, Salat und Gemüse kommen aus heimischem Anbau und von regionalen Bauern. Schöner Gastgarten.

Freiburger Straße 4	Essen: 42 | 50
+49 7666 2326	Service: 17 | 20
sonne-voerstetten.de	Getränke: 17 | 20
Familienbetrieb • vegetarisch • Gastgarten	Ambiente: 8 | 10
	Gesamt: 84 | 100

Bachofer 🍴🍴 — 71332 Waiblingen

Schon lange vor dem Trend hat Bernd Bachofer japanische Elemente in seine Gourmetmenüs eingebaut und diese immer weiter perfektioniert. An der Bar mit Blick in die Küche gibt es auch Sushi.

Marktplatz 6
+49 7151 976430
bachofer.info
Casual Dining • japanisch • Sushi • Terrasse

Essen:	45 / 50
Service:	18 / 20
Getränke:	18 / 20
Ambiente:	8 / 10
Gesamt:	89 / 100

Brunnenstuben 🍴🍴 — 71334 Waiblingen

Die Küche mixt gekonnt italienische Spezialitäten mit schwäbischen Gerichten, auch ein vegetarisches Menü wird geboten. Jeden Monat wird die Karte mit frischen saisonalen Zutaten neu zusammengestellt.

Quellenstraße 14
+49 7151 9441227
brunnenstuben.de
Gasthaus • mediterran • gemütlich

Essen:	43 / 50
Service:	18 / 20
Getränke:	17 / 20
Ambiente:	7 / 10
Gesamt:	85 / 100

Schwitzer's 🍴🍴 — 76337 Waldbronn

Im weitläufigen Restaurant mit bodentiefen Fenstern, Terrasse und Blick ins Grüne zelebriert der Franzose und Saucenmeister Cédric Schwitzer mit viel Aufwand eine aromenstarke, moderne Hochküche.

Etzenroter Straße 4
+49 7243 354850
schwitzers.com
Hotelrestaurant • französisch • elegant • Terrasse

Essen:	45 / 50
Service:	18 / 20
Getränke:	18 / 20
Ambiente:	8 / 10
Gesamt:	89 / 100

Schwitzer's Brasserie

76337 Waldbronn

Genießen direkt am Kurpark, zu chilligen Loungemöbeln bietet die Küche den richtigen Mix. Im Sommer gibt es knackige Salate mit gebratenem Thunfischsteak, bei großem Hunger lockt der Riesenburger.

Etzenroter Straße 2
+49 7243 354850
schwitzers.com
Allrounder • Burger • im Grünen • entspannt

Essen:	42 | 50
Service:	17 | 20
Getränke:	17 | 20
Ambiente:	8 | 10
Gesamt:	84 | 100

Krone

71111 Waldenbuch

Im denkmalgeschützten Gasthaus wird die französische Küche gefeiert, wobei der junge Küchenchef Erik Metzger auch mit weltweiten Einflüssen spielen und hochwertige vegetarische Menüs anbieten kann.

Nürtinger Straße 14
+49 7157 408849
krone-waldenbuch.de
Gasthaus • französisch • Terrasse • entspannt

Essen:	45 | 50
Service:	18 | 20
Getränke:	18 | 20
Ambiente:	8 | 10
Gesamt:	89 | 100

Löwen

79183 Waldkirch

Wie der »neue Schwarzwald« schmeckt, zeigt die Küche mit modern interpretierter Klassik. Da kommen auch schon mal asiatische und mediterrane Aromen ins Spiel. Tolle vegane und vegetarische Gerichte.

Schwarzwaldstraße 34
+49 7681 9868
loewen-buchholz.com
vegan • vegetarisch • regionale Küche

Essen:	43 | 50
Service:	17 | 20
Getränke:	17 | 20
Ambiente:	8 | 10
Gesamt:	85 | 100

Zum Storchen

79183 Waldkirch

Die deutsche Küche ist gut vertreten durch gebratene und geschmorte Fleischklassiker oder Bodenständiges wie Wiesenheusuppe. Aber auch mediterrane und asiatische Aromen dürfen sein. Gute Weine.

Lange Straße 24
+49 7681 4749590
zum-storchen-waldkirch.de
Hotelrestaurant • deutsche Küche • mediterran • gemütlich

Essen:	42 | 50
Service:	18 | 20
Getränke:	18 | 20
Ambiente:	8 | 10
Gesamt:	86 | 100

Kaminrestaurant

69190 Walldorf

Gemütlich in warmen Farben eingerichtet, versprüht das Restaurant echten Wohlfühlcharakter. Die Küche legt Wert auf saisonale Produkte: Burger und Surf and Turf sind die Favoriten bei den Gästen.

Bahnhofstraße 28
+49 6227 6990
hotel-vorfelder.de
Familienbetrieb • Burger • modern

Essen:	43 | 50
Service:	17 | 20
Getränke:	16 | 20
Ambiente:	8 | 10
Gesamt:	84 | 100

Adler
88239 Wangen im Allgäu

Das rustikale Gasthaus beherrscht einen stimmigen Mix. Traditionell gibt sich die Küche mit Rehrücken oder Matjes mit Kartoffeln, international sind die Jakobsmuscheln mit Currysauce. Gute Desserts.

Obere Dorfstraße 4
+49 7522 707477
s364439699.website-start.de
Gasthaus • deutsche Küche • mediterran • Gastgarten

Essen:	43 | 50
Service:	18 | 20
Getränke:	17 | 20
Ambiente:	8 | 10
Gesamt:	86 | 100

Adler
88239 Wangen im Allgäu

Im Traditionsgasthaus konzentriert sich Roland Köhle auf gute deutsche Hausmannskost. Sein Klassiker ist der Zwiebelrostbraten mit Spätzle, aber auch die hausgemachte Steinofenpizza gelingt bestens.

Roggenzell 12
+49 7528 7008
adler-roggenzell.de
Gasthaus • deutsche Küche • nachhaltig

Essen:	42 | 50
Service:	17 | 20
Getränke:	16 | 20
Ambiente:	7 | 10
Gesamt:	82 | 100

Sonne
79664 Wehr

Gemütlich sind die Gaststuben mit getäfelten Holzdecken im über 200 Jahre alten Gebäude. Tradition mit modernem Twist schmeckt man etwa bei Ravioli von der geschmorten Kalbshaxe mit Riesengarnele.

Enkendorfstraße 38
+49 7762 8484
hotel-sonne-wehr.de
Familienbetrieb • Gastgarten • traditionell

Essen:	44 | 50
Service:	17 | 20
Getränke:	16 | 20
Ambiente:	8 | 10
Gesamt:	85 | 100

Laurentius
97990 Weikersheim

Schickes Restaurant im alten Gewölbekeller. Gekocht wird eine anspruchsvolle Küche aus Hohenloher Produkten und Zutaten aus der ganzen Welt. Urban und regional, gekonnt kulinarisch in Szene gesetzt.

Marktplatz 5
+49 7934 91080
hotel-laurentius.de
Hotelrestaurant • Fine Dining • elegant • Gewölbe

Essen:	45 | 50
Service:	18 | 20
Getränke:	18 | 20
Ambiente:	9 | 10
Gesamt:	90 | 100

Krone
79576 Weil am Rhein

Langjährige Tradition mit einem modernen Gesicht, das zeigt sich in der Architektur und der Küche. Fine Dining mit regionalen Produkten ist im Fokus, sehr gefragt ist das vegane Sechs-Gänge-Menü.

Hauptstraße 58
+49 7621 71164
kroneweil.de
Hotelrestaurant • Fine Dining • vegan • modern

Essen:	43 | 50
Service:	18 | 20
Getränke:	17 | 20
Ambiente:	8 | 10
Gesamt:	86 | 100

Krone Märkt
79576 Weil am Rhein

Badische Küche ohne Chichi, hausgemacht, einfach und gut zubereitet. Dazu bietet Familie Perini immer mal wieder italienische kulinarische Verlockungen wie Trüffel-Tagliatelle oder Vitello truffato.

Rheinstraße 17	Essen: **42** / 50
+49 7621 62304	Service: **17** / 20
kronemaerkt.de	Getränke: **16** / 20
Gasthaus • italienisch • deutsche Küche	Ambiente: **7** / 10
	Gesamt: 82 / 100

Ott's Leopoldshöhe
79576 Weil am Rhein

Ein gediegenes Restaurant mit herrlich kühlem Biergarten, das etliche herzhafte Klassiker wie Omas Braten und Geschmortes im Programm hat. Aber auch Flammkuchen und Steaks werden gerne bestellt.

Müllheimer Straße 4	Essen: **42** / 50
+49 7621 98060	Service: **17** / 20
ottshotel.de	Getränke: **16** / 20
Gasthaus • deutsche Küche • Gastgarten • im Grünen	Ambiente: **7** / 10
	Gesamt: 82 / 100

Kostbar
88250 Weingarten

Räumlich geht der Bistrobereich fast nahtlos ins Fine-Dining-Restaurant Markos über. Auch hier gibt es ein Menü in bis zu acht Gängen, ansonsten aber Feines à la carte wie Seeteufel oder Kaninchenrücken.

Ravensburger Straße 56	Essen: **42** / 50
+49 751 56163714	Service: **18** / 20
syrlin-speisewelt.de	Getränke: **18** / 20
Fine Dining • elegant • modern	Ambiente: **8** / 10
	Gesamt: 86 / 100

Markos
88250 Weingarten

Im schicken neuen Restaurant knüpft Marco Akuzun mit seinen höchst filigranen Geschmacksbildern an sein Niveau im Stuttgarter Top Air an und schickt als Gruß weiterhin seine lupenreine Bouillabaisse.

Ravensburger Straße 56	Essen: **43** / 50
+49 751 56163714	Service: **18** / 20
syrlin-speisewelt.de	Getränke: **18** / 20
Fine Dining • modern • elegant	Ambiente: **9** / 10
	Gesamt: 88 / 100

Zeitgeist

76356 Weingarten

Kein Menüzwang, sondern je sechs Vorspeisen, Hauptspeisen, »Sattmacher« und Desserts, die man munter kombinieren kann: Das ist Sebastian Syrbes lässiges Konzept im Fachwerkhaus mit modernem Innenleben.

Marktplatz 7
+49 7244 70370
walksches-haus.de
Hotelrestaurant • gemütlich • entspannt

Essen:	45 / 50
Service:	17 / 20
Getränke:	18 / 20
Ambiente:	8 / 10
Gesamt:	88 / 100

Bistronauten

69469 Weinheim

Studentische Atmosphäre im Bistro, in der offene Küche werden zu Suppe und Dessert täglich drei Hauptgerichte mit Fleisch, Fisch und Gemüse gekocht. Alles ohne Chichi, alles köstlich.

Kopernikusstraße 43
+49 6201 8461856
bistronauten.de
Bistro • regionale Küche • nachhaltig • entspannt

Essen:	42 / 50
Service:	18 / 20
Getränke:	16 / 20
Ambiente:	8 / 10
Gesamt:	84 / 100

EssZimmer

69469 Weinheim

Wer regionale Gourmetküche mag, ist im EssZimmer richtig. Viele Produkte kommen aus der Region wie die Charolais-Kuh vom Seppl aus Grainau, die Zubereitung ist erstklassig. Großartige Weinkarte!

Alte Postgasse 53
+49 6201 8776787
esszimmer-weinheim.de
Fine Dining • regionale Produkte • entspannt

Essen:	43 / 50
Service:	18 / 20
Getränke:	18 / 20
Ambiente:	8 / 10
Gesamt:	87 / 100

Zur Sonne

78250 Wiechs

Idyllische Lage, die Sonnenterrasse ist gut gebucht. Egbert Tribelhorn liebt Mediterranes wie Risotto und gebratene Garnelen, aber auch deutsche Klassiker. Gute Weine und hausgebrannte Schnäpse.

Hauptstraße 57
+49 7736 7543
sonne-wiechs.de
Allrounder • Essen mit Aussicht • entspannt

Essen:	42 / 50
Service:	17 / 20
Getränke:	18 / 20
Ambiente:	8 / 10
Gesamt:	85 / 100

Wiedener Eck

79695 Wieden

Sympathisches familiengeführtes Berghotel. Die Küche lebt den »From nose to tail«-Trend und zaubert herzhafte Klassiker wie Rehrücken und Lamm. Aus der Backstube kommen beste Kuchen und Torten.

Oberwieden 15
+49 7673 9090
wiedener-eck.de
Familienbetrieb • nachhaltig • Essen mit Aussicht

P

Essen:	42 / 50
Service:	18 / 20
Getränke:	18 / 20
Ambiente:	8 / 10
Gesamt:	86 / 100

Talblick

72218 Wildberg

Claus Weibrecht lernte und kochte bei den Großen der Zunft und hat dabei viele Erfahrungen gesammelt. Jetzt bietet er im Gourmetzimmer des gediegenen elterlichen Betriebs ein ambitioniertes Menü an.

Bahnhofsträßle 6
+49 7054 5247
talblick-wildberg.de
Familienbetrieb • klassisch • gemütlich

Essen:	**42**	50
Service:	**17**	20
Getränke:	**17**	20
Ambiente:	**8**	10
Gesamt:	**84**	100

Sonne Wildtal

79194 Wildtal

Badisch-französische Küche gibt es im Fachwerkhaus mit Bistro-Interieur. Das reicht von saftigem Flammkuchen und Wurstsalat bis zu Ceviche vom Kabeljau und Zweierlei vom Hummer mit Ratatouille-Salat.

Talstraße 80
+49 761 61257060
sonnewildtal.com
französisch • deutsche Küche • Meeresfrüchte • modern

Essen:	**43**	50
Service:	**18**	20
Getränke:	**18**	20
Ambiente:	**8**	10
Gesamt:	**87**	100

Sonne

78573 Wurmlingen

Das Traditionsgasthaus hat sich ganz der badischen Küche verschrieben, da gibt es Klassiker wie Rindsragout mit Semmelknödel oder Käsespätzle. Herrlich sind die gefüllten Bratäpfel mit Vanillesauce.

Obere Hauptstraße 1
+49 7461 71102
sonne-wurmlingen.com
Gasthaus • regionale Küche • gemütlich

Essen:	**42**	50
Service:	**17**	20
Getränke:	**16**	20
Ambiente:	**7**	10
Gesamt:	**82**	100

Schlüssel

79669 Zell im Wiesental

Stattlicher Traditionsbetrieb auf 700 Metern Höhe. Bioprodukte spielen eine wichtige Rolle, ein Gedicht sind das Saiblingstatar mit Jalapeños-Schaum und die Entenleber mit Hibiskusblütenreduktion.

Pfaffenberg 2
+49 7625 375
berggasthof-schluessel.de
Gasthaus • deutsche Küche • bio • Essen mit Aussicht

Essen:	**42**	50
Service:	**18**	20
Getränke:	**17**	20
Ambiente:	**8**	10
Gesamt:	**85**	100

Le Cerf

74639 Zweiflingen-Friedrichsruhe

Nur noch selten speist man in so mondänem Ambiente. Aber Boris Rommel versteht es, die klassische französische Hochküche mit Leichtigkeit und manchmal auch einem Augenzwinkern zu interpretieren.

Kärcherstraße 11
+49 7941 60870
schlosshotel-friedrichsruhe.de
Hotelrestaurant • französisch • im Schloss • Terrasse

Essen:	**47**	50
Service:	**18**	20
Getränke:	**19**	20
Ambiente:	**9**	10
Gesamt:	**93**	100

BAYERN

Zum Falken

91587 Adelshofen

Schon die hauseigene Imkerei suggeriert es: Regionalität und Tradition mit individuellem Schliff sind hier angesagt. Wo sonst begegnet man einem Koch mit »Bratwurst-Philosophie«? Nur unter diesem Fachwerk.

Tauberzell 41
+49 9865 941940
landhaus-zum-falken.de
Gasthaus • Vinothek • Terrasse

Essen:	**42** | 50
Service:	**17** | 20
Getränke:	**16** | 20
Ambiente:	**8** | 10
Gesamt:	83 | 100

Schlossrestaurant Hohenstein

96482 Ahorn

Geschichte, die bis ins 14. Jahrhundert zurückreicht, trifft auf eine moderne, hochwertige Küchenkunst und exzellente Weinauswahl. Bei regionalen Produkten von erster Güte ist Genuss garantiert.

Hohenstein 1
+49 9565 9393151
schlosshotel-hohenstein.de
Hotelrestaurant • nachhaltig • im Schloss

Essen:	**43** | 50
Service:	**17** | 20
Getränke:	**18** | 20
Ambiente:	**9** | 10
Gesamt:	87 | 100

Wagner

86551 Aichach

Ein typisches Gasthaus auf dem Land, das auf herzhafte Tradition setzt. Es gibt viel Gebackenes, saftige Ragouts mit Spätzle oder Spinatknödel mit glacierten Tomaten. Beliebt ist der Riesenburger.

Harthofstraße 38
+49 8251 89770
gasthof-wagner.de
Gasthaus • deutsche Küche • Burger • gemütlich

Essen:	**42** | 50
Service:	**17** | 20
Getränke:	**16** | 20
Ambiente:	**8** | 10
Gesamt:	83 | 100

das asam

94501 Aldersbach

Der frühere Klosterhof erstrahlt in neuem Glanz. Die Küche lässt beliebte Klassiker neu aufleben, immer wieder werden sie aber auch modern interpretiert. Auch ein Burger mit Biermayonnaise ist dabei.

Freiherr-von-Aretin-Platz 2
+49 8543 6247624
das-asam.de
deutsche Küche • Gastgarten • traditionell

Essen:	**43** | 50
Service:	**18** | 20
Getränke:	**16** | 20
Ambiente:	**8** | 10
Gesamt:	85 | 100

Altenauer Dorfwirt
82442 Altenau

Das Traditionsgasthaus ist beliebt bei den Einheimischen und verwöhnt mit Herzhaftem wie Brotzeitplatte oder Wurstsalat. Bei den Klassikern dürfen Wiener Schnitzel und Apfelstrudel nicht fehlen.

Obere Dorfstraße 19
+49 8845 7033999
altenauer-dorfwirt.de
Gasthaus • deutsche Küche • regionale Produkte • klassisch

Essen:	**42** | 50
Service:	**17** | 20
Getränke:	**16** | 20
Ambiente:	**7** | 10
Gesamt:	82 | 100

Simons Weingasthof
63755 Alzenau

Nicole und Stephan Eders Erfahrung als Sommelier und Küchenchef spürt und schmeckt man. Ihre Speisekarte strotzt vor Spezialitäten aus Wald, Feld und Weide, auch Vegetarier sind bestens versorgt.

Dörsthof 4
+49 6023 8902
simons-weingasthof.de
Gasthaus • Essen mit Aussicht • klassisch

Essen:	**42** | 50
Service:	**18** | 20
Getränke:	**17** | 20
Ambiente:	**8** | 10
Gesamt:	85 | 100

Abt- und Schäferstube
63916 Amorbach

In pittoresker Lage lässt sich im historischen Gemäuer unter der Leitung von Achim Krutsch und unter der Ambition eines aufstrebenden Gourmetrestaurants trefflich dinieren und Wein trinken.

Schafhof 1
+49 9373 97330
schafhof.de
Gasthaus • Vinothek • im Grünen

Essen:	**44** | 50
Service:	**18** | 20
Getränke:	**17** | 20
Ambiente:	**9** | 10
Gesamt:	88 | 100

La Corona
91522 Ansbach

Nicht nur das florale Ambiente erinnert an einen Kurzurlaub zwischen Riviera und Côte d'Azur. Auch die süß-sauren Nierchen vom Milchkalb mit Essig-Zwetschgen und Stringoli laden zum Abschalten ein.

Johann-Sebastian-Bach-Platz 20
+49 981 9090130
lacorona.de
Vinothek • regionale Produkte • mediterran

Essen:	**43** | 50
Service:	**18** | 20
Getränke:	**18** | 20
Ambiente:	**8** | 10
Gesamt:	87 | 100

Oechsle ‖

63739 Aschaffenburg

Aufgrund seines in Apfelwein geschmorten Schweinebratens mit Semmelknödel, Leberwurstschmelz und Steckrübenkraut könnte das Restaurant ebenso »Zum Goldenen Schwein« heißen. Dazu feine Weine unter Fachwerkcharme.

Karlstraße 16	Essen:	43 | 50
+49 6021 23132	Service:	17 | 20
zumgoldenenochsen.de	Getränke:	17 | 20
Gasthaus • regionale Produkte • traditionell	Ambiente:	8 | 10
	Gesamt:	85 | 100

Heinz Winkler

83229 Aschau im Chiemgau

Der überraschende Tod des Patrons bestürzt die hiesige Gourmetszene. Auch wenn bis Redaktionsschluss klar war, dass Winklers Weggefährte Armin Karrer übernehmen soll, setzen wir die Wertung zunächst aus.

Kirchplatz 1	Essen:	n.b. | 50
+49 8052 17990	Service:	n.b. | 20
residenz-heinz-winkler.de	Getränke:	n.b. | 20
Fine Dining • Terrasse • elegant	Ambiente:	n.b. | 10
P	Gesamt:	n.b. | 100

SoulFood |||

91275 Auerbach

Christine Heß und Michael Laus zeigen in den beiden Menüs »DasEine« und »DasAndere«, was sie auf der Pfanne haben. Und das ist ziemlich viel. Ein Juwel an Ambiente und Aufmerksamkeit.

Unterer Markt 35	Essen:	46 | 50
+49 9643 2052225	Service:	18 | 20
restaurant-soulfood.com	Getränke:	18 | 20
Fine Dining • modern • Terrasse	Ambiente:	9 | 10
	Gesamt:	91 | 100

Stahl Winzerhof ‖

97215 Auernhofen

Ohnehin beliebt für Feiern jedweder Natur, ist allein das Abendessen bei Stahl ein Fest für sich. Köstlich ist das Kräuterweidekalb nebst hausgemachten Kaspressknödeln, dazu ein Bier vom Hopfentroll.

Lange Dorfstraße 21	Essen:	44 | 50
+49 9848 96896	Service:	17 | 20
winzerhof-stahl.de	Getränke:	18 | 20
Gasthaus • Weingut • Delikatessenverkauf	Ambiente:	7 | 10
P	Gesamt:	86 | 100

Alte Liebe

86159 Augsburg

Fine Dining mit fixen Menüs, die es auf Basis von Fisch oder Fleisch gibt. Beim vegetarischen Menü schöpft man im eigenen Garten aus dem Vollen. Großer Wert wird auf bio und Nachhaltigkeit gelegt.

Alpenstraße 21
+49 821 65057850
alte-liebe-augsburg.de
Fine Dining • regionale Produkte • elegant

Essen:	**46** | 50
Service:	**19** | 20
Getränke:	**19** | 20
Ambiente:	**8** | 10
Gesamt:	92 | 100

August

86153 Augsburg

Die Küche von Christian Grünwald nimmt Inspirationen aus der Natur, von Garten, Wald oder Meer. Die kreativen Gerichte bestechen mit intensiven Aromen, Präsentation und Setting sind einzigartig.

Johannes-Haag-Straße 14
+49 821 35279
restaurantaugust.de
Fine Dining • Terrasse • traditionell

Essen:	**47** | 50
Service:	**18** | 20
Getränke:	**18** | 20
Ambiente:	**9** | 10
Gesamt:	92 | 100

maximilian's

86150 Augsburg

Durch die Showküche ist man live dabei. Auf der Karte stehen Klassiker wie Wiener Schnitzel oder Zwiebelrostbraten, aber auch mediterrane Gerichte: italienische Pasta, Bouillabaisse – alles dabei.

Maximilianstraße 40
+49 821 503665
maximilians-augsburg.de
Hotelrestaurant • Allrounder • elegant

Essen:	**42** | 50
Service:	**17** | 20
Getränke:	**16** | 20
Ambiente:	**8** | 10
Gesamt:	83 | 100

Nose & Belly

86152 Augsburg

Hendrik Ketter holt die Inspirationen für seine intelligent und kreativ komponierten Gerichte aus der ganzen Welt. Er legt Wert darauf, auch andere Teile zu servieren als nur Lende, Brust und Rücken.

Heilig-Kreuz-Straße 10
+49 821 50895791
noseandbelly.de
Fine Dining • Allrounder • elegant

Essen:	**43** | 50
Service:	**18** | 20
Getränke:	**18** | 20
Ambiente:	**8** | 10
Gesamt:	87 | 100

Sartory 🍴🍴🍴

86150 Augsburg

Man tafelt in einem schönen Salon, auch die Innenhofterrasse ist elegant. Chef Simon Lang orientiert sich an der französischen Haute Cuisine und erschafft aromenstarke Geschmackserlebnisse. Topweine.

Maximilianstraße 40	Essen: **45** I 50
+49 821 50360	Service: **18** I 20
sartory-augsburg.de	Getränke: **18** I 20
Fine Dining • französisch • Fisch • elegant	Ambiente: **9** I 10
	Gesamt: 90 I 100

Settele 🍴

86179 Augsburg

Auf der Speisekarte mit schwäbisch-bayerischen Klassikern ist alles zu finden, was man sich in den kühnsten Träumen von der Region vorzustellen vermag. Im »Saison & Vision«-Bereich wird es auch mal exotisch.

Martinistraße 29	Essen: **43** I 50
+49 821 84086	Service: **17** I 20
gasthaus-settele.de	Getränke: **16** I 20
Gasthaus • deutsche Küche • Gastgarten	Ambiente: **8** I 10
P	Gesamt: 84 I 100

Brauereigasthof Aying 🍴

85653 Aying

In dem Brauereigasthof ist zweifelsfrei das Biermenü zu empfehlen: Es passt stilecht zu Familienfesten und Firmenfeiern. Obendrauf gibt es gemütliches Kaminknistern in dem stattlichen Wirtshaus.

Zornedinger Straße 2	Essen: **42** I 50
+49 8095 90650	Service: **17** I 20
august-und-maria.de	Getränke: **15** I 20
Gasthaus • Hausmannskost • Biervielfalt	Ambiente: **7** I 10
P	Gesamt: 81 I 100

Schwögler

93077 Bad Abbach

Als bayerisch-mediterran-asiatisch könnte man den Stil von Helmut Schwögler und Crew bezeichnen, wenn Wasabi-Tatar, Vichy-Karotten und Graukas-Schlutzkrapfen serviert werden. Dazu Südtiroler Sauvignon.

Stinkelbrunnstraße 18	Essen: **43** I 50
+49 9405 962300	Service: **17** I 20
schwoegler.de	Getränke: **17** I 20
Allrounder • modern • entspannt	Ambiente: **8** I 10
	Gesamt: 85 I 100

Zirngibl

93077 Bad Abbach

Flair mit schönem Biergarten und gemütlicher Stube. Durchkosten ist angesagt: Variationen von der Forelle, Aufstriche und Lachsmousse, Burger oder Backhendl. Veganer lieben das Selleriecarpaccio.

Am Markt 29	Essen: **42** I 50
+49 9405 954612	Service: **17** I 20
gasthauszirngibl.de	Getränke: **16** I 20
Gasthaus • Allrounder • Gastgarten • gemütlich	Ambiente: **8** I 10
	Gesamt: 83 I 100

Holzapfel

94072 Bad Füssing

In edlem Ambiente mit großen Glasflächen wird Gelee vom Hummer und Taschenkrebs serviert, danach Salzwiesenlamm oder gebratener Tofu. Die Hausgäste genießen zusätzlich Wellness auf hohem Niveau.

Thermalbadstraße 4	Essen: **43** I 50
+49 8531 9570	Service: **17** I 20
hotel-holzapfel.de	Getränke: **16** I 20
Fine Dining • elegant • Cocktails	Ambiente: **8** I 10
	Gesamt: 84 I 100

Kirchawirt

94072 Bad Füssing

Blanke Holztische, gemütlicher Herrgottswinkel, saftiges Wirtsgulasch mit Semmelknödeln und deftige Vesperbretter: Der Kirchawirt lässt bayerische Traditionen hochleben, Stammtisch inklusive.

Bachstraße 15	Essen: **43** I 50
+49 8531 278401	Service: **17** I 20
muehlbach.de	Getränke: **16** I 20
Hotelrestaurant • traditionell • regionale Produkte	Ambiente: **8** I 10
	Gesamt: 84 I 100

Toskana
94072 Bad Füssing

Elegantes, italienisch inspiriertes Restaurant, in dem bei Tomatensuppe mit Büffelmozzarella, Spaghetti mit Meeresfrüchten und Kalbsrücken mit Parmesankruste die Toskana ganz nahe rückt.

Waldstraße 16
+49 8531 9280
parkhotel.stopp.de
Hotelrestaurant • mediterran • elegant

Essen:	**42** / 50
Service:	**17** / 20
Getränke:	**16** / 20
Ambiente:	**8** / 10
Gesamt:	83 / 100

Obere Mühle
87541 Bad Hindelang

Ursprünglich als Sägemühle in Betrieb, »zerkleinert« dieser Ort heute lediglich Stressfaktoren. In der kunstvollen Stube werden Kässpatzen serviert, es wird Chardonnay geschlürft und bei Wellness-Behandlungen entspannt.

Ostrachstraße 40
+49 8324 2857
obere-muehle.de
Gasthaus • nachhaltig • urig

Essen:	**42** / 50
Service:	**17** / 20
Getränke:	**17** / 20
Ambiente:	**8** / 10
Gesamt:	84 / 100

Körners
97688 Bad Kissingen

Nur weil die fränkische Küche vor fleischreichen Schmankerln strotzt, heißt das nicht, dass Vegetarier Hunger leiden müssen. Brezel-Spinat-Knödel mit Crème-fraîche-Tomaten laben hier den »grünen Gusto«.

Iringstraße 7
+49 971 2809
koerners-wirtschaft.de
Casual Dining • regionale Küche • Gastgarten

Essen:	**43** / 50
Service:	**17** / 20
Getränke:	**16** / 20
Ambiente:	**8** / 10
Gesamt:	84 / 100

Laudensacks
97688 Bad Kissingen

Regional gefestigt, interkontinental inspiriert: Küchenchef Frederik Desch und seine Entourage wissen, wie ein Abend zu schmecken hat, wenn man sich damit Meriten verdienen möchte. Geschmack pur!

Kurhausstraße 28
+49 971 72240
laudensacks-parkhotel.de
Fine Dining • im Grünen • elegant

Essen:	**45** / 50
Service:	**18** / 20
Getränke:	**19** / 20
Ambiente:	**9** / 10
Gesamt:	91 / 100

Schuberts

97688 Bad Kissingen

In der ältesten Weinstube Bad Kissingens sollte man besonders schnell zugreifen, wenn Coppa und Ochse auf dem Speiseplan stehen. Vegetarier laben sich an Pfifferlingsrisotto und Aprikosen vom Grill.

Kirchgasse 2	Essen: **42** | 50
+49 971 2624	Service: **18** | 20
weinstube-schubert.de	Getränke: **18** | 20
Casual Dining • traditionell • Geschäftsessen	Ambiente: **8** | 10
	Gesamt: **86** | 100

Osl

93444 Bad Kötzting

Saures Züngerl mit Herz, Niere und Zunge, dazu Semmelknödel vom Angus-Ochsen. Das sind gewiss die Flaggschiffe des Osl. Die Tiere wachsen in biologischer Aufzucht im Familienbetrieb auf, verwertet wird alles.

Marktstraße 32	Essen: **42** | 50
+49 9941 1045	Service: **17** | 20
wirtshaus-osl.de	Getränke: **17** | 20
Gasthaus • eigene Landwirtschaft • nachhaltig	Ambiente: **8** | 10
	Gesamt: **84** | 100

Salin

83435 Bad Reichenhall

Schickes Industriedesign mit viel Kunst, der sonnige Gastgarten ist ein Traum. Erfrischend ist der Tomaten-Brot-Salat mit Mozzarella, beim Burger mit Schweinebauch auf Laugensemmel wird es deftiger.

Alte Saline 2	Essen: **42** | 50
+49 8651 7174907	Service: **17** | 20
salin-reichenhall.de	Getränke: **17** | 20
Allrounder • mediterran • Essen mit Aussicht	Ambiente: **9** | 10
	Gesamt: **85** | 100

Heimatküche

83646 Bad Tölz

Schöne Lage mit Traumterrasse direkt am Fluss. Der Chef setzt auf bodenständige Küche, seine Südtiroler Heimat spiegelt sich natürlich auf der Karte wider. Da dürfen Schlutzkrapfen nicht fehlen.

An der Isarlust 1	Essen: **43** | 50
+49 8041 6030	Service: **18** | 20
schwingshackl-esskultur.de	Getränke: **17** | 20
italienisch • Essen mit Aussicht • entspannt	Ambiente: **8** | 10
P	Gesamt: **86** | 100

Jägerwirt
83646 Bad Tölz

Ob zum Rasten nach der Radtour oder zum Kirchbichler Rind mit Rotweinsauce nach der Konfirmation: Hier finden Alt und Jung einen Ort vor, der Leib und Gemüt auf traditionelle Art zu erfreuen vermag.

Nikolaus-Rank-Straße 1
+49 8041 9548
jaegerwirt.de
eigener Kräutergarten • regionale Produkte • Terrasse

Essen:	42 | 50
Service:	17 | 20
Getränke:	15 | 20
Ambiente:	7 | 10
Gesamt:	81 | 100

Schwingshackl
83646 Bad Tölz

Feinste lokalen Produkte und viel Liebe zum Detail sind die Basis für die bemerkenswerten Menüs von Sternekoch Erich Schwingshackl. Der charmante Service von Chefin Katharina macht den Abend perfekt.

An der Isarlust 1
+49 8041 6030
schwingshackl-esskultur.de
Fine Dining • regionale Produkte • elegant

Essen:	45 | 50
Service:	18 | 20
Getränke:	18 | 20
Ambiente:	8 | 10
Gesamt:	89 | 100

Freihaus Brenner
83707 Bad Wiessee

Blutwurstgröstl, Bauernente mit Blaukraut oder bayrisches Jungbullenfilet: So schmeckt Bodenständigkeit im Freihaus Brenner. Dazu gibt es frisch gezapftes Bier aus dem Herzoglichen Brauhaus Tegernsee.

Freihaus 4
+49 8022 86560
freihaus-brenner.de
Gasthaus • Hausmannskost • traditionell

Essen:	42 | 50
Service:	17 | 20
Getränke:	16 | 20
Ambiente:	8 | 10
Gesamt:	83 | 100

Weinstube Drei Kronen
91438 Bad Windsheim

Wer meint, es gäbe keine japanisch-fränkische Fusionsküche, lasse sich bei Marco Schneider eines Besseren belehren und erlebe bereits bei der Lektüre des Menüs, wie sich mentales Kofferpacken anfühlt.

Schüsselmarkt 7
+49 9841 9199903
weinstubedreikronen.de
japanisch • regionale Produkte • Cocktails

Essen:	43 | 50
Service:	18 | 20
Getränke:	18 | 20
Ambiente:	7 | 10
Gesamt:	86 | 100

Calla
86825 Bad Wörishofen

Jörg Richters Credo sind fernöstliche, intensive Aromen, die er gekonnt mit regionalen Gerichten vereint. Wie etwa bei der Seeforelle mit Kapernblättern, Limette, Banane, Polenta und weißer Bohne.

Hermann-Aust-Straße 11
+49 8247 9590
spahotel-sonnenhof.de
Hotelrestaurant • deutsche Küche • japanisch

Essen:	43 | 50
Service:	19 | 20
Getränke:	18 | 20
Ambiente:	8 | 10
Gesamt:	88 | 100

Fontenay — 86825 Bad Wörishofen

Stilvolles Ambiente im kleinen Kurschlösschen. Die Küche kombiniert Traditionelles mit raffinierter Leichtigkeit. Täglich wechselnde Menüs, auch auf Unverträglichkeiten wird Rücksicht genommen.

Eichwaldstraße 8–12
+49 8247 3060
kurhotel-fontenay.de
Hotelrestaurant • deutsche Küche • klassisch

Essen:	**43**	50
Service:	**18**	20
Getränke:	**16**	20
Ambiente:	**8**	10
Gesamt:	85	100

Kleehof — 96052 Bamberg

Heimatküche steht hier auf dem Programm, dahinter stehen frisch zubereitete und saisonal wechselnde Gerichte aus Produkten und Zutaten von regionalen Erzeugern. Dazu ausschließlich Frankenweine.

Untere Königstraße 6
+49 951 21713
kleehof.com
Biervielfalt • vegetarisch • elegant

Essen:	**42**	50
Service:	**17**	20
Getränke:	**16**	20
Ambiente:	**8**	10
Gesamt:	83	100

Rocus — 96148 Baunach

Aus dem alten Bahnhof wurde ein lichter Ort für Leckereien aus den sonnigen Gefilden Europas. Besonders wenn Lamm auf der stets saisonaktuellen Karte angeboten wird, sollte man nicht zögern.

Bahnhofstraße 16
+49 9544 20640
restaurant-rocus.de
Allrounder • mediterran • Gastgarten

Essen:	**43**	50
Service:	**17**	20
Getränke:	**17**	20
Ambiente:	**8**	10
Gesamt:	85	100

Klosterhof — 83457 Bayerisch Gmain

Ein Ort der Inspiration und des Genusses. Küchenchef Sascha Förster sorgt mit seinen Kreationen für kulinarische Begeisterung, sein Stil wandert gekonnt zwischen Regionalität und Internationalität.

Steilhofweg 19
+49 8651 98250
klosterhof.de
Hotelrestaurant • Allrounder • gemütlich

Essen:	**43**	50
Service:	**18**	20
Getränke:	**18**	20
Ambiente:	**8**	10
Gesamt:	87	100

Wolffenzacher

95444 Bayreuth

Wirtshaus mit Biergarten und viel nostalgischem Charme. Die Karte bietet deftige Bratwürste mit Sauerkraut, saftige Braten mit Knödel und feuriges Tatar. Herrlich sind die fränkischen Tapas.

Badstraße 1 +49 921 64552 wolffenzacher.de **Gasthaus • deutsche Küche • Gastgarten • gemütlich**	Essen: **42** I 50 Service: **17** I 20 Getränke: **16** I 20 Ambiente: **8** I 10 Gesamt: 83 I 100

Der Millipp

92339 Beilngries

Das Gasthof wird inzwischen in der 15. Generation geführt, klar, dass Tradition hier großgeschrieben wird. Dazu gehört deftiges regionales Essen wie köstlich-krosser Schweinebraten mit Klößen.

Hauptstraße 9 +49 8461 1203 millipp.de **Gasthaus • deutsche Küche • eigene Fleischerei • gemütlich**	Essen: **42** I 50 Service: **17** I 20 Getränke: **15** I 20 Ambiente: **8** I 10 Gesamt: 82 I 100

Dürrlehen

83471 Berchtesgaden

Eine Weisheit, die hier gelernt wird: Die hausgemachten Spätzle und Michis hausgemachter Kartoffelsalat schließen einander als Beilage keineswegs aus. Dazu das »Dürrlehen Pfand'l« – und gut g'essn is'.

Almbachweg 17 +49 8652 3473 duerrlehen.de **Gasthaus • Essen mit Aussicht • Terrasse** P	Essen: **42** I 50 Service: **18** I 20 Getränke: **15** I 20 Ambiente: **7** I 10 Gesamt: 82 I 100

Esszimmer

83471 Berchtesgaden

Schönes Gewölbe mit holzvertäfelten Wänden. Die Küche ist innovativ und bedient sich bester Bioprodukte aus der Umgebung. Bestens: Tiradito vom Zander mit Alpengarnele und Purple-Rain-Kartoffeln.

Nonntal 7 +49 8652 6554301 esszimmer-berchtesgaden.com **Gasthaus • regionale Produkte • Gastgarten • gemütlich** P	Essen: **43** I 50 Service: **18** I 20 Getränke: **17** I 20 Ambiente: **8** I 10 Gesamt: 86 I 100

Marika Hildebrandt

Graflhöhe

83471 Berchtesgaden

Windbeutel ist der neue Burger, nur vielseitiger. Ob gefüllt mit Sahne und Kirschen, in Form von BBQ oder direkt als »Döner-Windbeutel«: Es wird gewindbeutelt, und zwar mit alpinem Panoramablick.

Scharitzkehlstraße 8
+49 8652 2577
windbeutelbaron.de
Essen mit Aussicht • am Berg • unkonventionell

Essen:	42 | 50
Service:	17 | 20
Getränke:	15 | 20
Ambiente:	8 | 10
Gesamt:	82 | 100

Johann Grill

83471 Berchtesgaden

Mit Blick auf die Berchtesgadener Bergwelt genießt man eine authentische Regionalküche, für die hauptsächlich heimische Produkte verwendet werden. Veganer freuen sich über den Wiesenkräutersalat.

Hintereck 1
+49 8652 97550
kempinski.com
Hotelrestaurant • regionale Küche • im Grünen • entspannt

Essen:	43 | 50
Service:	17 | 20
Getränke:	18 | 20
Ambiente:	8 | 10
Gesamt:	86 | 100

Lockstein 1

83471 Berchtesgaden

Wer bei Christl und Gabi Kurz einkehrt, kann sich sicher sein, dass die Zutaten auf dem Teller nur wenige Meter entfernt geerntet worden sind. Ein Menü wie ein Studium der Botanik, bloß schmackhafter.

Locksteinstraße 1
+49 8652 980
biohotel-kurz.de
Hotelrestaurant • vegetarisch • Essen mit Aussicht

Essen:	42 | 50
Service:	18 | 20
Getränke:	15 | 20
Ambiente:	8 | 10
Gesamt:	83 | 100

Pur

83471 Berchtesgaden

Dessert in Form des pittoresken Panoramas auf dem Obersalzberg gefällig? Ulrich Heimann lässt wenig Wünsche offen – und getrost ergibt man sich seinem Degustationsmenü und diniert in dänischem Design.

Hintereck 1
+49 8652 97550
kempinski.com
Fine Dining • am Berg • elegant

Essen:	45 | 50
Service:	18 | 20
Getränke:	17 | 20
Ambiente:	8 | 10
Gesamt:	88 | 100

Gräfenthal — 95463 Bindlach

Gemütliches Traditionshaus mit Kachelofen. Auf die Teller kommen saftige Braten oder Rindsragout mit Knödeln, Klassiker ist die knusprige Ente, auch französische oder asiatische Aromen fließen ein.

Obergräfenthal 7
+49 9208 289
landhaus-graefenthal.de
eigener Gemüsegarten • eigener Kräutergarten • urig

Essen:	**43** I 50
Service:	**18** I 20
Getränke:	**17** I 20
Ambiente:	**8** I 10
Gesamt:	86 I 100

Laurer — 92262 Birgland

Tradition, Naturverbundenheit und Gastlichkeit in der sechsten Generation. Feiner Geschmack bei Carpaccio vom Biorind mit geriebenem Heumilchkäse, mediterraner wird es bei gebratenem Zander mit Hummerschaum.

Sunzendorf 2 1/2
+49 9666 276
gasthaus-laurer.com
Gasthaus • eigener Kräutergarten • Hausmannskost

Essen:	**43** I 50
Service:	**18** I 20
Getränke:	**16** I 20
Ambiente:	**7** I 10
Gesamt:	84 I 100

Zum Ritter — 92262 Birgland

Heimatküche, gewürzt mit einem Quäntchen Lust auf Sonne. Daraus entstehen Gerichte wie etwa »Provenzalisches Rinderragout mit Orange und Lavendel-Serviettenknödel«. Denn Slow Food ist Soul Food.

Eckeltshof 8
+49 9157 394
ritter-eckeltshof.de
Gasthaus • regionale Küche • Terrasse

Essen:	**42** I 50
Service:	**17** I 20
Getränke:	**16** I 20
Ambiente:	**8** I 10
Gesamt:	83 I 100

Augustiner — 97346 Birklingen

Zwischen Schäufele, Schweinelende und Schnitzel sind Karnivoren in diesem ehemaligen Kloster klar im Vorteil. Eine besinnlichere Bratwurst mit Sauerkraut und Walnussbaguette hat es selten gegeben.

Klostergasse 6
+49 9326 978950
augustiner-am-see.de
deutsche Küche • Essen mit Aussicht • Gewölbe

Essen:	**42** I 50
Service:	**17** I 20
Getränke:	**15** I 20
Ambiente:	**8** I 10
Gesamt:	82 I 100

Dorfwirt
87544 Blaichach

Bei Fragen ums Kulinarische hat der Dorfwirt immer eine Antwort parat. Auf ein Schnitzel in die Wirtschaft? Steak im Grillstadl? Oder ein Bier im Garten? Hungrig geht hier keiner raus.

Burgberger Straße 48
+49 8321 88822
dorfwirt-blaichach.de
Gasthaus • Biervielfalt • gemütlich

Essen:	42 / 50
Service:	18 / 20
Getränke:	15 / 20
Ambiente:	8 / 10
Gesamt:	83 / 100

Behl's Restaurant
63825 Blankenbach

Nach dem stets saisonalen und regionalen Menü von Arno Dirker sollte man eine Übernachtung mit einplanen. Denn auch die Gewächse aus dem Weinkeller und die Destillate aus der Brennerei sind verlockend.

Krombacher Straße 2
+49 6024 4766
behl.de
Hotelrestaurant • Vinothek • regionale Produkte

Essen:	43 / 50
Service:	17 / 20
Getränke:	18 / 20
Ambiente:	7 / 10
Gesamt:	85 / 100

Villino
88131 Bodolz

»La Cucina dei Sensi« lautet der Küchenstil Toni Neumanns, der kein Liebhaber von Limits ist, zumindest nicht am Herd. Japanisch und italienisch geht es bei ihm zu, Bagna càuda und Yuzu-Beurre-blanc.

Mittenbuch 6
+49 8382 93450
villino.de
Familienbetrieb • im Grünen • Fine Dining

Essen:	45 / 50
Service:	18 / 20
Getränke:	18 / 20
Ambiente:	8 / 10
Gesamt:	89 / 100

Stern
63927 Bürgstadt

Die Zeiten, in denen regionale Küche deftige Hausmannskost bedeutete, sind vorbei. Das zeigen Lokale wie dieses, das mit Sülze mit Senf-Graupen-Vinaigrette und mit Wildschwein mit Wasabi-Nuss punktet.

Hauptstraße 23/25
+49 9371 40350
hotel-weinhaus-stern.de
Gasthaus • regionale Küche • traditionell

Essen:	42 / 50
Service:	18 / 20
Getränke:	17 / 20
Ambiente:	8 / 10
Gesamt:	85 / 100

Zum Weißen Rössl

97705 Burkardroth

Man blickt auf 400 Jahre Gasthausgeschichte zurück. Auf den Teller kommt regionales, nachhaltiges, traditionelles Essen, immer modern interpretiert. Zum Finale werden eigene Obstbrände serviert.

Von-Henneberg-Straße 15
+49 9734 201
weisses-roessl-rhoen.de
Gasthaus • Familienbetrieb • deutsche Küche • Terrasse

Essen:	43 | 50
Service:	18 | 20
Getränke:	16 | 20
Ambiente:	8 | 10
Gesamt:	85 | 100

Am Ödenturm

93413 Chammünster

Ob saftiges Rumpsteak oder zartes Rahmschnitzel, Rehrücken oder Risotto: In diesen romantischen Gemäuern wird ein jeder Gaumen froh. Eine umfassende Weinkarte lädt zur lustvollen Lektüre ein.

Am Ödenturm 11
+49 9971 89270
oedenturm.de
Gasthaus • klassisch • im Grünen

Essen:	42 | 50
Service:	17 | 20
Getränke:	18 | 20
Ambiente:	8 | 10
Gesamt:	85 | 100

Goldener Pflug

83339 Chieming

Gratiniert, geflämmt, geräuchert, gebeizt oder getrüffelt: Hier geht es mit allerlei Handwerk zur Sache, wobei das »Perlhuhn Suprême« gewiss zu den besonderen Köstlichkeiten auf dem Gut Ising zählt.

Kirchberg 3
+49 8667 79172
gut-ising.de
Hotelrestaurant • Allrounder • traditionell

Essen:	42 | 50
Service:	18 | 20
Getränke:	17 | 20
Ambiente:	7 | 10
Gesamt:	84 | 100

Schwarzberghof

85221 Dachau

Das Menü im Landhausambiente wechselt im Rhythmus der Jahreszeiten, auf das Filet vom schottischen Lachs ist jedoch immer Verlass. Tagesempfehlungen mit regionalen und mediterranen Akzenten.

Augsburger Straße 105
+49 8131 338060
schwarzberghof.eu
Hotelrestaurant • regionale Küche • klassisch

Essen:	42 | 50
Service:	17 | 20
Getränke:	17 | 20
Ambiente:	8 | 10
Gesamt:	84 | 100

Seehaus

86911 Dießen

Es ist kein Wunder, dass wochenends hier wie wild geheiratet wird. Denn in der hölzern verkleideten Stube wird vereint, was zusammengehört. Beispielsweise glasierte Entenbrust mit Honig und Rosmarin.

Seeweg-Süd 22
+49 8807 7300
seehaus.de
regionale Küche • Seeterrasse • romantisch

Essen:	42 | 50
Service:	17 | 20
Getränke:	17 | 20
Ambiente:	9 | 10
Gesamt:	85 | 100

Storchennest
89407 Dillingen an der Donau

Aufgestockt wurden im vergangenen Jahr die vegetarischen Gerichte wie etwa die getrüffelte Gemüselasagne. Auf hausgebeizten Lachs und allerlei Fleisch-Jus-Variationen muss aber niemand verzichten.

Demleitnerstraße 6
+49 9071 4569
storchen-nest.de
Familienbetrieb • Terrasse • klassisch

Essen:	**42** | 50
Service:	**17** | 20
Getränke:	**17** | 20
Ambiente:	**7** | 10
Gesamt:	**83** | 100

Altdeutsches Restaurant
91550 Dinkelsbühl

Frei nach dem Credo »unsere Leidenschaft und unsere Heimat« serviert man hier in kunstvollem Fachwerk ein Menü aus drei bis fünf Gängen moderner Traditionsküche sowie Weine aus der ganzen Welt.

Weinmarkt 3
+49 9851 6058
deutsches-haus-dkb.de
Gasthaus • regionale Produkte • gemütlich

Essen:	**42** | 50
Service:	**18** | 20
Getränke:	**17** | 20
Ambiente:	**8** | 10
Gesamt:	**85** | 100

Alter Saal
93182 Duggendorf

Ob geerdet oder gehoben, Eierspätzle oder Entenleber: Bei den Hummels werden Gaststube und Gourmetküche in einem Idyll aus Wald und Wiesen vereint. Der Sommer versammelt am Grill, der Winter am Kamin.

Heitzenhofener Straße 16
+49 9473 324
gasthaushummel.de
Gasthaus • im Grünen • elegant

Essen:	**42** | 50
Service:	**17** | 20
Getränke:	**17** | 20
Ambiente:	**8** | 10
Gesamt:	**84** | 100

Gourmetstube
93182 Duggendorf

Das edle Interieur passt perfekt zur gehobenen kreativen Küchenlinie, aber auch Bodenständiges wie zarte Braten oder vegetarische Gerichte gelingen hervorragend. Beliebt sind die Grillabende.

Heitzenhofener Straße 16
+49 9473 324
gasthaushummel.de
Fine Dining • regionale Produkte • modern • elegant

Essen:	**45** | 50
Service:	**18** | 20
Getränke:	**18** | 20
Ambiente:	**8** | 10
Gesamt:	**89** | 100

Luibl
84307 Eggenfelden

Das Gebäude stammt aus dem 15. Jahrhundert, doch das Restaurant strahlt mit moderner Küche fröhliche Entspanntheit aus. An Holztischen werden Oktopussalat, Beef tatar und Seafood-Pasta serviert.

Stadtplatz 15
+49 8721 507217
luibl.de
Gasthaus • mediterran • entspannt • Cocktails

Essen:	**42** | 50
Service:	**16** | 20
Getränke:	**16** | 20
Ambiente:	**8** | 10
Gesamt:	**82** | 100

Gambero Rosso da Domenico 🍴🍴

97246 Eibelstadt

Wer seiner Mutter ein ganzes Menü widmet, meint es ernst mit den Geschmäckern der Heimat. Darum lässt Domenico Cannizzaro den Gast in Form seines Teresuzza-Menüs schmecken, was Fassone mit amore ist.

Mühle 2
+49 9303 9843782
gambero-rosso.eu
Delikatessenverkauf • italienisch • gemütlich

Essen:	**43** | 50
Service:	**17** | 20
Getränke:	**17** | 20
Ambiente:	**8** | 10
Gesamt:	85 | 100

Weinforum Franken 🍴🍴

97246 Eibelstadt

Dass die fränkische Küche facettenreich und vielseitig ist, beweist Küchenchef Rainer Trautenbach tagtäglich mit seinen feingemachten traditionellen Gerichten, die weit über das Herzhafte hinausgehen.

Hauptstraße 37
+49 9303 9845090
weinforum-franken.de
Gasthaus • regionale Küche • gemütlich

Essen:	**44** | 50
Service:	**18** | 20
Getränke:	**18** | 20
Ambiente:	**8** | 10
Gesamt:	88 | 100

Röhrl 🍴

93161 Eilsbrunn

Urige Einrichtung mit dunklen Paneelen trifft auf einfache, herzhafte Gerichte. Ein Muss sind die Stelze mit Kruste und das Schnitzel in Brezenpanade, das vor dem Braten mit süßem Senf eingerieben wird.

Regensburger Straße 3
+49 9404 2112
gaststaette-roehrl.de
Gasthaus • Hausmannskost • Gastgarten • urig

P

Essen:	**42** | 50
Service:	**17** | 20
Getränke:	**15** | 20
Ambiente:	**8** | 10
Gesamt:	82 | 100

Luce d'Oro 🍴🍴🍴🍴

82493 Elmau

Inspiriert von seinen Reisen, insbesondere durch Japan und Frankreich, versetzt Christoph Rainer seinen Gerichten klare Konturen. Besser so, denn Aromatik, Ambiente und Ausblick sind beflügelnd genug.

Elmau 2
+49 8823 180
schloss-elmau.de
Fine Dining • am Berg • Essen mit Aussicht

P

Essen:	**48** | 50
Service:	**19** | 20
Getränke:	**19** | 20
Ambiente:	**9** | 10
Gesamt:	95 | 100

Basilikum 🍴🍴

91054 Erlangen

Für den visuellen Eindruck sorgt mit eigens für das Restaurant kreierten Werken die Künstlerin Lucy Jane Stephenson. Für den sensorischen die hausgemachten Steinpilzravioli nebst ausgefeilter Weinkarte.

Altstädter Kirchenplatz 2
+49 9131 490980
basilikum-erlangen.de
Casual Dining • mediterran • entspannt

Essen:	**42** | 50
Service:	**17** | 20
Getränke:	**18** | 20
Ambiente:	**8** | 10
Gesamt:	85 | 100

Fränkische Stube

91056 Erlangen

Schäufele in Altbiersauce, steirisches Backhendl und Spanferkel sind seit nunmehr acht Generationen die Favoriten der Gastwirtschaft. Nicht umsonst trifft man hier viele Stammgäste und Einheimische.

Am Deckersweiher 26
+49 9131 75540
gasthaus-polster.de
Gasthaus • Backhendl • entspannt

Essen:	**43** | 50
Service:	**17** | 20
Getränke:	**15** | 20
Ambiente:	**7** | 10
Gesamt:	82 | 100

Muskat

91054 Erlangen

Mit einer täglich wechselnden Karte saisonaler und regionaler Produkte punktet der Familienbetrieb mit der Überzeugung für Handfertigkeit und Naturkost. Etwa in Form von Semmelknödeln mit Pilzragout.

Hauptstraße 60
+49 9131 974343
das-muskat.de
regionale Produkte • bio • vegetarisch

Essen:	**42** | 50
Service:	**17** | 20
Getränke:	**18** | 20
Ambiente:	**8** | 10
Gesamt:	85 | 100

Polster Gourmet

91056 Erlangen

Bodenständig und regional kann Johann Polster, so verpasst er der fränkischen Küche einen besonderen Dreh. Das schmeckt dann nach Zander-Weißwürsten oder Erdbeerknödeln bei Abendsonne im Polstergarten.

Am Deckersweiher 26
+49 9131 75540
gasthaus-polster.de
Gasthaus • deutsche Küche • Familienbetrieb

Essen:	**42** | 50
Service:	**17** | 20
Getränke:	**16** | 20
Ambiente:	**8** | 10
Gesamt:	83 | 100

Aschbacher Hof

83620 Feldkirchen-Westerham

Die saisonale Karte von Küchenchef Heiko Obermaier wechselt, die Kuchen und Torten werden das ganze Jahr über selbst gebacken. Bei grandiosem Alpenblick auf der Terrasse vergisst man gerne die Zeit.

Aschbach 3
+49 8063 80660
aschbacher-hof.de
Gasthaus • Essen mit Aussicht • klassisch

Essen:	**43** | 50
Service:	**17** | 20
Getränke:	**17** | 20
Ambiente:	**8** | 10
Gesamt:	85 | 100

Greifen-Post

91555 Feuchtwangen

Unter den elegant garnierten Gerichten schaffen es besonders Sülze im Glas und Schäufele in die Herzen der Gäste. Ein stattlicher Schmaus nach dem Spazieren durch die schmucke Feuchtwangener Altstadt.

Marktplatz 8
+49 9852 6800
hotel-greifen.de
Hotelrestaurant • Terrasse • gemütlich

Essen:	**42** | 50
Service:	**17** | 20
Getränke:	**16** | 20
Ambiente:	**7** | 10
Gesamt:	82 | 100

Kaminzimmer 🍴🍴

86923 Finning

Klare, geradlinige Formen und Fine Dining sind angesagt, dann wieder regional-gutbürgerlich oder modern-saisonal. Immer sehr schön angerichtet. Sonntags gibt es ein Menü in drei oder vier Gängen.

Staudenweg 6	Essen:	42 | 50
+49 8806 92000	Service:	18 | 20
staudenwirt.de	Getränke:	17 | 20
Fine Dining • regionale Produkte • modern	Ambiente:	8 | 10
	Gesamt:	85 | 100

Staudenwirt 🍴

86923 Finning

Zwar sind zwischen Schnitzel, Spätzle und Strammem Max auch alle anderen Wirtshausklassiker vertreten. Doch lädt ein überregionaler Hauch von Curry und Antipasti zur Exkursion über den Tellerrand hinaus ein.

Staudenweg 6	Essen:	42 | 50
+49 8806 92000	Service:	17 | 20
staudenwirt.de	Getränke:	16 | 20
Gasthaus • Familienbetrieb • modern	Ambiente:	8 | 10
	Gesamt:	83 | 100

Alter Wirt 🍴

83730 Fischbachau

Ob zum Wandern mit Alpakas, zum Radeln zum Tegernsee oder zum Fliegenfischen: Irgendwann braucht jeder Mensch ein Beef tatar mit Tasmanischer-Bergpfeffer-Dip oder ein Backhendl in Begleitung eines Biers.

Leitzachtalstraße 209	Essen:	42 | 50
+49 8028 9053610	Service:	17 | 20
rubins-alterwirt.de	Getränke:	15 | 20
Gasthaus • Backhendl • gemütlich	Ambiente:	7 | 10
P	Gesamt:	81 | 100

Zöllner's Weinstube 🍴🍴

91301 Forchheim

Ein Ort für diejenigen, die Johannes Zöllners Zutaten in all ihren Facetten erleben möchten. Orange gefällig? Wie wäre es dann mit gebeiztem Orangenlachs mit Gewürzorangen und Orangengel nebst Ei und Kaviar.

Sigritzau 1	Essen:	43 | 50
+49 9191 13886	Service:	18 | 20
zoellners-weinstube.de	Getränke:	17 | 20
Gasthaus • Gewölbe • eigener Kräutergarten	Ambiente:	8 | 10
	Gesamt:	86 | 100

Zum Vaas 🍴🍴

85661 Forstinning

Das Ratatouille für das Filet vom Kabeljau kommt frisch aus dem Garten, das Bier von den umliegenden Brauereien und Honig sowie Brot aus dem Dorf. Nach diesem Besuch weiß man, wie Forstinning schmeckt.

Münchner Straße 88	Essen:	42 | 50
+49 8121 43091	Service:	18 | 20
zum-vaas.de	Getränke:	18 | 20
Gasthaus • eigener Gemüsegarten • traditionell	Ambiente:	8 | 10
P	Gesamt:	86 | 100

Schwarzkopf

97833 Frammersbach

Beim Eistee aus gesammelten und fermentierten Brombeerblättern im Garten von Anja und Stefan Pumm schmeckt das Sorbet aus selbigen gleich besser. Dazwischen: Bergkäse-, Brennnessel- und Bete-Knödel.

Lohrer Straße 80	Essen:	42 | 50
+49 9355 307	Service:	18 | 20
schwarzkopf-spessart.de	Getränke:	17 | 20
Delikatessenverkauf • nachhaltig • gemütlich	Ambiente:	8 | 10
	Gesamt:	85 | 100

Gourmet Karner

83112 Frasdorf

Manuel Wimmer weiß seine Gäste mit bayerischer Garnele und Bisque, Bachforelle und Brunnenkresse zu begeistern. Mit dem Gourmetmenü von acht Gängen ist der aromatische Ausflug durch den Chiemgau gewiss.

Nussbaumstraße 6	Essen:	43 | 50
+49 8052 17970	Service:	18 | 20
landgasthof-karner.com	Getränke:	18 | 20
Gasthaus • Essen mit Aussicht • romantisch	Ambiente:	9 | 10
	Gesamt:	88 | 100

Michael's Leitenberg

83112 Frasdorf

Angenehme, legere Atmosphäre. Michael Schlaipfer liefert dazu internationale Gourmetküche: So trifft weißer Spargel auf Miso, Erdnuss und japanisches Kimizu. Im Keller lagern rund 200 Weine.

Weiherweg 3	Essen:	45 | 50
+49 8052 2224	Service:	18 | 20
michaels-leitenberg.de	Getränke:	18 | 20
Fine Dining • elegant • modern	Ambiente:	9 | 10
	Gesamt:	90 | 100

STUBN

83112 Frasdorf

Auf 950 Metern Höhe zelebriert Max Müller hier eine fantastische Küche mit Produkten der Region. Mal rustikaler, mal elaborierter – perfekt abgeschmeckt und mit Pfiff sind die Kreationen immer.

Zellboden 2	Essen:	44 | 50
+49 151 70642707	Service:	18 | 20
stubn.co	Getränke:	19 | 20
regionale Produkte • gemütlich • im Grünen • am Berg	Ambiente:	9 | 10
	Gesamt:	90 | 100

Moosleitner

83395 Freilassing

Wirtshaustradition seit Jahrhunderten mit Kastaniengastgarten, wo Bier, Maibock, Wiener Schnitzel und Backhendl gut schmecken. Kreativ wird es bei Pasta mit Garnelen, Gemüse und Curry-Kokos-Sauce.

Wasserburger Straße 52	Essen:	43 | 50
+49 8654 63060	Service:	17 | 20
moosleitner.com	Getränke:	16 | 20
Gasthaus • Hausmannskost • nachhaltig • gemütlich	Ambiente:	8 | 10
	Gesamt:	84 | 100

Zollhäusl

83395 Freilassing

Uriges Traditionslokal, in dem sogar die Speisekarte teilweise auf Bayerisch gehalten ist. Klassiker: Jungschweinbraten in Dunkelbiersauce, Biergulasch mit Semmelknödel und dazu ein frisch gezapftes Bier.

Zollhäuslstraße 11
+49 8654 62011
zollhaeusl.de
Gasthaus • traditionell • deutsche Küche

Essen:	**42** | 50
Service:	**17** | 20
Getränke:	**16** | 20
Ambiente:	**8** | 10
Gesamt:	83 | 100

Schuster

94078 Freyung

Bei Leopold Schuster findet ein jeder, der in regionaler Küche und im Einklang mit den regionalen Gewächsen aufzublühen vermag, sein persönliches Glück. Namentlich und inhaltlich ein »Genusswerk«.

Ort 19
+49 8551 7184
landgasthaus-schuster.de
Gasthaus • Vinothek • elegant

P

Essen:	**42** | 50
Service:	**18** | 20
Getränke:	**18** | 20
Ambiente:	**8** | 10
Gesamt:	86 | 100

Ehrbar

97252 Frickenhausen am Main

Wer meint, dass man sich in Franken zwischen bayerischer und mondäner Küche entscheiden müsse, täuscht sich. Speisen wie die Weißwurstravioli und das »Fränkisch Surf and Turf« beweisen es.

Hauptstraße 17
+49 9331 651
ehrbar-weinstube.de
Gasthaus • Hausmannskost • urig

Essen:	**42** | 50
Service:	**17** | 20
Getränke:	**17** | 20
Ambiente:	**8** | 10
Gesamt:	84 | 100

Fürstenfelder

82256 Fürstenfeldbruck

Direkt aus dem spanischen Holzkohlengrill kommen Fleisch und Grillgemüse. Der Biergarten und das Mittagsbuffet zum Mitnehmen stehen für Wanderer parat, der Rest labt sich an Fürstenfelder Kloster-Bowl.

Fürstenfeld 15
+49 8141 88875410
fuerstenfelder.com
im Grünen • bio • Gewölbe

P

Essen:	**42** | 50
Service:	**16** | 20
Getränke:	**15** | 20
Ambiente:	**8** | 10
Gesamt:	81 | 100

Klosterstüberl

82256 Fürstenfeldbruck

Wer die bayerische Seele auf einem Teller serviert bekommen möchte, kehre bei Martin Peter ein und labe sich bei Bier an Brezenknödeln, Bergkäsenocken und seinen berühmten Beuteln aus Wind und Wonne.

Fürstenfeld 7c
+49 8141 526819
klosterstueberl.de
Biervielfalt • Gastgarten • urig

Essen:	**42** | 50
Service:	**17** | 20
Getränke:	**16** | 20
Ambiente:	**9** | 10
Gesamt:	84 | 100

ChopsticK

90765 Fürth

Das »C« steht für Chan und das »K« für Ka Man, sie bilden namentlich und persönlich die Säulen des ChopsticK, dem Pilgerort für Asiatisches aller Art mit Blick auf den Prater Weiher. Und mit Whisk(e)y.

Erlanger Straße 59
+49 911 7906469
chopstick-fuerth.de
chinesisch • modern • Cocktails

Essen:	**42** | 50
Service:	**18** | 20
Getränke:	**14** | 20
Ambiente:	**7** | 10
Gesamt:	81 | 100

Grüner Brauhaus

90762 Fürth

Klassische Schankwirtschaft mit bodenständiger Küche, die Produkte sind vorwiegend bio. Fein sind Sülzchen und vegane Kartoffelsuppe als Einstieg, das Wiener Schnitzel wird mit Brezenbrösel paniert.

Comödien-Platz 1
+49 911 74929947
gruener-brauhaus.de
Brauerei • deutsche Küche • klassisch

Essen:	**42** | 50
Service:	**17** | 20
Getränke:	**16** | 20
Ambiente:	**8** | 10
Gesamt:	83 | 100

Kupferpfanne

90762 Fürth

Als eine der ersten hochklassigen Adressen der Stadt hat sich dieser Ort der fränkisch-französischen Küche das Zelebrieren saisonaler Küche zum Auftrag gemacht. Das zeigt sich nicht nur in der Spargelzeit.

Königstraße 85
+49 911 771277
ew-kupferpfanne.de
französisch • deutsche Küche • Fisch

Essen:	**42** | 50
Service:	**17** | 20
Getränke:	**17** | 20
Ambiente:	**8** | 10
Gesamt:	84 | 100

Tim's Kitchen

90762 Fürth

Tim Reinwald kocht, seine Mutter Ilva-Maria Reinwald kredenzt den Wein. Hier kehrt ein, wer etwas erleben will. Balfegó-Thunfisch-Otoro und -Atamai aus Spanien bekommt man schließlich nicht alle Tage.

Friedrichstraße 22
+49 911 740560
timskitchenfuerth.com
Fine Dining • Cocktails • elegant

Essen:	**42** | 50
Service:	**18** | 20
Getränke:	**17** | 20
Ambiente:	**8** | 10
Gesamt:	85 | 100

Gasthof zum Bay

93437 Furth im Wald

Kein Geringerer als der bezichtigte Erfinder des Münchener Schnitzels betreibt diesen Ort, woraus sich die obligatorische Bestellung bei Franz Weinfurter ergibt: Schwein, Kren, Senf und ein Glas Wein.

Bayplatz 5
+49 9973 4334
zumbay.de
deutsche Küche • Steak • entspannt

Essen:	**42** | 50
Service:	**17** | 20
Getränke:	**16** | 20
Ambiente:	**7** | 10
Gesamt:	82 | 100

Siegls | 93437 Furth im Wald

Das Menü bayerischer Klassiker in stabiler Ausführung wird nur am Wochenende getoppt: mit mediterranen Raffinessen aus regionalen Zutaten. Selten bekommt man Tintenfischtuben im Tagungszentrum.

Chambaue 1
+49 9973 9270
siegls-restaurant.de
Casual Dining • Gastgarten • modern

Essen:	**42** / 50
Service:	**17** / 20
Getränke:	**15** / 20
Ambiente:	**7** / 10
Gesamt:	81 / 100

Husar || 82467 Garmisch-Partenkirchen

Hinter der im Jahr 1801 gestalteten Fassade im Empire-Stil steckt ein moderner Schliff, den Verena und Christian Merget nicht nur in Form von grandios gebratenen Jakobsmuscheln an den Tag (und Abend) legen.

Fürstenstraße 25
+49 8821 9677922
restauranthusar.de
regionale Küche • urig • traditionell

Essen:	**43** / 50
Service:	**17** / 20
Getränke:	**17** / 20
Ambiente:	**8** / 10
Gesamt:	85 / 100

Joseph Naus || 82467 Garmisch-Partenkirchen

Küchenchef Georg Strohmeyer verwendet nur die besten Produkte aus der Nachbarschaft. Daraus bereitet er gehobene regionale Küche zu, aber auch Klassiker wie Wiener Schnitzel gelingen.

Klammstraße 19
+49 8821 9010
hotel-zugspitze.de
Hotelrestaurant • regionale Produkte • traditionell

Essen:	**42** / 50
Service:	**18** / 20
Getränke:	**17** / 20
Ambiente:	**8** / 10
Gesamt:	85 / 100

Partenkirchner Hof || 82467 Garmisch-Partenkirchen

Die Consommé Cèlestine und die Barbarie-Entenbrust auf Orangen-Pfeffer-Sauce mit Marktgemüse und Pommes Duchesse führen den französischen Einfluss vor. Rund 310 Weine stehen zur Auswahl.

Bahnhofstraße 15
+49 8821 943870
reindls.de
Gasthaus • mediterran • gemütlich

Essen:	**42** / 50
Service:	**17** / 20
Getränke:	**18** / 20
Ambiente:	**8** / 10
Gesamt:	85 / 100

Herrmannsdorfer Schweinsbräu — 85625 Glonn

Unter beeindruckender Balkenkonstruktion werden Fleischliebhaber und Feinschmecker vereint sitt und satt. Und wer sich fragt, wie solche Werke wohl entstehen mögen: ab in die Wurst- und Breznschule!

Herrmannsdorf 7
+49 8093 909445
schweinsbraeu.de
Casual Dining • traditionell • bio

Essen:	**42** I 50
Service:	**17** I 20
Getränke:	**15** I 20
Ambiente:	**8** I 10
Gesamt:	82 I 100

Gut Kaltenbrunn — 83703 Gmund

Die legendäre Münchener Institution hält auch am Tegernsee ihre Klasse. Auf schicken, blank polierten Holztischen gibt es Schweinebraten, Kalbsrahmgulasch, aber auch Pasta mit Trüffel.

Kaltenbrunn 1
+49 8022 1870700
feinkost-kaefer.de
Gasthaus • regionale Produkte • Essen mit Aussicht

Essen:	**43** I 50
Service:	**17** I 20
Getränke:	**16** I 20
Ambiente:	**9** I 10
Gesamt:	85 I 100

Jennerwein — 83703 Gmund

Es sind vor allem die liebevollen Details, die diese zünftige Wirtsstube auf ihr hohes Niveau heben: etwa der geräucherte Textor-Rotwein-Schinken und die eingelegten Portwein-Dörr-Pflaumen im Salat.

Münchner Straße 127
+49 8022 706050
jennerwein-gasthaus.de
Gasthaus • urig • regionale Küche

Essen:	**42** I 50
Service:	**17** I 20
Getränke:	**17** I 20
Ambiente:	**7** I 10
Gesamt:	83 I 100

Ostiner Stub'n — 83703 Gmund

Suppe aus frischer Brunnenkresse, in Blätterteig gebackene Weinbergschnecken der umliegenden Hügel und Zunge vom heimischen Ochsen: Bei Frank Mollenhauer wird herzhaft und beherzt gekocht.

Schlierseer Straße 60
+49 8022 7059810
ostiner-stubn.de
Gasthaus • regionale Produkte • Terrasse

Essen:	**42** I 50
Service:	**17** I 20
Getränke:	**16** I 20
Ambiente:	**7** I 10
Gesamt:	82 I 100

Forstwirt — 85630 Grasbrunn

In der nun sechsten Generation beherbergt Familie Zellmayr Übernachtungsgäste und Flaneure durch den Höhenkirchener Forst mit bayerischer Bauernente immer donnerstags und Bier aus dem Hofbräuhaus Traunstein.

Beim Forstwirt 1
+49 8106 36380
hotel-forstwirt.de
Familienbetrieb • traditionell • Terrasse

Essen:	**42** I 50
Service:	**17** I 20
Getränke:	**16** I 20
Ambiente:	**7** I 10
Gesamt:	82 I 100

Es:senz 🍴🍴🍴🍴 83224 Grassau

Im Chiemgauer Golfresort hat Edip Sigl sein Niveau nochmals gesteigert. Mit beeindruckender Aromensicherheit und großer Kreativität bringt er den Geschmack der Region auf den Punkt und bleibt dabei undogmatisch.

Mietenkamer Straße 65	Essen:	47 | 50
+49 8641 401609	Service:	20 | 20
das-achental.com	Getränke:	19 | 20
Fine Dining • regionale Produkte • modern • elegant	Ambiente:	9 | 10
P	Gesamt:	95 | 100

Zur Krone 🍴🍴 63920 Großheubach

Wer auf gutbürgerliche Küche setzt, doch dabei auf Finessen nicht verzichten möchte, sollte ein Degustationsmenü bei Familie Restel bestellen. Besonders einladend ist die lauschige Backsteinbucht.

Miltenberger Straße 1	Essen:	43 | 50
+49 9371 2663	Service:	18 | 20
gasthauskrone.de	Getränke:	17 | 20
Gasthaus • Familienbetrieb • Gastgarten	Ambiente:	8 | 10
P	Gesamt:	86 | 100

Weinhaus Becker 🍴🍴 63762 Großostheim

Im großen Gastgarten sowie dem bald hundertjährigen Weinhaus heißen Kerstin Böhm und Jan Erik Petermann all jene willkommen, denen der Sinn nach deftig, herzhaft und authentisch steht.

Breitestraße 5	Essen:	43 | 50
+49 6026 4954	Service:	17 | 20
das-weinhaus-becker.de	Getränke:	17 | 20
Gasthaus • traditionell • Gastgarten	Ambiente:	8 | 10
P	Gesamt:	85 | 100

Alter Wirt 🍴🍴 82031 Grünwald

In der bayerischen Stube wie aus dem Bilderbuch servieren die Portenlängers seit 1919 saisonale Gerichte aus der Region, raffiniert abgerundet. Ausbildung und Integration werden hier großgeschrieben.

Marktplatz 1	Essen:	43 | 50
+49 89 6419340	Service:	18 | 20
alterwirt.de	Getränke:	17 | 20
Hotelrestaurant • bio • regionale Produkte	Ambiente:	8 | 10
P	Gesamt:	86 | 100

Chang 🍴🍴 82031 Grünwald

Ob bunte, liebevoll angerichtet Sushi-Kreationen zum Teilen, Garnelen oder rotes Thai-Curry, am Dessert sollte man hier gewiss nicht sparen: Zitronengras-Crème-brûlée, Yuzu-Tarte oder Mochi.

Marktplatz 9	Essen:	43 | 50
+49 89 64958801	Service:	18 | 20
chang-restaurant.de	Getränke:	17 | 20
Sushi • Terrasse • modern	Ambiente:	7 | 10
	Gesamt:	85 | 100

Neuhof am See

89423 Gundelfingen

Zum Feiern, Frönen und für Freunde der Hülsenfrucht: Wie wäre es mit Erbsentortellini, Onsen-Ei, Erbsenragout und Erbsenpüree? Regionales ist hier das Steckenpferd der ambitionierten Küche.

Äußere Günzburger Straße 1
+49 9073 958690
neuhof.de
Gasthaus • Seeterrasse • entspannt

Essen:	**42**	50
Service:	**18**	20
Getränke:	**17**	20
Ambiente:	**9**	10
Gesamt:	**86**	100

Landbrecht

85354 Haindlfing bei Freising

Als Wirtshausküche mit Pfiff bezeichnet Chef Maximilian Landbrecht seine Gerichte und liegt dabei richtig. Auf Bayerisch-französisch in überaus ansprechender Ästhetik geht es ab zum Amper-Hummer.

Freisinger Straße 1
+49 81 678926
gasthaus-landbrecht.de
Gasthaus • Familienbetrieb • Terrasse

Essen:	**43**	50
Service:	**17**	20
Getränke:	**17**	20
Ambiente:	**8**	10
Gesamt:	**85**	100

Anetseder

94051 Hauzenberg

Die Location begeistert mit Idylle und Romantik. Dazu gibt es moderne bayerische Küche, verfeinert wird mit exotischen Gewürzen und Gartenkräutern. Aber auch deftige Klassiker werden gerne serviert.

Lindenstraße 15
+49 8586 1314
anetseder-wirtshauskultur.de
Gasthaus • deutsche Küche • regionale Produkte

Essen:	**43**	50
Service:	**17**	20
Getränke:	**17**	20
Ambiente:	**8**	10
Gesamt:	**85**	100

Gidibauer Hof

94051 Hauzenberg

Böfflamott, die in Rotwein gebeizte bayerische Spezialität, lässt sich hier in regionalster Ausführung einverleiben – nämlich vom eigenen Hof. Und dies mit Kartoffel-Meerrettich-Püree in mediterranem Ambiente.

Grub 7
+49 8586 96440
gidibauer.de
Gasthaus • eigene Landwirtschaft • im Grünen

Essen:	**42**	50
Service:	**17**	20
Getränke:	**17**	20
Ambiente:	**8**	10
Gesamt:	**84**	100

Moarwirt

83623 Hechenberg

Mit einer »Überraschungs-Mundreise« durch die Alpen hat man die pittoreske Umgebung aus Blumenwiesen einmal über alle Geschmacksknospen wandern lassen und möchte definitiv immer wieder zurückkehren.

Sonnenlängstraße 26
+49 8027 1008
moarwirt.de
Brunch • bio • im Grünen

Essen:	**43** | 50
Service:	**17** | 20
Getränke:	**16** | 20
Ambiente:	**8** | 10
Gesamt:	84 | 100

Freihardt

90562 Heroldsberg

Mit Dry-Aged-Beef als besondere Spezialität der hauseigenen Metzgerei, Juradistl-Karree, Blue Stilton Cheese und Kartoffelpraline sowie einer grundsoliden Mittagstheke trumpft das Restaurant auf.

Hauptstraße 81
+49 911 5180805
freihardt.com
Delikatessenverkauf • regionale Produkte • Terrasse

Essen:	**42** | 50
Service:	**19** | 20
Getränke:	**17** | 20
Ambiente:	**8** | 10
Gesamt:	86 | 100

Restaurant Chalet am Kiental

82211 Herrsching am Ammersee

Platziert auf dem Pilgerweg des heiligen Bergs von Andechs, werden Gäste hier auf 18 Plätzen in drei Räumlichkeiten, im Separee oder auf der Sonnenterrasse mit Charolais-Rind und Sangiovese beglückt.

Andechsstraße 4
+49 8152 982570
gourmetchalet.de
Hotelrestaurant • Terrasse • elegant

Essen:	**42** | 50
Service:	**18** | 20
Getränke:	**17** | 20
Ambiente:	**8** | 10
Gesamt:	85 | 100

Johann Gerner

91093 Heßdorf

Es gibt wenige Orte, an denen sowohl authentische Wirtshauskost wie Schäufele als auch die ausgetüftelte Variation an international Inspiriertem so serviert werden wie bei Detlef Gerner und seiner Frau Tanja.

Dannberg 3
+49 9135 8182
wirtschaft-von-johann-gerner.de
Familienbetrieb • regionale Produkte • Terrasse

Essen:	**42** | 50
Service:	**17** | 20
Getränke:	**17** | 20
Ambiente:	**7** | 10
Gesamt:	83 | 100

Seeklause

83486 Hintersee-Ramsau

Wer reif für den See ist, begebe sich in die holzknarzende Seeklause, labe sich an einem Holzfällersteak vom Lavagrill und lasse den Blick über das Berchtesgadener Land schweifen.

Am See 65
+49 8657 919938
hintersee-gasthaus-seeklause.de
Gasthaus • Seeterrasse • traditionell

Essen:	**42** | 50
Service:	**18** | 20
Getränke:	**15** | 20
Ambiente:	**8** | 10
Gesamt:	83 | 100

80–84 85–89 90–94 95–100 Punkte

Zur Glocke

89420 Höchstädt an der Donau

Hier scheinen Synästhetiker am Werk gewesen zu sein. Beton, Holz und Keramik stehen miteinander in Einklang – und selbst die Servietten passen zum Pulpo. Im Zentrum: eine unkonventionelle Kreativküche.

Friedrich-von-Teck-Straße 12
+49 9074 957885
glocke.one
regionale Produkte • modern • Terrasse

Essen:	**43** I 50
Service:	**17** I 20
Getränke:	**18** I 20
Ambiente:	**8** I 10
Gesamt:	86 I 100

Camers

85411 Hohenkammer

Einen Kurs zur selbstständigen Zubereitung eines Drei-Gänge-Menüs kann man bei Küchenchef Florian Vogel buchen. Ungestopfte Entenleber in einer Umgebung zum Eintauchen – hier will niemand mehr weg.

Schlossstraße 20
+49 8137 934443
camers.de
Fine Dining • bio • im Schloss

Essen:	**45** I 50
Service:	**19** I 20
Getränke:	**18** I 20
Ambiente:	**8** I 10
Gesamt:	90 I 100

Vier Jahreszeiten

89257 Illertissen

Wer an einem Donnerstagmittag im Sommer auf Thunfischsteak mit Ratatouille und Salbeikartoffeln bei Andreas Imhof einkehrt, kann sich auf einen schattigen Platz unter der Linde und ein Glas Wein freuen.

Dietenheimer Straße 63
+49 7303 9059600
vier-jahreszeiten-illertissen.de
Gasthaus • modern • Gastgarten

Essen:	**43** I 50
Service:	**17** I 20
Getränke:	**17** I 20
Ambiente:	**8** I 10
Gesamt:	85 I 100

Cheval Blanc

92278 Illschwang

Christian Fleischmanns kleines, feines Restaurant und die moderne Regionalküche begeistern. Auch vegetarische Einschübe sind dabei, etliche Produkte kommen vom eigenen Betrieb. Beste Weine.

Am Kirchberg 1
+49 9666 188050
weisses-ross.de
eigener Gemüsegarten • regionale Produkte • traditionell

Essen:	**45** I 50
Service:	**19** I 20
Getränke:	**18** I 20
Ambiente:	**8** I 10
Gesamt:	90 I 100

Weißes Roß

92278 Illschwang

Trotz hauseigener Metzgerei, in der Opa Herbert Nägerl Rinder und Schweine aus der Region verarbeitet, kommen auch Vegetarier hier keinesfalls zu kurz. Favorit: Ragout vom Maibock mit Portweinbirne.

Am Kirchberg 1
+49 9666 18805
weisses-ross.de
Gasthaus • Familienbetrieb • eigener Kräutergarten

Essen:	**42** I 50
Service:	**17** I 20
Getränke:	**16** I 20
Ambiente:	**8** I 10
Gesamt:	83 I 100

99er Kulinarium

97346 Iphofen

Wild kommt direkt aus der Gegend, die Forellen schwimmen quasi um die Ecke und Obst und Gemüse erntet man zum größten Teil im eigenen Biogarten. Das muss ja schmecken, und das tut es auch!

Pfarrgasse 18
+49 9323 804488
99er-kulinarium.de
regionale Produkte • eigener Gemüsegarten • urig

Essen:	43	50
Service:	18	20
Getränke:	18	20
Ambiente:	7	10
Gesamt:	86	100

Iphöfer Kammer

97346 Iphofen

Sehr viel idyllischer als vor den von Wein und Rosen umrankten Holzfensterläden kann man vermutlich nicht sitzen. Zumindest nicht bei Rehmedaillon, Kartoffel-Sellerie-Püree und einem Glas Silvaner.

Marktplatz 24
+49 9323 8772677
kammer-iphofen.com
Gasthaus • gemütlich • romantisch

Essen:	42	50
Service:	18	20
Getränke:	17	20
Ambiente:	8	10
Gesamt:	85	100

Zehntkeller

97346 Iphofen

Klassisch fränkisch, doch stets am Puls der Zeit, präsentiert diese gemütliche Gaststube, was weltoffene Tradition auf den Teller bringt: Maispoularde auf Risotto mit Melone und Minze, dazu Bioweine.

Bahnhofstraße 12
+49 9323 8440
zehntkeller.de
eigener Weinbau • Gewölbe • traditionell

Essen:	42	50
Service:	18	20
Getränke:	17	20
Ambiente:	8	10
Gesamt:	85	100

Büttner Stub'n

63867 Johannesberg

Wer Fleisch isst, muss mindestens so oft kommen, bis Tatar, Steak vom Simmentaler Rind und das Stub'n-Cordon-bleu getestet sind. Vegetarier sollten sich auf Kartoffelpuffer und Weinkarte konzentrieren.

Frankenstraße 26
+49 6029 9929144
buettner-stubn.de
Essen mit Aussicht • Terrasse • traditionell

Essen:	42	50
Service:	17	20
Getränke:	15	20
Ambiente:	7	10
Gesamt:	81	100

Helbigs Gasthaus

63867 Johannesberg

Vom Wiener Schnitzel bis zum Steinbutt mit Austernschaum ist hier wirklich alles zu bekommen. Richtig groß ist die Auswahl im Genussmenü, geeignet auch für Vegetarier und Kochschüler mit Ambitionen.

Hauptstraße 2
+49 6021 4548300
auberge-de-temple.de
Gasthaus • regionale Produkte • unkonventionell

Essen:	43	50
Service:	18	20
Getränke:	18	20
Ambiente:	9	10
Gesamt:	88	100

80–84 85–89 90–94 95–100 Punkte

Weingärtnerhaus

86687 Kaisheim

Die Zismeisters haben ihr Handwerk gelernt, wenn es um Genuss und Gastlichkeit geht. Fürstlich gegrilltes Steinbuttfilet auf Rote-Bete-Creme mit Trüffelschaum im Schloss zu servieren, ist weise.

Schlossstraße 1	Essen:	43 | 50
+49 9097 485980	Service:	18 | 20
schloss-leitheim.de	Getränke:	17 | 20
Hotelrestaurant • im Grünen • gemütlich	Ambiente:	8 | 10
	Gesamt:	86 | 100

Christians Restaurant

83527 Kirchdorf

Man sollte sich in die Hände von Küchenchef Dominik Schürz begeben, um die Nose-to-tail-Küche der Familie Grainer in vollen Zügen zu genießen. Tipp: das Genussmenü plus Weinbegleitung mit Blick ins Land.

Dorfstraße 1	Essen:	46 | 50
+49 8072 8510	Service:	18 | 20
christians-restaurant.de	Getränke:	18 | 20
Gasthaus • Gewölbe • romantisch	Ambiente:	9 | 10
P	Gesamt:	91 | 100

Zum Caféwirt

85414 Kirchdorf an der Amper

Im bodenständigen Gasthaus liefert die Küche Klassiker, kommt aber auch ambitioniert daher: Dreierlei vom Ziegenkäse mit Mangopüree, Salat vom geschmorten Paprika oder Saibling in Zitronenkruste.

Hirschbachstraße 9	Essen:	42 | 50
+49 8166 9987222	Service:	17 | 20
cafewirt.de	Getränke:	16 | 20
Gasthaus • deutsche Küche • entspannt	Ambiente:	8 | 10
P	Gesamt:	83 | 100

Gutshof Andres

96166 Kirchlauter

Ob bei bodenständiger Brotzeit im Grünen oder einem stattlichen Schmaus mit Bachsaibling und Estragonbutter, Bernd Andres bietet seinen Gästen eine abwechslungsreiche Kulinarik.

Pettstadt 1	Essen:	42 | 50
+49 9536 221	Service:	18 | 20
gutshof-andres.de	Getränke:	16 | 20
Delikatessenverkauf • nachhaltig • im Grünen	Ambiente:	8 | 10
P	Gesamt:	84 | 100

Zum Hasen

63839 Kleinwallstadt

Mit sichtlicher Leidenschaft wird traditionelle Küche hier mit ungewöhnlichen Aromakombinationen interpretiert: Wildterrine auf rosa Rhabarber mit heimischen Kräutern und Schoko-Vanille-Buchteln.

Marktstraße 3
+49 6022 7106590
kleinwallstadt-zumhasen.de
Gasthaus • Gastgarten • traditionell

Essen:	**42** I 50
Service:	**18** I 20
Getränke:	**18** I 20
Ambiente:	**7** I 10
Gesamt:	85 I 100

Leos

93444 Kötzting

Kulinarik ist nur ein Teil der Erholung im Genusshotel, wohl aber ein beträchtlicher. Beim Heilbuttfilet im Dill-Erbsen-Sud, konfiertem Eigelb und Kartoffelmousseline wird die Genussmission erfüllt.

Liebenstein 25
+49 9941 94800
bayerwaldhof.de
französisch • nachhaltig • modern

Essen:	**45** I 50
Service:	**18** I 20
Getränke:	**18** I 20
Ambiente:	**9** I 10
Gesamt:	90 I 100

Hardthaus

84559 Kraiburg

Ob im historischen Speisezimmer, dem Gewölbe des Weinkellers oder auf der beschaulichen Terrasse mit Blick auf den Marktplatz: Mit seinem Feinschmeckermenü zeigt Marc Vermetten, was Hingabe heißt.

Marktplatz 31
+49 8638 73067
hardthaus.de
Hotelrestaurant • Gewölbe • romantisch

Essen:	**43** I 50
Service:	**18** I 20
Getränke:	**18** I 20
Ambiente:	**8** I 10
Gesamt:	87 I 100

Hörger

85402 Kranzberg

Schnörkelfrei und ohne Chichi kommt diese stilechte Tafernwirtschaft aus – und versorgt grüne Gemüter mit Griebenschmalz und einem so guten Hausbrot, dass der hauseigene Gemüsegarten zum Kraftort wird.

Hohenbercha 38
+49 8166 9909868
hoerger-biohotel.de
Hotelrestaurant • bio • eigener Gemüsegarten

Essen:	**42** I 50
Service:	**17** I 20
Getränke:	**15** I 20
Ambiente:	**9** I 10
Gesamt:	83 I 100

Diem

86381 Krumbach

Mit dem gelernten Metzgermeister Karl Diem, unter dessen Ägide Hotel, Restaurant sowie die zugehörige Metzgerei stehen, bietet sich hier ein herzliches Refugium für Liebhaber regionalster Produkte.

Kirchenstraße 5
+49 8282 88820
hotel-diem.de
Gasthaus • regionale Produkte • Delikatessenverkauf

Essen:	**43** I 50
Service:	**18** I 20
Getränke:	**16** I 20
Ambiente:	**8** I 10
Gesamt:	85 I 100

Alpenglühn

82494 Krün

Wer meint, in einer idyllischen Szenerie sei das Essen per se provinziell und in der Zeit stehen geblieben, irrt sich hier aufs Angenehmste und auf alpinem Niveau: mit Shabu-shabu und Sternenblick.

Kranzbachstraße 10	Essen: **42** I 50
+49 8825 2374	Service: **17** I 20
das-alpengluehn.de	Getränke: **16** I 20
Hotelrestaurant • im Grünen • modern	Ambiente: **8** I 10
	Gesamt: 83 I 100

Bellini

84034 Landshut

Achtung Trüffelfreunde! Ein speziell für Festivitäten entworfenes Trüffelmenü begeistert nicht nur eingeschworene Fans der beliebten Luxusknolle, etwa in Form von Tagliatelle mit Trüffellamellen.

Papiererstraße 12	Essen: **43** I 50
+49 871 630303	Service: **17** I 20
bellini-landshut.de	Getränke: **17** I 20
Casual Dining • italienisch • romantisch	Ambiente: **8** I 10
	Gesamt: 85 I 100

Fürstenzimmer im Hotel Fürstenhof

84034 Landshut

Fürstliche Einkehr bietet sowohl eine Feinschmecker- als auch die Schmankerlkarte. In beiden Fällen aus der Fantasie und der Feder von André Greul; eine Weinreise quer durch Deutschland serviert Simone Greul.

Stethaimer Straße 3	Essen: **43** I 50
+49 871 92550	Service: **18** I 20
hotel-fuerstenhof-landshut.de	Getränke: **18** I 20
Gasthaus • Fine Dining • romantisch	Ambiente: **8** I 10
	Gesamt: 87 I 100

Keidenzeller Hof

90579 Langenzenn

Ob Stube, Scheune oder Terrasse: Das engagierte Team des Keidenzeller Hofs weiß seine Gäste wohl zu situieren und dort nach allen Formen der Kunst zu verköstigen, nicht selten sogar mit Sonntagsbraten.

Fürther Straße 11	Essen: **45** I 50
+49 9101 901226	Service: **18** I 20
keidenzeller-hof.com	Getränke: **18** I 20
Allrounder • gemütlich • elegant	Ambiente: **8** I 10
	Gesamt: 89 I 100

Zum Maurerwirt

85293 Langwaid

Mit einer erfrischend bunten Küche weht eine mediterrane Brise auf die Teller, zu denen die Bedienung passende Weine empfiehlt – und sich für den Gast viel Zeit nimmt. Für Veggies in Bayern ein Kleinod.

Scheyerer Straße 3	Essen: **43** I 50
+49 8137 809066	Service: **18** I 20
maurerwirt.de	Getränke: **16** I 20
Allrounder • mediterran • klassisch	Ambiente: **8** I 10
	Gesamt: 85 I 100

Goldner Engel 🍴 63925 Laudenbach

Ein ausführliches Angebot an französischem Fisch, Vegetarischem aus Pariser Markthallen und Fleisch aus der hauseigenen Metzgerei laden zum Verweilen im Fachwerk der fränkischen Maintalgemeinde ein.

Miltenberger Straße 5	Essen:	42 | 50
+49 9372 99930	Service:	17 | 20
goldner-engel.de	Getränke:	16 | 20
Gasthaus • eigene Fleischerei • traditionell	Ambiente:	7 | 10
	Gesamt:	82 | 100

Waldgasthof am Letten 🍴🍴 91207 Lauf an der Pegnitz

Im Grünen steht das blumengeschmückte Haus mit Hofgarten. Die Küche konzentriert sich auf Klassiker wie Zwiebelrostbraten, Wildgerichte mit Knödel und Sauerkraut oder gebackene Apfelräder mit Vanilleeis.

Letten 13	Essen:	43 | 50
+49 9123 9530	Service:	17 | 20
waldgasthof-am-letten.de	Getränke:	17 | 20
Hotelrestaurant • deutsche Küche • im Grünen • gemütlich	Ambiente:	8 | 10
	Gesamt:	85 | 100

Genusswerkstatt 🍴🍴 89415 Lauingen (Donau)

So exotisch »Ralfs Huchen aus Kinsau« klingen mag, so wert ist er den Versuch. Der Donaulachs wird als »König der Alpenflüsse« bezeichnet – und hier weiß man ihn zu servieren: mit Waldmeister und Mohn.

Imhofstraße 7	Essen:	43 | 50
+49 9072 95890	Service:	17 | 20
hotel-lodner.de	Getränke:	17 | 20
Hotelrestaurant • Gewölbe • elegant	Ambiente:	8 | 10
	Gesamt:	85 | 100

Schweizer Wirtin 🍴 83661 Lenggries

Zeichen der Stunde, wie sie schmackhafter nicht sein könnten. Rund 400 Jahre war diese beschauliche Einkehr in den Händen eines »Schweizer Wirts«; die Zeit schreitet fort, der Zwiebelrostbraten bleibt.

Schlegldorf 83	Essen:	42 | 50
+49 8042 8902	Service:	17 | 20
schweizer-wirt.de	Getränke:	17 | 20
Gasthaus • regionale Küche • traditionell	Ambiente:	7 | 10
	Gesamt:	83 | 100

Harmonie 🍴🍴 95192 Lichtenberg

Was auch immer man aus der täglich und saisonal variierenden Karte wählt, für die »Fränkische Schiefertrüffelsuppe« sollte Platz sein. Diese ist so beliebt, dass man sie sogar in der Dose kaufen kann.

Schlossberg 2	Essen:	42 | 50
+49 9288 246	Service:	18 | 20
harmonie-lichtenberg.de	Getränke:	16 | 20
Familienbetrieb • urig • romantisch	Ambiente:	9 | 10
	Gesamt:	85 | 100

Alte Post

88131 Lindau (Bodensee)

Wer Fleisch isst, hat hier definitiv die anspruchsvollere Aufgabe, nämlich aus einer Karte voller steirisch-schwäbischer Spezialitäten auszuwählen. Für zu Hause unbedingt eine Flasche Kürbiskernöl mitnehmen.

Fischergasse 3
+49 8382 93460
alte-post-lindau.de
Hotelrestaurant • traditionell • entspannt

Essen:	**42** | 50
Service:	**17** | 20
Getränke:	**16** | 20
Ambiente:	**7** | 10
Gesamt:	82 | 100

KARRisma

88131 Lindau (Bodensee)

Wer meint, dass beschauliche Altstadtidylle althergebrachte Gerichte mit sich bringen muss, irrt – und Julian Karr beweist es. Niemals festgefahren, doch immer frisch und in wechselnder Frequenz.

Alter Schulplatz 1
+49 8382 9435041
adara-lindau.de
Hotelrestaurant • modern • elegant

Essen:	**42** | 50
Service:	**17** | 20
Getränke:	**16** | 20
Ambiente:	**8** | 10
Gesamt:	83 | 100

Valentin Fine Dining

88131 Lindau (Bodensee)

Der diesjährige Fokus ist auf »Seed, Weed, Meat« gerichtet – und so werden jedem Thema im Wechsel mindestens zwei Menüs gewidmet. In dem verwunschenen Garten lässt es sich traumhaft speisen und trinken.

In der Grub 28a
+49 8382 5043740
valentin-lindau.de
Fine Dining • Gewölbe • Gastgarten

Essen:	**42** | 50
Service:	**18** | 20
Getränke:	**17** | 20
Ambiente:	**9** | 10
Gesamt:	86 | 100

Spessarttor

97816 Lohr am Main

Schnitzel, Rumpsteak und Wildgerichte kommen hier in handfesten Portionen auf die Teller, begleitet von hausgemachten Beilagen und großzügig arrangierten Salattellern. Kleine, aber feine Weinauswahl.

Wombacher Straße 140
+49 9352 87330
hotel-spessarttor.de
Gasthaus • deutsche Küche • traditionell

P

Essen:	**42** | 50
Service:	**17** | 20
Getränke:	**16** | 20
Ambiente:	**8** | 10
Gesamt:	83 | 100

Villa Feer

79541 Lörrach

Kathrin Bucher ist Besitzerin, Wirtin und Köchin der verwunschenen Villa, die sie mit liebevoller Einrichtung und leiblichen Erbaulichkeiten ausgestattet hat. Es wartet ein fantastisches »Feer Menü«.

Beim Haagensteg 1
+49 7621 5791077
villa-feer.com
Familienbetrieb • Terrasse • unkonventionell

Essen:	**43** | 50
Service:	**18** | 20
Getränke:	**18** | 20
Ambiente:	**8** | 10
Gesamt:	87 | 100

Gasthof Widmann ¶¶ 82216 Maisach

Gemütliche Gaststuben im Münchener Umland. Zur Wahl steht ein mehrgängiges Menü mit stilsicheren Ideen. Sehr gelungen etwa die Kombination Rote-Bete-Ravioli, geröstete Artischocken und Meerrettich.

Bergstraße 4 +49 8135 485 gasthof-widmann.edan.io Gasthaus • deutsche Küche • gemütlich	Essen: 43 | 50 Service: 17 | 20 Getränke: 17 | 20 Ambiente: 8 | 10 Gesamt: 85 | 100

Rotes Ross 91613 Marktbergel

Ob Schäufele, Spätzle oder Spargel: Bei den Bogners befindet man sich in bester Bewirtung. Vor allem der cremige Kartoffelstampf kann lediglich von einem schattigen Eck des Gastgartens gekrönt werden.

Würzburger Straße 1 +49 9843 936600 rotes-ross-marktbergel.de Gasthaus • nachhaltig • traditionell	Essen: 42 | 50 Service: 17 | 20 Getränke: 16 | 20 Ambiente: 8 | 10 Gesamt: 83 | 100

Alter Esel 97340 Marktbreit

Mit einem wöchentlich wechselnden Menü punktet die Marktbreiter Eselsküche in stets stabiler Struktur bei originellen Variationen. Innen und außen, to go und to stay: ein Allrounder für viele Geschmäcker.

Marktstraße 10 +49 9332 5949477 alteresel-marktbreit.de Allrounder • Biervielfalt • gemütlich	Essen: 42 | 50 Service: 17 | 20 Getränke: 15 | 20 Ambiente: 7 | 10 Gesamt: 81 | 100

Michels Stern 97340 Marktbreit

In dieser Region eher spärlich zu finden ist der »Schwabentopf«: mit Käse überbackenes Schweinegeschnetzeltes mit Spätzle plus Segnitzer – und ein Stern geht auf an einem Himmel, von dem es Spätlese regnet.

Bahnhofstraße 9 +49 9332 1316 michelsstern.de Familienbetrieb • klassisch • entspannt P	Essen: 42 | 50 Service: 17 | 20 Getränke: 18 | 20 Ambiente: 7 | 10 Gesamt: 84 | 100

Weinhaus Anker 97828 Marktheidenfeld

Gut möglich, dass hier die Redewendung »Wie Gott in Franken« entstand und erst über Umwege nach Frankreich fand, denn diese fränkische Brasserie hat das Schönste beider Welten in ihrem Menü vereint.

Obertorstraße 13 +49 9391 60040 hotel-anker.de Hotelrestaurant • Gastgarten • regionale Produkte P	Essen: 42 | 50 Service: 18 | 20 Getränke: 17 | 20 Ambiente: 7 | 10 Gesamt: 84 | 100

Alter Brunnen

91080 Marloffstein

Auch wenn traditionell Fränkisches wie die »Schäufele mit Kloß und Wirsing« hier den Ton angibt, dürfen sich auch Vegetarier an regionalen Adaptionen wie etwa den »fränkischen Frühlingsrollen« laben.

Am alten Brunnen 1	Essen:	42 | 50
+49 9131 53650	Service:	17 | 20
alterbrunnen.net	Getränke:	16 | 20
Familienbetrieb • traditionell • Essen mit Aussicht	Ambiente:	7 | 10
	Gesamt:	82 | 100

Weber am Bach

87700 Memmingen

Das Traditionshaus hat eine 700-jährige Geschichte. Produkte wie Wild, Lamm, Spargel und Fisch kommen aus der Region. Beliebt sind Rahmgeschnetzeltes, gebratene Pfifferlinge und Wiener Schnitzel.

Untere Bachgasse 2	Essen:	43 | 50
+49 8331 2414	Service:	18 | 20
weber-am-bach.de	Getränke:	18 | 20
Familienbetrieb • regionale Produkte • gemütlich	Ambiente:	8 | 10
	Gesamt:	87 | 100

Manuelis

83714 Miesbach

Was Manu und Eli gehört, ist folglich »Manuelis« – und die beiden machen die wohl besten Misopasten Miesbachs. Ein Muss sind die Themenmenüs zu Monatsbeginn. Zwischen Disney und Bud Spencer ist alles dabei.

Kolpingstraße 2	Essen:	42 | 50
+49 8025 9229693	Service:	17 | 20
manuelis.de	Getränke:	16 | 20
Allrounder • nachhaltig • unkonventionell	Ambiente:	7 | 10
	Gesamt:	82 | 100

Das Marktrestaurant

82481 Mittenwald

Bei Andreas Hillejan bekommt ein »Über-den-Tellerrand-schauen« eine neue Bedeutung: niederrheinisch trifft oberbayerisch trifft Udonnudeln und Baba au rhum. Und er lässt sich sogar über die Schulter schauen.

Dekan-Karl-Platz 21	Essen:	45 | 50
+49 8823 9269595	Service:	18 | 20
das-marktrestaurant.de	Getränke:	18 | 20
Fine Dining • regionale Küche • Gewölbe	Ambiente:	8 | 10
	Gesamt:	89 | 100

Freilinger Wirt

84335 Mitterskirchen

Nicht nur mit ihrem einzigartigen Landhauscharme beglücken die Freilingers ihre Gäste, sondern auch mit köstlicher Küche. Heiß begehrt sind die Lugeder Enten mit Apfelblaukraut und Kartoffelreibeknödel.

Hofmarkstraße 5	Essen:	42 | 50
+49 8725 200	Service:	17 | 20
freilinger-wirt.de	Getränke:	15 | 20
Familienbetrieb • deutsche Küche • Gastgarten	Ambiente:	8 | 10
	Gesamt:	82 | 100

Kook 36

94554 Moos

Bei Daniel Klein lautet die Devise: »authentisch. lebendig. kostbar.«. Authentisch ist die Atmosphäre, lebendig die Leidenschaft im Menü und kostbar seine Zutaten: Calamansi, Kalbsbries und Kaviar etwa.

Thundorfer Straße 36	Essen: **45** I 50
+49 9938 9196636	Service: **18** I 20
kook36.de	Getränke: **17** I 20
Fine Dining • unkonventionell • Terrasse	Ambiente: **9** I 10
	Gesamt: 89 I 100

1804 Hirschau

80805 München

Stylishes Interieur trifft auf moderne Küche nach dem »Farm to table«-Konzept. Die Produkte stammen von lokalen Erzeugern, Kräuter, Obst und Gemüse werden zum Teil im Englischen Garten angebaut.

Gyßlingstraße 15	Essen: **43** I 50
+49 89 36090490	Service: **18** I 20
1804muc.de	Getränke: **17** I 20
Casual Dining • deutsche Küche • nachhaltig • Terrasse	Ambiente: **8** I 10
	Gesamt: 86 I 100

Acetaia

80639 München

Unweit vom Hubertusbrunnen am Grünwaldpark liegen die lichten Räumlichkeiten des italienischen Tempels für Dolce Vita im gehobenen Jugendstil. Unabkömmlich sind die Ravioli mit Schafskäsecreme.

Nymphenburger Straße 215	Essen: **45** I 50
+49 89 13929077	Service: **18** I 20
acetaia.de	Getränke: **18** I 20
italienisch • Delikatessenverkauf • Terrasse	Ambiente: **8** I 10
	Gesamt: 89 I 100

Acquarello
81677 München

Mario Gambas Anspruch ist so elaboriert wie einfach: Geschmäcker der Kindheit in die gehobene Küche zu transportieren. Wer in die sensorische Seele Italiens blicken will, ist hier risottorichtig.

Mühlbaurstraße 36	Essen: **46** | 50
+49 89 4704848	Service: **18** | 20
acquarello.com	Getränke: **18** | 20
italienisch • Terrasse • elegant	Ambiente: **8** | 10
	Gesamt: 90 | 100

Alois | Dallmayr Fine Dining
80331 München

Kurz vor Druck kam die Meldung, dass der österreichische Shootingstar Max Natmessnig die Regie im ersten Stock des Dallmayr-Hauses übernimmt. Wir sind gespannt und setzen die Bewertung vorerst aus.

Dienerstraße 14–15	Essen: **n.b.** | 50
+49 89 21350	Service: **n.b.** | 20
dallmayr.com	Getränke: **n.b.** | 20
Fine Dining • Fisch • modern	Ambiente: **n.b.** | 10
	Gesamt: n.b. | 100

Andechser am Dom
80331 München

Das typisch bayerische Lokal punktet mit Gemütlichkeit, großer Terrasse und Klassikern wie Obazda, Leberknödelsuppe und Biergartenschmankerln. Wagyu-Beef aus eigener Zucht, gutes Biersortiment.

Frauenplatz 7	Essen: **41** | 50
+49 89 24292920	Service: **17** | 20
andechser.de	Getränke: **15** | 20
Brauerei • deutsche Küche • Hausmannskost • klassisch	Ambiente: **7** | 10
	Gesamt: 80 | 100

Asam Schlössl
81379 München

Nach dem Motto »Die Kartoffel vom Bauern nebenan ist die neue Avocado« nimmt das Asam Schlössl den Stellenwert regionaler Produkte ernst. Und das merkt man nicht erst beim Frühschoppen mit Weißwurst.

Maria-Einsiedel-Straße 45	Essen: **42** | 50
+49 89 780167790	Service: **17** | 20
asamschloessl.de	Getränke: **16** | 20
Steak • Terrasse • romantisch	Ambiente: **8** | 10
P	Gesamt: 83 | 100

Atelier Gourmet
81669 München

Im französischen Viertel der bayerischen Kapitale kommt auf seine Kosten, wer zu seinem Wein auch mal ein gutes Menü zu genießen weiß. Denn dies ist ein Ort für wahre Wein- und Feinschmecker.

Rablstraße 37	Essen: **42** | 50
+49 89 487220	Service: **18** | 20
ateliergourmet.de	Getränke: **19** | 20
modern • französisch • mediterran	Ambiente: **8** | 10
	Gesamt: 87 | 100

Atlantik

80337 München

Surf and Turf auf Bayerisch: Möglich ist das in Münchens Dreimühlenviertel. Zum Mittagstisch oder zum Dinner – ein Fisch am Stück muss sein. Geheimtipp: als Beilage das Erbsenrisotto mit Lardo und Brunnenkresse.

Zenettistraße 12	Essen: **43** | 50
+49 89 74790610	Service: **17** | 20
atlantikfisch-muenchen.de	Getränke: **18** | 20
Fisch • elegant • Geschäftsessen	Ambiente: **8** | 10
	Gesamt: 86 | 100

Augustiner

80331 München

Das Wirtshaus blickt auf eine lange Geschichte zurück. Aus der eigenen Metzgerei kommen die Weißwürste, herzhaft geht es zu bei Spanferkel mit Knödel und Kraut, Wurstsalat und Fleischpflanzerl.

Neuhauser Straße 27	Essen: **42** | 50
+49 89 23183257	Service: **17** | 20
augustiner-restaurant.com	Getränke: **15** | 20
Gasthaus • deutsche Küche • nachhaltig • gemütlich	Ambiente: **8** | 10
	Gesamt: 82 | 100

Ayinger

80331 München

Ab 18 Uhr gibt es hier frisch gezapftes Bier vom Holzfass aus der Familienbrauerei zu geschmorten Ochsenbackerln und Blaubeerschmarren. Für danach gibt es eine herausragende Auswahl an Hochprozentigem.

Platzl 1a	Essen: **42** | 50
+49 89 23703666	Service: **17** | 20
ayingers.de	Getränke: **15** | 20
deutsche Küche • Biervielfalt • urig	Ambiente: **8** | 10
P	Gesamt: 82 | 100

Bachmeier Genussfreuden

80331 München

Hans Jörg Bachmeier kocht hier das, was ihm selbst am besten schmeckt: Pfifferlinge mit niederbayerischem Reh zum Beispiel – grandios. Zum Restaurant gehört eine kleine Feinkostabteilung.

Westenrieder Straße 43	Essen: **44** | 50
+49 89 28755010	Service: **19** | 20
bachmeier-genussfreuden.de	Getränke: **17** | 20
Bistro • Allrounder • regionale Produkte	Ambiente: **8** | 10
	Gesamt: 88 | 100

Bar Mural

80333 München

Wer zu einer gehobenen Brotzeit ein exzellentes Glas genießen möchte, hat in der Maxvorstadt sein Mekka gefunden: das Land, in dem Tatar wächst und Trousseau fließt. Wer Speck mag, ist im Vorteil.

Theresienstraße 1	Essen: **42** | 50
+49 89 27373380	Service: **18** | 20
barmural.com	Getränke: **17** | 20
Bar • regionale Produkte • elegant	Ambiente: **8** | 10
	Gesamt: 85 | 100

Bayerischer Hof Atelier

80333 München

Chef de Cuisine Anton Gschwendtner und Chef-Sommelier Shahzad Talukder zeigen, wie französisch-asiatische Fusionsküche geht. Kaisergranat mit Chorizo und Gochujang-Krautwickerl muss man sich trauen.

Promenadeplatz 2–6	Essen: **47** I 50
+49 89 2120743	Service: **19** I 20
bayerischerhof.de	Getränke: **20** I 20
Fine Dining • französisch • elegant	Ambiente: **9** I 10
	Gesamt: 95 I 100

Blauer Bock

80331 München

Blau beleuchtet und zugleich der beste Ort gegen einen Blues: Bayerische Speisemorcheln und Entenlebertranche sowie ein Jurançon von Cauhapé machen blümerante Befindlichkeiten aller Art wett.

Sebastiansplatz 9	Essen: **44** I 50
+49 89 45222333	Service: **18** I 20
restaurant-blauerbock.de	Getränke: **18** I 20
Allrounder • mediterran • modern	Ambiente: **7** I 10
	Gesamt: 87 I 100

Brasserie Bavarie

80809 München

Eine gelungene Kombination aus cooler Architektur und französischer Brasserie auf Basis bester regionaler Zutaten. Interessant ist der eingelegte Blumenkohl mit Trüffelschaum, gute Käseauswahl.

Am Olympiapark 1	Essen: **43** I 50
+49 89 358991818	Service: **18** I 20
feinkost-kaefer.de	Getränke: **18** I 20
Bistro • französisch • regionale Produkte • modern	Ambiente: **8** I 10
	Gesamt: 87 I 100

Brasserie Colette

80469 München

Sowohl Tim Raues Seeteufelbäckchen mit Pistou als auch der Pulpo mit Yuzu werden in allen Brasserien des Berliner Kochs serviert. Dabei sitzt es sich in München besonders mondän und malerisch.

Klenzestraße 72	Essen: **43** I 50
+49 89 23002555	Service: **18** I 20
brasseriecolette.de	Getränke: **17** I 20
Fine Dining • französisch • Geschäftsessen	Ambiente: **8** I 10
	Gesamt: 86 I 100

Brenner

80539 München

Die italienischen Gerichte passen zum Flair der Marmorsäulenhalle. Vom offenen Grill kommen Steaks, Lammkronen oder Fisch, dazu gibt es knackige Salate. Brot, Pasta und Törtchen sind hausgemacht.

Maximilianstraße 15	Essen: **42** I 50
+49 89 4522880	Service: **17** I 20
brennergrill.de	Getränke: **18** I 20
italienisch • Steak • Gewölbe	Ambiente: **8** I 10
	Gesamt: 85 I 100

Broeding

80634 München

Das täglich wechselnde Menü gibt es mit und ohne Weinbegleitung, in fünf oder sechs Gängen. Dahinter steckt eine durchdachte Speisenfolge, vorwiegend zubereitet aus regionalen Produkten und Zutaten.

Schulstraße 9
+49 89 164238
broeding.de
deutsche Küche • eigener Gemüsegarten • nachhaltig

Essen:	**42** I 50
Service:	**18** I 20
Getränke:	**18** I 20
Ambiente:	**8** I 10
Gesamt:	86 I 100

Dallmayr Café-Bistro

80331 München

Mit Blick auf die Türme der Frauenkirche lässt sich hier bis 18 Uhr speisen, wonach auch immer es verlangt: Von Croissant über Austern bis Cheesecake stehen die Spezialitäten à la carte Spalier.

Dienerstraße 14–15
+49 89 21350
dallmayr.de
Bistro • Allrounder • Essen mit Aussicht

Essen:	**43** I 50
Service:	**18** I 20
Getränke:	**16** I 20
Ambiente:	**8** I 10
Gesamt:	85 I 100

Das Museum

80538 München

Im historischen Gewölbe ist ein modern eingerichtetes Restaurant untergebracht. Das lokale Bier passt zu Kalbsbries mit Kohlrabi und Morcheln oder Rhabarberrisotto. Schöner Gastgarten.

Prinzregentenstraße 3
+49 89 45224430
museum-muenchen.de
deutsche Küche • Gastgarten • modern

Essen:	**43** I 50
Service:	**17** I 20
Getränke:	**16** I 20
Ambiente:	**8** I 10
Gesamt:	84 I 100

Délice

80335 München

Zwischen Burger und Burgunderschnecken ist hier alles möglich: ob vegan, vegetarisch, mit Fokus auf Kikok-Huhn, Kaninchen oder Kalbskopfpraline. In jedem Fall gibt es den passenden Wein auf der Karte.

Bayerstraße 12
+49 89 599482962
sofitel-munich.com
Hotelrestaurant • französisch • Terrasse

Essen:	**42** I 50
Service:	**17** I 20
Getränke:	**18** I 20
Ambiente:	**7** I 10
Gesamt:	84 I 100

Der Dantler

81541 München

Mit einer Weinkarte zum Niederknien – auch für alkoholfreien Genuss – stapelt dieser »Bayrisch' Deli« mit seiner Eigenbeschreibung tief. Denn hoch liegt hier der Anspruch und treffsicher ist seine Ausführung.

Werinherstraße 15
+49 89 39292689
derdantler.de
Allrounder • elegant • Geschäftsessen

Essen:	**44** I 50
Service:	**18** I 20
Getränke:	**19** I 20
Ambiente:	**8** I 10
Gesamt:	89 I 100

Der Pschorr

80331 München

Eine Institution, die sich immer wieder neu erfindet und sehr viel Wert auf regionale Produkte legt. Beste Steaks und deftige bayerische Klassiker, die Schweinshaxe gibt es auch als halbe Portion!

Viktualienmarkt 15	Essen: **42** | 50
+49 89 442383940	Service: **16** | 20
der-pschorr.de	Getränke: **16** | 20
Gasthaus • deutsche Küche • regionale Produkte	Ambiente: **8** | 10
	Gesamt: 82 | 100

Ederer

80337 München

Kunstsammler und Starkoch, eine gute Kombi. Die Karte ist klein gehalten, die Gerichte zeigen sich bewusst reduziert und arbeiten konzentriert die Produkte heraus. Feine Blaubeerküchlein.

Lindwurmstraße 48	Essen: **45** | 50
+49 89 74747928	Service: **18** | 20
restaurant-ederer.de	Getränke: **17** | 20
Fine Dining • regionale Produkte • nachhaltig • gemütlich	Ambiente: **8** | 10
	Gesamt: 88 | 100

Essence

81245 München

In Form dreierlei Menüs findet sich hier eine passgenaue Schmiede für Zusammenkünfte, die zählen – mitsamt Alpenkaviar aus dem oberösterreichischen Steyrtal zur stets möglichen Erweiterung eines Gangs.

Gottfried-Keller-Straße 35	Essen: **44** | 50
+49 89 80040025	Service: **17** | 20
essence-restaurant.de	Getränke: **18** | 20
Fine Dining • Geschäftsessen • modern	Ambiente: **7** | 10
	Gesamt: 86 | 100

EssZimmer

80809 München

Küchenchef Bobby Bräuer verwöhnt im luxuriösen Ambiente mit spannenden Kreationen. Lamm kombiniert er mit Sellerie, Kaffee und Bärlauch. Auch ein vegetarisches Menü steht auf dem Programm.

Am Olympiapark 1	Essen: **48** | 50
+49 89 358991814	Service: **19** | 20
feinkost-kaefer.de	Getränke: **19** | 20
Fine Dining • regionale Produkte • modern	Ambiente: **9** | 10
P	Gesamt: 95 | 100

Freisinger Hof

81925 München

Nicht weniger als »das beste Schnitzel der Stadt« bietet der Freisinger Hof, der mit einem Mastochsen-Menü zu meisterhaften »Weißen Scherzeln« ermutigt und mit angenehmer Atmosphäre Auszeit schenkt.

Oberföhringer Straße 189–191	Essen: **42** | 50
+49 89 1890820	Service: **17** | 20
freisinger-hof.de	Getränke: **17** | 20
Gasthaus • Gastgarten • klassisch	Ambiente: **8** | 10
	Gesamt: 84 | 100

Gabelspiel 𝍭 81539 München

In stilvoll gehobenem und dennoch gemütlichem Ambiente lädt Florian Berger auf eine farbenfrohe Reise durch die Regionen Frankreichs ein, ohne dabei den Reiz der internationalen Küche zu verlieren.

Zehentbauernstraße 20	Essen:	**45** | 50
+49 89 12253940	Service:	**18** | 20
restaurant-gabelspiel.de	Getränke:	**18** | 20
französisch • modern • elegant	Ambiente:	**8** | 10
	Gesamt:	89 | 100

Galleria 80331 München

Maria Grazia de Luca lädt ein zu einem fünfgängigen Menü, dessen »Il nostro Vitello tonnato« gewiss seinesgleichen sucht. Das Mittagsmenü hebt den Arbeitstag auf ungewohntes Lebensfreudeniveau.

Sparkassenstraße 11	Essen:	**43** | 50
+49 89 297995	Service:	**18** | 20
ristorante-galleria.de	Getränke:	**17** | 20
italienisch • modern • Geschäftsessen	Ambiente:	**7** | 10
	Gesamt:	85 | 100

Garden 80333 München

Philipp Pfisterer bemüht sich um die Bekömmlichkeit seiner Kost, weshalb er bedacht schonende Speisen mit einem »Garden Goes Green«-Label markiert. Wohl bekomm's, besonders bei einem Benoît Marquet.

Promenadeplatz 2–6	Essen:	**44** | 50
+49 89 2120993	Service:	**17** | 20
bayerischerhof.de	Getränke:	**18** | 20
Hotelrestaurant • Geschäftsessen • unkonventionell	Ambiente:	**7** | 10
P	Gesamt:	86 | 100

Geisel 80335 München

Thomas Kahl und Robert Zeller teilen aus und schenken ein. Ersteres in Form fabelhafter Fischgänge wie einem Goldforellenfilet mit Artischocken, Zweiteres von über 800 offenen Gewächsen und Flaschenweinen.

Schützenstraße 11	Essen:	**43** | 50
+49 89 551377140	Service:	**17** | 20
excelsior-hotel.de	Getränke:	**18** | 20
Hotelrestaurant • Gewölbe • urig	Ambiente:	**8** | 10
	Gesamt:	86 | 100

Grapes 80331 München

Hier wird weniger der Wein zum Essen serviert, denn umgekehrt. Ein solides Jausenbrettl zum Glas oder ein filigranes Forellenfilet. Gekonnt wird ein jeder Gusto bedient, Vorkenntnisse unerheblich.

Ledererstraße 8	Essen:	**42** | 50
+49 89 242249504	Service:	**17** | 20
grapes-weinbar.de	Getränke:	**18** | 20
regionale Produkte • Geschäftsessen • elegant	Ambiente:	**8** | 10
	Gesamt:	85 | 100

Green Beetle

81679 München

Zum nachhaltigen Design passen die »grünen« Gerichte des unlängst eröffneten Lokals. Hier wird ausschließlich vegetarisch und vegan gekocht, dabei kommen verschiedene Gartechniken und Aromen zum Einsatz.

Schumannstraße 9
+49 176 14168023
feinkost-kaefer.de
vegetarisch • vegan • nachhaltig • modern

Essen:	**43** | 50
Service:	**18** | 20
Getränke:	**18** | 20
Ambiente:	**8** | 10
Gesamt:	87 | 100

Grossmarkthalle

81371 München

Im Weißwurstdorado mit dem schönen Tonnengewölbe wird noch jede Menge Deftiges geboten: Wollwurst, Briesmilzwurst, saftige Braten mit Knödel, aber auch bayerische Schmankerln und süffiges Paulaner.

Kochelseestraße 13
+49 89 764531
gaststätte-grossmarkthalle.de
Gasthaus • Hausmannskost • urig

Essen:	**42** | 50
Service:	**17** | 20
Getränke:	**15** | 20
Ambiente:	**7** | 10
Gesamt:	81 | 100

Hippocampus

81677 München

Ciao Italia! Das chic ausstaffierte Restaurant hat seine treue Fangemeinde. Denn zur Grandezza im Service gibt es die passende Küche mit allem, was das italophile Herz begehrt. Noblesse vom Feinsten.

Mühlbaurstraße 5
+49 89 475855
hippocampus-restaurant.de
italienisch • elegant • Terrasse

Essen:	**42** | 50
Service:	**18** | 20
Getränke:	**18** | 20
Ambiente:	**8** | 10
Gesamt:	86 | 100

Huber

81679 München

»Perfektion in der Einfachheit«, so lautet das Credo von Sandra und Michael Huber. Und so sei es: zwei Menüs, davon eines vegetarisch zubereitet, eine Weinbegleitung – und die Erlebnisküche ist serviert.

Newtonstraße 13
+49 89 985152
huber-restaurant.de
modern • Late Night Dining • Terrasse

P

Essen:	**44** | 50
Service:	**18** | 20
Getränke:	**18** | 20
Ambiente:	**7** | 10
Gesamt:	87 | 100

Il Borgo

80797 München

Moderne italienische Küche – das klingt verlockend und spannend. Und das ist es auch, was man im wechselnden Degustationsmenü in kleinen Häppchen probieren kann. Alles vom Feinsten, auch die Weine!

Georgenstraße 144
+49 89 1292119
il-borgo.de
italienisch • modern • Geschäftsessen

Essen:	**43** | 50
Service:	**18** | 20
Getränke:	**18** | 20
Ambiente:	**8** | 10
Gesamt:	87 | 100

Jin

80538 München

Chinesische Küche ist divers, da lohnt sich die Spezifizierung: Jin-esisch. Das bedeutet mäßig scharf, gerne aus dem Meer und immer mit bayerischem Twist. Hao Jins Küche bleibt gewiss im Gedächtnis.

Kanalstraße 14	Essen: **44** I 50
+49 89 49892194	Service: **18** I 20
restaurant-jin.de	Getränke: **18** I 20
Fine Dining • chinesisch • Fisch	Ambiente: **8** I 10
	Gesamt: 88 I 100

Johannas

81377 München

Im Winter findet der Gast Zuflucht in modernem Stubendesign, im Sommer lädt der lauschige Gastgarten zum Grillen der gehobenen Art ein. Vorzugsweise kommt Regionales auf den Teller – und zwar am Stück.

Heiglhofstraße 18	Essen: **43** I 50
+49 89 7411440	Service: **18** I 20
restaurant-johannas.de	Getränke: **17** I 20
Familienbetrieb • regionale Produkte • klassisch	Ambiente: **8** I 10
P	Gesamt: 86 I 100

Käfer-Schänke

81675 München

Unter der Ägide von Mike Emmerz und André Wöhner sowie Alessandro Borioni für den Wein, zeigt nicht nur die offene Küche, dass es nichts zu verbergen gibt. Im Gegenteil: Hier offenbart sich Klasse.

Prinzregentenstraße 73	Essen: **43** I 50
+49 89 4168	Service: **17** I 20
feinkost-kaefer.de	Getränke: **18** I 20
Allrounder • Late Night Dining • entspannt	Ambiente: **9** I 10
	Gesamt: 87 I 100

Kaito

80333 München

Die Holzvertäfelung lässt nicht das große japanische Kochkino vermuten, das hier geboten wird: Sushi, Sashimi, Omake, frittierte Garnelen und diverse Nudelgerichte sind gesetzt. Große Auswahl an Sake.

Gabelsbergerstraße 85	Essen: **43** I 50
+49 89 52059455	Service: **18** I 20
de.kaito-restaurant.com	Getränke: **18** I 20
japanisch • Sushi • entspannt	Ambiente: **8** I 10
	Gesamt: 87 I 100

Kansha

80802 München

Das Sushi im veganen Lokal mit Japanflair kommt einer Geschmacksexplosion gleich. Extravagante Kreationen wie Uramaki mit Austernpilztempura oder Hosomaki mit gebackener Spitzpaprika gibt es auch.

Occamstraße 6	Essen: **43** I 50
+49 89 998297640	Service: **18** I 20
kansha-restaurant.de	Getränke: **17** I 20
japanisch • vegan • Sushi • modern	Ambiente: **7** I 10
	Gesamt: 85 I 100

Klinglwirt

81669 München

Der Klinglwirt ist ein Stück Urbayern mitten in München. Schweinebraten, Rahmschwammerl, Fischpflanzerl und Apfelstrudel werden im rustikal-gepflegten Ambiente serviert, das meiste in Bioqualität.

Balanstraße 16
+49 89 85676199
klinglwirt.de
Gasthaus • regionale Produkte • bio • urig

Essen:	**42** / 50
Service:	**17** / 20
Getränke:	**15** / 20
Ambiente:	**8** / 10
Gesamt:	82 / 100

KOI

80333 München

Wenn auch die Ojo de Agua vom Robata-Bambusgrill die Bestellung wert sind: Die Vorspeisen müssen unbedingt probiert werden, allen voran das Wagyu-Roastbeef-Tataki mit Trüffelcreme und Umeboshi.

Wittelsbacherplatz 1
+49 89 89081926
koi-restaurant.de
japanisch • Terrasse • modern

Essen:	**43** / 50
Service:	**18** / 20
Getränke:	**18** / 20
Ambiente:	**8** / 10
Gesamt:	87 / 100

La Bohème

80804 München

Vorspeisen werden gerne als Sharing auf großen Schieferplatten serviert. Tranchieren und Flambieren gehören zum Repertoire am Tisch, zwölf Steak-Cuts werden geboten. Herrlich sind die Crêpes Suzette.

Leopoldstraße 180
+49 89 23762323
boheme-schwabing.de
amerikanisch • Steak • modern

Essen:	**43** / 50
Service:	**18** / 20
Getränke:	**17** / 20
Ambiente:	**8** / 10
Gesamt:	86 / 100

Landersdorfer & Innerhofer

80331 München

Eine klassische Speisekarte gibt es hier nicht, auf die Teller kommt, was Johann Landersdorfer frühmorgens frisch auf dem Markt eingekauft hat. Natürlich nur beste Produkte, regional und saisonal.

Hackenstraße 6–8
+49 89 26018637
landersdorferundinnerhofer.de
Allrounder • regionale Produkte • unkonventionell

Essen:	**43** / 50
Service:	**18** / 20
Getränke:	**18** / 20
Ambiente:	**8** / 10
Gesamt:	87 / 100

Le Stollberg

80539 München

Kalbsschwanzragout mit Kartoffelschaum und Trüffel nebst einem Spätburgunder vom Kaiserstuhl gefällig? Diese freundliche französische Enklave von Anette Huber ist die Adresse der weinseligen Wahl.

Stollbergstraße 2
+49 89 24243450
lestollberg.de
Geschäftsessen • französisch • Terrasse

Essen:	**43** / 50
Service:	**17** / 20
Getränke:	**17** / 20
Ambiente:	**8** / 10
Gesamt:	85 / 100

Les Deux

80333 München

Das edle Restaurant bietet moderne französische Küche auf Basis regionaler Produkte. Spannend ist die Kombi aus bayerischer Garnele mit Kalbskopf, Radieschen und Salzzitrone. Beeindruckende Weinkarte.

Maffeistraße 3A	Essen: **45** I 50
+49 89 710407373	Service: **19** I 20
lesdeux-muc.de	Getränke: **18** I 20
Fine Dining • französisch • elegant	Ambiente: **8** I 10
	Gesamt: 90 I 100

Les Deux Brasserie

80333 München

Dass die französische Küche alles andere als stehen geblieben ist, beweisen Nathalie Leblond und Gregor Goncharov mit Bretonischer Seezunge und einer Brioche à la bayerischer Bravour.

Maffeistraße 3A	Essen: **43** I 50
+49 89 710407373	Service: **18** I 20
lesdeux-muc.de	Getränke: **17** I 20
französisch • elegant • Terrasse	Ambiente: **8** I 10
	Gesamt: 86 I 100

Little London

80331 München

So sehr für das getrüffelte Kartoffelpüree ein Besuch bei Markus Hahn lohnt: Man sollte sich auch die Barbarie-Entenbrust mit Karotten-Kaffee-Püree und Schokojus nicht entgehen lassen.

Tal 31	Essen: **43** I 50
+49 89 122239470	Service: **18** I 20
little-london.de	Getränke: **19** I 20
Steak • Cocktails • gemütlich	Ambiente: **8** I 10
	Gesamt: 88 I 100

Little Wolf

80469 München

Manchmal muss Essen lediglich einen Zweck erfüllen: die Seele erfreuen. Und was diesen Südstaaten-Smoker verlässt, kommt einem Heilsversprechen nahe. Zum Abendmahl mit einem Joshua Tea mit Bourbon.

Pestalozzistraße 9	Essen: **42** I 50
+49 89 85636152	Service: **17** I 20
little-wolf.de	Getränke: **15** I 20
Casual Dining • Steak • amerikanisch	Ambiente: **7** I 10
	Gesamt: 81 I 100

Ludwig 8 — 80539 München

Linear kann es jeder, in der Nummer 8 wird im Kreis gespeist: Fünf kleine Gerichte werden in entspanntem Rhythmus dargereicht, den Ein-, den Ausstieg und die Anzahl der Runden bestimmt jeder selbst.

Ludwigstraße 8	Essen: **43** / 50
+49 89 21566100	Service: **17** / 20
ludwig8.de	Getränke: **17** / 20
Tapas • modern • Geschäftsessen	Ambiente: **8** / 10
	Gesamt: 85 / 100

Martinelli — 81927 München

Wer seinen Abend Luca und Elena in die Hände legt, begibt sich in stilvoll-schmackhafte Sicherheit. Meeresgetier wie etwa Thunfisch, Krake und Adlerfisch kommen aus Wildfang, der Wein aus Italien.

Wilhelm-Diß-Weg 2	Essen: **43** / 50
+49 89 931416	Service: **17** / 20
ristorantemartinelli.de	Getränke: **17** / 20
italienisch • Terrasse • modern	Ambiente: **7** / 10
	Gesamt: 84 / 100

Matsuhisa — 80331 München

Japanisch-peruanisch lautet hier das Credo – und das endet mitunter in Kagoshima-Wagyu-Tacos, Gelbschwanzmakrele mit Yuzu-Soya-Sauce und Jalapeño. Ins Glas kommen Sake oder Wein aus der ganzen Welt.

Neuturmstraße 1	Essen: **42** / 50
+49 89 29098875	Service: **17** / 20
mandarinoriental.com	Getränke: **18** / 20
Hotelrestaurant • peruanisch • japanisch	Ambiente: **8** / 10
	Gesamt: 85 / 100

Ménage Bar — 80469 München

Wer sich zu den Drinks auf diesem Tresen an Luke Rogers Küchenkompositionen hält, dem wird an nichts mangeln. So könnte es in der Bibel dieser Bar stehen und damit eine Chorizo-Konfession begründen.

Buttermelcherstraße 9	Essen: **42** / 50
+49 89 23232680	Service: **17** / 20
menage-bar.com	Getränke: **17** / 20
Bar • Cocktails • elegant	Ambiente: **7** / 10
	Gesamt: 83 / 100

Mona

81667 München

Deutsche und mediterrane Küche gehen bei Simone Mazzariello eine Liaison ein. So trifft Vitello tonnato vom rosa Kalbsfleisch auf Rauchforelle, vom Grill kommen Black Angus und Wildfanggarnelen.

Rosenheimer Straße 15	Essen:	**43** | 50
+49 89 44249500	Service:	**17** | 20
mona-restaurant.de	Getränke:	**17** | 20
deutsche Küche • italienisch • Steak	Ambiente:	**8** | 10
	Gesamt:	85 | 100

Mountain Hub Gourmet

85356 München

Es braucht keinen verpassten Flug, um bei Stefan Barnhusen einzukehren. Im eleganten Ambiente des Gourmetlokals im »Hilton Munich Airport« überzeugt er mit aromatisch intensiver Spitzenküche.

Terminalstraße Mitte 20	Essen:	**46** | 50
+49 89 97824500	Service:	**18** | 20
mountainhub.de	Getränke:	**18** | 20
Hotelrestaurant • Fine Dining • elegant	Ambiente:	**8** | 10
P	Gesamt:	90 | 100

Mun

81667 München

Es gibt wenig, was Mun Kim im Lebenslauf fehlt. Dies schmeckt man bei seinem Degustationsmenü – und man spart sich somit Bestellungen wie etwa »Kalbi-Gui«. Eine zu Sushi selten gesehene Weinbegleitung.

Innere Wiener Straße 18	Essen:	**44** | 50
+49 89 62809520	Service:	**17** | 20
munrestaurant.de	Getränke:	**17** | 20
koreanisch • Sushi • modern	Ambiente:	**8** | 10
	Gesamt:	86 | 100

Mural

80331 München

Joshua Leise macht es nicht unter Superlativen: »Die beste Tegernseer Heumilch, die intensivste Bete und der prächtigste Saibling« stehen auf dem Speiseplan, Wolfgang Hingerl kümmert sich um den Wein.

Hotterstraße 12	Essen:	**45** | 50
+49 89 27373380	Service:	**18** | 20
mural.restaurant	Getränke:	**18** | 20
regionale Produkte • modern • elegant	Ambiente:	**8** | 10
	Gesamt:	89 | 100

Nymphenburger Hof

80335 München

Besonders beliebt für seine Kombinationen aus den berühmten »Gröstl« mit Fisch und Meeresfrüchten, lässt sich bei Andreas Derler seit mehr als drei Dekaden erleben, wie stilvoll steirische Küche geht.

Nymphenburger Straße 24	Essen: **43** | 50
+49 89 1233830	Service: **18** | 20
nymphenburgerhof.de	Getränke: **17** | 20
Gasthaus • Terrasse • traditionell	Ambiente: **8** | 10
	Gesamt: 86 | 100

Pageou

80333 München

Ali Güngörmüş ist nicht nur im Fernsehen aktiv. Sein Münchener Restaurant ist ein Hotspot der Hauptstadt und punktet mit einer modernen, kosmopolitischen Küche, die aromatisch sehr präzise ausgerichtet ist.

Kardinal-Faulhaber-Straße 10	Essen: **45** | 50
+49 89 24231310	Service: **18** | 20
pageou.de	Getränke: **18** | 20
türkisch • modern • elegant	Ambiente: **9** | 10
	Gesamt: 90 | 100

Pfistermühle

80331 München

Auf der von Wildem Wein umrankten Terrasse oder inmitten eines eleganten Landhaus-Interieurs kann man sich an gehobener bayerischer Küche laben. Zu Mittag und am Abend, mit Fleisch, Fisch und vegetarisch.

Pfisterstraße 4	Essen: **42** | 50
+49 89 23703865	Service: **17** | 20
pfistermuehle.de	Getränke: **17** | 20
deutsche Küche • Gewölbe • romantisch	Ambiente: **8** | 10
P	Gesamt: 84 | 100

Piccola Italia

81371 München

Große Fotos aus italienischen Filmen machen die passende Stimmung. Die Küche zaubert mit Vitello tonnato, Pasta mit Miesmuscheln und Desserts mit üppigen Cremen Urlaubsflair herbei.

Aberlestraße 14	Essen: **42** | 50
+49 89 761844	Service: **17** | 20
piccola-italia.org	Getränke: **16** | 20
italienisch • gemütlich • klassisch	Ambiente: **7** | 10
	Gesamt: 82 | 100

Pure Wine & Food

80799 München

Nomen est omen: Tranche vom Steinbutt mit Selleriecreme, schwarzem Trüffel und Herbsttrompeten nebst Cuvée aus Chardonnay, Parellada und Prensal Blanc gefällig? Dann ist diese Terrasse Ort der Wahl.

Neureuther Straße 15	Essen: **43** | 50
+49 89 399936	Service: **18** | 20
pure-wine-food.de	Getränke: **18** | 20
Vinothek • mediterran • elegant	Ambiente: **8** | 10
	Gesamt: 87 | 100

Restaurant Jan
80333 München

Die schlichte, geschmackvolle Einrichtung (Douglasie, gekohlte Eiche) bildet das perfekte Setting für die komplexen Kreationen von Jan Hartwig. Seine Küche bleibt auch auf höchstem Niveau zugänglich.

Luisenstraße 27
+49 89 23708658
jan-hartwig.com
Fine Dining • regionale Produkte • elegant

Essen:	**49**	50
Service:	**19**	20
Getränke:	**20**	20
Ambiente:	**9**	10
Gesamt:	97	100

Rocca Riviera
80333 München

Nun ist der Odeonsplatz nicht die Riviera, doch kommt man zumindest ins Zweifeln. Bunt das Retro-Interieur und bunt die Teller, wenn sich Scampi, konfierte Datterini und Auberginen-Ciambotta treffen.

Wittelsbacherplatz 2
+49 89 28724421
roccariviera.com
mediterran • Late Night Dining • elegant

Essen:	**43**	50
Service:	**17**	20
Getränke:	**17**	20
Ambiente:	**8**	10
Gesamt:	85	100

Rüen
80339 München

Schon einmal den Abend mit südthailändischen Antipasti angefangen? Mit Rüen Thai Piset begonnen, eignet sich das Gäng Kiewvan Seafood ausgezeichnet zum Weitermachen. Und zum Schluss: Kanom-Thai-Creme.

Kazmairstraße 58
+49 89 503239
rueen-thai.de
Thai • vegetarisch • Late Night Dining

Essen:	**40**	50
Service:	**17**	20
Getränke:	**17**	20
Ambiente:	**8**	10
Gesamt:	82	100

Schneider Bräuhaus
80331 München

Bei Milzwurst und Schweinezüngerl aus der hauseigenen Metzgerei geht es im Brauhaus bei Schneiders bodenständig zu. Bis zwölf Uhr gibt es außerdem Weißwurstfrühstück, für Veggies Reiberdatschi. Dazu Bier.

Tal 7
+49 89 2901380
schneider-brauhaus.de
Brauerei • eigene Fleischerei • urig

Essen:	**42**	50
Service:	**17**	20
Getränke:	**15**	20
Ambiente:	**7**	10
Gesamt:	81	100

Schreiberei
80331 München

Auf drei Etagen des denkmalgeschützten Bürgerhauses reicht das kulinarische Angebot von bodenständigen, aber dennoch raffinierten Gerichten bis zur Cuisine mit französischen und japanischen Einflüssen.

Dienerstraße 20
+49 89 21529172
schreiberei-muc.de
Casual Dining • französisch • japanisch • elegant

Essen:	**43**	50
Service:	**17**	20
Getränke:	**19**	20
Ambiente:	**10**	10
Gesamt:	89	100

Schumann's Bar am Hofgarten

80539 München

Wichtiger als Charles Schumann wäre in Münchens Gastroszene nur Benedikt XVI., würde er eine Bar am Stachus betreiben. Als Heiligenverehrung trinkt man hier beste Drinks und isst dazu Roastbeef mit Bratkartoffeln.

Odeonsplatz 6–7
+49 89 229060
schumanns.de
regionale Küche • Cocktails • Terrasse

Essen:	42 | 50
Service:	18 | 20
Getränke:	17 | 20
Ambiente:	8 | 10
Gesamt:	85 | 100

Schwarzreiter

80539 München

Großstadt-Flair mit Teamspirit. Sommelière Nina Geschka hat Champagner in petto, Küchenchef Hannes Reckziegel Schweinekinn mit Kimchi. Spanferkel-halber kann nachmittags die Tagesbar gestürmt werden.

Maximilianstraße 17
+49 89 21252125
schwarzreiter-muenchen.de
Fine Dining • Terrasse • elegant

Essen:	45 | 50
Service:	18 | 20
Getränke:	18 | 20
Ambiente:	8 | 10
Gesamt:	89 | 100

Schwarzreiter Tagesbar

80539 München

Ob Auster mit bayerischem Shiso, lauwarmer Artischockensalat oder direkt die Spanferkelhaxe: In der Tagesbar gibt es vor Ort die komplette Bandbreite regionaler Kreationen, auch zum Mitnehmen.

Maximilianstraße 17
+49 89 21252125
schwarzreiter-muenchen.de
Fine Dining • regionale Küche • elegant

Essen:	42 | 50
Service:	17 | 20
Getränke:	17 | 20
Ambiente:	8 | 10
Gesamt:	84 | 100

Showroom

81669 München

Originell und modern präsentiert sich das Restaurant. Die Küchenlinie passt perfekt dazu und spielt mit Aromen und Texturen. Zur Garnele passen Pistazie und Apfel, zur Entenbrust Mandarine und Walnuss.

Lilienstraße 6
+49 89 44429082
showroom-restaurant.de
Fine Dining • mediterran • elegant • modern

Essen:	45 | 50
Service:	18 | 20
Getränke:	18 | 20
Ambiente:	9 | 10
Gesamt:	90 | 100

Sigi Schelling Werneckhof

80802 München

Mit ihrem eigenen Restaurant hat Sigi Schelling vom Start weg alles richtig gemacht – ihre zugängliche Küche lebt von besten Produkten und sicherem Aromengespür. Ständig ausgebuchte Tische sind der Lohn.

Werneckstraße 11
+49 89 244189190
werneckhof-schelling.de
regionale Produkte • elegant • Geschäftsessen

Essen:	46 | 50
Service:	19 | 20
Getränke:	18 | 20
Ambiente:	8 | 10
Gesamt:	91 | 100

Sollner Hof 81479 München

Wer für eine Brotzeit mit Obazda und herrlichem Hausbrot nicht die Zeit findet, sollte das ändern. Denn hier trumpft die bayerische Küche auf und bringt einen guten Reigen an bodenständigen Gerichten hervor.

Herterichstraße 65
+49 89 7498290
sollnerhof.de
Gasthaus • Backhendl • Gastgarten

Essen:	43 | 50
Service:	18 | 20
Getränke:	16 | 20
Ambiente:	7 | 10
Gesamt:	84 | 100

Sparkling Bistro 80799 München

Sehr minimalistisches Design, nichts lenkt das Auge von den Kompositionen und subtilen Aromen auf dem Teller ab. Das Produkt in seiner puren Essenz, präsentiert in fünf bis acht Gängen, steht im Fokus.

Amalienstraße 89
+49 89 46138267
bistro-muenchen.de
Allrounder • nachhaltig • unkonventionell

Essen:	45 | 50
Service:	18 | 20
Getränke:	18 | 20
Ambiente:	8 | 10
Gesamt:	89 | 100

Spatenhaus 80333 München

Das Traditionshaus bietet gemütliche Stuben mit Holztäfelung. Die Küche liefert Klassiker wie Bauernspeck oder Bratwurst mit Sauerkraut und Semmelknödel. Kaiserschmarren ist der gelungene Abschluss.

Residenzstraße 12
+49 89 290706
kuffler.de
Gasthaus • deutsche Küche • Biervielfalt • gemütlich

Essen:	43 | 50
Service:	17 | 20
Getränke:	16 | 20
Ambiente:	8 | 10
Gesamt:	84 | 100

Tantris

80805 München

Höchste Ambitionen im Menürestaurant: Küchenchef Benjamin Chmura komponiert aus Zutaten erster Qualität atemberaubende, französisch geprägte Speisen mit komplexem Aromengefüge. Legendäre Weinkarte!

Johann-Fichte-Straße 7
+49 89 3619590
tantris.de
Fine Dining • nachhaltig • elegant

Essen:	**48**	50
Service:	**19**	20
Getränke:	**20**	20
Ambiente:	**10**	10
Gesamt:	97	100

Tantris DNA

80805 München

Chef Virginie Protat und Maître und Sommelier Mathieu Mermelstein wissen, wie man zum Wiederkommen überzeugt: mit Filet de Boeuf de Bavière und Sauce Périgueux. Die Übersetzung findet auf der Zunge statt.

Johann-Fichte-Straße 7
+49 89 3619590
tantris.de
Fine Dining • französisch • elegant

Essen:	**48**	50
Service:	**19**	20
Getränke:	**20**	20
Ambiente:	**9**	10
Gesamt:	96	100

Tohru in der Schreiberei

80331 München

Tohru bleibt Tohru, auch am neuen Ort. Er serviert unverdrossen Umami-High-End-Speisen wie etwa Balfegó-Tuna mit Myoga oder Wagyu mit schwarzem Knoblauch. Wein zu trinken, ist erlaubt, Sake ein Erlebnis.

Burgstraße 5
+49 89 21529172
schreiberei-muc.de
Fine Dining • japanisch • modern

Essen:	**48**	50
Service:	**19**	20
Getränke:	**19**	20
Ambiente:	**10**	10
Gesamt:	96	100

Trichards

80538 München

Weiße Wände und vergoldete Lampen. Zum Bistro-Stil passen französische Gerichte, auch italienische und bayerische Klassiker sind gelistet. Ein Traum ist die hausgemachte Pasta mit Wildfanggarnelen.

Reitmorstraße 21
+49 89 54843526
trichards.de
Bistro • französisch • italienisch • elegant

Essen:	**42**	50
Service:	**17**	20
Getränke:	**17**	20
Ambiente:	**8**	10
Gesamt:	84	100

Vecchia Lanterna

80538 München

Dank mit Bedacht ausgewählter Zutaten wie etwa dem Weißen Trüffel, Cime di Rapa oder Burrata-Espuma kommen hier alle auf ihre Kosten. Italienische Küche vom Feinsten, verpackt in raffinierte Gerichte.

St.-Anna-Straße 31
+49 89 81892096
vecchia-lanterna.de
italienisch • Terrasse • modern

Essen:	**43**	50
Service:	**18**	20
Getränke:	**17**	20
Ambiente:	**7**	10
Gesamt:	85	100

Vinaiolo 🍴

81667 München

»Weinhändler« bedeutet der Name dieser Osteria übersetzt, und das ist demütig. Denn verhandeln muss hier niemand, die kreativen Köstlichkeiten aus Kampanien, dem Friaul und Venedig wählt man sehr willig.

Steinstraße 42	Essen:	**42** | 50
+49 89 48950356	Service:	**17** | 20
vinaiolo.de	Getränke:	**17** | 20
italienisch • traditionell • Terrasse	Ambiente:	**8** | 10
	Gesamt:	84 | 100

Weinhaus Neuner 🍴

80331 München

Für Freunde des Fleischgenusses ist das mit Wein umrankte Wirtshaus eine Adresse der Wahl. Gerade dann, wenn geschmortes Rindsbackerl, Schwammerl und Burgunderjus auf der Tafel stehen.

Herzogspitalstraße 8	Essen:	**42** | 50
+49 89 2603954	Service:	**17** | 20
weinhaus-neuner.de	Getränke:	**17** | 20
regionale Küche • traditionell • Gewölbe	Ambiente:	**8** | 10
	Gesamt:	84 | 100

Zum Sollner Hirschen 🍴

81479 München

Die wunderbar gepflegte Villa ist Garant für gute bayerische Küche. Die Klassiker Schweinsbraten und Zwiebelrostbraten sind immer bestens, das Cordon bleu wird mit Obazda und Speck gefüllt.

Sollner Straße 43	Essen:	**42** | 50
+49 89 20079474	Service:	**17** | 20
zumsollnerhirschen.de	Getränke:	**16** | 20
Gasthaus • deutsche Küche • Gastgarten • gemütlich	Ambiente:	**8** | 10
P	Gesamt:	83 | 100

Zwickl 🍴

80331 München

Nicht vieles auf der Welt ist sicher, doch dass der Tag hier mit einem Pflanzerl und einem Bier endet, ist doch sehr wahrscheinlich. Eine Münchener Kultstätte für Gastlichkeit am Viktualienmarkt.

Dreifaltigkeitsplatz 2	Essen:	**42** | 50
+49 89 46228833	Service:	**17** | 20
zwickl-muenchen.de	Getränke:	**15** | 20
regionale Küche • traditionell • Biervielfalt	Ambiente:	**7** | 10
	Gesamt:	81 | 100

Alpenhof Restaurant

82418 Murnau am Staffelsee

Durch die großen Fenster schafft es das alpine Panorama förmlich auf den Teller, in der gemütlichen Zirbelstube sogar direkt in die Nase. Einmal hier einkehrt, ist die Landschaft mit allen Sinnen erlebt.

Ramsachstraße 8
+49 8841 491320
alpenhof-murnau.com
Vinothek • Essen mit Aussicht • Gastgarten

Essen:	**42**	50
Service:	**17**	20
Getränke:	**19**	20
Ambiente:	**8**	10
Gesamt:	86	100

Stark

85128 Nassenfels

Seit rund hundert Jahren liegt das traditionsreiche Gasthaus in den bewährten Händen der Familie Stark, die den modernen Schliff in Form von Wild aus dem heimischen Wald und Wirsing serviert.

Dorfstraße 17
+49 8424 485
gasthaus-stark.de
Familienbetrieb • Gewölbe • urig

Essen:	**42**	50
Service:	**18**	20
Getränke:	**15**	20
Ambiente:	**8**	10
Gesamt:	83	100

Stephan's Stuben

89231 Neu-Ulm

Nur weil eine Karte regional und saisonal komponiert ist, bedeutet das nicht, dass sich nicht Kokos und Wasabi, Cannelloni oder Wildgarnele darauf finden können. Liebevoll angerichtet und serviert.

Bahnhofstraße 65
+49 731 723872
stephans-stuben.de
Familienbetrieb • mediterran • gemütlich

Essen:	**42**	50
Service:	**18**	20
Getränke:	**17**	20
Ambiente:	**8**	10
Gesamt:	85	100

Zum Klosterbräu

86633 Neuburg

Zu den historischen Gaststuben mit getäfelten Holzdecken und Kachelöfen passt die ehrliche regionale Küche mit Kräutern und Früchten aus dem Klostergarten. Große glasweise Auswahl an Spitzenweinen.

Kirchplatz 1
+49 8431 67750
zum-klosterbraeu.de
Hotelrestaurant • eigener Kräutergarten • traditionell

Essen:	**43**	50
Service:	**18**	20
Getränke:	**17**	20
Ambiente:	**8**	10
Gesamt:	86	100

Obendorfers Eisvogel

92431 Neunburg vorm Wald

Wer bei Sebastian und Hubert Obendorfer einkehrt, hat verstanden, was Nachhaltigkeit in seinem umfassenden Ausmaß bedeutet: ein geschmackliches Ereignis, das nachhallt und dauerhaft anhält.

Hofenstetten 55	Essen: **48** I 50
+49 9432 950	Service: **19** I 20
landhotel-birkenhof.de	Getränke: **19** I 20
Fine Dining • Essen mit Aussicht • nachhaltig	Ambiente: **8** I 10
	Gesamt: 94 I 100

Turmstube

92431 Neunburg vorm Wald

In gemütlicher Stubenstimmung wird serviert, was man von einem gehobenen Landgasthof erwartet – und auch alles andere. Etwa Dorade mit Raz-el-Hanout-Schaum, Süßkartoffelpüree und gebratener Avocado.

Hofenstetten 55	Essen: **43** I 50
+49 9439 9500	Service: **17** I 20
landhotel-birkenhof.de	Getränke: **17** I 20
Gasthaus • regionale Küche • Terrasse	Ambiente: **8** I 10
	Gesamt: 85 I 100

Kuhlemann.

92660 Neustadt an der Waldnaab

Chef Adrian Kuhlemann sind ausgezeichnete Zutaten wie fangfrischer Fisch wichtig, er kennt seine Produzenten alle gut. Kreativ ist Lachsforelle mit Zwiebelmolke, vieles gibt es auch im Glas zum Mitnehmen.

Freyung 39	Essen: **42** I 50
+49 9602 941872	Service: **17** I 20
restaurant-kuhlemann.de	Getränke: **17** I 20
Casual Dining • deutsche Küche • regionale Produkte	Ambiente: **8** I 10
	Gesamt: 84 I 100

Buchner

94559 Niederwinkling

Seit dem 16. Jahrhundert als Gutshof bekannt und seit 1882 in Familienbesitz: Hier weiß die Küche gekonnt mit regionaler Küche nebst exotischen Einflüssen zu überzeugen, aromatisch wie ästhetisch.

Freymannstraße 15	Essen: **45** I 50
+49 9962 730	Service: **18** I 20
buchner-welchenberg.de	Getränke: **18** I 20
Hotelrestaurant • Familienbetrieb • modern	Ambiente: **8** I 10
	Gesamt: 89 I 100

Haus am See

88149 Nonnenhorn

Tolle Lage mit eigenem Badestrand. Die Küche von Valentin Knörle hält sich nah an dem, was die Natur hergibt. Da darf die Bodenseeforelle nicht fehlen, serviert mit Kaviar, Buttermilch und Rettich.

Uferstraße 23
+49 8382 988510
hausamsee-nonnenhorn.de
deutsche Küche • regionale Produkte • gemütlich

Essen:	**43** | 50
Service:	**17** | 20
Getränke:	**17** | 20
Ambiente:	**8** | 10
Gesamt:	85 | 100

Torkel

88149 Nonnenhorn

Die Kreationen überzeugen optisch und geschmacklich, etwa der rohe Thunfisch auf Gemüsetatar oder das Schokoküchlein mit Erdbeereis. Im Weinkeller lagern viele Gewächse vom Bodensee.

Seehalde 14
+49 8382 98620
hotel-torkel.de
Fine Dining • regionale Produkte • modern

Essen:	**43** | 50
Service:	**18** | 20
Getränke:	**18** | 20
Ambiente:	**8** | 10
Gesamt:	87 | 100

Zehnthof

97334 Nordheim am Main

Chef Kilian Banzer hat es gelernt, fränkischen Delikatessen filigrane Raffinesse zu verleihen. Somit kommt etwa die Entenbrust geräuchert mit Bohnen, Aprikose, Paprika und Vanille. Muss man können.

Langgasse 33
+49 9381 1702
der-reiser.de
deutsche Küche • Terrasse • entspannt

Essen:	**42** | 50
Service:	**18** | 20
Getränke:	**16** | 20
Ambiente:	**8** | 10
Gesamt:	84 | 100

Meyers Keller

86720 Nördlingen

Jockl und Evelin Kaiser wissen ihre Gäste mit Soulfood zu fesseln: Krautwickel und Blutwurstgröschtl einerseits, Onsen-Ei und Roscoff-Zwiebel andererseits. Den Rest wuppt Sommelier Johannes Weber.

Marienhöhe 8
+49 9081 4493
meyerskeller.de
regionale Produkte • Gastgarten • Delikatessenverkauf

Essen:	**46** | 50
Service:	**17** | 20
Getränke:	**18** | 20
Ambiente:	**8** | 10
Gesamt:	89 | 100

Das Steichele

90402 Nürnberg

Mit fränkisch-mediterraner Küche und Slow-Food-Zertifikat bewirtet und beherbergt dieses Nürnberger Altstadtjuwel hungrige, durstige und erschöpfte Flaneure. Tipp: Weinprobe im urigen Gewölbekeller.

Knorrstraße 2–8	Essen: **42** | 50
+49 911 202280	Service: **17** | 20
steichele.de	Getränke: **18** | 20
Allrounder • Vinothek • urig	Ambiente: **7** | 10
	Gesamt: 84 | 100

Einzimmer Küche Bar

90403 Nürnberg

Beschaulich in der Altstadt gelegen, hat Tim Kohler hier einen unkonventionellen Ort geschaffen, an dem Bodenständigkeit auf elegante Originalität trifft. Nach einem Essen bei ihm ist man schlauer.

Schustergasse 10	Essen: **43** | 50
+49 911 66463875	Service: **18** | 20
einzimmerkuechebar.de	Getränke: **18** | 20
deutsche Küche • unkonventionell • elegant	Ambiente: **8** | 10
	Gesamt: 87 | 100

Entenstuben

90489 Nürnberg

So selten unprätentiöse Gastlichkeit und hochgelobte Küche zusammenfallen, hier findet beides statt. Im mit Bedacht gewählten Ambiente finden akkurate Aromatik und ernst gemeinte Herzlichkeit statt.

Schranke 9	Essen: **45** | 50
+49 911 5209128	Service: **19** | 20
entenstuben.de	Getränke: **18** | 20
Fine Dining • regionale Produkte • elegant	Ambiente: **9** | 10
	Gesamt: 91 | 100

Essigbrätlein

90403 Nürnberg

Keineswegs auf die vegetarische Küche beschränkt, wird sich hier gekonnt auf Feld und Wiese konzentriert. Zutage tritt eine ungeschlagene Kompetenz an Kräuterkunde seitens Yves Ollech und Andree Köthe.

Weinmarkt 3	Essen: **48** | 50
+49 911 225131	Service: **19** | 20
essigbraetlein.de	Getränke: **19** | 20
Allrounder • regionale Produkte • unkonventionell	Ambiente: **8** | 10
	Gesamt: 94 | 100

etz

90419 Nürnberg

Der Anspruch von Felix Schneider an die regionalen Produkte ist hoch. Daraus kocht er hochwertige Menüs zwischen 12 und 16 Gängen: mit Fleisch oder rein vegetarisch.

Wiesentalstraße 40	Essen: **48** | 50
+49 911 47712809	Service: **18** | 20
etzrestaurant.de	Getränke: **18** | 20
regionale Produkte • nachhaltig • modern	Ambiente: **9** | 10
	Gesamt: 93 | 100

globo

90403 Nürnberg

»Globale Regionalität« lautet das Credo der Crew um Tim Kohler. Die Zutaten kommen aus nächster Umgebung wie etwa dem für seine Qualität bekannten Knoblauchsland, gemixt mit Einflüssen aus aller Welt.

Theresienplatz 1	Essen:	42 | 50
+49 911 25355515	Service:	17 | 20
globorestaurant.de	Getränke:	17 | 20
Gasthaus • Sharing Menu • nachhaltig	Ambiente:	7 | 10
	Gesamt:	83 | 100

Imperial

90402 Nürnberg

Keine Krawatte, keine Etikette. Alexander Herrmann mag es luftig und leger, dabei trifft Lifestyle auf Ikejime-Lachsforelle. Das lockt auch den urbanen Nürnberger zum sonntäglichen »Open-Haus-Brunch«.

Königstraße 70	Essen:	44 | 50
+49 911 24029955	Service:	18 | 20
ah-imperial.de	Getränke:	18 | 20
Fine Dining • elegant • unkonventionell	Ambiente:	8 | 10
	Gesamt:	88 | 100

Itaefong

90443 Nürnberg

Korea und Hongkong standen Pate für das kulinarische Konzept, zusätzlich beflügelt von einem westlichen Touch. Nudel- und Reis-Gerichte finden sich ebenso auf der Karte wie Fried Chicken und Fisch.

Zeltnerstraße 19	Essen:	42 | 50
+49 911 20299395	Service:	17 | 20
itaefong.de	Getränke:	16 | 20
Casual Dining • asiatisch • Fisch	Ambiente:	8 | 10
	Gesamt:	83 | 100

IU & ON

90419 Nürnberg

Als das erste thailändische Restaurant in Nürnberg genießt das IU & ON Kultstatus. Ihre Zutaten kaufen die Schwestern in ihrem Heimatort. Sie lieben es scharf und servieren dazu passende Weine.

Roritzerstraße 10	Essen:	43 | 50
+49 911 336767	Service:	18 | 20
iu-on.de	Getränke:	16 | 20
Familienbetrieb • Thai • modern	Ambiente:	7 | 10
	Gesamt:	84 | 100

Koch und Kellner

90429 Nürnberg

Als Ode an die beiden Elemente, die einen gelungenen Abend ausmachen, erinnert dieser Ort an das, worauf es ankommt: das Können der Küche und die Kunst der Menschenkenntnis. Koch und Kellner eben.

Obere Seitenstraße 4	Essen:	46 | 50
+49 911 266166	Service:	17 | 20
kochundkellner.de	Getränke:	18 | 20
Bistro • regionale Produkte • Geschäftsessen	Ambiente:	7 | 10
P	Gesamt:	88 | 100

Le Virage | 90419 Nürnberg

Wörtlich »Die Kurve«, macht dieser Ort in der Tat einen Bogen in die französische Küche, wie sie in den ländlichen Auberges zu finden ist: Mit Lammragout statt Languste gelingt diese Kurve köstlich.

Helmstraße 19	Essen:	42 | 50
+49 911 9928957	Service:	17 | 20
nefkom.net	Getränke:	16 | 20
französisch • gemütlich • regionale Produkte	Ambiente:	8 | 10
	Gesamt:	83 | 100

Minneci | 90402 Nürnberg

Italienische Küche kann klassisch und modern sein, kann Zutaten aus Nürnberg verwenden und dennoch nach Kalabrien schmecken. Etwa bei römischen Gnocchi und Morcheljus, bei Franciacorta und Negroni.

Zirkelschmiedsgasse 28	Essen:	42 | 50
+49 911 209655	Service:	17 | 20
minneci-ristorante.de	Getränke:	16 | 20
Gasthaus • italienisch • Gewölbe	Ambiente:	7 | 10
	Gesamt:	82 | 100

Schwarzer Adler || 90427 Nürnberg

Ein stets wechselndes Sharing-Menü ermöglicht Nürnberg-weit eines der umfassendsten Aromenspektren aus aller Welt. »TischLeinDeckDich« lautet die Maxime – und die schmeckt nach Kerbel, Kaffee und Calamansi.

Kraftshofer Hauptstraße 166	Essen:	43 | 50
+49 911 305858	Service:	17 | 20
schwarzeradler.de	Getränke:	18 | 20
Sharing Menu • gemütlich • unkonventionell	Ambiente:	8 | 10
	Gesamt:	86 | 100

Steiner's | 90403 Nürnberg

Beliebtes Lokal mit Klassikern wie Wiener Schnitzel und Cordon Bleu, außerdem eine Reihe von Pastagerichten und Ofenkartoffeln in verschiedenen Variationen. Sonntags steht Braten auf der Karte.

Tucherstraße 21	Essen:	42 | 50
+49 911 24068666	Service:	18 | 20
steiners.de	Getränke:	16 | 20
Gasthaus • mediterran • Terrasse	Ambiente:	7 | 10
	Gesamt:	83 | 100

Tisane

90403 Nürnberg

So rau die Theke aus gegossenem Beton wirkt, so fein schmecken die Gerichte, die René Stein darauf kredenzt. Die Wahlmöglichkeiten sind begrenzt, es gibt nur ein festes Menü (auf Wunsch vegetarisch).

Augustinerhof 1	Essen: **44** I 50
+49 911 376766276	Service: **18** I 20
restaurant-tisane.de	Getränke: **17** I 20
Fine Dining • modern • Cocktails • unkonventionell	Ambiente: **9** I 10
	Gesamt: 88 I 100

Unvergesslich

90427 Nürnberg

Das Motto im Schindlerhof lautet »Franken geht fremd«. Entsprechend inspiriert geht die Küchencrew im Unvergesslich mit regionalen Produkten um, der Wein dazu kommt passend zum Motto aus Australien.

Steinacher Straße 6	Essen: **43** I 50
+49 911 93020	Service: **17** I 20
schindlerhof.de	Getränke: **17** I 20
Hotelrestaurant • regionale Produkte • Terrasse	Ambiente: **8** I 10
	Gesamt: 85 I 100

Veles

90429 Nürnberg

In der raffinierten regionalen Küche wird das Spiel der Aromen bis zur Perfektion betrieben, viele Zutaten kommen von ganz kleinen Produzenten. Auch vegetarische und vegane Menüs sind auf Vorbestellung möglich.

Kernstraße 29	Essen: **45** I 50
+49 911 5985385	Service: **18** I 20
veles-restaurant.de	Getränke: **18** I 20
Fine Dining • mediterran • elegant	Ambiente: **8** I 10
	Gesamt: 89 I 100

Waidwerk

90431 Nürnberg

Ob im Nussbaumgarten, im grünen Lindengarten oder im rustikalen Küchenzimmer: Bei Familie Rottner gibt es mehr als einen Ort, um den Abend kulinarisch zu verbringen. Schnörkelfrei und akkurat.

Winterstraße 15	Essen: **45** I 50
+49 911 612032	Service: **19** I 20
rottner-hotel.de	Getränke: **18** I 20
Gasthaus • regionale Küche • traditionell	Ambiente: **9** I 10
	Gesamt: 91 I 100

Wonka

90419 Nürnberg

Was Willy Wonka für Schokoladenfans bedeutet, ist für Foodies in fränkischen Gefilden Christian Wonka. In asiatischen Ausführungen wird hier bunt gebastelt und in blau bestücktem Interieur diniert.

Johannisstraße 38	Essen: **44** I 50
+49 911 396215	Service: **18** I 20
restaurant-wonka.de	Getränke: **17** I 20
vegetarisch • regionale Produkte • Terrasse • modern	Ambiente: **9** I 10
	Gesamt: 88 I 100

Würzhaus

90419 Nürnberg

Wäre Diana Burkel nicht regional verwurzelt, sie wäre ein weltweiter Star. So aber begnügt sich die Spitzenköchin mit dem Zubereiten von Hirsch mit Blumenkohl und bietet ihre Speisen zu moderaten Preisen an.

Kirchenweg 3a
+49 911 9373455
wuerzhaus.info
Fine Dining • deutsche Küche • bio

Essen:	**44**	50
Service:	**18**	20
Getränke:	**17**	20
Ambiente:	**8**	10
Gesamt:	87	100

Zirbelstube

90455 Nürnberg

Gemeinsam mit seiner Frau Susanne hat Sebastian Kunkel eine Wirtschaft für kulinarische Weltenbummler errichtet, in der er die Einflüsse Schweizer, neuseeländischer und fränkischer Küche mixt.

Friedrich-Overbeck-Straße 1
+49 911 99882
zirbelstube.com
Gasthaus • traditionell • Gastgarten

Essen:	**43**	50
Service:	**17**	20
Getränke:	**16**	20
Ambiente:	**8**	10
Gesamt:	84	100

Zum Gulden Stern

90402 Nürnberg

Das Haus wurde bereits im 15. Jahrhundert erwähnt, viel mehr Tradition geht nicht. Die Nürnberger Rostbratwürste werden über Buchenholz gebraten, gegessen wird im zünftigen Ambiente.

Zirkelschmiedgasse 26
+49 911 2059288
bratwurstkueche.de
Gasthaus • Hausmannskost • regionale Produkte

Essen:	**42**	50
Service:	**16**	20
Getränke:	**16**	20
Ambiente:	**7**	10
Gesamt:	81	100

ZweiSinn Fine Dining

90491 Nürnberg

Zwei Linien unter einem Dach: Fine Dining oder moderne und französisch-mediterran inspirierte Bistroküche. Spannende Elemente wie Garnelen-popcorn oder Misolachs stehen für die Kreativität der Küche.

Äußere Sulzbacher Straße 118
+49 911 92300823
meierszweisinn.de
Fine Dining • französisch • mediterran

Essen:	**46**	50
Service:	**18**	20
Getränke:	**18**	20
Ambiente:	**9**	10
Gesamt:	91	100

ZweiSinn Bistro

90491 Nürnberg

Schon der Bistro-Teil vom ZweiSinn überzeugt mit komplexen Kreationen, die den Anspruch der Küche verraten. Die verfeinerten gutbürgerlichen Gerichte machen hier richtig Spaß und animieren zum nächsten Besuch.

Äußere Sulzbacher Straße 118
+49 911 92300823
meierszweisinn.de
Bistro • modern • Terrasse

Essen:	**43**	50
Service:	**18**	20
Getränke:	**18**	20
Ambiente:	**9**	10
Gesamt:	88	100

Bernhard's
83080 Oberaudorf

Ob im Wintergarten, der Romantik-, Kamin- oder Schweizer Stube: In dieser alpinen Einkehr wird Wert gelegt auf bayerischen Genuss mit Schweizer Akzent. Und auf handgemachte Bärlauchpesto-Schlutzkrapfen.

Marienplatz 2
+49 8033 30570
bernhards.biz
Gasthaus • Familienbetrieb • gemütlich

Essen:	**42** I 50
Service:	**17** I 20
Getränke:	**16** I 20
Ambiente:	**8** I 10
Gesamt:	83 I 100

die.speisekammer
87534 Oberstaufen

Fritz Braumüller ist weder Brauer noch Müller, sondern Chef de Cuisine. Zudem einer, dem nur der beste Saibling der Bergfischzucht in Gunzesried in die Pfanne kommt. Geschmackvoll, für alle Sinne.

Rothenfelsstraße 6 & 8
+49 8386 9914620
die-speisekammer.de
Gasthaus • regionale Produkte • modern

Essen:	**42** I 50
Service:	**18** I 20
Getränke:	**18** I 20
Ambiente:	**8** I 10
Gesamt:	86 I 100

Esslust
87534 Oberstaufen

Mit einem Apéro aus Artischocken, Bergkäse, Chateaubriand vom Allgäuer Rind und Bärlauch-Schlutzkrapfen macht das Alpenkönig keinen Hehl aus dem Aroma der Region, sondern krönt es mit Riesling.

Kalzhofer Straße 25
+49 8386 93450
hotel-alpenkoenig.de
Gasthaus • nachhaltig • am Berg

Essen:	**42** I 50
Service:	**17** I 20
Getränke:	**18** I 20
Ambiente:	**8** I 10
Gesamt:	85 I 100

Alpe Dornach
87561 Oberstdorf

Regionale Allgäuer Spezialitäten auf der Alm sind Programm, da dürfen deftige Käsespätzle nicht fehlen. Vom Weideochsen aus eigener Zucht entsteht Kreatives wie Ravioli mit Backerl und Fichtennadelpesto.

Sesselweg 16
+49 8322 6630
alpe-dornach.de
Gasthaus • deutsche Küche • regionale Produkte • am Berg

Essen:	**44** I 50
Service:	**18** I 20
Getränke:	**18** I 20
Ambiente:	**8** I 10
Gesamt:	88 I 100

Das Fetzwerk
87561 Oberstdorf

Zwischen Allgäuer Wurzelbrot und Knoblauch-Naan, zwischen Meckatzer Pils und Camba IPA bewegt sich das »fetzig« formulierte Plädoyer dieser schmucken Schenke mit Bergpanorama, Baked-Barsch und Baiser.

Freibergstraße 21
+49 8322 96780
das-fetzwerk.de
Bistro • am Berg • gemütlich

Essen:	**42** I 50
Service:	**17** I 20
Getränke:	**17** I 20
Ambiente:	**8** I 10
Gesamt:	84 I 100

Das Maximilians

87561 Oberstdorf

Küchenchef Henrik Weiser verleiht seinem alpin-französischen Menü gekonnt den Geschmack des Terrains und setzt dabei auf Geradlinigkeit, Aromenvielfalt und handwerkliche Präzision.

Freibergstraße 21
+49 8322 96780
das-maximilians.de
Fine Dining • gemütlich • Terrasse

Essen:	**45** I 50
Service:	**18** I 20
Getränke:	**18** I 20
Ambiente:	**8** I 10
Gesamt:	89 I 100

Ess Atelier Strauss

87561 Oberstdorf

Regionale Rustikalität, gepaart mit internationaler Inspiration. Gekonnt werden hier Heumilchbutter, Dashi-Tee, Champagnersuppe und Oberstdorfer-Berg-Gin-Espuma in nur einem Menü vereint.

Kirchstraße 1
+49 8322 80080
loewen-strauss.de
Gasthaus • Fine Dining • am Berg

Essen:	**46** I 50
Service:	**18** I 20
Getränke:	**18** I 20
Ambiente:	**8** I 10
Gesamt:	90 I 100

Jagdhaus

87561 Oberstdorf

Gekocht wird in dem traditionsreichen Wirtshaus nur mit heimischen Produkten und Zutaten im besten und im engsten Sinn. Dazu kommen Kreativität und Leidenschaft – zwei Garanten für herzhaften Genuss.

Ludwigstraße 13
+49 8322 987380
das-jagdhaus.de
Gastgarten • Wild • urig

Essen:	**42** I 50
Service:	**17** I 20
Getränke:	**15** I 20
Ambiente:	**8** I 10
Gesamt:	82 I 100

Löwen-Genusswirtschaft

87561 Oberstdorf

Der gängige Gast bringt die gebotene Gelenkigkeit für die bergige Umgebung mit – bei Tisch kommt ihm die entsprechend gustatorische Dynamik entgegen: als Kraftbrühe vom Almochsen mit Bergkräutern.

Kirchstraße 1
+49 8322 800088
loewen-strauss.de
Hotelrestaurant • am Berg • Terrasse

Essen:	**45** I 50
Service:	**17** I 20
Getränke:	**16** I 20
Ambiente:	**8** I 10
Gesamt:	86 I 100

Ondersch

87561 Oberstdorf

Ein guter Mix: Die stylishe gehobene Gastwirtschaft liefert Allgäuer Klassiker mit Zutaten aus aller Welt. Herrlich der lauwarme Pulpo mit Tomaten und Basilikum und die Streetfood-Gerichte.

Ludwigstraße 7
+49 8322 3004885
ondersch.de
Allrounder • nachhaltig • modern

Essen:	**42** I 50
Service:	**17** I 20
Getränke:	**17** I 20
Ambiente:	**8** I 10
Gesamt:	84 I 100

freistil.
87527 Ofterschwang

Die moderne und doch bodenständige Küche passt zum charmanten Boutiquehotel. Das gelungene Spiel mit Aromen und Kontrasten gelingt. Beliebt ist das Zweierlei vom Rind, gegrillt und als Roulade.

Schweineberg 20
+49 8321 3509
kiehnes-freistil.de
Hotelrestaurant • vegan • gemütlich

Essen:	**42** | 50
Service:	**17** | 20
Getränke:	**17** | 20
Ambiente:	**8** | 10
Gesamt:	84 | 100

Silberdistel
87527 Ofterschwang

Passend zum umliegenden Alpenpanorama heißt das Menü der Wahl »Weitblick«. Und es enthält alles, was zwischen Wasser und Himmel zugegen ist – als Pflanze und als Tier. Eine Weinbegleitung lohnt sich.

Sonnenalp 1
+49 8321 27296
sonnenalp.de
Hotelrestaurant • Essen mit Aussicht • gemütlich

Essen:	**45** | 50
Service:	**18** | 20
Getränke:	**18** | 20
Ambiente:	**8** | 10
Gesamt:	89 | 100

Spitzer
84072 Osterwaal

Chic ausgebaut, hat das traditionsreiche Gasthaus neuen Pfiff bekommen. Genauso wie die Küche von Stefan Spitzer, der es versteht, kulinarische Raffinesse in seine Traditionsgerichte zu bringen.

Lohweg 10
+49 8752 7455
gasthaus-spitzer.de
traditionell • regionale Produkte • modern

Essen:	**43** | 50
Service:	**17** | 20
Getränke:	**17** | 20
Ambiente:	**8** | 10
Gesamt:	85 | 100

Zur Sonne
91788 Pappenheim

Nomen est omen: Die lichte Wirtschaft von Sven-Wolfgang Glück ist mit einer großen Sonnenterrasse ausgestattet. Heller wird es jetzt nur noch mit »Glücks feiner Kreation« plus Schäufele.

Deisinger Straße 20
+49 9143 837837
sonne-pappenheim.de
Familienbetrieb • regionale Küche • Terrasse

Essen:	**42** | 50
Service:	**17** | 20
Getränke:	**15** | 20
Ambiente:	**8** | 10
Gesamt:	82 | 100

Fliegerbauer
94034 Passau

Ruhige Lage mit Biergarten. Auf der klein gehaltenen Speisekarte stehen Klassiker wie Schweinsbraten mit Serviettenknödel. Erfreulich ist auch die Auswahl an veganen Gerichten wie Spargel-Curry-Suppe.

Stelzlhof 1
+49 851 9883439
biowirtshaus.de
Gasthaus • deutsche Küche • vegan • klassisch

Essen:	**42** | 50
Service:	**17** | 20
Getränke:	**15** | 20
Ambiente:	**8** | 10
Gesamt:	82 | 100

Il localino
94032 Passau

Üppige Antipastiplatten, hausgemachte Pasta mit Steinpilzen, raffinierte Gerichte mit Trüffel, das alles in gemütlichem Ambiente und mit Grandezza serviert: der ideale Lieblingsitaliener.

Rosengasse 4 +49 851 96665353 italienisch • urig • entspannt • Terrasse	Essen: **42** | 50 Service: **17** | 20 Getränke: **16** | 20 Ambiente: **7** | 10 Gesamt: 82 | 100

Weingut Passau
94032 Passau

Ob mit saftigem Saltimbocca aus – in den heimischen Wäldern gejagtem – Wild oder einer vegetarischen Variante à la Ravioli »Basilikum & Limone«: Inmitten des schnörkelfreien Flascheninterieurs schmeckt es.

Theresienstraße 28 +49 851 37930500 weingut-passau.de **Vinothek • mediterran • modern**	Essen: **42** | 50 Service: **17** | 20 Getränke: **17** | 20 Ambiente: **7** | 10 Gesamt: 83 | 100

Jakob
94366 Perasdorf

Modern und urig: Für wen sich das widersprechen mag, der lasse sich bei Michael Ammon vom Gegenteil überzeugen und die Beweislage mit dem Menü »Inspiration« final sichern. Erlebnisküche vom Feinsten.

Haigrub 19 +49 9965 80014 genuss-jakob.de **Fine Dining • elegant • unkonventionell** P	Essen: **45** | 50 Service: **19** | 20 Getränke: **18** | 20 Ambiente: **8** | 10 Gesamt: 90 | 100

Falkenstein im Burghotel
87459 Pfronten

Allein für Vorspeisen wie das handgeschnittene Rindertatar plus Senfeis und Trüffelsalz lohnt ein Besuch bei Simon Schlachter an der kulinarischen Front Pfrontens. Und dann wären da noch seine Dim-Sum.

Auf dem Falkenstein 1 +49 8363 914540 burghotel-falkenstein.de **Hotelrestaurant • regionale Küche • modern** P	Essen: **43** | 50 Service: **18** | 20 Getränke: **16** | 20 Ambiente: **8** | 10 Gesamt: 85 | 100

Pavo
87459 Pfronten

Ungezwungener Sharing-Genuss auf hohem Niveau ist das Motto des jungen Wilden in der Küche. Regionale Topprodukte kombiniert der leidenschaftliche Simon Schlachter spielerisch mit exotischen Zutaten.

Auf dem Falkenstein 1 +49 8363 914540 burghotel-falkenstein.de **Fine Dining • Essen mit Aussicht • am Berg**	Essen: **46** | 50 Service: **18** | 20 Getränke: **18** | 20 Ambiente: **8** | 10 Gesamt: 90 | 100

Schlossanger Alp

87459 Pfronten

Chittarine nebst Reh-Bolognese in gemütlicher Landhausatmosphäre. Oder wilder Blumenkohl mit Mandelcreme vis-à-vis der Pfrontener Berge. Unbedingt einen Blick auf die alkoholfreie Getränkekarte werfen.

Am Schlossanger 1
+49 8363 914550
schlossanger.de
Hotelrestaurant • im Grünen • gemütlich

Essen:	**44** I 50
Service:	**18** I 20
Getränke:	**17** I 20
Ambiente:	**8** I 10
Gesamt:	87 I 100

Lohmayr Stub'n

83451 Piding

In der gemütlichen Traditionswirtschaft heißt das Motto »Von Kopf bis Fuß«. Wenn möglich, dann wird direkt vor der Haustür eingekauft, die Küche steht für regionale alpenländliche Gerichte mit kräftigen Saucen.

Salzburger Straße 13
+49 8651 714478
lohmayr.com
regionale Produkte • nachhaltig • Terrasse

Essen:	**42** I 50
Service:	**17** I 20
Getränke:	**17** I 20
Ambiente:	**9** I 10
Gesamt:	85 I 100

Meier

92367 Pilsach

Oberpfälzer Küche und veganes Hiho-Gemüse-Curry mit Kaffirblättern, saisonale Spargelkarte und Sashimi vom Seesaibling: Hier ist sowohl der Blick über den Tellerrand als auch der ins Grüne gewährleistet.

Hilzhofen 18
+49 9186 237
landgasthof-meier.de
Gasthaus • nachhaltig • eigener Kräutergarten

Essen:	**42** I 50
Service:	**17** I 20
Getränke:	**16** I 20
Ambiente:	**8** I 10
Gesamt:	83 I 100

Genussschmiede

92712 Pirk

Trendig-minimalistisch zeigt sich das Interieur, die Gerichte sind eine farbenfrohe Freude für Auge und Gaumen. Auch Vegetarisches begeistert: geschmorter Fenchel mit Süßkartoffel, Mandel und Curry.

Rathausplatz 6
+49 961 48026600
genussschmiede-pirk.de
deutsche Küche • modern • Vinothek

Essen:	**43** I 50
Service:	**18** I 20
Getränke:	**18** I 20
Ambiente:	**7** I 10
Gesamt:	86 I 100

Zur Linde

91785 Pleinfeld

Sauerbraten mag in dieser Region keine Seltenheit sein. Ihn allerdings nach dieser Manier serviert zu bekommen, nämlich in feiner Gewürz-Lebkuchen-Sauce und mit Knödeln und Semmelschmelze, passiert selten.

Spalter Straße 2
+49 9144 254
zur-linde-stirn.de
Gasthaus • Terrasse • urig

Essen:	**42** I 50
Service:	**17** I 20
Getränke:	**16** I 20
Ambiente:	**8** I 10
Gesamt:	83 I 100

Huberwirt

84568 Pleiskirchen

In der elften Generation betreibt Alexander Huber die im Jahr 1612 eröffnete Wirtschaft, und so bietet sich das Menü »Wirtshausfreude 1612« an, um zwischen Balken und Kacheln erstklassige Küche zu erleben.

Hofmark 3
+49 8635 201
huber-wirt.de
Familienbetrieb • Fine Dining • gemütlich

Essen:	**45** | 50
Service:	**18** | 20
Getränke:	**18** | 20
Ambiente:	**8** | 10
Gesamt:	89 | 100

Kandlbinder Küche

93142 Ponholz

Das Interieur der alten Poststation ist eher klassisch gehalten. Küchenchef Martin Kandlbinder bietet dagegen eine international-moderne Küche mit appetitlich arrangierten Tellern.

Postplatz 1
+49 9471 6050646
kandlbinderkueche.de
Allrounder • gemütlich • traditionell

Essen:	**43** | 50
Service:	**18** | 20
Getränke:	**17** | 20
Ambiente:	**8** | 10
Gesamt:	86 | 100

Ursprung

95355 Presseck

Flaneure und Ferienreisende durch den Frankenwald erwartet ein Schmaus der klassischen Art, dabei stets feierlich in Szene gesetzt. Ein famoses Carpaccio vom fränkischen Weideochsen macht den Anfang.

Wartenfels 85
+49 9223 229
berghof-wartenfels.de
Pop-up • Backhendl • klassisch

Essen:	**42** | 50
Service:	**17** | 20
Getränke:	**16** | 20
Ambiente:	**8** | 10
Gesamt:	83 | 100

Reinhart

83209 Prien am Chiemsee

Entspannte Atmosphäre mit einem gepflegten Garten rundherum. Fabian Eiben beherrscht eine unkomplizierte bayerisch-mediterrane Küche. Wiener Schnitzel und Zwiebelrostbraten dürfen auch sein.

Erlenweg 16
+49 8051 6940
restaurant-reinhart.de
Hotelrestaurant • deutsche Küche • mediterran • im Grünen

Essen:	**43** | 50
Service:	**18** | 20
Getränke:	**17** | 20
Ambiente:	**8** | 10
Gesamt:	86 | 100

Waldwirtschaft

82049 Pullach

Traditionsgasthaus mit großem Biergarten. Herrlich schmecken hausgemachter Obazda und geschmorte Stelze mit krosser Kruste. Im Sommer locken Schmankerln vom Grill und zum Dessert gebackene Apfelräder.

Georg-Kalb-Straße 3
+49 89 74994030
waldwirtschaft.de
Gasthaus • Hausmannskost • Gastgarten

Essen:	**42** | 50
Service:	**17** | 20
Getränke:	**16** | 20
Ambiente:	**8** | 10
Gesamt:	83 | 100

Auzinger

83486 Ramsau

Lage, Lage, Lage, so heißt es bei Immobilien. Für den Gasthof Auzinger gilt das auch. Schöner kann man kaum sitzen, die Vesper ist deftig, der Rinderbraten saftig und zart, dazu ein Berchtesgadener Bier!

Hirschbichlstraße 8	Essen: **42** | 50
+49 8657 230	Service: **17** | 20
auzinger.de	Getränke: **15** | 20
Gasthaus • deutsche Küche • Essen mit Aussicht	Ambiente: **8** | 10
	Gesamt: 82 | 100

Hofmann

96181 Rauhenebrach

Ob aus dem Wald, dem Wasser oder von der Wiese: Hier finden regionale Produkte ihre Veredelung. Zelebriert wird der Abend mit ausgezeichneten fränkischen Destillaten von der Zwetschge bis zur Zibarte.

Schindelsee 1	Essen: **43** | 50
+49 9549 98760	Service: **17** | 20
schindelsee.de	Getränke: **17** | 20
Gasthaus • Wild • regionale Produkte	Ambiente: **7** | 10
	Gesamt: 84 | 100

Aska

93047 Regensburg

Das tiefschwarze Interieur ist beeindruckend, die Sushi-Kreationen in der Bar von Sternekoch Anton Schmaus sind es auch. Authentisch japanisch zubereitet, reduziert auf den puren Fischgeschmack.

Watmarkt 5	Essen: **45** | 50
+49 941 59993000	Service: **18** | 20
aska.restaurant	Getränke: **17** | 20
japanisch • Sushi • elegant	Ambiente: **9** | 10
	Gesamt: 89 | 100

Avia

93059 Regensburg

Die Topadresse steht für gehobene regionale Küche mit dem Fokus auf beste Produkte. Ein gelungenes Beispiel für Innovation ist die Kraftbrühe vom Kalbstafelspitz mit Zitronengras und Kurkumanockerl.

Frankenstraße 1	Essen: **43** | 50
+49 941 40980	Service: **18** | 20
avia-restaurant.de	Getränke: **18** | 20
Casual Dining • im Grünen • entspannt	Ambiente: **8** | 10
	Gesamt: 87 | 100

Bischofshof am Dom 🍴

93047 Regensburg

Ein Haus mit langer Historie. Bayerische Biergartengastlichkeit, die Karte bietet die typischen Spezialitäten wie Schnitzel und Marillenknödel, legt den Fokus aber auch auf Fisch und Meeresfrüchte.

Krauterermarkt 3 +49 941 5941010 hotel-bischofshof.de **Gasthaus • deutsche Küche • Meeresfrüchte • Gastgarten**	Essen: **42** / 50 Service: **17** / 20 Getränke: **16** / 20 Ambiente: **8** / 10 Gesamt: **83** / 100

Kreutzer's

93055 Regensburg

Coole Location mit mediterranem Flair. Hier wird auf dem großen Holzkohlengrill gebrutzelt, was das Zeug hält. Nicht nur Steaks vom Wagyu oder Irish Hereford, sondern auch Fisch und Krustentiere.

Prinz-Ludwig-Straße 15 +49 941 569565020 kreutzers.kitchen **Steak • Fisch • modern**	Essen: **43** / 50 Service: **18** / 20 Getränke: **17** / 20 Ambiente: **8** / 10 Gesamt: **86** / 100

Roter Hahn

93047 Regensburg

Mit mediterranem, asiatischem Einschlag zeigt Maximilian Schmidt – etwa bei bayerischem Chawanmushi mit Speck-Dashi und dem »Kaviar des Feldes« –, wie er den Horizont regionaler Küche aromatisch erweitert.

Rote-Hahnen-Gasse 10 +49 941 595090 roter-hahn.com **Hotelrestaurant • Fine Dining • modern**	Essen: **45** / 50 Service: **18** / 20 Getränke: **18** / 20 Ambiente: **8** / 10 Gesamt: **89** / 100

Sticky Fingers

93047 Regensburg

Orientalisch, skandinavisch oder mediterran? Mit einer wilden Fusionsküche zeigt Anton Schmaus, was er von Schubladen hält: nix. Einiges allerdings von blau-petrol-farbenem Shabby Chic und Chocoholics.

Untere Bachgasse 9 +49 941 58658808 stickyfingers.restaurant **Cocktails • unkonventionell • elegant**	Essen: **43** / 50 Service: **17** / 20 Getränke: **17** / 20 Ambiente: **8** / 10 Gesamt: **85** / 100

Storstad

93047 Regensburg

Geradlinige Architektur über den Dächern der Stadt. Subtile Gerichte, Fisch ist im Fokus – oder man nimmt das Veggie-Menü. Tolle Kombi bei Hummer mit glacierter Ananas, Meerretticheis und Limettencreme.

Watmarkt 5 +49 941 59993000 storstad.de **Fine Dining • mediterran • Fisch • Essen mit Aussicht**	Essen: **46** / 50 Service: **18** / 20 Getränke: **18** / 20 Ambiente: **8** / 10 Gesamt: **90** / 100

Heimat
83242 Reit im Winkl

Das familiäre Leben findet in Bayern traditionellerweise in der Stuben statt, darum bedeutet Stuben Heimat. Diese schmeckt hier nach Kollerbachforelle, Kohlrabi und karamellisiertem Kaiserschmarren.

Steinbachweg 10
+49 8640 8070
gutsteinbach.de
im Grünen • nachhaltig • gemütlich

Essen:	**43** I 50
Service:	**17** I 20
Getränke:	**16** I 20
Ambiente:	**8** I 10
Gesamt:	84 I 100

Jagawirt
93191 Rettenbach

Im rustikalen, gemütlichen Ambiente werden herzhafte Gerichte mit Herz geboten. Bekannt ist man für Wildspezialitäten, ab und zu blitzen mediterrane und alpenländische Kreationen auf.

Aumbach 117
+49 9484 8969888
jagawirt-aumbach.de
Gasthaus • traditionell • regionale Produkte

Essen:	**42** I 50
Service:	**16** I 20
Getränke:	**16** I 20
Ambiente:	**8** I 10
Gesamt:	82 I 100

Forst's Landhaus
93339 Riedenburg

Eine Einkehr, wie man sie sich bei einer jeden Wanderschaft wünscht. Zwischen Wiener Schnitzel und Wasabi-Gurke ist alles vorhanden – und die Gastlichkeit ein Zeichen, dass man am richtigen Ort gelandet ist.

Mühlstraße 37b
+49 9442 9919399
forsts-landhaus.de
Gasthaus • deutsche Küche • regionale Produkte

Essen:	**42** I 50
Service:	**18** I 20
Getränke:	**15** I 20
Ambiente:	**7** I 10
Gesamt:	82 I 100

Forstner
84326 Rimbach

Ausgestattet mit Festsaal, Biergarten, Terrasse, Wirtshaus, Restaurant und drei Stüberln, wird hier gezeigt, dass Tradition und Trend einander nicht ausschließen. Probieren: Steak vom Rottaler Wagyu.

Taufkirchener Straße 6
+49 8727 910111
gasthaus-forstner.de
Steak • Terrasse • im Grünen

Essen:	**42** I 50
Service:	**16** I 20
Getränke:	**17** I 20
Ambiente:	**8** I 10
Gesamt:	83 I 100

Kapellenhof
94160 Ringelai

Reiten durch den Erholungsort Ringelai nebst reichlicher Stärkung, das ist die einfachste Übung auf dem Kapellenhof. Etwa in Form von Maibock-Medaillons mit Süßkartoffel-Lauch-Püree. Natürlich bio.

Kapellenhof 1
+49 8555 4079650
kapellenhof.eu
Gasthaus • Gastgarten • bio

Essen:	**42** I 50
Service:	**17** I 20
Getränke:	**17** I 20
Ambiente:	**7** I 10
Gesamt:	83 I 100

Alte Mühle
96472 Rödental-Oberwohlsbach

Hier wechseln sich fränkische und mediterrane Gericht erfreulich ab, dabei stehen regionale Produkte im Fokus. Spannend ist die Kreation von Fischgerichten und Pinus VII Dry Gin.

Mühlgarten 5
+49 9563 72380
alte-muehle-hotel.com
deutsche Küche • mediterran • regionale Produkte

Essen:	**42** I 50
Service:	**18** I 20
Getränke:	**17** I 20
Ambiente:	**8** I 10
Gesamt:	85 I 100

Goldener Stern
86316 Rohrbach

Fledermaus gefällig? Hier möglich in Kräuterkruste und mit Essig-Zwetschge, glücklicherweise vom Strohschwein: butterzart und je nach Saison mit sautiertem Spargel. So geht Traditionsküche mit Zeitgeist.

Dorfstraße 1
+49 8208 959089
gasthaus-goldenerstern.de
Fine Dining • nachhaltig • Delikatessenverkauf

Essen:	**43** I 50
Service:	**18** I 20
Getränke:	**18** I 20
Ambiente:	**8** I 10
Gesamt:	87 I 100

Nouille
83022 Rosenheim

Mit dem Nouille haben sich Sara Horvat und Haydar Bilec einen Traum erfüllt. Im hübschen Lokal servieren sie europäische Küche mit hervorragender hausgemachter Pasta oder auch guten Fleischpflanzerln.

Bahnhofstraße 21
+49 8031 2315116
nouille.eu
deutsche Küche • gemütlich • italienisch

Essen:	**40** I 50
Service:	**17** I 20
Getränke:	**16** I 20
Ambiente:	**7** I 10
Gesamt:	80 I 100

Mittermeiers Restaurant

91541 Rothenburg ob der Tauber

Gemeinsam mit Lars Zwick und Jürgen Koch bildet Christian Mittermeier die »Tauberhasen«, mit denen er eigenen Honig und Wein produziert. Da fließt Heimat durchs Herz. Hier eben durchs Kalbsherzbries.

Vorm Würzburger Tor 9
+49 9861 94540
villamittermeier.de
Gasthaus • eigener Weinbau • Terrasse

Essen:	**44** | 50
Service:	**17** | 20
Getränke:	**18** | 20
Ambiente:	**8** | 10
Gesamt:	87 | 100

Dichter

83700 Rottach-Egern

»Das scheinbar Alltägliche sorgt für Überraschung«, das ist das Credo von Thomas Kellermann, der mit seinem »Phönix« – Bronzefenchel im Salzteig und Beurre blanc – immer wieder von Neuem überrascht.

Aribostraße 19–26
+49 8022 666566
egerner-hoefe.de
Fine Dining • regionale Produkte • elegant

Essen:	**46** | 50
Service:	**19** | 20
Getränke:	**19** | 20
Ambiente:	**8** | 10
Gesamt:	92 | 100

Egerner Bucht

83700 Rottach-Egern

Schöne Terrasse mit Seeblick, der alpin-gemütliche Chic schlägt sich auch in der Küche nieder. Frische Almbutter, handgemachte Semmeln und Brezen, aus dem Tegernsee kommt fangfrischer Saibling.

Überfahrtstraße 10
+49 8022 6690
seehotel-ueberfahrt.com
deutsche Küche • regionale Produkte • elegant

Essen:	**43** | 50
Service:	**18** | 20
Getränke:	**17** | 20
Ambiente:	**8** | 10
Gesamt:	86 | 100

Fährhütte 14

83700 Rottach-Egern

Vertrauen und volle Fahrt voraus! Mit dem Chef's-Choice-Menü liegt man hier richtig, denn dieses weiß den Trumph des Tegernsees vor der Tür wohl zu nutzen. Für Instagrammability ist sicher gesorgt.

Weissachdamm 50
+49 8022 188220
faehrhuette14.de
Allrounder • Seeterrasse • modern

Essen:	**42** | 50
Service:	**18** | 20
Getränke:	**16** | 20
Ambiente:	**8** | 10
Gesamt:	84 | 100

Haubentaucher

83700 Rottach-Egern

Sehr viel idyllischer kann ein Restaurant kaum liegen. Alois Neuschmid weiß mit einer akkuraten Küche von auf den Punkt gebratenem Fisch, perfektem Ibérico oder auch Kokosschaumsuppe zu verzaubern.

Seestraße 30
+49 8022 6615704
haubentaucher-tegernsee.de
Fine Dining • Seeterrasse • modern

Essen:	**45** | 50
Service:	**18** | 20
Getränke:	**18** | 20
Ambiente:	**8** | 10
Gesamt:	89 | 100

Il Barcaiolo

83700 Rottach-Egern

Mit Blick auf den See feiert man hier die Feste, wie sie fallen – somit saisonal. Und wenn es zu dem Anlass hausgemachte Lammschulter-Ravioli mit Spargel gibt, umso besser. Montags ist Pasta&Trüffel-Tag.

Überfahrtstraße 10
+49 8022 66900
seehotel-ueberfahrt.com
italienisch • modern • elegant

Essen:	43	50
Service:	18	20
Getränke:	18	20
Ambiente:	8	10
Gesamt:	87	100

Kirschner Stuben

83700 Rottach-Egern

Franz-Josef Maier macht keinen Hehl daraus, dass Panoramaperlen auch das angemessene Maß bei der Präsentation ihrer Produkte einfordern. Spätestens seine sautierten Spitzmorcheln machen dies deutlich.

Seestraße 23
+49 8022 67110
maier-kirschner.de
Hotelrestaurant • Familienbetrieb • Essen mit Aussicht

Essen:	43	50
Service:	18	20
Getränke:	17	20
Ambiente:	8	10
Gesamt:	86	100

Mizu Sushi-Bar

83700 Rottach-Egern

Kudo Chiori hat nicht nur seine zwölf Messer aus Tokio im Griff, sondern auch ein Gespür dafür, wann eine Zutat regional eingekauft werden muss und wann die Jakobsmuscheln aus Hokkaidō kommen müssen.

Wiesseer Straße 1
+49 8022 84246000
bachmair-weissach.com
Hotelrestaurant • Sushi • Cocktails

Essen:	42	50
Service:	17	20
Getränke:	15	20
Ambiente:	8	10
Gesamt:	82	100

Überfahrt

83700 Rottach-Egern

Christian Jürgens hat in der Kochwelt fast alles erreicht, seine Gerichte sind einfallsreich und bis ins kleinste Detail von handwerklicher Präzision. Das geschmackliche Erlebnis bleibt lange im Gedächtnis.

Überfahrtstraße 10
+49 8022 6690
althoffcollection.com
Fine Dining • vegetarisch • modern

Essen:	49	50
Service:	19	20
Getränke:	20	20
Ambiente:	9	10
Gesamt:	97	100

Voitlhof 1532

83700 Rottach-Egern

Am Fuße des Wallbergs und somit direkt am Tegernsee gelegen, bekommen die Gäste bei Josef Bogner authentisch-alpenländliche Gerichte wie Kaiserschmarren, Käsekrapfen oder Knödel. Mit Ausblick.

Feldstraße 9
+49 8022 2999
tegernseer-gastro.de
regionale Küche • regionale Produkte • urig

Essen:	41	50
Service:	17	20
Getränke:	15	20
Ambiente:	7	10
Gesamt:	80	100

Waldhaus

97228 Rottendorf

In bereits dritter Generation wird das Waldhaus nun von Familie Leonhardt bewirtschaftet, und in der Imbissbude von ehedem isst man jetzt Tafelspitz. Auch das Bier wird nicht mehr im Fluss gekühlt.

Waldhaus 1 +49 9302 92290 waldhaus-leonhardt.de **Familienbetrieb • Gasthaus • traditionell**	Essen: **42** | 50 Service: **17** | 20 Getränke: **16** | 20 Ambiente: **7** | 10 Gesamt: 82 | 100

Gregor's Fine Dining

92444 Rötz

Wohlfühlen wird in der Wutzschleife leicht gemacht. Dafür sorgen nicht nur Wellness und Wein, sondern auch eine unprätentiöse Küche, die sich für Currywurst auf dem Mittagstisch nicht zu schade ist.

Hillstett 40 +49 9976 180 wutzschleife.de **Fine Dining • nachhaltig • romantisch**	Essen: **45** | 50 Service: **18** | 20 Getränke: **18** | 20 Ambiente: **8** | 10 Gesamt: 89 | 100

Alpenrose

83122 Samerberg

In fünfter Generation betreibt Familie Wörndl/Lerche den nach Schwanenbrust, Selleriepüree und frischem Kren duftenden bayerisch-steirischen Gasthof mit stattlichem Biergarten neben der Dorfkirche.

Kirchplatz 2 +49 8032 8263 alpenrose-samerberg.de **Familienbetrieb • urig • Terrasse**	Essen: **42** | 50 Service: **17** | 20 Getränke: **15** | 20 Ambiente: **8** | 10 Gesamt: 82 | 100

Sebastianihof

84175 Schalkham

Neben den vielen thematischen Menüs, etwa den Trüffeltagen oder Wildwochen, sorgt auch die atmosphärische Architektur für eine gelungene Auszeit. Besonderes Augenmerk liegt auf Fleisch aus dem Rottal.

Brunnenstraße 9 +49 8744 919445 sebastianihof.de **Wild • regionale Produkte • nachhaltig**	Essen: **43** | 50 Service: **18** | 20 Getränke: **17** | 20 Ambiente: **8** | 10 Gesamt: 86 | 100

Zum Hirschen

88175 Scheidegg

Allgäuer Tradition und Gemütlichkeit werden hier großgeschrieben – und das ist im ganzen Haus zu spüren. Mittags und abends wird in der Gaststube herzhaft regional aufgetragen, dazu gibt es Frischgezapftes.

Kirchstraße 1 +49 8381 2119 zumhirschenscheidegg.de **Gasthaus • regionale Küche • gemütlich**	Essen: **42** | 50 Service: **17** | 20 Getränke: **16** | 20 Ambiente: **8** | 10 Gesamt: 83 | 100

Rait'ner Wirt

83259 Schleching

Im schönen Bergsteigerdorf Schleching zeigt Martin Rehmann mit seinem »Dialog Schnitzel«, was der Unterschied zwischen dem Wiener und dem Münchener Schnitzel ist. Schmecken tun sie beide.

Achentalstraße 8 +49 8641 5911170 raitenerwirt.de Gasthaus • deutsche Küche • urig • gemütlich	Essen: 42 | 50 Service: 17 | 20 Getränke: 15 | 20 Ambiente: 8 | 10 Gesamt: 82 | 100

Gams & Gloria

87645 Schwangau

»Latschenkiefer-Dashi küsst Allgäuer Gamsschinken« könnte das Motto dieser alpinen Fusionsküche sein. Denn hier treffen heimische Zutaten auf internationale Zubereitungsweisen. Die Geburt einer Kategorie.

Am Ehberg 31 +49 8362 8888 hotelruebezahl.de Hotelrestaurant • gemütlich • unkonventionell	Essen: 44 | 50 Service: 18 | 20 Getränke: 18 | 20 Ambiente: 9 | 10 Gesamt: 89 | 100

Esskunst

92521 Schwarzenfeld

Schickes, geradliniges Interieur, der Trend setzt sich auf dem Teller fort. Klassische Gerichte sind modern umgesetzt, inspiriert von diversen Landesküchen. Die Menüs tragen das Motto »Land« und »Wasser«.

Hauptstraße 24 +49 9435 6999610 restaurant-esskunst.de Allrounder • regionale Produkte • modern	Essen: 43 | 50 Service: 18 | 20 Getränke: 18 | 20 Ambiente: 8 | 10 Gesamt: 87 | 100

Kings & Queens

97421 Schweinfurt

Die Weine sind regional, die Zutaten heimisch, die Ideen indes aus aller Welt. Da steht dann etwa Djah Oftadeh neben Orangenravioli oder Rehbockrücken an Pimentjus – und hinterher die Tölzer Käseplatte.

Bauerngasse 101 +49 9721 533242 kingsqueens.eu Allrounder • vegetarisch • gemütlich	Essen: 43 | 50 Service: 17 | 20 Getränke: 17 | 20 Ambiente: 7 | 10 Gesamt: 84 | 100

Kugelmühle

97421 Schweinfurt

Gebratene Gänseleber in Madeirajus als Menüstart bei Max Matreux gefällig? Mehr als machbar. Und wer selbst an der Mühle der kulinarischen Möglichkeiten drehen möchte, besuche einen Steakkurs bei ihm.

Georg-Schäfer-Straße 30 +49 9721 914702 restaurant-kugelmuehle.de Fine Dining • modern • Geschäftsessen	Essen: 43 | 50 Service: 17 | 20 Getränke: 17 | 20 Ambiente: 7 | 10 Gesamt: 84 | 100

Philipp

97286 Sommerhausen

Zwar glänzen Heike und Michael Philipp besonders mit Zutaten, die aus dem Wasser, von der Weide, vom Feld oder von der Wiese kommen, doch dabei bleibt es nicht. Chic ohne »shabby«, High End ohne Hochmut.

Hauptstraße 12 +49 9333 1406 restaurant-philipp.de Gasthaus • französisch • Terrasse	Essen: 45 | 50 Service: 18 | 20 Getränke: 18 | 20 Ambiente: 8 | 10 Gesamt: 89 | 100

Baron.ess

97255 Sonderhofen

Rundum verglastes Lokal mit viel Ausblick. Die Gerichte konzentrieren sich auf das Wesentliche, dabei geht man mit teils außergewöhnlichen und gewagten Geschmackskompositionen mutige Wege.

Am Mühläcker +49 9337 996899 brueckenbaron.com Allrounder • im Grünen • entspannt	Essen: 43 | 50 Service: 18 | 20 Getränke: 18 | 20 Ambiente: 8 | 10 Gesamt: 87 | 100

Blumenthal

91174 Spalt

Nachhaltigkeit wird hier ähnlich groß geschrieben, wie die Augen der Gäste leuchten, wenn sie im lichtdurchfluteten Wintergarten auf ihr Rehnüsschen blicken. Oder wie die von Bobby, dem Haushund.

Stiegelmühle 42 +49 9873 332 gasthof-blumenthal.de eigene Fischzucht • eigener Kräutergarten • nachhaltig	Essen: 42 | 50 Service: 18 | 20 Getränke: 16 | 20 Ambiente: 8 | 10 Gesamt: 84 | 100

Aubergine

82319 Starnberg

Die Aubergine ist ein Ort der Achtsamkeit. Ohne Schnörkel und Chichi steht der saisonale Protagonist im Rampenlicht und bekommt regelmäßig den Applaus, den er verdient. Etwa in Form von Faisselle.

Münchner Straße 17 +49 8151 4470290 aubergine-starnberg.de Fine Dining • vegetarisch • elegant	Essen: 45 | 50 Service: 19 | 20 Getränke: 18 | 20 Ambiente: 8 | 10 Gesamt: 90 | 100

Dechant

82319 Starnberg

Dem zum »besten Fischfachgeschäft Deutschlands« ausgezeichneten Laden ist ein Restaurant angeschlossen, in dem es an filigranen Fischfinessen nicht fehlt. Nach Haustradition, nachhaltig und originell.

Hauptstraße 20 +49 8151 12106 dechants-fischladen.de Familienbetrieb • Fisch • Delikatessenverkauf	Essen: 43 | 50 Service: 19 | 20 Getränke: 17 | 20 Ambiente: 8 | 10 Gesamt: 87 | 100

Gocklwirt am Weinberg 83071 Stephanskirchen

Liebevoll dekorierte Gasträume mit Gegenständen aus alter Zeit. Aus meist regionalen Produkten zaubert die Küche etwa Fisch mit Sesamspargel, wildem Brokkoli und Süßkartoffelpüree oder Kaiserschmarren.

Weinbergstraße 9
+49 8036 1215
gocklwirt.de
deutsche Küche • regionale Produkte • romantisch

Essen:	**42** I 50
Service:	**17** I 20
Getränke:	**16** I 20
Ambiente:	**8** I 10
Gesamt:	83 I 100

Simsseer Weidefleisch Salettl 83071 Stephanskirchen

Purer als die Küche von Jonathan und Ole wird es vermutlich nicht mehr. Wer wissen will, wo sein Wild herkommt, speise hier. Veggies sind auch willkommen, doch es wäre schade um das Kotelett vom Weidekalb.

Finsterwalderstraße 1
+49 170 2017274
simsseer-weidefleisch.de
eigene Fleischerei • bio • Gastgarten

Essen:	**43** I 50
Service:	**17** I 20
Getränke:	**16** I 20
Ambiente:	**8** I 10
Gesamt:	84 I 100

Jedermann 94342 Straßkirchen

Hier lohnt ein Blick in den Kalender, denn von BBQ über Trüffel bis Wild reichen die abendlichen Themen für all jene, die zum saisonal wechselnden »Kreativmenü« zusätzliche Abwechslung suchen.

Irlbacher Straße 2
+49 9424 9480437
jedermann-strasskirchen.de
regionale Küche • Delikatessenverkauf • klassisch

Essen:	**42** I 50
Service:	**17** I 20
Getränke:	**17** I 20
Ambiente:	**7** I 10
Gesamt:	83 I 100

Zum Geiss 94315 Straubing

Ein Wirtshaus mit Tradition und einem herrlichen Biergarten. Zum Trinken gibt es 60 verschiedene Biersorten, dazu passen Spinatknödel, Wurstsalat, Backhendl, saftiger Schweinsbraten und Biereis.

Theresienplatz 49
+49 9421 300937
zumgeiss-straubing.de
Gasthaus • deutsche Küche • Gastgarten • urig

Essen:	**42** I 50
Service:	**17** I 20
Getränke:	**14** I 20
Ambiente:	**8** I 10
Gesamt:	81 I 100

Zinners
82024 Taufkirchen

Wie man Tradition innovativ und zeitgemäß umsetzt und für jeden Geldbeutel das Passende anbietet, zeigt das freundliche Gasthaus auf eindrucksvolle Art und Weise. Das alles in tadelloser Qualität!

Köglweg 51	Essen: **42** | 50
+49 89 12262500	Service: **17** | 20
wirtshaus-zinners.de	Getränke: **16** | 20
Allrounder • Geschäftsessen • entspannt	Ambiente: **7** | 10
	Gesamt: 82 | 100

Forster
84416 Taufkirchen (Vils)

Alois und Friederike Forster bieten im ehemaligen Bauernhof leichte, regionale Küche, manchmal mit mediterranen Anklängen. Zu allen Gerichten werden selbst gebackenes Brot und Semmeln serviert.

Hörgersdorf 23	Essen: **42** | 50
+49 8084 2357	Service: **18** | 20
landgasthof-forster.de	Getränke: **17** | 20
Gasthaus • deutsche Küche • Terrasse • gemütlich	Ambiente: **8** | 10
	Gesamt: 85 | 100

Bräustüberl Tegernsee
83684 Tegernsee

Mit Direktleitung zur Brauerei wird der Schluck Tegernseer an nur wenigen Orten der Welt frischer gezapft. Dazu die »sauren Kalbslünger mit Semmelknödel«, eine Extraportion Kren – und die Sache sitzt.

Schlossplatz 1	Essen: **42** | 50
+49 8022 4141	Service: **17** | 20
braustuberl.de	Getränke: **14** | 20
Gewölbe • im Schloss • urig • Brauerei	Ambiente: **8** | 10
	Gesamt: 81 | 100

Leeberghof
83684 Tegernsee

Traumlage mit Blick auf den Tegernsee und den gepflegten Garten. Die Küche bietet einen Mix aus Klassikern und internationalen Aromen mit Fisch aus dem See, heimischem Wild und eigenen Kräutern.

Ellingerstraße 10	Essen: **43** | 50
+49 8022 188090	Service: **18** | 20
leeberghof.de	Getränke: **17** | 20
Gasthaus • eigener Kräutergarten • Seeterrasse	Ambiente: **8** | 10
	Gesamt: 86 | 100

Gut Edermann

83317 Teisendorf

Das Restaurant des stilvollen Landhotels heißt auch externe Gäste willkommen. Aus regionalen Produkten entstehen Klassiker mit kreativem Touch, der Großteil der Zutaten kommt von Biobetrieben.

Holzhausen 2
+49 8666 92730
gut-edermann.de
Hotelrestaurant • deutsche Küche • bio • im Grünen

Essen:	**43** | 50
Service:	**18** | 20
Getränke:	**18** | 20
Ambiente:	**8** | 10
Gesamt:	87 | 100

Oswald's Gourmetstube

94244 Teisnach

War Thomas Gerber bislang mit Gerichten wie »Rehrücken mit kompakter Deklination von Topinambur, konzentriertem Cassis-Gel und Blutwurst-Raviolo« aufgefallen, geht es nun an den Hummer. Ein Erlebnis.

Am Platzl 2
+49 9923 84100
hotel-oswald.de
Fine Dining • eigene Fleischerei • elegant

Essen:	**46** | 50
Service:	**18** | 20
Getränke:	**18** | 20
Ambiente:	**9** | 10
Gesamt:	91 | 100

Zum Bären

97291 Thüngersheim

Im historischen Haus von 1549 bietet der deutsche Grillmeister Dieter Oppel regionale Küche mit Schweineschäufele, dunkler Biersauce und Kartoffelkloß, aber natürlich auch sein Grillmeistersteak.

Kirchgasse 1
+49 9364 7267
landgasthof-zum-baeren-thuengersheim.de
Familienbetrieb • deutsche Küche • traditionell

Essen:	**42** | 50
Service:	**17** | 20
Getränke:	**16** | 20
Ambiente:	**8** | 10
Gesamt:	83 | 100

Restaurant 1888

83278 Traunstein

Das im Jahr 1888 erbaute Stadthotel ist gewiss ein Beispiel der Traunsteiner Gastwirtschaft. Zwar lässt die Lage abgeschiedene Idylle vermuten, doch bestätigt die Kulinarik ein bayerisches Mittendrin.

Bahnhofstraße 11	Essen: **43** | 50
+49 861 988820	Service: **17** | 20
parkhotel-traunstein.de	Getränke: **17** | 20
Hotelrestaurant • deutsche Küche • Terrasse	Ambiente: **8** | 10
	Gesamt: 85 | 100

Weinhaus zum Ritter

97855 Triefenstein

In Fachwerk und Stein gekleidet, macht dieses traditionelle Gasthaus keinen Hehl daraus, wie alt es ist. In dem ehemaligen Bauernhaus legt man auch heute noch Wert auf Regionales.

Rittergasse 2	Essen: **42** | 50
+49 9395 1506	Service: **17** | 20
weinhaus-ritter.de	Getränke: **16** | 20
Gasthaus • regionale Küche • urig	Ambiente: **8** | 10
	Gesamt: 83 | 100

Ilkahöhe

82327 Tutzing

In unbeschreiblichem Panorama finden hier alle Sinne Ruhe. Aal aus dem Starnberger See – mit Blick auf Letzteren höchstselbst – und Kalbskotelett inmitten der umliegenden Alpenketten. Ein Ort zum Schwärmen.

Oberzeismering 2	Essen: **42** | 50
+49 8158 8242	Service: **17** | 20
restaurant-ilkahoehe.de	Getränke: **15** | 20
Allrounder • Essen mit Aussicht • gemütlich	Ambiente: **8** | 10
	Gesamt: 82 | 100

D'Feldwies

83236 Übersee

Das schmucke Haus punktet mit urigen Stuben und Gewölbe. Auf der Karte stehen Klassiker wie Zwiebelrostbraten, Spinatknödel oder saftiger Schweinsbraten. Flaumig gelingt der Kaiserschmarren.

Greimelstraße 30	Essen: **42** | 50
+49 8642 595715	Service: **18** | 20
wirtshaus-feldwies.de	Getränke: **17** | 20
Gasthaus • deutsche Küche • Gastgarten	Ambiente: **8** | 10
	Gesamt: 85 | 100

Äs Madenhäusle

97532 Üchtelhausen

Zu einer der »100 besten Heimatwirtschaften« gekürt, wird in dieser gemütlichen Location fränkische Wirtshauskultur vom Feinsten zelebriert. Besonders famos sind die Wild- und Rotweinwochen im Herbst.

Gustav-Adolf-Straße 17	Essen: **42** | 50
+49 9720 526	Service: **17** | 20
madenhaeusle.de	Getränke: **16** | 20
regionale Produkte • traditionell • Gastgarten	Ambiente: **7** | 10
	Gesamt: 82 | 100

Dorfwirt 🍴🍴

82497 Unterammergau

Weshalb sich auf eine Speisekarte festschreiben lassen, wo sich die frischesten Zutaten doch täglich ändern? Bei aller Überraschung ist dabei eines sicher: Hier geht es deftig, regional und innovativ zu.

Pürschlingstraße 2
+49 8822 9496949
dorfwirt.bayern
mediterran • modern • unkonventionell

Essen:	42 | 50
Service:	18 | 20
Getränke:	17 | 20
Ambiente:	8 | 10
Gesamt:	85 | 100

Huberwirt 🍴

84339 Unterdietfurt

Es wird rustikal und filigran, urig und erfrischend, traditionell und originell. Harald und Isolde Lex gelingt eine süddeutsch-solide Sonnenküche, am Wochenende haben sie ein Überraschungsmenü in petto.

Dorfplatz 14
+49 8724 250
huberwirt-lex.de
Familienbetrieb • Gastgarten • urig

Essen:	42 | 50
Service:	17 | 20
Getränke:	17 | 20
Ambiente:	8 | 10
Gesamt:	84 | 100

Maxlmühle 🍴

83626 Valley

Sympathisch-rustikales Gasthaus mit Biergarten mitten im Wald. Gekocht wird nach alten Familienrezepten: bayerische Klassiker, frisch geräucherte Forelle oder auf Vorbestellung Ente aus dem Reindl.

Maxlmühle
+49 8020 1772
maxlmuehle.de
Gasthaus • eigener Gemüsegarten • im Grünen

Essen:	42 | 50
Service:	17 | 20
Getränke:	16 | 20
Ambiente:	7 | 10
Gesamt:	82 | 100

Winkler Bräu 🍴🍴

92355 Velburg-Lengenfeld

Sympathischer Traditionsbetrieb. Bier wird selbst gebraut, natürlich wird auch damit gekocht. Herzhaft schmecken Krustenbraten, Spätzle oder Forelle mit Kräutern. Der Apfelstrudel ist ein Gedicht.

St.-Martin-Straße 6
+49 9182 170
winkler-braeu.de
Familienbetrieb • Brauerei • deutsche Küche • Biervielfalt

Essen:	43 | 50
Service:	18 | 20
Getränke:	16 | 20
Ambiente:	8 | 10
Gesamt:	85 | 100

Speisemeisterei 🍴

89269 Vöhringen

Mit einer mediterranen Terrine, Tomatengnocchi oder Aprikosenragout im Angebot beweist die Familie Großhammer, dass ihr herzhaftes Herz zur Sonne gerichtet ist. Um Ulm herum ein unbedingtes Muss.

Untere Hauptstraße 4
+49 7306 5265
burgthalschenke.de
mediterran • regionale Produkte • Terrasse

Essen:	42 | 50
Service:	17 | 20
Getränke:	16 | 20
Ambiente:	8 | 10
Gesamt:	83 | 100

Schwane 1404

97332 Volkach

Auf »Sinnesreise« in einer der ältesten Gaststuben Frankens, wo gehobene Heimatküche stattfindet. Ein Kleinod am Main, das auf eine »Fränkische Brotzeit mit Volkacher Laib« einlädt, dazu ein Silvaner.

Hauptstraße 12
+49 9381 80660
schwane.de
Hotelrestaurant • Weingut • traditionell

Essen:	**42** | 50
Service:	**17** | 20
Getränke:	**17** | 20
Ambiente:	**8** | 10
Gesamt:	84 | 100

Weinstock

97332 Volkach

Unter der Ägide von Cornelia Fischer als Küchenchefin, Jan Pislcajt als Maître und Sommelier sowie Gastgeberin Franziska Weickert kann wenig schiefgehen; rein gar nichts mit dem Weinstock-Menü.

Hauptstraße 12
+49 9381 80660
schwane.de
Gasthaus • Weingut • Fine Dining

Essen:	**45** | 50
Service:	**18** | 20
Getränke:	**18** | 20
Ambiente:	**8** | 10
Gesamt:	89 | 100

Altwirt Wackersberg

83646 Wackersberg

Wer den Wandertrip durch einen Besuch im Wirtshaus ersetzen möchte, ist hier an der richtigen Adresse. Regionale Verbundenheit und ein herzliches Willkommen laben Leib und Seele wie sonst nur ein Waldspaziergang.

Dorfstraße 1
+49 8041 4812
altwirt-wackersberg.de
Gasthaus • im Grünen • urig

Essen:	**43** | 50
Service:	**17** | 20
Getränke:	**13** | 20
Ambiente:	**8** | 10
Gesamt:	81 | 100

Tölzer Schießstätte

83646 Wackersberg

Andreas und Michaela Hager haben an diesem beschaulichen Flecken Land eine Stätte der stärkenden Schlemmerei kreiert. Klassisches und Deftiges, doch auch Loup de Mer mit Limettenrisotto stehen auf dem Plan.

Kiefersau 138
+49 8041 3545
michaela-hager.de
Gasthaus • regionale Küche • Terrasse

Essen:	**42** | 50
Service:	**17** | 20
Getränke:	**16** | 20
Ambiente:	**8** | 10
Gesamt:	83 | 100

Tanner

83329 Waging

Modern-traditionelles Haus im Grünen. Franz Tanner legt Wert auf ehrliches Handwerk und regionale Küche ohne Geschmacksverstärker. Der Keller konzentriert sich auf Bioweine aus Österreich und Italien.

Aglassing 1
+49 8681 69750
landhaus-tanner.de
Hotelrestaurant • regionale Küche • im Grünen

Essen:	**43** | 50
Service:	**18** | 20
Getränke:	**17** | 20
Ambiente:	**8** | 10
Gesamt:	86 | 100

Johanns

94065 Waldkirchen

Volles Aroma bei anmutiger Aussicht: Mit mariniertem Milchkalb, geräucherter Kartoffelmolke und einem »Kokos & Cassis«-Dessert speist es sich in einer charismatischen Ästhetik, die ihresgleichen sucht.

Marktplatz 24
+49 8581 2082000
restaurant-johanns.de
Fine Dining • Essen mit Aussicht • regionale Produkte

Essen:	**45** | 50
Service:	**18** | 20
Getränke:	**18** | 20
Ambiente:	**8** | 10
Gesamt:	89 | 100

Scheune

97797 Wartmannsroth

Kreative Kombinationen, die Mut, aber vor allem meisterliches Handwerk erfordern: Jakobsmuscheln mit Blutwurstravioli, Entrecote mit Salbei und Pflaumen oder Grießnockerl mit Gazpacho-Sud.

Neumühle 54
+49 9732 8030
neumuehle-resort.de
Gasthaus • Biervielfalt • urig

Essen:	**42** | 50
Service:	**17** | 20
Getränke:	**16** | 20
Ambiente:	**7** | 10
Gesamt:	82 | 100

Caraleon

88142 Wasserburg (Bodensee)

An einer idyllischen Bucht am Bodensee gelegen, verknüpft die caraleonische Küche alpine Naturverbundenheit mit mediterraner Leichtigkeit, die bei einem Drink in der Sunset-Lounge Ausklang findet.

Halbinselstraße 70
+49 8382 9800
caraleon.de
Hotelrestaurant • Fine Dining • Terrasse

Essen:	**42** | 50
Service:	**17** | 20
Getränke:	**17** | 20
Ambiente:	**8** | 10
Gesamt:	84 | 100

Herrenhaus

83512 Wasserburg am Inn

Keineswegs ist das Herrenhaus nur für das Maskulinum gedacht. Auch die Taube, die Lammkeule und die Käseauswahl finden hier auf die Teller – und die elegante Darbietung der Foie gras ist garantiert.

Herrengasse 17
+49 8071 5971170
restaurant-herrenhaus.de
Geschäftsessen • regionale Produkte • Terrasse

Essen:	**42** | 50
Service:	**17** | 20
Getränke:	**17** | 20
Ambiente:	**8** | 10
Gesamt:	84 | 100

Weisses Rössl

83512 Wasserburg am Inn

Zu den lokalen Signature Dishes gehört gewiss das sagenhaft zarte Ochsenmeisel mit einer Scheibe Kartoffelknödel, dazu handgeschnittenes Blaukraut und einer Sauce, die zum Vollbad darin einlädt.

Herrengasse 1
+49 8071 5263
weisses-rössl.de
regionale Küche • traditionell • Terrasse

Essen:	**48** | 50
Service:	**18** | 20
Getränke:	**16** | 20
Ambiente:	**7** | 10
Gesamt:	89 | 100

Zum Bayerischen Wald

94110 Wegscheid

Treffender kann eine Wirtschaft in Bayern nicht heißen, denn knödeliger, verschnitzelter und zwiebelrostgebratener wird es in diesen Gefilden wohl kaum. Die urgemütliche Gastlichkeit passt gut dazu.

Marktstraße 2
+49 8592 218
hotel-zum-bayerischen-wald.de
Gasthaus • Familienbetrieb • gemütlich

Essen:	43 | 50
Service:	15 | 20
Getränke:	15 | 20
Ambiente:	7 | 10
Gesamt:	80 | 100

Egertal

95163 Weißenstadt

Chefkoch Theodor Rupprecht glänzt vor allem mit seinen exzellenten Suppen und Saucen, etwa in Form der Egertaler Fischsuppe und den Trüffelravioli an Topinambur. Nachtisch: »Angelinas Lieblingskäse«.

Wunsiedler Straße 49
+49 9253 237
gasthausegertal.de
Gasthaus • traditionell • gemütlich

Essen:	42 | 50
Service:	17 | 20
Getränke:	18 | 20
Ambiente:	8 | 10
Gesamt:	85 | 100

Burkhard

92533 Wernberg-Köblitz

Topfamilienbetrieb, geboten wird gutbürgerliche Küche mit Wiener Schnitzel und Co. Sonntags gibt es Schweinebraten, zubereitet wie in der gehobenen französischen Küche. Auch der Biergarten ist beliebt.

Marktplatz 10
+49 9604 92180
hotel-burkhard.de
Gasthaus • deutsche Küche • französisch

Essen:	43 | 50
Service:	18 | 20
Getränke:	17 | 20
Ambiente:	8 | 10
Gesamt:	86 | 100

Wirtsstube

92533 Wernberg-Köblitz

Familie Burkhard führt das Hotel mit Engagement. Bioprodukte sind wichtig, daraus kreiert die Küche Bodenständiges, aber auch gehobene französische Spezialitäten. Monatliche kulinarische Events.

Marktplatz 10
+49 9604 92180
hotel-burkhard.de
Familienbetrieb • bio • nachhaltig • Gastgarten

Essen:	43 | 50
Service:	18 | 20
Getränke:	17 | 20
Ambiente:	8 | 10
Gesamt:	86 | 100

Gänsweid

86637 Wertingen

Mit schwäbisch-mediterraner Küche zeigt die Crew auf der täglich wechselnden Karte die Jahreszeit an. So kommen die Gnocchi mal mit Spargel, mal mit Pilzen, Bärlauch oder Trüffel. Eine köstliche Konstante.

Gänsweid 1
+49 8272 642132
gaensweid.de
Vinothek • klassisch • Terrasse

Essen:	**42** | 50
Service:	**17** | 20
Getränke:	**18** | 20
Ambiente:	**7** | 10
Gesamt:	**84** | 100

Lebert

91635 Windelsbach

Als Mitglied bei Slow Food macht Manfred Lebert keinen Hehl daraus, wofür sein Herz schlägt. Seine Küche ist eine leidenschaftliche Liebeserklärung an die Flora und Fauna aus Mittelfranken und Hohenlohe.

Schlossstraße 8
+49 9867 9570
landhaus-rothenburg.de
Gasthaus • nachhaltig • regionale Produkte

Essen:	**42** | 50
Service:	**18** | 20
Getränke:	**18** | 20
Ambiente:	**8** | 10
Gesamt:	**86** | 100

Feilmeiers Landleben

94575 Windorf

Prämiert für das gelungene Preis-Leistungs-Verhältnis, bieten die Feilmeiers ein buntes Bukett an Erholung, deren zentrales Element das Feinschmeckermenü und dabei die Trüffelschaumsauce ist.

Schwarzhöring 14
+49 8541 8293
feilmeiers-landleben.de
Familienbetrieb • im Grünen • Terrasse

Essen:	**42** | 50
Service:	**17** | 20
Getränke:	**17** | 20
Ambiente:	**7** | 10
Gesamt:	**83** | 100

AH – Das Bistro

95339 Wirsberg

Franken und Fusionsküche passen bestens zusammen, wie das Bistro geschmackvoll beweist. In legerem Ambiente finden Tapas, »Samurai-Ente« und »Tropenforelle« auf Fränkisch statt. Heimatküche mit Herz und Hirn.

Marktplatz 11
+49 9227 2080
herrmanns-posthotel.de
Bistro • Tapas • unkonventionell

Essen:	**43** | 50
Service:	**18** | 20
Getränke:	**18** | 20
Ambiente:	**9** | 10
Gesamt:	**88** | 100

Alexander Herrmann

95339 Wirsberg

Spannend und kreativ ist die Küche, gleichzeitig entspannt und hier und da konsequent regional ausgerichtet. Tobias Bätz und seine Crew sind wahre Künstler in Sachen unvergessene Gaumenfreuden!

Marktplatz 11
+49 9227 2080
herrmanns-posthotel.de
Gasthaus • Terrasse • elegant

Essen:	**48** | 50
Service:	**19** | 20
Getränke:	**19** | 20
Ambiente:	**9** | 10
Gesamt:	**95** | 100

Aifach Reisers

97070 Würzburg

Spannende, durchaus anspruchsvolle Konzeptküche wird hier geboten: Jeden Tag ändert sich die Speisekarte, abhängig vom marktfrischen Angebot. Dazu kommen 21 wechselnde Weine. Da kommt man gerne wieder.

Marktgasse 2	Essen:	44 I 50
+49 931 45265755	Service:	18 I 20
der-reiser.de	Getränke:	17 I 20
regionale Produkte • modern • unkonventionell	Ambiente:	9 I 10
	Gesamt:	88 I 100

Backöfele

97070 Würzburg

Mit einer für ein Wirtshaus bemerkenswerten Weinkarte wird im Sommer unter geöffnetem Glasdach gespeist. Im Winter sind die Stuben beheizt, den Magen wärmen wohlige, von Hand gerollte Kartoffelklöße.

Ursulinergasse 2	Essen:	42 I 50
+49 931 59059	Service:	18 I 20
backoefele.de	Getränke:	17 I 20
deutsche Küche • Hausmannskost • urig	Ambiente:	8 I 10
P	Gesamt:	85 I 100

Bürgerspital-Weinstuben

97070 Würzburg

Von der Fränkischen Mostsuppe zur Stärkung über das Schäufele bis zum zeitlosen Winzerteller ist alles dabei und bietet eine grundsolide Grundlage zum »Schöppeln« in Weinbar oder Gewölbe.

Theaterstraße 19
+49 931 352880
buergerspital-weinstuben.de
Delikatessenverkauf • regionale Küche • Steak

Essen:	**42** | 50
Service:	**17** | 20
Getränke:	**18** | 20
Ambiente:	**8** | 10
Gesamt:	85 | 100

glouglou

97070 Würzburg

Schickes Ambiente, gutes Essen und die Möglichkeit für viel »Glouglou«. Das ist übrigens das Geräusch, wenn ein Glas Wein eingeschenkt wird. Hier gibt es reichlich gute Gelegenheiten dafür.

Karmelitenstraße 31
+49 931 45228568
glouglou.de
Bar • Allrounder • entspannt

Essen:	**43** | 50
Service:	**18** | 20
Getränke:	**18** | 20
Ambiente:	**8** | 10
Gesamt:	87 | 100

Kuno 1408

97070 Würzburg

Nicht nur etymologisch hängt Franken mit Frankreich zusammen. Auch die rustikale Eleganz beider Küchen lässt sich auf dem Teller einen. So etwa im Gang »Milchferkel«: Spitzkohl, Navette und Steckrübe.

Neubaustraße 7
+49 931 30931408
restaurant-kuno.de
Gasthaus • französisch • regionale Küche

Essen:	**45** | 50
Service:	**18** | 20
Getränke:	**18** | 20
Ambiente:	**8** | 10
Gesamt:	89 | 100

Stachel

97070 Würzburg

Im historischen Gasthaus werden in gemütlich-gepflegtem Ambiente fränkischer Sauerbraten, Schweinebraten und selbst gemachte Semmelknödel angeboten. Dazu viele exzellente Weine aus der Region!

Gressengasse 1
+49 931 52770
weinhaus-stachel.de
Gasthaus • regionale Produkte • traditionell

Essen:	**42** | 50
Service:	**17** | 20
Getränke:	**18** | 20
Ambiente:	**8** | 10
Gesamt:	85 | 100

Alte Posthalterei

85604 Zorneding

Wer im Eglhartinger Forst wandert, darf sich zur verdienten Einkehr auf Geschnetzeltes in Majoran-Bier-Sauce und Bratkartoffeln freuen. Dazu ein Glas Bardolino und danach die Bayerische Creme: ein Kraftort.

Anton-Grandauer-Straße 9
+49 8106 20007
alteposthalterei-zorneding.de
Familienbetrieb • deutsche Küche • urig

P

Essen:	**42** | 50
Service:	**17** | 20
Getränke:	**16** | 20
Ambiente:	**8** | 10
Gesamt:	83 | 100

INDEX RESTAURANTS & GASTHÄUSER NACH ORT

A

C

I

M

N

Wangen im Allgäu 88239 (BW)
Adler 369

INDEX RESTAURANTS & GASTHÄUSER NACH NAME

C

D

E

F

G

H

K

L

M

T

Ü

V

W

falstaff

Carlsplatz 18, 40213 Düsseldorf
guides@falstaff.com
www.falstaff.com